위기적 고령사회와 노인돌봄

: 그리고 노인장기요양보험제도

정재욱 · 이갑옥

PNC
publishing and culture
피앤씨미디어

머 리 말

지금 한국 사회가 직면하고 있는 중요한 현안 과제의 하나는 인구문제이다. 한국 사회는 벗어나기 어려운 국면의 위기적 인구문제에 직면하여 있다. 이를 대변하여 주는 것이 인류 역사상, 유례를 찾아보기 어려운 모습의 낮은 출산율, 높은 고령화율, 빠른 인구 감소이다. 여기에 더하여 최근 출생아동수를 넘어서기 시작한 사망자수도 향후 큰 몫을 할 것으로 본다.

인구위기의 심각성은 출산율만 보아도 얼핏 알 수 있다. 예컨대, 최근 UN이 밝혔던 세계 212개 국가(지역)를 대상으로 한 출산율 현황을 보면, 한국은 마지막 순위의 바로 앞자리 211위에 있고, 이어서 홍콩이 212위를 차지하고 있다. 한국은 지구상에서 가장 낮은 출산율을 보이고 있는 국가에 속하며, 더욱이 출산율 자체가 0점대라는 면에서 향후 급격한 인구 감소는 피하기 어려울 것으로 본다.

한국 사회에 있어서 인구문제의 심각성을 더욱 가속시키는 또 다른 중요한 요인의 하나가 고령층의 급증이다. 한국 사회의 경우, 출생아동의 급감과 인구 감소가 지속되고 있는 속에서도, 고령층은 오히려 빠르게 증가하고 있다.

따라서 한국 사회는 2040~50년경에는 65세 이상의 고령자가 전 국민 대비 40% 이상을 사치할 것으로, 나아가서 65세 이상 고령자가 0~14세 미만 아동의 약 5배에 이르는 인류 역사상 한 번도 경험하지 못했던 고령층이 압도적 우위를 점하는 거대 고령사회를 맞이할 것으로 본다.

고령층의 급증 배경과 관련하여 최근 주목을 받고 있는 요인의 하나가 평균수명의 신장이다. 즉, 고령층 급증의 이면에는 출생아동수의 감소에 더하여 평균수명의 신장에 따른 고령층이 상대적 규모 증가가 큰 몫을 치지하고 있다.

평균수명의 신장에 따른 장수시대의 도래는 오래 살고자하는 인간의 소망이 담긴 기쁨의 장(場)이기도 하지만, 와병이나 만성질환 등을 가진 채 오랜 노후 생활을 하여야 하는 당사자나 관련 가족 등에게는 정신적·물질적 어려움을 가중시키는 중대한 장애 요인이 된다. 이와 같은 현상은 고령사회에 즈음한 어두운 그림자의 하나로써, 오랜 노후생활에 따른 확대일로에 있는 노인돌봄에 대한 효과적인 대처 방안을 요청하는 또 다른 목소리에 다름 아닐 것이다.

고령사회에 즈음하여 확대되고 있는 이와 같은 노인돌봄수요에 대한 대응 차원에서 OECD 회원국을 중심으로 1990년대 이후 다양한 형태의 노인돌봄제도를 모색하여 왔으며, 이후 각국은 자신의 정치·경제적 제반 여건을 고려한 위에 관련 제도를 도입·시행하고 있다. 한국 역시, 이와 같은 노인돌봄수요의 급증에 직면하여 많은 연구·검토 끝에 노인요양보험제도라는 이름으로 관련 제도를 도입·시행하게 되었으며, 지금은 고령자 복지의 중추적 영역으로 자리하여 가고 있다.

이와 같은 차원에서 본서에서는 인류 사회가 직면하고 급속한 고령화 및 인구 문제, 고령사회에 즈음하여 나타나고 있는 노인복지환경의 변화 방향, 여기에 더하여 한국 사회가 직면하고 있는 고령화 및 현안 과제를 다루고, 이어서 고령사회에 즈음하여 노인복지가 나아갈 기본방향과 함께, 노인돌봄제도의 일환으로 시행되고 있는 한국의 장기요양보험제도를 최근에 개정된 관련 법령을 중심으로 살펴보고 있다.

본 저서의 출간에 즈음하여 일전에 출간한 바가 있었던 관련 저서의 내용을 일부 보완하는 수준의 출판도 고려하였지만, 그 동안 크게 변화된 세계적 차원의 고령화 및 인구문제, 급변하고 있는 국내의 관련 현황 및 현안 과제, 그리고 그 동안 몇 차례에 걸쳐 개정된 한국의 노인장기요양보험제도 등을 고려할 때, 이와 같은 내용을 총체적으로 담아내기 위해서는 새로운 모습의 저서가 필요할 것으로 판단되어, 본 저서를 발간하게 되었으며, 그와 같은 과정에서 공동 저자로서의 새로운 필진의 참여도 있었다. 새롭게 참여하게 된 공동 저자는 보건·돌봄·간호 분야의 전문가로서 넓은 현장 경험 및 오랜 대학 강의 경험을 바탕으로 본 저서의 내용을 보다 알차게 구성하는데 많은 기여를 하였다.

본 저서의 내용을 구성함에 있어서 가능한 최신 자료를 이용하고자 하였다. 예컨대, 통계청, 행정안전부, 보건복지부, UN, 일본의 관련 자료를 비롯하여,

선행 연구 및 인터넷 자료 등이 이에 해당한다. 따라서 본 저서의 출간에는 이와 같은 많은 자료 및 관련 분야를 연구하였던 분들의 노력과 업적이 함께 하기에 이에 깊은 감사를 드린다. 저출산 및 고령화를 둘러싼 인구문제, 고령사회로의 진행에 따라 새롭게 부각되고 있는 노인요양을 비롯한 노인문제 등에 관심이 있는 분들에게 일독(一讀)을 권하는 바이다.

출판사의 어려운 사정에도 불구하고 본 저서의 출간을 흔쾌히 승낙하여 주신 「피앤씨미디어」의 박노일 사장님과 관계 임원진 여러분께 이 자리를 통하여 진심으로 깊은 감사의 말씀을 드리며, 귀 출판사의 무궁한 발전을 기원드리는 바이다.

2024. 03

민족 명산 봉림산 자락의 명예교수 연구실에서

저자 일동 씀

차　　례

제 01 장

21세기 인류사회의 현안과제 : 고령화

제 1 절

세계 인구 추이

I. 역사적 경험

1970년대 이후 OECD 국가를 중심으로 빠르게 진행되어왔던 고령화(aging)와 그에 따른 여파는 바야흐로 한국 사회에까지 그 영향을 강하게 미치고 있는데, 이와 같은 현상이 나타나게 된 이면에는 다양한 요인이 자리하겠지만, 우선적으로 고려하여 볼 수 있는 것이 빠른 속도의 고령화와 고령 인구의 급증, 그에 따른 고령자 중심적 인구 구조의 확대·강화 등을 지적할 수 있을 것이다(서울신문, 2024. 01. 03).

이와 같은 차원에서 고령화에 대한 논의에 앞서 먼저 인구 구조의 변화와 이를 둘러싼 일련의 흐름을 간단히 살펴보기로 한다.

세계적 차원에서 볼 때 인구에 대한 관심, 특히 인구 증가를 둘러싼 관심이나 관련 논의는 기본적으로 산업혁명[1]과 깊은 관계를 이루고 있다. 예컨대, 서구 사회가 산업혁명을 본격적으로 시행하기 이전까지의 세계의 인구는 10억 명의 수준을 넘지 못했던 것으로 알려져 있다(UN, 2004; https://ja.Wikipedidia.org/wiki.2023.08.21.~22).

따라서 그때까지는 인구 문제, 특히 인구 증가는 인류 사회의 주요한 현안 과제가 되지 못하였던 것으로 볼 수 있다.

---

1) 산업혁명(industrial revolution)에 대한 이해는 다양하겠지만, '기계 및 생산기술의 발전과 운용, 그에 따른 공장제도(기계제대 공업)의 보급, 이를 바탕으로 한 자본임금노동관계가 사회 전체에 확대되는 과정, 즉 사본수의 확립기에 나타난 생산양식의 격변기'를 지칭한다. 일찍이 토인비는 1760년~1830년대 영국에서의 공장제 성립에 수반되어 나타났던 일련의 경제적 격변을 정치적 혁명에 필적하는 산업적 대변화라고 하여 산업혁명역사상을 제시하였다. 한편, 오늘날 산업혁명이라 할 때에는 주로 영국의 산업혁명을 지칭하는 경향이 강하다(경연사, 2011).

그림 1-1 세계 인구 변화 추이(2015년까지)

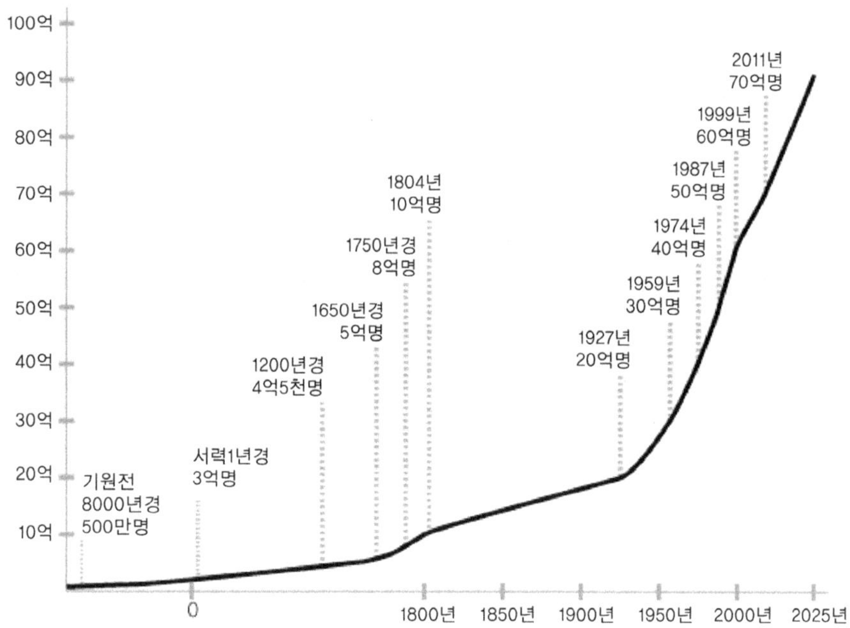

※ 자료 : UN(2016); https://ja.Wikipedidia.org./wiki.2023.08.21.~22).

그렇다면, 지구상의 인구 증가 추세는 언제까지 지속될 수 있을 것인가? 이와 같은 질문에 대한 대답을 모색하는 차원에서, 먼저 세계 인구가 70억 명을 초과한 2011년 이후의 세계 인구의 변동 추이를 다시 살펴보면 <그림1-2>와 같다.

즉, 세계 인구는 2020년에 78억 4천만 명에 도달하였고, 2022년 11월 현 시점으로 80억 명을 초과하였다(UN, 2022). 이후, 인구 증가 속도는 다소 완화되는 모습을 보여, 2030년에 약 85억 5천만 명, 2040년에 약 91억 9천만 명, 2050년에 약 97억 만 명, 그리고 2080년경에는 약 104억 명으로써, 사실상 정점을 보이고, 이후 2100년까지는 2080년경과 유사한 규모를 유지할 것으로 지적된다(UN, 2022). 이와 같은 세계 인구 증가의 정체적 요인의 등에 대해서는 관련 부분에서 다시 논의하기로 한다.2)

2) 기본적으로는 세계연평균인구증가율이 2020년 이후, 1.0% 이하로 떨러짐(UN, 2022).

그림 1-2 2020년 이후의 세계인구 변동 추이(단위, 억명)

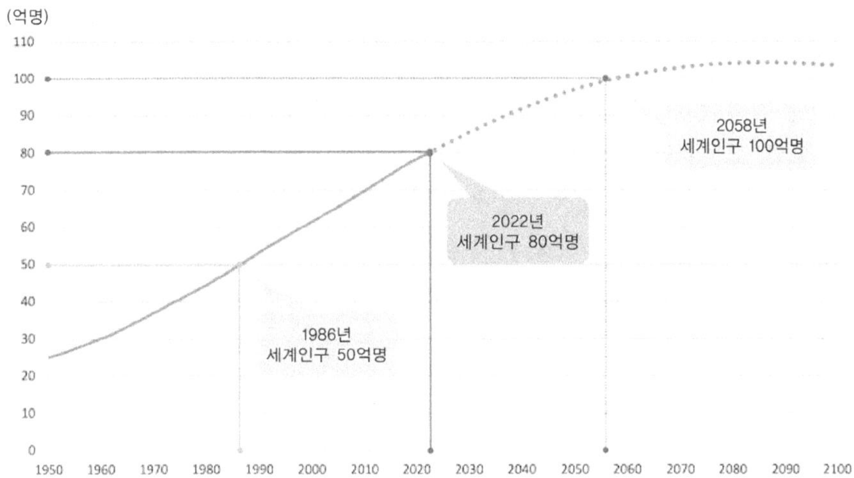

※ 자료 : UN(2022).

한편, 세계 인구가 80억 명을 초과한 2022년 11월 이후의 세계 인구의 변동 추이를 각 대륙별로 다시 살펴보면 다음과 같다.[3] 이와 같은 논의를 통하여 얻고자 하는 바는 2022년 이후에 전개될 세계적 차원의 인구 증가를 견인할 대륙 및 지역에 대한 이해에 도움을 얻기 위해서다. 이와 관련하여 UN 등의 관련 자료를 중심으로 이를 간단히 정리하면 <표 1-1>과 같다(UN, 2022; 總務省統計局, 2023).

먼저, 세계 총인구 대비 대륙별 인구 규모 및 비중의 변동 추이를 살펴보면 다음과 같다. 아시아 대륙은 세계 총인구 대비 약 60% 수준에 달하는 압도적 인구 규모를 나타내고 있다. 하지만 시간에 흐르면서 그 비중은 조금씩 약화되는 모습을 보이고 있다. 이에 비하여 아프리카 대륙은 아시아 대륙에 이어 제2위권의 인구 규모, 예컨대 세계 총인구 대비 20% 수준을 넘고 있으며, 시간이 흐르면서 그 비중은 오히려 빠르게 증가하고 있다.

3) 6개 대륙별 인구현황에 대해서는 관련 영역에서 보다 구체적으로 논의되고 있다.

따라서 2022년 현재 기준으로 볼 때, 이들 2 대륙의 인구 규모는 세계 총인구 대비 약 77.1% 수준에 이르며, 시간이 흐르면서 그 비중은 증가하여, 2050년경에는 약 80.1%까지 도달하게 될 것으로 전망된다. 따라서 향후 세계 인구의 약 80% 이상은 아시아 및 아프리카의 대륙에 거주할 것으로 전망된다.

한편, 산업혁명 이후 약 200여 년 간에 걸쳐 빠른 인구 성장률을 보여 주었던 유럽 및 북미지역은 세계 총인구 대비 그 비중은 상대적으로 크게 약화되어 가고 있으며, 2050년 기준으로 세계 총인구 대비 12% 수준에 머물 것으로 전망된다. 특히, 유럽 대륙의 상대적 인구 비중 감소는 향후 세계적으로 많은 주목을 받을 것으로 전망된다.

표 1-1 세계 및 대륙별 인구 추계(단위, 백만명, %)

지역	2022		2030		2040		2050	
	총인구	비율	총인구	비율	총인구	비율	총인구	비율
세계	7,975	100.0	8,546	100.0	9,188	100.0	9,709	100.0
아시아	4,723	59.2	4,959	58.0	5,176	56.3	5,293	54.5
북아메리카	377	4.7	393	3.4	411	4.5	421	4.3
남아메리카	660	8.3	698	8.2	732	8.0	749	7.7
유럽	744	9.3	737	8.6	723	7.9	703	7.2
아프리카	1,427	17.9	1,711	20.0	2,093	22.8	2,485	25.6
오세아니아	45	0.6	49	0.6	54	0.6	58	0.6

※ 자료 : UN(2022). 단, 비율(%)은 원본을 기준으로 본인의 재편집.

이와 같은 인구 비중의 변동 추이에 비추어 볼 때, 향후 세계적 차원의 인구 문제, 특히 인구 증가와 관련된 중요한 과제들은 대부분 아시아 및 아프리카 대륙의 인구 문제와 깊이 연관될 수 있을 것으로 평가된다.

그 중에서도 특히, 이들 2 대륙에 소재하면서도 최근 들어 급속한 인구증가 현상을 보이고 있는 <그림1-3>과 같은 국가들, 예컨대 나이지리아, 이집트, 에티오피아, 탄자니아, 콩고와 같은 아프리카 소재의 4개 국가, 그리고 인도, 파키스탄, 필리핀과 같은 아시아 소재의 3개 국가의 인구문제는 당해 국가의 국내적 문제를 넘어서서 세계적 차원의 주목거리가 될 것으로 평가된다(UN, 2022).

따라서 한국 사회와 같이 빠른 속도의 고령화와 이에 따른 고령층의 급증, 나아가서 인구 감소 등이 거의 동시·병행적으로 진행되는 국가나 지역의 경우, 이와 같은 지역 및 국가를 대상으로 한 인구 연구는 향후 중요한 현안 과제가 될 수 있을 것으로 본다.

그림 1-3 2050년대까지 세계 인구증가를 견인할 주요 7대 국가

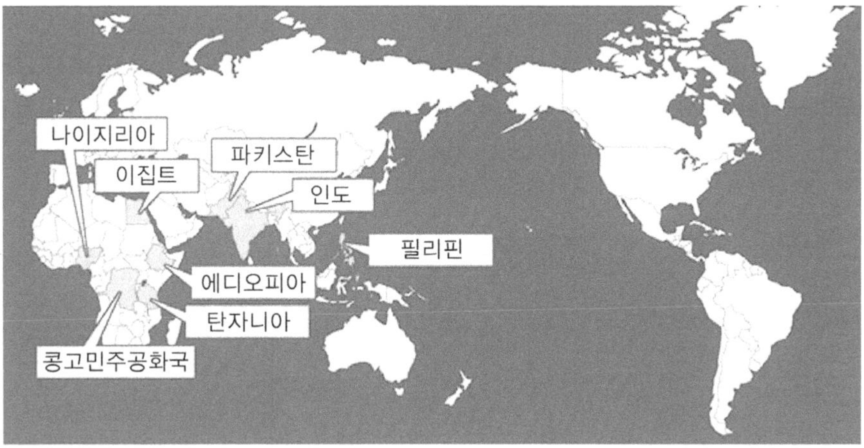

※ 자료 : https://www.ene100.jp/map_1(2023.01.22.); UNFPA(2023).

Ⅱ. 아프리카 대륙 : 향후 세계 인구 추동

앞에서도 삼시 살펴보았듯이, 향후 전개될 세계적 차원의 인구 문제와 관련하여 큰 주목을 받을 지역의 하나가 아프리카 대륙으로 볼 수 있다. 예컨대, <그림1-4>에서도 제시하고 있듯이, 아프리카 대륙의 인구는 세계 총인구 대비, 2017년에는 16.6% 수준이었지만, 2030년경에는 21.0%, 2050년경에는 25.9%, 그리고 2100년경에는 약 40.0%로 증가하여, 인도 및 중국과 같은 초인구 대국이 포함되어있는 아시아 대륙이 총인구와 비슷한 수준에 도달할 것으로 전망된나 (UN, 2022).

따라서 향후 세계 인구 증가는 사실상 아프리카 대륙이 견인할 것으로 전망된다. 예컨대, 2017년 현재 세계 제7위권의 인구 대국인 나이지리아는 2050년경에는 미국을 추월하여 세계 제3위권으로 부상할 것으로 전망되며, 여기에 더하여 아프리카 대륙의 총인구 역시 2050년경에는 2017년 현재 인구의 약 2배 이상으로 커질 것으로 전망된다(UN, 2017).

물론, 세계 인구의 증가 추세 및 이에 따른 대륙별 인구 증가에 대한 예측치는 자료마다 약간의 차이는 있다. 예컨대, 2015년도의 UN의 관련 자료에 따르면 2015년부터 2100년에 걸친 아프리카 대륙의 인구 비중이, 2017년도의 관련 자료에 비하여 약간 낮은 수치를 보이고 있지만, 어떤 자료에서도 아프리카 대륙이 향후 세계 인구 증가를 견인할 것이라는 주장에는 별반 차이가 없다.

그림 1-4 대륙별 인구 비율 추이

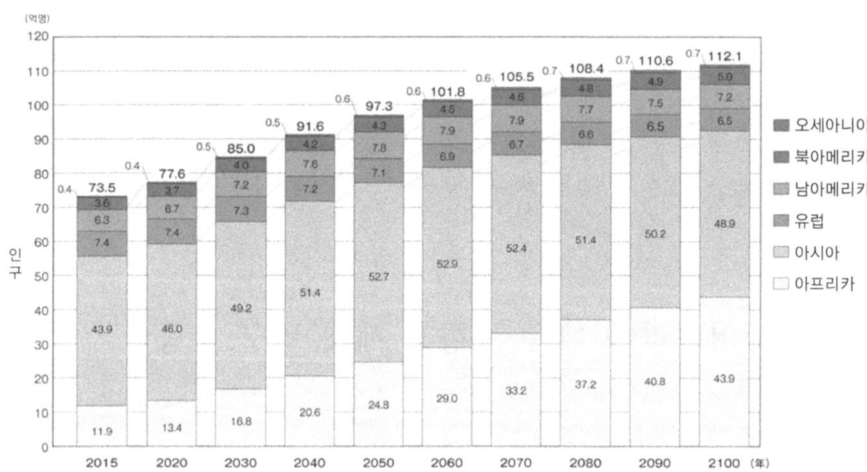

※ 자료 : http://www.ene100.jp/map_1

아프리카 대륙의 이와 같은 급속한 인구 증가와 이에 따른 여파 등을 고려할 때, 향후 아프리카 대륙의 정치·경제·사회적 영역에 걸친 영향력은 크게 확대될 것으로 전망된다. 이를 반증하는 것의 하나가 아프리카 대륙이 지닌 높은 수준의 경제성장 잠재력과 이에 따른 파급력이다. 예컨대, 지난 20년간 경제성장률이 가장 높았던 세계 10대 국가 중에서 6개 국가가 아프리카에 소속되어 있으며, 아울러 대륙 전체의 경제성장률도 지속적으로 상승하고 있다(아주경제, 2024.01.16).

아프리카 대륙이 향후 30년간 지금과 같은 모습의 경제성장률을 보일 경우, 2050년경에는 세계 경제에 약 20조 달러 규모의 엄청난 경제적 기여를 할 것으로 지적된다. 아프리카 대륙의 전체 GDP는 1990년부터 2021년까지 약 3배 증가하여 왔는데, 에티오피아의 경우는 동 기간에 약 7.6배 증가하였다(이투데이, 2023. 11. 20).

따라서 일부에서는 코로나 팬데믹 이후, 정체된 세계경제를 다시 성장시키기 위해서는 아프리카 대륙에 초점을 둘 필요가 있다는 지적도 한다. 그와 같은 배경에는 앞에서 지적하였던 아프리카 대륙이 지니고 있는 경제적 요인에 더하여 인구·사회적 요인이 큰 작용을 하는 것으로 볼 수 있다. 예컨대, 풍부한 천연자원, 세계무역을 촉진시킬 수 있는 지리적 위치에 더하여, 빠른 인구 증가, 높은 비중의 청·장년층 인구 구성 등이 이에 속한다,

이와 유사한 입장은 이미 전경련 등을 통해서도 밝혀진 바가 있었다. 예컨대, '아프리카 인프라개발프로그램'(PIDA)에 따르면, 2012~2020년간에 걸친 아프리카 인프라 수요의 누계치를 약 679억 달러(대규모 투자에만 한정된 수치임) 규모로 전망(전국경제인연합회, 2017)하였던 것도 이와 같은 흐름을 일부 반영하였던 것으로 볼 수 있다. 물론, 여기에는 아프리카 대륙의 인구 구조의 변화가 깊이 관련되어 있음은 말할 필요도 없을 것이다.

한편, 아프리카 대륙의 인구 구조를 보면, 규모적 측면에서의 지속적인 인구 증가는 물론이고, 30대 이하의 인구가 총인구의 80% 수준을 차지하는, 소위 생산가능연령층의 비율이 상대적으로 매우 높은 인구 구조를 이루고 있다. 여기에 더하여 경제성장률 역시 연평균 4% 수준으로 비교적 높은 수준을 유지하고 있다.

이와 같은 흐름에 주목하여 미국, 일본, 중국 등은 일찍부터 아프리카 대륙에 대한 범국가적 차원의 정책적 접근을 확대·강화하고 있다. 예컨대, 일본은 나이지리아를 중심으로 한 확대일로에 있는 시장판로 개척을 위한 다양한 형태의 정책적 접근을 추진함은 물론, 보다 우수한 젊은 인력의 확보를 위하여 정부와 관련 기업 등이 장기간에 걸친 광범위한 협업체제를 추진하고 있다(朝日新聞, 2018.01.10.; 白戸圭一, 2018.01.18.; 佐藤丈治, 2023.03.03.).[4)]

한편, 향후 세계 인구 증가를 견인할 아프리카 대륙의 관련 현황에 대한 이해의 폭을 넓히는 차원에서, 세계 인구 대국 제15위권의 변동 추이를 간단히 살펴보면 <표1－2>와 같다.

표 1-2 세계 인구대국 변동 추이(단위, 100만 명)

2010	국가	총인구	2023	국가	총인구	2050	국가	총인구
1	중국	1,340.9	1	인도	1,428,6	1	인도	1,639.2
2	인도	1,240.6	2	중국	1,425.7	2	중국	1,402.4
3	미국	30.9.7	3	미국	340.0	3	나이지리아	401.3
4	인도네시아	237.6	4	인도네시아	277.5	4	미국	379.4
5	브라질	194.9	5	파키스탄	240.5	5	파키스탄	338.0
6	파키스탄	177.6	6	나이지리아	223.8	6	인도네시아	330.9
7	나이지리아	158.5	7	브라질	216.4	7	브라질	229.0
8	방글라데시	147.6	8	방글라데시	173.0	8	에티오피아	205.4
9	러시아	142.9	9	러시아	144.4	9	콩고	194.5
10	일본	127.6	10	멕시코	128.5	10	방글라데시	192.6
11	멕시코	113.8	11	에티오피아	126.5	11	이집트	160.0
12	필리핀	93.1	12	일본	123.3	12	멕시코	155.2
13	베트남	88.0	13	필리핀	117.3	13	필리핀	144.5
14	독일	80.3	14	이집트	112.7	14	러시아	135.8
15	에티오피아	978.8	15	콩고	102.3	15	탄자니아	129.4

※ 자료 : UN(2022; 2023), 總務省統計局(2023).

먼저, 중국은 오랜 기간 걸쳐 세계 초인구 대국으로써의 지위를 유지하여 왔지만, 최근 들어 이와 같은 흐름에 일련의 변화도 나타나고 있다. 예컨대, 2022년도 11월을 기점으로 중국은 세계 제1위 초인구 대국의 지위를 인도에게 넘겨주었고, 이후 시간이 지나면서 2 국가 간의 인구 격차는 더 생길 것으로 지적된다(UN, 2023).

4) 미국, 중국, 일본을 중심으로 코로나 정국에서도 아프리카에 펼쳐지고 있는 최근의 접근 전략에 대해서는 다음을 참조 요망(佐藤丈治,2023.03.03).

2010년 이후 진행되고 있는 세계 인구 대국 제15위권의 변동 현황을 살펴보면 다음과 같다. 먼저 나이지리아는 2050년경에는 그 동안 세계 제3위 인구 대국의 지위를 유지하여 왔던 미국을 제치고 제3위권으로 부상할 것으로 전망된다. 즉, 나이지리아는 2020년에 제7위권, 2030년에 제5위권, 2050년에는 제3위권으로 부상하여, 세계 인구 증가를 견인하는 대표적인 국가의 하나가 될 것으로 평가된다.

그 외에도 아프리카 대륙 소재의 다수 국가의 급속한 인구 증가를 충분히 엿볼 수 있다. 예컨대, 2010년경에는 세계 인구 대국 제15위권에 나이지리아와 에티오피아가 포함되어 있었지만, 2050년경에는 여기에 콩고, 이집트, 탄자니아 등이 포함될 것으로 전망된다.

이와 같이, 아프리카 대륙은 향후 세계 인구 증가의 핵심적 위치를 차지할 것으로 평가된다. 이와 같은 현상의 이면에는 아프리카 소재 국가들의 높은 합계출산율도 주목하지 않을 수 없을 것이다. 예컨대, 아프리카 소재 국가들의 합계출산율은 세계적으로도 압도적 우위를 차지하고 있다. 2021년 현재 합계출산율을 보면 나이지리아 6.8명, 소말리아 6.3명으로 세계 1, 2위를 차지하고 있음에 비하여(World Bank, 2023), 동년도의 한국의 합계출산율은 0.81명 이었다(중앙일보, 2021. 12.14).

따라서 아프리카 대륙은 향후, 지속적인 인구 증가는 물론, 다른 대륙에 비하여 청·장년계층을 비롯하여 생산가능인구가 상대적으로 많은 소위 지구상에서 가장 '젊은 대륙'으로 전환될 것으로 평가된다.

따라서 높은 수준의 고령화, 고령층의 급속한 규모 확대, 생산가능인구의 급감 및 총체적 인구 감소 등을 경험하고 있는 국가나 지역 사회, 예컨내 한국 사회 등은 지속가능한 사회발전 동력원의 모색 차원에서라도 아프리카 대륙 및 관련 인구 등에 대한 실용적이며 체계적 차원의 연구 검토가 중요할 것으로 본다.

아프리카 대륙에 대한 논의와 접근은 단순히 인구문제의 차원을 넘어서, 산업자원의 측면에서도 그 중요성은 더욱 확대될 것으로 지적된다. 즉, 아프리카 대륙은 향후 한국 산업계의 중요한 핵심 과제의 하나로 부각되고 있는 지속가능한 산업자원 확보 및 판로시장 확충 등과 관련하여서도 매우 중요한 역할을 할 것으로 평가된다(데일리환경, 2016; http://www.dailyt.co.kr, 2022.12.11).

예컨대, 아프리카는 한국과는 달리 다양하고도 풍부한 천연자원을 지니고 있을 뿐만 아니라, 빠르게 성장하는 인구와 확대일로에 있는 시장이 형성되고 있기 때문에, 향후 자칫 성장이 둔화될 수 있는 세계 환경에 비추어, 이를 보완할 수 있는 중요한 대체시장 역할을 할 수 있을 것으로 평가된다(한국경제, 2022.02.17).

이와 같은 차원에서, 급속한 인구 감소와 이에 따른 지역사회의 소멸 위기론까지 등장하고 한국 지역사회의 경우, 아프리카 대륙의 인구 문제에 대한 보다 적극적인 접근과 정책개발이 필요할 것으로 본다(정재욱, 2020; 2022, 뉴스토마토, 2024.01.23). 예컨대, 한국의 지방자치단체 및 지역사회는 중앙정부의 관련 법제도화를 추동하는 차원에서라도, 선제적 차원에서 아프리카 대륙의 인구문제에 등에 대한 보다 적극적인 연구와 시책개발이 필요할 것으로 본다.

Ⅲ. 초인구 대국 : 중국과 인도

세계 인구와 관련하여, 초대국의 위상을 굳건히 유지하고 있는 국가가 중국과 인도이다. 예컨대, 2020년 현재, 세계 총인구 7,840.9백만 명 중에서 중국은 1,424.9백만 명으로 총인구 대비 약 18.2%, 인도는 1,396.4백만 명으로 약 17.8%를 차지고 있다.

따라서 이들 2 국가의 인구를 합하면 세계 총인구 대비 약 36.0%로써, 당시 세계 인구 100명 중에서 약 36명이 이들 2 국가에 소속된 것으로 평가할 수도 있을 만큼(UN, 2022; 總務省統計局, 2023), 이들 2 국가의 인구 비중은 상대적으로 매우 높다.

이와 같은 차원에서 중국과 인도의 인구 현황을 간단히 살펴보면 다음과 같다. 먼저, 중국과 인도의 인구 변동의 추이를 살펴보면 <표1-3>과 같다. 이와 관련하여, 2 국가의 총인구의 변동 추이를 살펴보면 다음과 같다.

표 1-3 세계인구 대비 인도 및 중국의 인구 추이(단위, 백만명, %, 세)

구분	세계					중국					인도				
	총 인구	증가율	15세 미만	65세 이상	중위 연령	총 인구	증가율	15세 미만	65세 이상	중위 연령	총 인구	증가율	15세 미만	65세 이상	중위 연령
'50	2,499	…	34.7	5.1	22.2	544	…	34.8	5.0	22.2	357	…	37.9	3.1	20.0
'60	3,019	1.9	37.4	5.0	21.5	654	1.9	40.3	4.0	19.9	446	2.2	40.5	3.3	19.2
'70	3,695	2.0	37.7	5.3	20.3	823	2.3	40.9	3.7	18.0	558	2.3	41.0	3.6	18.3
'80	4,444	1.9	35.4	5.9	21.5	982	1.8	36.1	4.4	20.8	697	2.3	39.5	4.0	19.0
'90	5,316	1.8	32.9	6.1	23	1,154	1.6	28.9	5.3	23.7	871	2.2	38.0	4.1	20.0
'00	6,149	1.5	30.2	6.9	25.3	1,264	0.9	24.5	6.9	28.9	1,060	2.0	35.0	4.5	21.6
'10	6,986	1.3	27.1	7.7	27.3	1,348	0.6	18.5	8.6	34.1	1,241	1.6	31.0	5.1	24.0
'20	7,841	1.2	25.7	9.4	29.7	1,425	0.6	18.0	12.6	37.4	1,396	1.2	26.1	6.7	27.3
'30	8,546	0.9	23.1	11.8	32.1	1,416	−0.1	13.1	18.2	42.7	1,515	0.8	22.3	8.8	30.9
'40	9,188	0.7	21.6	14.5	34.0	1,378	−0.3	10.9	26.2	48.0	1,612	0.6	20.1	11.6	34.6
'50	9,709	0.6	20.7	16.5	35.9	1,313	−0.5	11.4	30.1	50.7	1,671	0.4	18.0	15.0	38.1

※ 자료 : UN(2022); 總務省統計局(2023).

중국은 그 동안 부동의 제1위의 초인구 대국의 지위를 유지하여왔다. 그런데, 이와 같은 지위도 2022년 11월을 시점으로 인도에게 그 자리를 넘겨주게 되었고(UN, 2023), 이후 시간이 지나면서, 그 격차는 더욱 벌어질 것으로 평가된다.

예컨대, 2050년경에는 인도는 중국보다 약 3억 6천만 명이나 더 많은 인구를 보유할 것으로 전망되는데, 이와 같은 규모는 2023년 현재 제3위의 인구 대국 미국의 총인구 3억 4천만 명을 초과하는 수준의 규모이다.

이와 같은 인구 차이가 발생하는 배경에는 많은 요인이 자리하겠지만, 기본적으로는 인구 증가율, 출산율 및 고령화율 등이 자리한다. 중국과 인도 간에는 <표1−3>에서도 제시하고 있듯이, 인구 증가율과 고령화율에 있어서 큰 격차를 보이고 있다. 따라서 시간이 지나면서 인구 규모 및 인구 구조 등에 있어서 양국 간에는 상당한 차이를 보이게 된다.

이와 관련, 먼저 인구 증가율을 보면 양국 간에 큰 폭의 차이가 나타난다(표 1-4 및 그림1-5). 예컨대, 중국의 경우, 2000년에 들어서면서 인구 증가율이 기존의 1%대에서 0%대로 떨어지기 시작하고, 2030년대부터는 부(負, 마이너스)의 성장률이 예상된다. 따라서 중국의 총인구는 2030년대를 정점으로 이후부터는 감소 양상을 보일 것으로 평가된다.

이에 비하여, 인도는 2020년대까지 1.2% 이상의 지속적인 인구 증가율을 보여주고 있으며, 2050년대까지도 정(正, 플러스)의 인구 증가율을 보일 것으로 평가된다. 자료에 따라서는 2060년대 초반기까지 인구 증가가 지속될 것으로 평가된다(UN, 2022).

표 1-4 중국 및 인도의 인구증가율 추이

구분	'60	'70	'80	'90	'00	'10	'20	'30	'40	'50
세계	1.9	2.0	1.9	1.8	1.5	1.3	1.2	0.9	0.7	0.6
중국	1.9	2.3	1.8	1.6	0.9	0.6	0.6	−0.1	−0.3	−0.5
인도	2.2	2.3	2.3	2.2	2.0	1.6	1.2	0.8	0.6	0.4

※ 자료 : UN(2022); 總務省統計局(2023).

그림 1-5 세계, 중국 및 인도의 인구 증가율

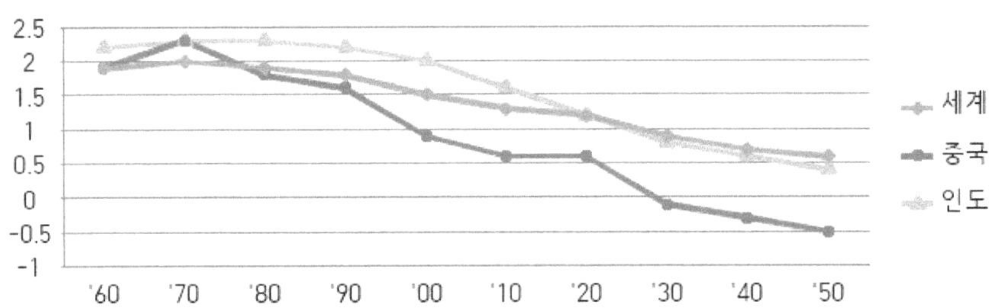

※ 자료 : UN(2022); 總務省統計局(2023).

다음으로 고령화율과 인구 구조의 변화 추이를 살펴보면 다음과 같다. 중국과 인도 간의 인구 구조의 차이에는 인구 증가율에 따른 인구 규모의 격차 못지않게, 고령화율의 차이도 큰 역할을 하고 있다. 예컨대, 중국은 인도에 비하여 매우 빠른 속도의 고령화가 진행되어 고령층의 규모가 상대적으로 빠르게 증가하며, 이에 반하여 청·장년층의 규모는 상대적으로 빠르게 축소되고 있다.

예컨대, 중국은 2000년 초반기에 고령화율이 7%를 넘어서 고령화사회[5]로 진입하였으며, 2010년경에 8.6%, 2020년에 12,6%, 2030년에 18.2%, 2050년에는 30.1%까지 도달할 것으로 평가된다.

이에 비하여, 인도는 2020년 초반기에 비로소 고령화율이 7% 수준, 2030년경에 8.8%, 2050년에 15.0% 수준에 도달할 것으로 평가된다. 따라서 인도의 2050년경의 고령화율 15.0%는 중국의 2020년 중반기와 유사한 수준이다.

이와 같은 2 국가 간의 고령화의 속도 차이로, 중국은 2010년에 전국 중위 연령이 34.1세였지만, 인도는 중국보다 30여년 늦은 2040년경에 가서야 비로소 전국 중위 연령이 34.6세로 나타나게 된다. 당해 자료에 따르면, 중국과 인도 간에는 2010년 이후, 약 30여년의 시간적 간격을 두고 고령화가 진행되고 있는 것으로 평가할 수 있다.

한편, 이와 같은 고령화의 진행 속도의 차이는 중국과 인도 간의 인구 구조, 특히 청·장년계층의 상대적 비중에도 큰 영향을 줄 것으로 지적된다. 예컨대, 중국은 2025년경을 전후하여 고령화율이 14%를 초과하여 고령사회로 진입하게 되고,[6] 2035년경에는 약 21%에 달하게 되어 초고령사회 또는 후기고령사회로 진입하게 될 전망된다.

따라서 이와 같은 시점에 이르면, 중국은 인류 사회에 있어서 단일국가로써는 일찍이 경험하지 못했던 65세 이상의 고령자가 약 3억 명 수준에 달하는 초대형 초고령국가로 전환될 것으로 평가된다. 이와 같은 고령자의 규모는 2017년 현재 세계 제3위 인구 대국 미국의 총인구에도 비견될 수준으로, 노인 문제 등과 관련하여 향후 인류 사회에 많은 시사점을 줄 것으로 전망된다.

---

5) 고령화사회, 고령사회, 초고령사회에 대한 설명은 관련 영역에서 자세히 다루고 있기 때문에 여기서는 관련 용어만을 간단히 제시한다.

6) 중국은 2001년에 고령화율이 7.02%에 달하여 고령화사회(고령화율 7% 이상)에 진입하였다.

한편, 이와 같은 빠른 고령화와 고령층의 규모 급증은 상대적으로 생산가능인구(15~64세)의 감소로 연계되어, 중국의 경우, <그림1-6>과 같이 생산가능연령층이 2020년에 총인구 대비 69.4%에서 2050년에는 58.5%로써, 동 기간에 약 11% 감소할 것으로 전망된다. 이에 비하여 인도는 2020년 67.2%에서 2050년 67.0%로써, 동 기간에 큰 변화가 나타나지 않을 것으로 평가된다.

이와 같은 경우, 중국은 그 동안 상당 부분 인구 보너스(bonus)적인 체제에 힘입어 진행되었던 경제발전의 추동력과 경제성장의 동력원에 대한 기반 약화 가능성에 더하여, 초고령사회에 따른 사회적 안전관리비용의 증대 등으로, 지속가능한 국가발전동력원의 확대·강화 등과 관련하여 부담이 크게 증가할 수 있을 것으로 지적된다.

한편, 이와 같은 현상과 관련하여, 인구나 경제 규모의 측면에서 상당한 차이는 있지만, 흐름이나 성격적 측면에서, 자칫 일본 사회가 1990년대 이후 경험하였던 경제·사회적 정체 현상과 그 맥락을 상당 부분 같이하는 것은 아닌가 하는 견해도 나타나고 있다.[7)]

이와 같은 차원에서 중국의 인구 구조의 변화와 이에 따른 경제사회의 변화 방향 등과 관련하여 중국 사회는 물론이고, 일본 사회와 관련 학계로부터도 많은 주목을 받고 있다(아시아경제,2018.2.6; 三尾幸吉郎, 2017. 1. 30; www.nli-research.co.jp).

물론, 한국 사회 역시 이와 같은 흐름과 논의로부터 결코 자유롭기 어려울 것이라는 측면에서 볼 때, 일본과 중국의 인구의 변동 구조에 대한 보다 세밀한 연구·검토가 필요할 것으로 본다.

7) 이와 같은 내용은 일부에서 지적되고 있는 소위 '잃어버린 10년'과 맥락을 같이하는 견해이다.

그림 1-6 중국의 연령대별 비율(밑에서부터 14세이하, 15~64세, 65세이상)

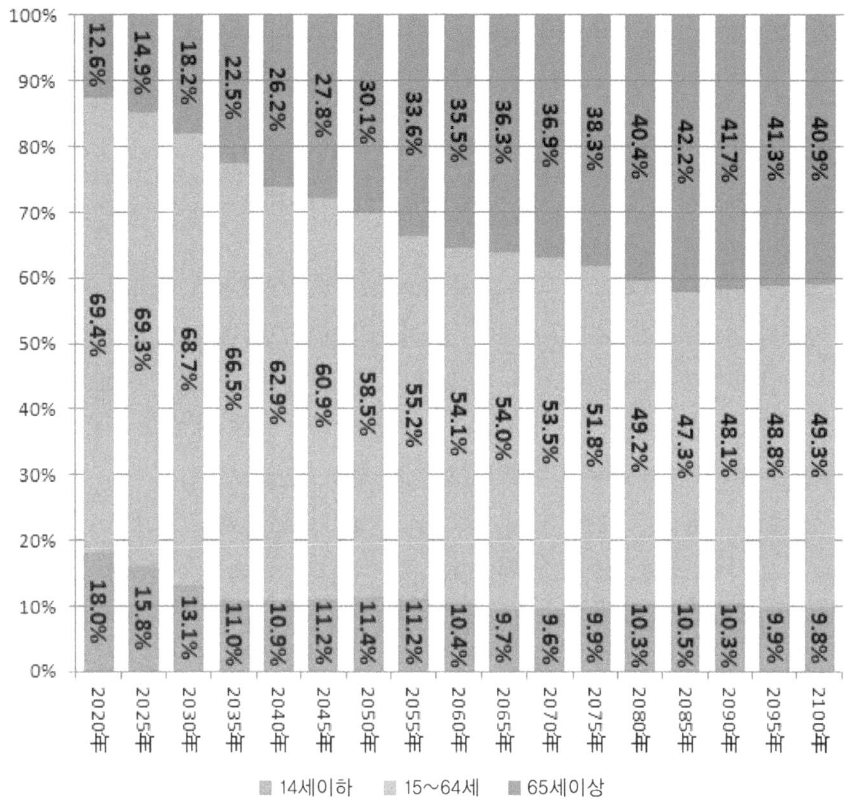

※ 자료 : UN(2022); https://news.yahoo.co.jp/expert/articles:2023.6.12,

제 2 절

고령화와 주요 국가의 현황

I. 고령화

1980년대 이후 OECD[1] 국가를 중심으로 진행되어왔던 고령화의 물결은 비록 정도의 차이는 있겠지만, 지금은 전 지구적 현상으로 부각되고 있다. 즉, 20세기 중반기 이후 OECD 국가를 중심으로 급속히 진행되었던 고령화의 추세는 이제는 발전도상국으로까지 나타나기 시작함으로써, 현대 사회는 마침내 「노인의 시대」 또는 「고령사회의 서막」으로까지 불려 지게 되었다.

그리하여 오늘날 인류 사회는 지금까지 경험하지 못했던 빠른 고령화와 고령층의 급증 및 이에 따른 다양한 형태의 인구 문제, 특히 노인 문제 등에 직면하게 되었으며, 이에 대한 대안 모색이 복지국가를 지향하는 현대 국가의 중요한 현안 과제로 나타나게 되었다.

인류 사회는 산업혁명 이후 급속한 경제 성장과 더불어, 공중·위생시설의 확충, 영양공급체제의 개선 등을 통한 건강 개선에 더하여, 보건·의료기술의 발달 등에 힘입어 평균 수명까지 늘어나면서, 인구 증가에 대하여 고령층의 규모가 상대적으로 급증하는 현상을 맞이하게 되었다.

이와 같은 흐름은 OECD 국가를 넘어서서 전 지구적 현상으로 광범위하게 진행됨으로써, 고령화와 이에 따른 노인문제는 현대 사회가 앉게 된 시대적 현안 과제로 자리하게 되었다(정재욱, 2015; 2017).

이와 같은 흐름에 즈음하여, UN은 고령화와 관련된 일련의 입장을 제시하

1) OECD(Organization for Economic Cooperation and Development, 경제협력개발기구)는 상호정책조정 및 정책협력을 통해 회원각국의 경제사회발전을 공동으로 모색하고 나아가 세계경제문제에 공동으로 대처하기 위한 정부 간 정책연구·협력기구이다. 1961년 9월 30일 파리에서 발족하였으며, OECD는 서방세계 전체의 경제성장과 세계경제발전을 목적으로 하고 있으며, 회원국은 유럽국은 물론 유럽 이외의 미국, 캐나다 등과 같은 서방 선진국 모두를 회원국으로 하고 있다. 한국은 1996년 12월에 29번째 회원국으로 기입하였다.

였던 바가 있었는데, 이를 대변하여 주는 것이 1956년에 발표되었던, 소위 「The Aging of Population and it's Economic and Social Implication」라는 보고서 및 관련 내용이었다. UN은 동 보고서를 통하여, 65세 이상 고령자의 비율이 전체 국민 대비 4% 미만인 경우는 「젊은 인구」, 4%에서 7% 미만은 「성숙의 인구」, 7% 이상은 「고령화의 인구」라고 규정하였다.

이와 같은 내용은 특정 지역이나 국가의 고령화의 현상을 이해함에 있어서 비록, 절대적 기준은 되지 못할지라도 중요한 지표로써 작용하고 있다. 그리하여, 오늘날에는 65세 이상자의 비율이 전체 국민 대비 7%에서 14%까지의 사회 또는 지역을 「고령화사회」, 14%를 넘어서면 「고령사회」(aged society)로 불려진다.

한편, 고령사회로 전환된 이후에도 고령화는 지속되어 고령화율이 20%를 초과하는 지역 또는 국가 등이 나타나면서, 이와 관련하여 소위 「초고령사회」 또는 「후기고령사회」(post－aged society)와 같은 용어까지 등장하게 되었다.

이때, 초고령사회에 대한 입장은 고령화사회나 고령사회와는 달리 아직까지 UN 등에 의한 명확한 합의에는 이르지 못한 상태이다. 따라서 관계 기관이나 연구자에 따라서 고령화률 20% 또는 21%를 그 기준으로 삼고 있으며, 국내에서는 20%를 기준으로 삼는 경향이 높다(정재욱, 2015; 增田雅暢, 2014; 全國社會福祉協議會, 2023)[2)]

한편, UN이 제안하였던 이와 같은 내용과는 별도로 노인 및 고령화 등에 대한 의미와 기준은 시대와 국가에 따라서 차이를 보일 수도 있다. 이와 같은 현상은 특히, 최근 들어 고령화가 매우 빠르게 진행되고 있는 국가나 지역사회를 중심으로 자주 나타나고 있다. 이와 관련된 최근의 일부 흐름을 간단히 살펴보면 다음과 같다.

예컨대, 한국 사회의 경우, 매우 빠르게 진행되고 있는 고령화 및 고령층의 규모 급증에 즈음하여, 2015년 5월에 「대한노인회」를 중심으로 토론회를 개최, 이를 통하여 노인의 기준 연령을 기존의 60~65세에서 70세로 상향 조정할 것을 제안하였던 바가 있었다(조선일보, 2015.05. 26).

2) 국내는 고령화율 20%를 후기고령사회의 기준으로 봄. 다음 자료 참조 요망. 「The United Nations defines a country as 'ageing' if the share of its population aged 65 and above crosses 7%. It is considered 'aged' if the share exceeds 14%. Once the share reaches 21%, it is 'super aged'」;https://www.google.com/search?q=post－aged+society&sca_esv=565570927&hl.

정부는 이와 같은 흐름에 부응하여, 노인의 기준 연령을 70~75세로 높이는 방안과 함께 이에 따른 정년제도 등의 조정(안)이 담긴 소위 「대한민국 중장기 정책과제」를 발표한 바도 있었지만, 이와 같은 내용이 법제도화로 연계되기까지는 사회적 여건이 동반 성숙되지 못하여 제도화에는 성공하지 못했다.

한편, 최근 들어 세계적으로 매우 빠른 고령화 추세를 보이고 있는 일본 사회 역시, 1990년대 이후 급속히 진행되었던 저출산 및 고령화 등에 직면하여, 소위 「소자고령사회」(少子高齢社會, 저출산고령사회), 「장수사회」 등과 같은 사회 흐름을 반영하는 용어까지 만들어가면서, 노인 문제에 대한 새로운 접근을 시도하였다.

그와 같은 흐름의 연장선상에서 일본은 2000년 4월 1일부터 개호보험제도(介護保險制度)를 도입·시행하게 되었고, 이를 통하여 기존에 사용하여 왔던 '노인'이란 용어를 대신하여 '고령자'라는 용어를 공식적으로 사용하게 되었고, 노인복지의 기본 이념도 기존의 원호·갱생·지도와 같은 행정기관 중심적인 지도·관리 지향적 모습에서 이제는 고령자의 자립 지원 및 자기결정권을 존중하는 방향, 즉 고령자 지향적 지원 방향으로 정책 전환을 도모게 되었다(정재욱, 2017; 社會福祉士養成講座編集委員會, 2017a).

한편, 고령화의 변동 추이와 관련하여, 1950년대 이후 진행되고 있는 전 지구적 차원의 관련 현황을 간단히 정리하면 <표1-5>와 같다. 앞에서도 지적하였듯이 고령화사회 등에 관한 기준을 제시하였던 UN의 관련 보고서가 발간되었던 1956년 당시만 하여도, OECD 국가의 평균 고령화율은 7.9% 수준이었고, 세계의 평균 고령화율은 5.2% 수준이었다.[3)]

---

3) 당시 UN이 7%를 고령화사회의 기준으로 삼았던 이유의 하나는 당시 OECD 국가의 평균 고령화율이 7.9%이었다는 점도 지적된다(増田雅暢, 2014).

표 1-5 세계인구 동향(단위, 천명, %, 세)

구분	1950년	2020년	2060년
총인구	2,499,322	7,840,953	10,067,734
65세 이상인구수	128,208	739,478	1,882,275
65세이상인구비율	5.1	9.4	18.7
OECD국가(%)	7.7	19.3	28.2
발전도상국가(%)	3.8	7.4	16.4
평균수명(남/여)	44.6/48.4	69.4/74.8	75.9/80.8
합계출산율	4.86	2.35	2.06

※ 자료 : UN(2022); 内閣部(2022).

하지만 이후 시간이 지나면서 고령화가 급속히 진행되어, 2005년도 OECD 국가의 평균 고령화율은 15.3% 수준으로써 OECD 국가는 당시 이미 고령사회로 전환되어 있었고, 발전도상국 역시 당해 연도의 고령화율이 5.5%까지 증가하였다. 나아가 2005년 당시 세계의 평균 고령화율이 7.0%로써, 전 지구는 이미 2005년을 기점으로 고령화사회로 전환되어, 「고령화된 지구촌」의 모습을 보이기 시작하였다.

이후에도 고령화의 증가 추세는 지속되어 2020년에 세계 평균 고령화율이 9.4%, 2030년경에는 11.8%, 2040년경에는 14.5%에 이르러, 마침내 지구 전체가 하나의 「고령사회」로 전환될 것으로 지적된다. 물론, 이후에도 이와 같은 증가 추세는 지속되어 2050년에는 약 16.5%, 2060년에는 18.7%까지 도달할 것으로 평가된다(UN, 2022; 總務省統計局, 2023).

한편, UN의 최근 자료에 따르면 2021년 현재 세계의 평균 고령화율은 9.6%로 나타나고 있는데, 이와 같은 수치는 2007년도의 한국 사회의 고령화율 9.8%(통계청, 2023)과 유사한 수준으로 볼 수 있다. 따라서 2021년 현재의 전 세계의 고령화 수준은 2007~8년경의 한국 사회의 모습과 매우 유사한 양상으로 보아도 좋을 것이다.

한국 사회가 직면하고 있는 고령화와 이를 둘러싼 일련의 내용에 대해서는 관련 영역에서 보다 자세히 다루겠지만, 여기서는 지금까지의 논의를 이어가는 차원에서 한국 사회의 고령화 변동 추이를 간단히 정리하면 <표1-6>과 같다.

먼저 한국의 경우, 2000년에 고령화율이 7.0%에 도달하여 '고령화사회'로 진입하였고, 이후 빠른 증가 추세가 유지되어 2005년 8.9%, 2010년 10.8%, 2015년 12.8%, 2018년에 14.1%에 도달하여 '고령사회'로 진입, 2020년 15.7%, 2025년을 전후하여 20.3%를 초과하여 마침내 '초고령사회'로 진입할 것으로 평가된다.

물론, 그 이후에도 증가 추세는 지속되어 2030년경 25.5%, 2040년경에는 34.4%까지 도달하여, 한국은 지구상에서 가장 높은 수준의 고령화율과 초고령사회의 모습을 보일 것으로 지적된다. 이와 같은 흐름에 비추어 볼 때, 향후 한국사회가 직면하게 될 고령자 문제의 심각성을 충분히 엿볼 수 있을 것이다(구체적인 내용은 관련 부분이서 논의함).

따라서 한국 사회를 비롯하여 인류사회는 조만간 빠른 고령화, 고령층의 급증, 이를 둘러싼 관련 문제, 특히 노인문제 또는 과제는 시대적 현안 과제로 부각될 것으로 전망된다.[4)]

표 1-6 한국 사회의 고령화 추이(연도, %)

연도	'60	'70	'80	'90	'00	'10	'15	'20	'25	'30	'40
비율(%)	2.9	3.1	3.8	5.1	7.2	10.8	12.8	15.7	20.3	25.5	34.4

※ 자료 : 통계청(2022) 및 관련 통계 자료 재정리

Ⅱ. 대륙별 고령화 현황

전 지구적 차원에서 진행되고 있는 고령화의 변동 추이에 대한 이해의 폭을 넓히는 차원에서, 대륙별 관련 현황을 2021년 현재 기준으로 다시 살펴보면 <표1-7>과 같다(UN, 2022).

4) 본서에서는 고령시대의 의미를 UN에서 규정하였던 고령화사회 및 고령사회 등이 형성·작동하는 사회현상을 포괄하는 광의적 의미로 사용하며, 이를 장수사회로 불러도 좋을 것이다.

표 1-7 대륙별 고령화 현황(2021년 현재, 백만 명, %)

지역 · 지구	인구				성별		성비
	전체	0~14세 미만	15~64세	65세 이상	남	여	남/여
전세계	7,875(100.0)	1,992(25.3)	5,130(65.1)	753(9.6)	3,970	3,905	101.7
아프리카	1,373(100.0)	551(40.1)	774(56.3)	49(3.6)	686	687	99.9
동아프리카	457(100.0)	189(41.4)	254(55.6)	14(3.0)	227	230	98.6
중앙아프리카	185(100.0)	83(44.8)	97(52.4)	5(2.8)	92	93	99.6
북아프리카	251(100.0)	82(32.6)	154(61.5)	15(5.9)	126	125	101.0
남아프리카	68(100.0)	20(29.3)	45(65.2)	4(5.5)	34	35	96.8
서아프리카	412(100.0)	177(42.9)	224(54.2)	12(2.8)	208	205	101.4
라틴아메리카	660(100.0)	156(23.6)	443(67.2)	61(9.2)	324	335	96.8
카리버연안국	44(100.0)	10(23.7)	29(65.5)	5(10.8)	21	22	97.5
중앙아메리카	182(100.0)	48(26.5)	120(66.0)	14(7.5)	89	93	96.1
남아아메리카	434(100.0)	97(22.4)	298(67.8)	43(9.8)	214	220	96.9
북아메리카	371(100.0)	67(18.0)	241(64.8)	64(17.2)	184	187	98.0
아시아	4,680(100.0)	1,088(23.3)	3,164(67.6)	428(9.1)	2,393	2,287	104.6
동아시아	1,683(100.0)	286(17.0)	1,165(69.2)	232(13.8)	858	825	103.9
남중아시아	2.038(100.0)	555(27.2)	1,354(66.4)	129(6.3)	1.049	988	106.2
남동아시아	675(100.0)	168(24.9)	457(67.7)	50(7.4)	337	338	99.7
서아시아	284(100.0)	79(27.9)	188(66.1)	17(6.0)	149	135	110.0
유럽	748(100.0)	120(16.0)	482(64.5)	146(19.5)	361	387	93.5
동유럽	292(100.0)	50(17.0)	192(65.7)	51(17.3)	138	155	88.8
북유럽	107(100.0)	19(17.5)	68(63.4)	20(19.2)	53	54	97.7
남유럽	152(100.0)	21(13.7)	98(64.6)	33(21.7)	74	78	95.6
서유럽	197(100.0)	31(15.6)	12463.3()	42(21.2)	97	100	96.7
오세아니아	43.2(100.0)	10.2(23.6)	27.4(63.4)	5.6(13.0)	21.6	21.6	100.2

※ 자료 : UN(2022).

먼저, 2021년도 현재 전 세계 인구는 7,875백만 명이며, 그 중에서 0~14세는 1,992백만 명으로써 총인구 대비 25.35%(2016년 26.0%)이고, 15~64세는 5,130백만 명으로써 총인구 대비 65.1%, 65세 이상자는 753백만 명으로 총인구 대비 약 9.6%로 되어있다.

2021년도의 고령화률 9.6%는 2016년도의 8.5%와 비교하여 보면,[5] 동 기간에 약 1.1% 증가하였으며, 인구수로는 약 1억 2천만 명이 증가한 것으로 볼 수 있다. 이와 같은 규모는 2021년 현재 일본의 총인구수와 비슷한 수준에 해당한다.

남·녀 간의 상대적 비율을 보면, 약 101.7로써 남자가 여자보다 약간 많으며, 이와 같은 양상은 아시아권에서 상대적으로 더욱 잘 나타나고 있다.

한편, 고령화의 추이에 대한 최근의 흐름을 살펴보는 차원에서, 2010년 이후의 관련 현황을 살펴보면, 2013년에 8.0%, 2016년에 8.5%, 2021년에는 9.6%로써 지속적인 고령화 증가 추세가 뚜렷하게 나타나고 있다. 이와 관련하여 대륙별 및 지역별 현황을 간단히 살펴보면 다음과 같다.

1) 아프리카 대륙

아프리카 대륙의 인구 현황을 살펴보면, 2021년 현재 총인구는 1,273(백만, 100.0%)명으로써, 세계 총인구 7,875(백만)명 대비 약 17.5%를 나타나고 있다. 아프리카 인구를 연령대별로 재구분하면 0~14세가 551(백만)명으로 아프리카 총인구 대비 약 40.1%, 15~64세는 774(백만)명으로 56.3%, 그리고 65세 이상자는 49(백만)명으로 3.6%를 나타나고 있다. 남·녀 간의 상대적 비율은 약 99.9%로 비슷한 규모를 보이고 있다.

따라서, 아프리카 대륙은 2021년 현재 지구상에서 고령자의 비율이 가장 낮은 지역, 달리 말하면 청·장년계층의 비율이 상대적으로 가장 높은 대륙으로 볼 수 있다. 이와 같은 현상은 아프리카 대륙 중에서도 특히 중앙아프리카와 서아프리카 지역을 중심으로 더욱 강하게 나타나고 있다. 이들 지역은 2021년 현재 고령화율이 2.8% 수준으로, 고령화율이 세계에서 가장 낮은 지역으로 지적된다.[6]

---

5) 2016년의 통계치는 다음을 참조(정재욱, 2018).

6) 이와 같은 수치는 1960년대의 한국 사회의 현황과 유사한 수준이다.

따라서 아프리카 대륙은 향후 지구상에서 인구 증가를 견인할 대륙, 생산가능인구가 상대적으로 풍부한 '젊은 대륙', 인적·물적 차원에서의 '시장 확대 가능성'이 매우 높은 대륙으로 자리매김할 것으로 평가된다.

빠른 고령화와 고령층의 급증, 생산가능인구의 감소 등이 급속히 진행되고 있는 한국 사회의 경우, 향후 지속가능한 국가사회의 기반 구축과 관련하여, 아프리카 대륙 및 인구 추이는 많은 시사점을 줄 것으로 본다.

특히, 인구감소에 따른 지역소멸위기론이라는 용어까지 등장하고 있는 한국 지역사회의 경우, 아프리카 대륙 및 관련 인구 등에 대한 보다 체계적이며 종합적인 차원의 접근과 대책 마련이 매우 긴요한 과제가 될 것으로 본다.

2) 라틴아메리카 지역

당해 지역은 크게, 카리버해 연안국, 중앙아메리카, 남아메리카의 지역으로 재구성되며, 이들 중에서 가장 많은 인구를 보유하고 있는 지역은 남아메리카 지역이다. 라틴아메리카지역 전체의 인구 현황을 살펴보면, 2021년 현재 총 660(백만, 100.0%)명이며, 그 중에서 0~14세가 156(백만)명으로 23.6%, 15~64세가 443(백만)명으로 67.2%, 그리고 65세 이상자가 61(백만)명으로 9.2%를 나타내고 있다. 한편, 남·녀간의 상대적 비율은 약 96.8%로써 여성이 상대적으로 많은 편에 속한다.

당해 지역의 경우, 전체적으로는 고령화율이 9,2%로써 이미 고령화사회에 진입한 상태이며, 그 속도 역시 빠르게 진행되고 있다. 이와 같은 흐름은 당해 지역 중에서도 특히, 카리버해 연안지역에서 더 잘 나타나고 있다. 동 지역의 경우, 2021년 현재 고령화율 10.8%로써, 시역 전체의 평균치 9.2%를 크게 웃돌고 있음이 이를 반증한다.

이에 비하여 중앙아메리카지역의 경우, 동 연도의 고령화율은 7.5%로써 다른 지역에 비하여 상대적으로 낮을 뿐만 아니라, 14세 미만 집단의 비율 역시 26.5%로써 전체 평균 23.3%를 크게 웃돌고 있다. 따라서 당해 지역은 향후 상당기간에 걸쳐 라틴아메리카의 다른 지역에 비하여 상대적으로 많은 청·장년계층을 유지할 것으로 평가된다.

3) 북아메리카 지역

북아메리카 지역은 기본적으로 미국과 캐나다를 중심으로 하고 있다. 당해 지역의 경우, 2021년 현재 총인구는 371(백만, 100.0%)명이며, 그 중에서 0~14세가 67(백만)명으로 18.0%, 15~64세가 241(백만)명으로 64.8%, 65세 이상자가 64(백만)명으로 17.2%로 나타나고 있다. 한편, 남·녀의 비율은 약 98.0%로써 여자가 상대적으로 조금 많은 편이다.

당해 지역은 이미 고령사회로 상당 수준 진행되고 있으며, 그 속도 역시 빠르게 진행되고 있다. 당해 지역의 경우, 2016년 현재 고령화율이 15.2%이었지만 2021년 현재 고령화률이 17.2%로써, 그 동안 약 2% 이상 증가하였으며, 그와 같은 추세는 지속될 가능성이 높다.

한편, 빠르게 진행되고 있는 인구 고령화, 고령층의 급증 및 생산가능 연령층의 감소 등을 경험하고 있는 국가들의 경우, 당해 지역에서 시행되고 있는 이민정책에 대하여 보다 새로운 관점, 예컨대 일정 수준의 인구규모 유지 및 생산가능 인력 확보 등과 관련하여 이들의 이민정책을 주의 깊게 살펴볼 필요가 있을 것이다.

예컨대, 고령화 및 고령사회로의 빠른 진행에 노출되어 있는 독일이나 일본사회의 관심과 제도 운영 등도 이와 같은 흐름을 상당 수준 반영한 것으로 볼 수 있을 것이다. 한국 사회 역시 이와 같은 흐름을 외면하기는 어려운 국면을 맞이하고 있다고 본다(정재욱, 2018; 2022).

4) 아시아 지역

지구상에서 가장 많은 인구를 보유하고 있는 대륙이 아시아 대륙이다. 아시아 대륙의 인구 현황을 정리하면 다음과 같다. 아시아 대륙의 경우, 2021년 현재 총인구는 4,680(백만, 100.0%)명이며, 그 중에서 0~14세가 1,088(백만)명으로 23.3%, 15~64세가 3,164(백만)명으로 67.6%, 65세 이상자가 428(백만)명으로 9.1%를 보이고 있다. 남·녀의 비율은 약 104.6%로써 남성이 여성보다 상대적으로 많은 편에 속한다.

고령화의 현황은 2021년 현재 9.1%로써 아시아 대륙 역시 이미 고령화사회에 진입하였으며, 그 흐름은 빠르게 진행되고 있다. 아시아 대륙의 고령화율 추이를 보면, 2016년의 7.8%에서 2021년 현재 9.1%로써, 동 기간에 약 1.3% 증가하였다. 2021현 현재 아시아 대륙의 고령화율은 2005년 현재 한국 사회의 고령화율 9.1%와 유사한 수준이다(통계청, 2014; 정재욱, 2018). 따라서 2021년 현재 아시아 대륙의 고령화 수준은 2005년도 한국의 수준으로 보아도 좋을 것이다.

한편, 아시아 대륙의 경우, 면적도 매우 넓을 뿐만 아니라, 문화적 특성 역시 지역별로 상당한 차이를 보이고 있으며, 고령화 역시 지역별로 많은 차이를 보이고 있다. 예를 들면, 아시아 대륙 중에서도 상대적으로 일찍 근대화·산업화가 진행되었던 일본·한국·홍콩·싱가포르 등과 같은 동아시아 지역은 2021년 현재 고령화율이 13.8%로써 오세아니아 지역의 13.0%보다 높게 나타나고 있다.

이에 비하여, 다른 지역은 2021년 현재 6.0~7.4% 수준으로, 라틴아메리카보다도 고령화율이 낮게 나타나고 있다. 따라서 아시아 대륙의 경우, 동아시아 지역을 제외하고는 지구상에서 아프리카 다음으로 낮은 수준의 고령화율을 보이고 있음을 알 수 있다.

동아시아 지역의 경우, 조만간 고령사회로 전환될 것으로 전망되며(사실상, 2023년 현재 고령사회로 전환), 나아가 청·장년층을 중심으로 한 생산가능연령층(15~64세)의 감소 현상 역시 부각될 것으로 전망된다.

이에 비하여, 아시아 대륙의 다른 지역, 특히 인도·인도네시아·파키스탄·방글라데시·필리핀·베트남 등과 같은 지역 및 국가는 상대적으로 낮은 고령화율과 높은 출산율로 인하여, 향후 세계적 인구 대국으로 자리매김하게 될 뿐만 아니라, 생산가능연령층의 비중이 상대적으로 높은 소위 '젊은 국가'로 전환될 것으로 평가된다.

5) 유럽 지역

유럽 지역은 2021년 현재 지구상에서 가장 고령화의 수준이 높은 지역, 즉 가장 고령화된 지역으로 평가된다. 유럽 대륙의 경우, 2021년 현재 총인구 748(백만, 100.0%)명으로, 그 중에서 0~14세가 120(백만)명으로 16.0%, 15~64세가 482(백만)명으로 64.5%, 65세 이상자가 146(백만)명으로 19.5%를 보이고 있다. 남·녀의 비율은 약 93.5%로써 지구상에서 여자의 비율이 상대적으로 가장 높은 지역에 해당된다.

유럽 대륙은 북미 지역과 함께 고령사회로 진입한지 벌써 수년이 지났으며, 그와 같은 속도 역시 다른 대륙에 비하여 빠르게 진행되고 있다. 이와 같은 흐름은 북미 지역보다 유럽대륙이 더 심한 편이다.

이와 같은 경향은 유럽 대륙 중에서도. 특히 남유럽과 서유럽지역에서 더 심하게 나타나고 있다. 이들 지역의 경우, 2021년 현재 고령화율은 21%를 초과하여, 지금까지 인류 사회가 경험하지 못했던 초고령사회에 진입하였으며, 그와 같은 흐름은 지속되고 있다.

이에 비하여, 구(舊)공산권에 속하였던 동유럽 지역의 경우에는 2021년 현재 고령화율이 17.3%로써, 유럽의 다른 지역에 비하여 상대적으로 고령화의 수준이 낮은 편에 속한다. 한편, 동 지역의 경우에 인구 구성과 관련하여 주목되는 부분의 하나는 유럽의 다른 지역은 물론이고, 지구상의 다른 지역과 비교하여서도 여성의 비율이 상대적으로 가장 높게 나타나고 있다는 점이다. 예컨대, 2021년 현재 동 지역의 남녀의 비율은 88.8%로써 지구상에서 여성의 비율이 가장 높게 나타나고 있다.

6) 오세아니아 지역

당해 지역은 크게 호주·뉴질랜드, 멜라네시아, 미크로네시아 및 폴리네시아로 구성되어있는데, 그 중에서 호주·뉴질랜드가 당해 지역 총인구의 압도적 다수를 차지하고 있다. 따라서 여기서는 4개 지역으로 나누어 설명하기보다는 총체적으로 이를 설명하기로 한다.

당해 지역의 경우, 2021년 현재 총인구는 43.2(백만, 100.0%)명이며, 그 중에서 0~14세가 10.2(백만)명으로 23.6%, 15~64세가 27.3(백만)명으로 63.4%, 65세 이상자가 5.6(백만)명으로 13.0%인데, 이와 같은 양상은 동아시아 지역과 유사한 수준으로 볼 수 있다. 남·녀의 비율은 약 100.2%로써 남녀의 비율이 비슷하게 나타나고 있다.

요약컨대, 지금까지 살펴본 바와 같이, 세계는 이미 '고령화사회'로 전환되었으며, 그와 같은 흐름은 유럽, 북아메리카, 오세아니아, 동아시아지역 등을 중심으로 더욱 가속화되고 있다. 따라서 지금과 같은 흐름이 지속되면, 전 세계는 조만간 '고령사회의 지구촌', '노인사회의 지구촌'으로 변모할 것으로 볼 수 있다.

이와 같은 흐름에 비추어 볼 때, 조만간 아프리카 지역과 동아시아를 제외한 아시아 지역은 생산가능인력자원 등과 관련하여 세계적으로 많은 주목을 받을 수 있을 것으로 본다. 예컨대, 아프리카 지역의 경우, 2021년 현재 고령화율이 3.6% 수준에 머물러, 향후 상당 기간에 걸쳐 지구상에서 '젊은 대륙'으로 그 역할이 재구성될 수 있을 것으로 본다. 즉, <표1-2>에서도 제시하고 있듯이, 2050년경에는 세계 인구 대국 15위권에 아프리카 지역은 나이지라아를 비롯하여 무려 5개 국가의 이름이 나타나고 있다.

한편, 아시아 대륙의 경우, 비교적 일찍부터 근대화·산업화가 진행되었던 동아시아 지역을 제외하고는 2021년 현재 고령화율이 약 6~7% 수준에 지나지 않는다. 인구 규모의 측면에 있어서도 인도는 2023년을 지나면서 중국을 넘어서게 되었고, 인도네시아. 파키스탄, 방글라데시 등도 2~3억 명, 필리핀과 베트남 역시 1억 5천만 명에 달하는 인구 대국의 반열에 들어갈 것으로 전망된다.

이와 같은 차원에서 볼 때, 급속한 고령화와 초저출산이 지속되고 있는 한국 사회의 경우, 생산가능인구의 확보를 위해서는 물론이고, 지속가능한 시장 확보 등과 관련하여서도, 이들 지역이나 국가들에 대한 체계적이며 종합적 차원의 연구와 접근이 긴급한 현안 과제가 될 것으로 본다.[7]

Ⅲ. OECD 주요 국가의 고령화

앞의 논의에 이어서 OECD 주요 국가의 고령화 관련 현황을 간단히 살펴보면 다음과 같다. 이와 관련, 2023년 현재 세계적으로 고령화율이 가장 높은 일본은 비교·시사적 차원에서 서구사회 및 아시아 지역 모두에 포함시켜 이를 살펴보기로 한다.

고령화 현황에 대한 세계적 차원의 흐름은 <표1-5>에서도 제시하였듯이, 2020년 현재 세계의 평균 고령화율은 9.3%이며, OECD 국가의 평균 고령화율은

7) 이와 같은 측면에서 한국 사회의 경우, 중·장기적 관점에서 이들 지역에 대한 종합적·체계적 연구 및 관련 인력 양성 등이 보다 활발하게 이루어져야 할 것으로 본다.

19.3%로써, OECD 국가는 이미 높은 수준의 고령사회로써 전환되어 있으며, 발전도상국가 역시 고령화율 7.4%로써 고령화사회로 전환되어 있음을 알 수가 있다(UN, 2022; 內閣部, 2022).

한편, OECD 국가들 중에서도 고령화율이 상대적으로 높은 일본과 서구 사회의 주요 국가들의 관련 현황을 다시 살펴보면 <표1-8>과 같다. 동 자료에 따르면, 서구 사회의 주요 국가들의 경우, 1950년대 초반기에 이미 고령화율 7%를 초과하여 고령화사회로 전환되었다.

이후 시간이 지나면서 고령화의 속도가 더욱 빨라져, 1990년에는 미국을 제외한 대부분의 OECD 주요 서구사회 국가들은 고령사회로 진입하였고, 2025년경에 이르면 영국과 미국을 제외한 대부분의 OECD 주요 국가들이 초고령사회로 전환될 것으로 평가된다.

한편 이와 같은 서구 사회의 국가들 중에서도 고령화가 상대적으로 빠르게 진행되고 있는 대표적인 국가가 독일, 이탈리아, 스페인 등이다. 이들 국가의 경우, 2040년경에는 고령화율이 30%를 초과하게 될 것으로 평가된다.

이탈리아와 스페인은 2040년 이후에도 고령화의 속도가 지속되어, 2060년경에는 고령화율이 35%까지 이르러, 사회 성원 100명 중에 약 35명 이상이 65세 이상의 초고령사회로 전환될 것으로 평가된다.

서구 사회의 국가들 중에서 프랑스, 영국, 미국 등은 고령화가 상대적으로 느리게 진행되는 것으로 평가된다. 특히, 미국의 경우에는 서구사회의 국가들 중에서도 고령화가 가장 서서히 진행되는 것으로 평가된다. 그와 같은 배경에는 다양한 요인이 자리하겠지만, 앞에서도 잠시 지적하였듯이 이민정책의 영향도 큰 위치를 차지하는 것으로 지적된다.

한편, 일본 사회의 관련 현황은 아시아 지역의 주요 국가의 고령화에 대한 논의에서 다시 살펴보겠지만, 여기서는 서구 사회의 주요 국가와의 관계에서 이를 간단히 언급하면 다음과 같다. 일본 사회의 고령화의 문제는 서구 사회 국가들에 비하여 비교적 늦게 부각되었다.

표 1-8 OECD 주요 국가의 고령화율 변동 추이(%)

구분	일본	미국	영국	독일	프랑스	이태리	스페인	스웨덴
1950	4.9	8.2	10.8	9.7	11.4	8.1	7.2	10.2
1960	5.7	9.1	11.8	11.5	11.7	9.5	8.2	11.8
1970	7.1	10.1	13.0	13.6	12.9	11.1	9.7	13.7
1980	9.1	11.6	14.9	15.7	13.9	13.4	11.2	16.3
1990	12.1	12.6	15.7	14.9	14.0	14.9	13.7	17.8
2000	17.4	12.3	15.9	16.5	16.1	18.3	16.9	17.3
2010	23.0	13.0	16.6	20.6	16.9	20.3	17.1	18.2
2020	28.6	16.6	18.7	21.7	20.8	24.0	20.3	20.3
2025	30.0	18.6	19.8	23.5	22.4	25.9	22.7	21.2
2030	31.2	20.3	21.5	26.2	24.1	28.6	25.7	22.2
2035	32.8	21.2	23.1	28.6	25.7	31.4	28.8	23.4
2040	35.31	21.6	23.9	29.1	26.9	33.8	32.0	24.1
2050	37.8	22.4	25.3	30.0	27.8	35.1	35.8	24.6
2060	38.1	24.1	27.0	30.5	28.5	34.3	34.6	26.7

※ 자료 : UN(2019); 內閣部(2022).

예를 들면, 일본은 서구 사회의 주요 국가들이 이미 고령화사회에 진입하였던 1950년에 고령화율 4.9%로써, 당시 일본 사회에서는 고령화는 현안 과제가 되지 못했다. 도리어 당시 일본 사회는 제1세대 베이비 붐(baby boom)으로 지적되는 소위 '단카이세대'(団塊世帯)가 나타났던 시점으로, 출생아동수의 급증을 경험하고 있었던 시대였다.[8)]

그러나, 1970년대를 지나가면서 일본 사회는 서구 사회의 어떤 국가보다도 빠른 속도로 고령화가 진행되었나. 예컨내, 1970년에 고령화율 7.1%로써 고령화사회로 진입한 이후, 이로부터 14년이 지난 1994년에 14%를 초과하여 고령사회로, 2005년 20%를 초과, 2022년 현재 29.1%로써 지구상에서 가장 높은 수준의 고령화율 및 초고령국가로 전환되었다(內閣部, 2022; 總務省統計局, 2023a; UN, 2019).[9)]

8) 단카이세대는 제2차대전 이후 일본 사회의 경제부흥이 본격적으로 나타나기 시작하였던 1947년부터 1949년까지(일부는 1950년까지) 태어난 세대를 지칭하는 용어이다. 아동의 출생 현황을 보면 1947년에 267만 8792명, 1948년에 268만 1624명, 1949년에 269만 6638명으로, 3년간의 출생아동수는 약806만 명을 넘어섰다. 동 수치는 厚生労働省의 관련 통계자료로부터 본인이 확인한 것임.

Ⅳ. ▸▸ 아시아 주요 국가의 고령화

앞에서도 살펴보았듯이, 아시아 대륙은 지구상에서 가장 넓은 면적과 가장 많은 인구, 매우 이질적인 정치·사회·문화적 배경에 더하여, 지역별로 고령화의 수준 역시 상당한 차이를 보여주고 있다. 따라서 여기서는 한국 사회와 정치·사회·문화적으로 비교적 교류가 빈번한 동아시아 및 동남아시아 지역 소재의 주요 국가를 중심으로 관련 현황을 간단히 살펴보면 <표1-9>와 같다.

표 1-9 아시아 주요 국가 고령화 추이

구분	1980	1990	2000	2005	2010	2015	2020	2025	2030	2050
일본	9.0	12.0	17.2	19.9	22.9	26.3	28.5	29.7	30.4	36.3
한국	3.9	5.0	7.3	9.3	11.1	13.1	15.8	19.3	23.7	35.1
홍콩	5.9	8.5	11.0	12.2	12.9	15.1	18.2	22.1	26.3	34.5
대만	4.3	6.2	7.6	9.7	10.3			18.6		29.8
싱가포르	4.7	5.6	7.3	8.5	9.0	11.7	15.1	22.9	23.3	33.9
중국	4.5	5.5	6.7	7.6	8.2	9.6	12.1	13.4	17.2	27.6
태국	3.7	4.6	6.6	7.1	8.9	10.5	13.0	12.9	19.5	30.1
말레이시아	3.6	3.8	3.9	4.4	4.9	5.9	7.0	8.7	9.9	16.8
베트남	5.3		6.4		6.5	6.7	8.0		12.4	21.0
인도네시아	3.6	3.8	4.7	4.8	4.9	5.2	5.9	8.0	8.4	14.0
인도	3.6	3.8	4.4	4.0	5.1	5.6	6.5	7.3	8.5	13.7
필리핀	3.2	3.2	3.2	3.9	4.2	4.6	5.1	6.5	6.7	9.7

※ 자료 : UN(2022); https://ja.wikipedia.org(2023.01.30),

먼저, 2020년 현재 관련 국가의 고령화율을 살펴보면 다음과 같다. 일본은 2020년 현재 고령화율이 28.5%로써 OECD 국가는 물론, 전체 아시아 지역에서도 가장 높은 수준의 고령화률을 보이고 있으며, 이어서 홍콩 18.2%, 한국 15.8%, 싱가포르 15.1%의 순서로 나타나고 있다.

9) 2023년 현재 고령화는 한국이 더 빠르게 진행되고 있다. 보다 구체적인 내용은 한국 사회에 대한 현황에서 설명하기로 한다.

따라서 이들 국가나 지역은 2020년 현재 이미 초고령사회 또는 고령사회로 전환되어있으며, 나아가 고령화 역시 빠르게 진행되고 있다. 이어서 태국 13.0%, 중국 12.1%, 베트남 8.0%로써, 이들 국가 역시 고령화사회의 초·중반기를 맞이하고 있다.

한편, 이와 같은 국가들에 비하여 인도 6.5%, 인도네시아 5.9%, 필리핀 5.1%로써 이들 국가는 상대적으로 매우 낮은 수준의 고령화율을 보이고 있다. 이들 국가들은 2020년 현재까지도 고령화사회에 진입하지 않은, 즉 상대적으로 매우 '젊은 인구 구조'를 가진 국가군으로 분류된다.

이와 관련하여 흥미로는 부분의 하나는 아시아 지역 중에서 상대적으로 보다 일찍 서구적 근대화·산업화를 경험하였던 일본, 한국, 대만, 싱가포르 등과 같은 동아시아 지역 및 국가의 경우, 아시아의 다른 지역 또는 국가에 비하여 상대적으로 높은 수준의 고령화률을 보이고 있다는 점이다.

이에 비하여, 동 시대의 필리핀, 인도네시아, 인도 등과 같은 남아시아 지역 국가들의 경우에는 동 시기의 아프리카 지역 국가들과 비교될 수준의 낮은 고령화율을 보여주고 있다.

한편, 아시아 소재 국가로써 압도적 수준의 인구 규모는 물론, 고령화와 관련하여 세계적으로 큰 주목을 받고 있는 국가가 중국이다. 중국은 2022년 11월을 기점으로 세계 제1위 초인구 대국의 지위를 인도에게 물려줌에 더하여, 빠른 고령화가 지속되어 2025년을 지나면서 거대한 인구 규모의 고령사회로 진입하게 될 것으로 전망된다.

이에 따라 중국의 생산가능인구(15~64세) 역시, 2015년에 67.6%로써 최고점을 보인 이후, 2020년경부터 감소하기 시작하여 2050년경에는 50.0%, 2100년경에는 46.9%까지 감소할 것으로 평가된다(UN. 2020).

여기에 더하여 총인구도 2030년경을 정점으로, 이후 감소하기 시작하여 2100년경에는 10억 명 수준으로 떨어질 것으로 전망된다. 물론, 상하이나 베이징과 같은 대도시권은 2015년 현재 이미 65세 이상의 노인 인구의 비율이 14%를 넘어서서, 고령사회로 진입한 것으로 지적되며, 도시 지역의 대부분이 사실상 2015년 현재 고령사회의 초기 단계에 진입한 것으로 평가된다. 따라서 중국의 경우, 향후 고령자 대책은 국가적 주요 현안 과제로 부각하게 될 것으로 평가된다(UN, 2022; https://ja.Wikipedia.org, 2023.01.30.).

한편, 한국 사회와 보다 밀접한 관계를 이루고 있는 국가들, 예컨대 일본, 싱가포르, 중국, 인도네시아, 필리핀, 태국, 인도를 중심으로 고령화 추이를 다시 살펴보면 <그림1-7>과 같다(2020년 이후의 수치는 추정치에 속한다).

그림 1-7 아시아 주요 국가의 고령화 추이

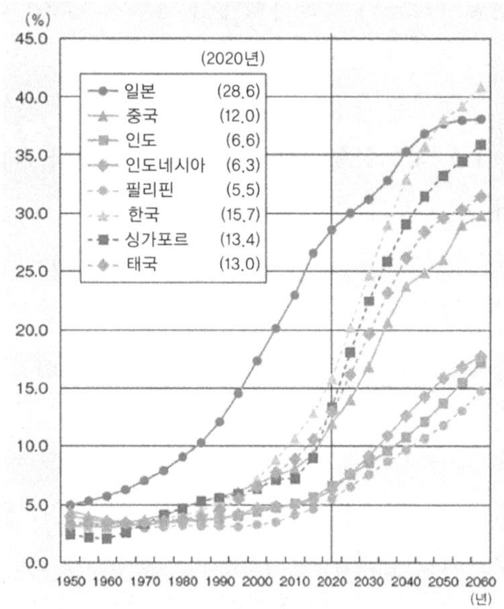

※ 자료 : UN(2019); 内閣部(2022),

동 그림을 통해서도 나타나고 있듯이, 일본, 한국, 싱가포르의 경우에는 빠르고 높은 수준의 고령화로 인하여 곡선은 가파른 기울기를 보이고 있지만, 필리핀, 인도, 태국 등은 느린 속도 및 낮은 수준의 고령화로 인하여 완만한 곡선을 보이고 있다.

한편, 한국의 경우, 그 동안 세계적으로 가장 높은 수준의 고령화율 및 빠른 고령화 속도를 보여주었던 일본을 2050년을 전후하여 추월할 것으로 지적되고 있다. 따라서 한국 사회는 빠른 속도의 고령화와 이에 따른 고령인구의 급증, 인구감소 등으로 인하여 인구문제 특히, 노인문제는 조만간 국가적 차원의 현안 과제의 하나가 될 것으로 평가된다.

V. 고령화 속도 : 배가 연수

고령화와 관련하여 고령화율에 이어서 주목을 받고 있는 또 하나의 논의는 고령화의 빠르기, 즉 고령화의 진행 속도이다. 고령화와 관련하여 논의할 때, 먼저 논의되는 것이 특정 국가의 고령화의 수준, 즉 고령화율이다. 그런데, 특정 국가의 고령화의 현황을 파악하고자 할 때, 이와 같은 고령화율에 더하여 다시 주목하게 되는 것이 현재 진행되고 있는 고령화의 속도이다.

이와 같은 고령화의 진행 속도는 당해 국가는 물론, 국제사회가 향후 직면하게 될 고령화의 현황을 이해함에 있어서 매우 중요한 역할을 한다. 고령화의 속도는 당해 국가 차원에서는 향후 전개될 고령화의 수준 및 이와 관련된 복지정책 등의 방향 설정과 관련하여 중요한 역할을 하게 되며, 국제사회적 차원에서는 국가 및 지역 간의 인구 이동의 방향을 비롯하여, 정치 · 경제적 역할 변화 등과 관련하여 중요한 지표로써의 역할을 하게 된다.

한편, 고령화의 진행 속도와 관련하여 인용되고 있는 중요한 지표(indicator) 중의 하나가 소위 「배가 연수」(double time, 倍加年數)이다. 이때, 배가 연수는 고령화율 7%의 고령화사회로부터 그것의 2배가 되는 14%의 고령사회로 진입하기까지 소요되는 기간(연수)을 의미한다.

이와 같은 배가연수의 차원에서 볼 때, 7%의 3배가 되는 21%를 초고령사회 또는 후기고령사회로 규정하고, 이것도 배가연수에 포함시킬 수도 있겠지만, 이에 대한 UN의 명확한 합의 사항은 아직 없는 상태이기 때문에, 배가연수는 기본적으로 고령화율 7%에서 14%에 이르는 기간으로 한정하는 경향이 강하다(全國社會福祉協議會, 2023).

이와 같은 차원에서 볼 때 배가 연수가 짧을수록 특정 국가의 고령화의 진행 속도는 상대적으로 빠른 것을 알 수 있으며, 나아가서 고령층 역시 상대적으로 급속히 증가할 수 있음을 엿볼 수 있게 하는 중요한 지표가 된다. 세계 주요 국가의 배가연수를 살펴보면 <표1－10>과 같다.

표 1-10 주요 국가의 고령화율 및 배가 연수

구 분	해당 연도		소요 연수
	7%	14%	
일본	1970	1994	24
한국	2000	2018	18
중국	2002	2026	23
싱가포르	2004	2021	17
프랑스	1864	1990	126
스웨덴	1887	1972	85
영국	1929	1975	46
독일	1932	1972	40
미국	1942	2014	72

※ 자료 : UN(2020); 国立社会保障·人口問題研究所2022)

<표1-10>에 따르면 서구 사회의 국가들 중에서 보다 일찍 고령화사회에 진입한 국가는 프랑스와 스웨덴 등이며, 이들 국가는 19세기 중·후반기에 벌써 고령화사회에 진입하였다. 이에 비하여 영국, 독일, 미국 등은 20세기 초·중반기에 고령화사회에 진입하였으며, 그 중에서도 특히 미국은 가능 늦은 1942년에야 비로소 고령화사회로 진입하였다.

한편, 배가연수의 관점에서 이들 국가의 고령사회로의 진입 시점을 다시 살펴보면 다음과 같다. 먼저, 프랑스와 스웨덴은 서구사회의 다른 국가에 비하여 고령화사회로의 전환 시점은 상대적으로 빨랐지만, 고령사회로의 전환 시점은 오히려 비슷하거나 늦게 이루어졌다. 특히, 프랑스는 상대적으로 매우 느려 7%에서 14%까지 이르는 기간이 126년이나 걸렸다.

이와 관련, 서구사회 국가들의 배가연수를 살펴보면, 프랑스 126년, 스웨덴 85년, 영국 46년, 독일 40년, 미국 72년으로 나타나고 있다. 서구사회 국가의 경우, 프랑스와 미국이 상대적으로 고령화가 보다 서서히 진행되는 것으로 알 수 있다. 즉 이들 국가의 경우, 고령층이 상대적으로 천천히 증가는 것으로 평가할 수 있다.

한편. 한국 사회와 상대적으로 보다 밀접한 관계를 이루고 있는 동아시아 지역사회의 배가연수를 살펴보면 다음과 같다. 당해 지역사회의 경우, 일본이 가장 빠른 시점인 1970년에 고령화사회로 진입하였고, 이어서 한국이 2000년, 중국이 2002년, 그리고 싱가포르가 2004년에 각각 고령화사회로 진입하였다.

한편, 당해 지역사회의 배가연수를 서구사회와 비교하여 보면 확연한 차이를 보이는 부분이 있는데, 이를 상징하는 것이 매우 짧은 배가연수이다. 예컨대, 고령화율이 7%에서 14%에 이르기까지 일본은 24년, 한국은 18년, 중국은 23년, 싱가포르는 17년으로 나타나고 있다. 이에 비하여 서구사회의 경우에는 가장 짧았던 독일도 40년이 소요되었고, 미국은 72년, 프랑스는 126년이 소요되었다.

따라서 동아시아 지역사회의 경우, 서구사회에 비하여 고령화사회로의 진입의 시점은 상대적으로 늦었지만, 그 이후의 진행된 고령화의 속도는 서구사회에 비하여 매우 빨랐음을 알 수 있다. 이와 같은 흐름에 비추어 볼 때, 동아시아 지역사회는 조만간 빠른 고령화와 이에 따른 급증하는 고령인구가 당해 국가와 사회의 중요한 현안과제가 될 것으로 본다.

한편, 한국 사회와 같이 초저출산율, 높은 고령화율, 인구 감소 등이 지속되고 있는 국가나 지역의 경우, 배가연수와 관련하여 다시 주목하게 되는 것이 미국의 사례이다. 즉, 미국은 서구사회 중에서도 고령화사회로의 진입이 가장 늦은 1942년이었고, 고령사회로의 진입 또한 가장 늦은 2014년으로써, 배가연수는 76여년이었다.

이와 같은 긴 기간의 배가연수는 한국 사회에 많은 시사점을 줄 수 있을 것으로 본다. 이와 같은 현상이 나타나게 된 배경에는 다양한 요인이 있을 수 있을 것이다. 예컨대, 미국의 합계출산율도 그 중의 하나일 수 있을 것이다.

예컨대, 2022년 현재 미국의 합계출산율은 약 1.70명이며, 한국은 0.90명, 세계 평균은 2.73명이다(UNFPA,2023.04.09). 따라서 이와 같은 미세한 수준의 합계출산율의 차이도 긴 배가연수에 어느 정도 영향을 미쳤을 것으로 볼 수도 있겠지만 그 정도에 대해서는 의문도 제기된다.

이와 관련, 주목되는 또 다른 요인의 하나는 미국사회에서 시행되고 있는 이민정책 및 관련 효과일 것이다. 즉, 미국 사회가 보여주고 있는 상대적으로 매우 느린 속도의 고령화의 배경에는 다소 높은 수준의 합계출산율과 함께 이민정책의 효과가 지적될 수 있을 것이다.

2020년 12월 현재 미국의 총인구 중에서 이민자의 총 규모는 50,632,836명이며, 그와 같은 규모는 미국이 압도적인 세계 제1위의 이민유입 대국임을 충분히 반증하는 것으로 볼 수 있을 것이다.

참고로 이민자가 많은 국가의 현황을 살펴보면, 미국에 이어서 독일이 15,762,457명이며, 사우디아라비아 13,454,842명, 러시아 11,636,911명, 영국 9,359,587명, 아랍연합국(UAE) 8,716,332명, 프랑스 8,524,876명, 캐나다 8,049,323명, 호주 7,685,860명, 스페인 6,842,202명, 이태리 6,386,998명 등이 그 뒤를 잇고 있다.

물론, 이와 같은 이민자의 수치는 1970년부터 2020년 말까지의 현황에 해당되며, 여기에 포함된 이민자는 원칙적으로 외국에서 태어났지만 지금은 당해 국가에 거주하거나, 또는 외국 국적자이면도 당해 국가에 거주하는 자 및 망명자와 난민을 포함한 수치에 해당된다(www.globalnote.jp).[10)]

위의 자료에 따르면 이민정책을 실천적·제도적 차원에서 시행하고 있는 국가는 대부분 서구사회 소속의 국가들이며, 미국은 말할 것도 없고 독일, 러시아, 영국, 프랑스, 캐나다 등도 1천 5백만에서 8백만 명을 상회하는 규모의 이민자를 포용하고 있다. 이에 비하여, 아시아 지역 국가의 경우, 국내 이민정책은 아직도 초보단계에 놓여있는 것으로 지적된다.

이와 같은 흐름 속에서 일찍부터 저출산·고령사회(少子高齢社會)를 맞이하고 있는 일본 사회는 인구 감소에 더하여 노동력 감소가 지속되는 상황에 즈음하여, 이에 대한 대응 방안의 하나로써 아시아 국가 중에서는 극히 예외적으로 이민정책을 긍정적으로 검토하고자 하는 흐름이 2000년 이후 정치권을 중심으로 나타나기도 하였다.

예컨대, 2008년에 당시 집권 여당이었던 자유민주당(自民黨) 소속의 '외국인 인재교류추진의원연맹'에서 향후 50년에 걸쳐 일본 총인구의 10% 정도, 즉 1000만 명 규모의 이민유치와 함께, 이를 관리하기 위한 이민청(移民廳)의 설치 등을 제안하기도 하였다. 나아가 2014년 3월, 제2차 아베(安倍) 내각은 향후 매년 20만 명 정도의 이민자를 수용하자는 정책안을 검토하기도 하였다(産經ニュース, 2014.03.13.).

10) www.globalnote.jp/p-cotime/?dno=3060&c_code=784&post_no=3818, 접속 : 2021.02.17.

이와 같은 흐름의 연장선에서 2016년 3월, 집권 여당인 자민당은 자체적으로 '노동력 확보에 관한 특명위원회'(労働力の確保に関する特命委員会)의 설치를 통하여, 이민시책과 관련하여 보다 진일보된 정책 방안을 모색하기도 하였지만(https://ja.wikipedia.org/移民政策,2018.02.15), 여전히 이민정책을 공식적 법제도화 하지는 못했다.

이를 대신하여 일본은 노동력이 상대적으로 부족한 사회적 활동 영역, 예컨대 단순노동·생산인력·개호인력(복지서비스인력) 등과 같은 영역에 대하여, 소위 '이민이 아닌 외국인 노동자'의 신분으로 이와 같은 노동력을 적극적으로 활용하고 있다.

이와 같은 차원에서 유입된 외국인 인력을 일본에서는「재유외국인」(在留外國人)이라는 명칭을 사용하고 있으며, 2022년 12월 현재 그 규모는 307만 213명으로써, 2021년도 대비 약 11.4% 정도 증가한 것으로 밝혀졌다(法務省出入國在留管理廳, 2023. 03. 24).

한편, <표1－10>에서도 제시하고 있듯이, 한국은 예시된 국가들 중에서도 배가연수가 가장 짧은 그룹에 속한다. 이와 같은 수치는 한국 사회가 직면하고 있는 매우 빠른 속도의 고령화의 진행을 의미한다. 한국은 2000년에 고령화사회에 진입한 이후, OECD 국가 중에서 최단 기간에 해당되는 18년이 지난 2018년(사실은 2017년 말)에 고령사회로 진입하였으며, 이후에도 고령화는 지속적으로 빠른 진행을 보이고 있다.

따라서 한국 사회의 경우, 빠른 고령화, 급증하는 고령층 인구, 청·장년층을 중심으로 한 감소하는 생산가능인력 등을 고려할 때, 향후 한국 사회의 지속가능한 국가발전방안 모색과 관련하여 이민정책에 대한 보다 적극적인 접근과 모색이 필요할 것으로 본다.

한편, 고령화 및 그 속도 등과 관련하여 주목되는 또 다른 시각은 특정 국가의 근대화 및 산업화와 관련된 경험과의 연관성이다(直井道子·中野いく, 2010). 예를 들면, 독일·일본·한국 등과 같이 소위 후발산업국가나 지역사회는 서구사회 및 다른 지역사회에 비하여 고령화의 속도가 상대적으로 빠르고 배가연수 역시 짧다는 것이다.

이와 흐름은 특히 동아시아 지역 사회을 중심으로 잘 나타나고 있다. 예컨대, 아시아 지역 중에서도 근대화와 산업화의 경험이 비교적 빨랐던 일본, 한국, 싱가포르, 대만, 홍콩, 상해, 마카오 등은 아시아의 다른 지역 사회에 비하여 고령화율도 높고, 고령화 속도 역시 상대적으로 빠르다.

이와 같은 차원에서 고령화 및 그 속도와 관련하여, 특정 지역 또는 국가의 산업화 및 근대화와 관련된 경험 및 관련 정책 등을 함께 살펴보는 노력도, 빠른 고령화 등에 대한 대안 모색과 관련하여 향후 중요한 정책적 과제가 될 수 있을 것으로 본다(정재욱, 2018; 2022).

제 02 장

고령사회와 노인복지 환경 변화

제 1 절

고령사회 등장 배경

앞에서도 살펴보았듯이 지금과 같은 흐름이 지속될 경우, 전 세계가 고령사회로 전환되는 것은 시간적 문제일 따름이지 멀지않은 시점에 현실화될 것으로 볼 수 있을 것이다. 인류 사회가 이와 같이 빠르게 고령사회로 전환되는 배경에는 다양한 요인이 있을 것이다.

하지만 여기서는 지금까지의 논의 내용에 의거하여 다음과 같은 요인을 중심으로 이를 살펴보기로 한다. 즉, ① 빠른 고령화와 고령인구의 급증, ② 여성의 합계출산율의 급감 및 ③ 인간의 평균 수명의 길어짐(신장) 등이다. 이와 같은 내용을 중심으로 이를 정리하면 다음과 같다.

I. 빠른 고령화 및 고령인구 급증

앞에서도 살펴보았듯이, 고령화는 오늘날 전 세계적 차원의 주요 관심사로 등장하고 있다. 이때, 이와 같은 고령화와 관련하여 오늘날 큰 주목을 받고 있는 흐름의 하나가 소위 「3S」로 상징되는 고령화의 진행 양상이다.

이때, 3S의 의미는 고령시대로 전환된 이후에도 여전히 빠르게 진행되고 있는 고령화의 빠른 속도(high speed), 더욱 확대되고 있는 고령층의 규모(larger scale), 그리고 75세 이상자와 같은 후기 고령층의 상대적 규모 급증(larger senior older)을 의미한다(仲村優一·秋山智久, 2001).

이와 같은 현상을 또 다른 측면에서 보면, 늘어난 고령층으로 인한 고령층의 노인복지욕구(needs)의 급증과 다원화, 이에 따른 고령자의 복지서비스에 대한 수요 확대 등이 나타나면서, 노인 복지영역은 이전 시대와 비교하기 어려울 정도로 복잡하고도 다양한 모습으로 전개될 것으로 볼 수 있다.

특히, 후기고령층의 급증에 따른 노인 간병·수발·장기요양(long-term care) 등에 대한 노인복지수요 및 관련 서비스의 확대와 이에 대한 효과적인 대응 방안은 조만간 인류 사회의 주요한 현안 과제로 부각될 것으로 평가된다(仲村優一·秋山智久, 2001).

한편, 앞에서도 살펴보았지만, 고령화의 진행 빠르기와 관련하여 인용되는 중요한 지표의 하나가 배가연수이다. 배가연수는 고령화사회의 기준이 되는 고령화율 7%에서 그것의 2배가 되는 고령화율 14%, 즉 고령사회에 도달하기까지 소요되는 기간(연수)을 의미한다. 따라서 이와 같은 기간이 짧을수록 당해 국가의 고령화의 진행 속도는 상대적으로 빠른 것으로 이해된다.

앞에서도 지적하였듯이 초고령사회에 대한 고령화율에 대한 합의된 기준은 아직 부족한 상태이다. 즉, 배가연수의 입장에서 보면, 7%의 3배수인 고령화율 21%로 볼 수도 있겠지만 명확한 합의는 부족한 상태이다. 따라서 초고령사회에 대한 고령화율의 경우, 학자나 연구자에 따라서는 20% 또는 21%로 제시하고 있으며, 한국에서는 20%를 기준으로 설명하는 경향이 강하지만, 명확한 근거를 제시하는 문헌은 귀한 편이다.

한편, 세계 주요 국가들이 보여주고 있는 배가연수를 살펴보면 <표2-1>과 같다. 이때, <표2-1>은 앞에서 살펴보았던 <표1-10>의 내용을 보완한 것으로 볼 수가 있다.

예컨대, 대상 국가와 배가연수 등을 보완하였으며, 나아가서 고령화율의 변화 과정을 보다 세분하여 제시하고 있다. 한편, 고령화의 진행 빠르기를 비교함에 있어서 고령화율 21%가 아닌 20%를 선택한 것은 배가연수의 입장보다는 비교의 시점을 좀 더 빠르게 하기 위한 것으로 볼 수 있다.

배가연수에 대해서는 앞에서 일정 수준 지적하였기 때문에, 여기서는 지금까지 언급되지 않았던 부분을 중심으로 이를 간단히 살펴보면 다음과 같다. 먼저, 스칸디나비아반도(Scandinavian Peninsula)에 소재하는 국가들 중에서 핀란드는 스웨덴이나 노르웨이에 비하여 고령화의 진행 속도가 상대적으로 빠르게 나타나고 있다.

예컨대, 핀란드는 7%에서 14%에까지 소요되는 기간이 서구사회 중에서도 상대적으로 매우 빠른 37년이지만, 이에 비하여 스웨덴과 노르웨이는 각각 85년 및 92년이라는 2배 이상의 기간이 소요되고 있다. 나아가서 14%에서 20%에 도달하는 기간도 핀란드는 41년이 예상되고 있지만, 다른 2 국가는 각각 72~4년으로써 여전히 큰 차이를 보이고 있다.

한편, 미국, 호주, 스웨덴, 노르웨이, 프랑스 등은 서구사회의 국가들 중에서도 고령화의 진행 속도가 상대적으로 느린 것을 엿볼 수가 있다. 예컨대, 고령화율이 7%에서 14%에 이르는 기간이 미국 72년, 호주 73년, 스웨덴 85년, 노르웨이 92년, 프랑스 115년으로 나타나고 있다.

이와 같은 숫치는 동아시아 소재 국가들과 비교하여 볼 때, 큰 격차를 보이고 있은데, 이는 동아시아 소재 국가들의 고령화가 상대적으로 얼마나 빠르게 진행되고 있는지를 엿볼 수 있게 한다.

표 2-1 주요 국가의 고령화율 및 배가 연수 추이

구분	고령화율의 추이						소요기간	
	7%	14%	20%	21%	25%	30%	7%→14%	14%→20%
싱가포르	2006	2021	2027	2028	2033	2041	15	10
한국	2000	2018	2025	2026	2031	2036	18	17
중국	2001	2023	2033	2034	2039	2050	22	18
일본	1970	1994	2005	2007	2013	2025	24	20
핀랜드	1957	1994	2015	2017	2028	2060	37	41
그리스	1952	1991	2013	2016	2029	2039	39	46
독일	1932	1972	2008	2016	2028	2046	40	55
스페인	1947	1992	2022	2024	2031	2039	45	49
영국	1929	1975	2025	2028	2044	2073	46	79
러시아	1967	2017	2036	2040	2052	–	50	57
이태리	1927	1988	2007	2013	2025	2033	61	43
캐나다	1945	2010	2024	2026	2047	2076	65	40
미국	1942	2014	2029	2032	2058	2093	72	56
호주	1939	2012	2033	2036	2055	2081	73	49
스웨덴	1887	1972	2020	2027	2052	2078	85	72
노르웨이	1885	1977	2028	2031	2049	2075	92	74
프랑스	1864	1979	2018	2020	2032	2063	115	75

※ 자료 : 国立社会保障 · 人口問題研究所(2023) ; https://aty800.com(2023.10.09).

한편, 고령화의 진행 빠르기와 관련하여 주목하는 또 다른 하나는 고령사회로 전환된 이후의 고령화의 빠르기이다. 예컨대, 고령화율 7%에서 14%에 이르기까지 소요되는 기간과 14%에서 20%에 이르기까지 소요되는 기간 간의 상대적 차이이다.

이때, 후자의 기간이 전자의 기간보다 짧을 경우, 고령사회로 전환된 이후에 고령화가 더욱 빠르게 진행되는 것으로 잠정적으로 이해할 수 있다. 이는 당해 국가의 경우, 시간이 지나면서 고령층의 규모가 상대적으로 더욱 급증할 수 있음을 보여주는 중요한 지표가 된다.

이와 같은 입장에 의거하여, <표2-1>의 내용을 다시 살펴보면 다음과 같다.

먼저 동아시아 소재 국가들의 경우에는 14%에서 20%에 이르는 기간이 7%에서 14%에 이르는 기간보다 모두 짧게 나타나고 있을 뿐만 아니라, 그 기간도 모두 20년 미만이다. 즉, 고령사회로 진입한 이후, 20년이 되기 이전에 모두 후기고령사회에 준하는 모습으로 전환되며, 지구상에서 가장 빠른 속도의 고령화의 진행을 엿보게 한다.

한편, 서구사회 국가들의 경우에는 고령화의 진행 빠르기와 관련하여 크게 2개 그룹으로 구분하여 볼 수 있다. 예컨대, <표2-1>에 따르면 핀란드에서 스위스에 이르는 그룹의 국가들은 고령화율 7%에서 14%에 이르는 기간보다 14%에서 20%에 이르는 기간이 상대적으로 더 길게 나타나고 있다. 특히, 영국의 경우에는 전자가 46년 및 후자가 79년으로, 기간 차이가 가장 크게 나타나고 있다. 따라서 이와 같은 그룹의 국가들의 경우, 고령사회로 전환된 이후에는 고령화의 진행 속도가 그 이전 시기에 비하여 다소 느려지는 양상을 보이는 것으로 이해할 수 있다.

예컨대 영국의 경우에는 고령사회로 진입한 이후, 고령화의 진행 속도가 서구사회 국가들 중에서는 가장 서서히 진행되는 것으로 볼 수 있다. 한국 사회와 같이 매우 빠른 고령화 및 인구 급감이 예상되는 국가의 경우, 영국의 이와 같은 흐름에 대하여 보다 면밀한 연구 검토가 필요할 것으로 본다(이와 관련, 이민정책을 주목할 수 있을 것이다).

한편, 이태리와 프랑스에 이르는 그룹의 국가들의 경우, 고령화율 7%에서 14%에 이르는 기간보다 14%에서 21%에 이르는 기간이 상대적으로 짧게 나타나고 있다. 이와 같은 경향은 특히, 이태리와 캐나다에서 상대적으로 더 잘 나타나고 있다. 예컨대, 이태리와 캐나다의 경우에는 전자가 각각 61년 및 65년이고, 후자가 각각 43년 및 40년으로 되어있다. 이는 고령사회로 진입한 이후 고령화는 이전 시기에 비하여 보다 빠르게 진행되는 것으로 볼 수 있다.

한편, 오늘날 빠르게 진행되고 고령화와 이에 따른 노인문제 등과 관련하여 새롭게 부각되는 부분의 하나가 75세 이상 시니어(senior) 고령층, 즉 「후기 고령층」의 상대적 규모 확대 현상이다.[1] 이와 관련하여 최근까지 많은 주목을 받았던 국가의 하나가 일본이다.

고령사회로의 전환과 이에 따른 고령층, 특히 후기고령층의 상대적 규모 확대와 관련하여 일본의 경험을 중심으로 이를 간단히 살펴보면 다음과 같다.

물론, 이와 같은 논의가 제시하고 하는 함의는 후기고령층의 상대적 규모 증대는 향후 노인복지정책의 기본 방향 및 내용 등을 둘러싸고 인류사회에 큰 영향을 미칠 것이라는 점이다. 예컨대, 연금제도, 건강보건제도, 장기돌봄(요양)제도, 주택제도, 평생교육제도 등을 비롯하여 노인복지정책의 전반에 걸쳐 노인복지정책의 패러다임(paradigm)의 변화와 연계될 수 있을 것이라는 점이다.

후기고령사회로의 전환에 따른 75세 이상 후기고령층의 증대 현상과 관련하여 일본의 경험을 살펴보면 <표2-2>와 같다. 동 자료에 따르면, 일본은 서구사회에 비해서는 약간 늦은 시점이었던 1970년에 고령화율이 7%를 넘어서서 고령화사회로 진입하였지만, 이후 고령화의 속도가 매우 빠르게 진행되어 1994년에 고령사회, 그리고 2005년에 초고령사회로 진입하였다.

이와 같은 배경에는 기본적으로 빠른 고령화와 함께 75세 이상 후기고령층의 급속한 규모 증가가 지적될 수 있다.

1) 65세 이상을 고령자로 규정하면서, 65~74세까지를 전기고령자, 75세 이상을 후기고령자로 분류하기도 한다. 이때, 후기고령자를 시니어 고령자라고도 한다.

표 2-2 일본의 인구구조 및 고령화 현황(단위: 만 명, %)

년도	총 인구		65세 이상		75세 이상		80세 이상	
	인구수	(%)	인구수	(%)	인구수	(%)	인구수	(%)
1950	8320	100.0	411	4.9	106	1.3	37	0.4
1960	9342	100.0	535	5.7	163	1.7	67	0.7
1970	10372	100.0	733	7.1	221	2.1	95	0.9
1980	11706	100.0	1065	9.1	366	3.1	162	1.4
1990	12361	100.0	1493	12.1	599	4.8	296	2.4
1995	12557	100.0	1828	14.6	718	5.7	388	3.1
2000	12693	100.0	2204	17.4	901	7.1	486	3.8
2005	12777	100.0	2576	20.2	1164	9.1	636	5.0
2010	12806	100.0	2948	23.0	1419	11.1	820	6.4
2020	12573	100.0	3618	28.8	1871	14.9	1160	9.2
2030	11913	100.0	3716	31.2	2288	19.2	1569	13.2
2040	11092	100.0	3921	35,3	2239	20.2	1578	14,2

※ 자료 : 總務省統計局(2022).

일본 사회의 경우, 2000년을 전후하여 고령층, 특히 후기고령층의 급속한 증가와 관련하여 주목되는 부분의 하나는 전후의 베이비붐의 세대에 해당되는 소위 「단카이 세대」(団塊の世代)[2]의 대대적인 은퇴이다.[3] 예컨대, 1990년대 중반기까지는 고령화율이 14% 수준을 보였지만 2000년에 들어서면서 17% 이상으로 증가하였고, 더욱이 2010년을 전후하여서는 75세 이상자의 비율이 11.1%를 초과하여 후기고령층의 상대적 급증이 나타났다.

이와 같은 흐름은 시간이 지나면서 더욱 가속화되어 2030년경에는 65세 이상자 중의 약 61.6%가 75세 이상자, 65세 이상자 중의 약 43%가 80세 이상의 초고령자로 구성될 것으로 지적된다. 후기고령층의 급증을 충분히 엿볼 수가 있다.

이와 같은 후기 고령층의 급증은 다른 한편으로는 고령층을 둘러싸고 있는 노인복지 환경 및 노인복지욕구의 양적·질적 변화가 나타나면서 노인복지정책

2) 이와 같은 단카이 세대는 1947년부터 1949년 사이에 태어난 세대를 의미한다. 이 세대는 일본 사회에서 가장 큰 인구 규모를 나타내고 있다. 이들은 2010년을 전후하여 직장에서 은퇴하기 시작하였다.

3) 일본 사회는 단카이 세대의 은퇴에 따른 충격이 사회 전반에 걸쳐 나타났고, 이에 사회복지제도는 물론 사회 전반에 걸친 제도개선을 요구받게 되었다. 이와 관련하여 일본은 2014년도에 기존의 개호보험제도(介護保険制度)를 전면 개선하여 2015년 4월 1일부터 이를 시행하고 있다.

에 대한 패러다임의 변화도 나타나게 되었다.

예컨대, 은퇴 이후의 오랜 노후생활에 따른 각종 연금제도의 운용, 사회구성원으로서의 바람직한 사회참여제도의 구축, 신체 기능의 감퇴에 따른 일상생활을 지원하는 각종 돌봄(요양)제도의 운용 및 건강·보건서비스 지원 방안 등을 둘러싸고, 지금까지 경험하지 못했던 새로운 모습의 노인복지욕구와 노인복지서비스에 대한 수요가 급증하면서 노인복지정책의 패러다임의 변화로 연계되게 되었다(정재욱, 2017; 社會福祉士養成講座編集委員會, 2017b).

고령시대에 즈음하여, 이와 같은 노인복지 환경 및 노인 복지욕구의 급변에 발맞추어, 최근에 많은 주목을 받고 있는 노인복지영역의 하나가 혼자서는 일상생활을 원활하게 할 수 없는 고령자를 장기간에 걸쳐 지원하는 이른바 '장기돌봄(요양)제도'(long-term care systems)의 도입·확산이다.

따라서 이와 같은 의미의 장기돌봄(요양)제도는 향후 전개될 초고령시대에 즈음하여, 노인복지정책의 핵심적 위치를 차지할 것으로 본다. 이와 같은 전망은 1991년 UN의 제46차 국제연합총회를 통하여 정리된 「고령자를 위한 국제연합원칙」, 일본의 1990년의 「골드 플랜」, 미국의 2015년의 제6차 「워싱턴 백악관 회의」 등을 통해서도 잘 나타나고 있다.[4)]

이와 같은 흐름에 따라서 한국 역시 2008년 7월 1일부터 「노인장기요양보험제도」를 도입·시행하고 있는데, 이에 대한 보다 구체적인 내용은 이하의 관련 영역에서 자세히 살펴보기로 한다.

Ⅱ. 합계출산율 저하

1990년대 이후 OECD 국가들을 중심으로 진행되었던 고령화는 지금은 전 지구적 차원에서 진행되고 있으며, 그 배경으로 다양한 요인이 지적되고 있지만, 이른바 여성의 「합계출산율」[5)]의 하락도 큰 몫을 차지하고 있다. 여성의 합계출

4) 이와 같은 부분에 대한 보다 구체적인 내용은 이하 관련 장에서 살펴보기로 한다.
5) 합계출산율은 국가별 출산력 수준을 비교하는 주요한 지표로써 이용된다.

산율이란 일반적으로 「출산이 가능한 가임 여성, 즉 15세부터 49세까지의 가임 가능한 여성이 평생 동안에 낳게 되는 자녀수의 평균치」를 의미한다.

특정 국가의 인구 규모와 합계출산율과의 관계를 간단히 정리하면 다음과 같다. 예컨대, 인구사망률을 일정한 수준으로 가정할 경우, 합계출산율이 높으면 높을수록 당해 국가의 장래 총인구 및 생산가능인구(15~64세) 등은 시간이 지날수록 증가할 것이며, 반대로 낮으면 낮을수록 장래 총인구 및 생산가능인구 등은 시간이 지날수록 감소하게 될 것이다.

이때, 여성의 합계출산율이 2.0(명) 수준이면 통계학적으로는 특정 국가의 장래 인구와 현재 인구간의 동일 수준을 추정할 수 있겠지만, 현실적으로는 전쟁·사고·질병 등과 같은 사회적 사망 사건 등이 다수 존재하기 때문에 합계출산율이 2.0(명) 이상이 되어야만 특정 국가의 현재 수준의 인구를 유지할 수 있는 것으로 지적된다.

이와 같은 이유로, 합계출산율 2.07(명) 전후를 특정 국가의 현재 수준의 인구 규모를 유지할 수 있는 기준 출산율로 보고 있다. 이에 합계출산율 2.07(명)을 현재 수준의 인구 규모를 유지할 수 있는 임계점, 또는 인구대체수준 등으로 부르기도 한다.

여성의 합계출산율에 관한 현황과 관련하여 먼저, OECD에 가맹하고 있는 38개 국가를 대상으로 관련 내용을 간단히 살펴하면 <표2-3>과 같다. 당해 자료에 따르면, 2020년 현재 OECD 가맹 국가 중에서 이스라엘이 2.90명으로 합계출산율이 가장 높게 나타나고 있고, 이어서 제2위에 멕시코 2.08명, 제3위 프랑스 1,79명, 제4위 콜롬비아 1.77명, 제5위 터키 1.76명으로 나타나고 있다. 이들 그룹보다는 조금 낮은 순위에 미국 제14위 1.64명, 영국 제21위 1.56명으로 자리하고 있다.

한편, 출산율이 가장 낮은 최하위 그룹에는 일본, 그리스, 이태리, 한국 등이 포함되어있으며, 그 중에서도 특히, 한국은 최하위에 자리하고 있다. 예컨대, 일본은 제35위 1.33명, 그리스는 제36위 1.28명, 이태리는 제37위 1.24명으로써, 비록 최하위 그룹에는 속하고 있지만, 합계출산율 1.0명 이상으로 나타나고 있다.

이에 비하여, 한국은 1.0명에도 한참 미치지 못하는 0.84명으로 나타나고 있으며, 이와 같은 감소 추세는 지속되어 2022년에는 0.81명, 2023년 6월 현재 0.78

명으로 나타나고 있다. 이와 같은 자료는 한국 사회의 지속가능한 성장기반 구축과 관련하여 출산율이 제시하는 사회적 심각성의 단면을 엿볼 수 있다(통계청, 2022).

표 2-3 OECD 소속 국가(38개국)의 합계출산율(2020년도)

순위	국가	합계출산율(명)
1	이스라엘	2.90
2	멕시코	2.08
3	프랑스	1.79
4	콜롬비아	1.77
5	터키	1.76
…	…	…
14	미국	1.54
…	…	…
21	영국	1.56
…	…	…
35	일본	1.33
36	그리스	1.28
37	이태리	1.24
38	한국	0.84

※ 자료 : 통계청(2022).

한편, 한국의 합계출산율 등에 대해서는 관련 부분에서 자세히 다루고 있기에, 여기서는 현재 진행되고 있는 논의의 연장선에서 관련 현황을 간단히 살펴보면 나음과 같나.

먼저, 합계출산율과 관련된 2021년도의 UN의 관련 자료에 따르면, 앞에서 제시되었던 OECD 소속 국가들을 포함, 기타 세계 212개 국가(지역)를 대상으로 한 관련 자료에서도, 한국 사회의 심각성이 잘 나타나 있다. 예컨대, 한국은 212개의 국가(지역) 중에서 제211위권에 위치하고 있으며, 한국보다 낮은 국가(지역)는 오직 하나 제212위의 홍콩뿐이다(UN, 2021).

이들 212개 국가(지역)를 다시 출산율 최상위 그룹과 최하위 그룹으로 재구분하여 보면 다음과 같다. 먼저 최상위 그룹에는 제1위 나이지리아 6.82(명), 제2위 소말리아 6.31(명), 제3위 Chad 6.26(명), 제4위 콩고 6.16(명), 제5위 중앙아시아 5.98(명)로 나타나고 있다. 이와 같이 출산율 제1위에서 제5위까지는 모두 아프리카 소재 국가들이다.

이에 비하여, 합계출산율 최하위 그룹에는 동아시아 소재 국가들이 다수 포함되어있다. 예컨대, 제197위 일본 1.30(명), 제202위 중국 1.16(명), 제208위 대만 0.98(명), 제211위 한국 0.81(명), 최하위 212위에 홍콩 0.77(명)이 포함되어있다.

따라서 독립국가의 입장에서 보면, 한국이 세계에서 가장 출산율이 낮은 국가에 포함됨을 알 수 있다. 당해 연도의 세계 평균 합계출산율은 인구대체수준 2.07명을 초과하는 2.27명으로써, 세계 인구는 여전히 증가하고 있음을 엿보게 한다(www.globalnote.jp/post－3758.html,2023.09.12).

한편, 상대적으로 보다 일찍 출산율 저하를 경험하였던 일본의 사례를 간단히 살펴보면 다음과 같다.[6] 일본은 그 동안 빠른 속도의 합계출산율 저하가 지속되어 왔음에 비하여, 2010년을 전후하여 이에 대한 정체적 조짐도 나타나고 있다. 예컨대, 일본은 1949년(昭和 24년)에 출산율 4.32명을 나타내어 최고치를 보여주었지만, 이후 감소 추세가 지속되어 1960년 2.00명, 1980년 1.75명, 1990년 1.54명, 2000년 1.36명, 2005년 1.26명으로 최저치를 보여주었다.

그러나 이후 미세한 조정 국면이 지속되어 2010년 1.39명, 2012년 1.41명, 2013년 1.43명으로, 이와 같은 흐름은 지속되어 2020년 현재 1.33명으로 나타나고 있다. 이와 관련된 일본 사회가 그 동안 시행하여 왔던 각종 인구정책은 한국사회에도 시사점을 줄 수 있을 것으로 본다.

일본은 출산율 저하에 따른 출생아동수의 급격한 규모 감소도 동시에 경험하였다. 예컨대, 1949년에는 출생아동수의 규모가 2,696,638명이었지만, 2018년 현재 921,000명으로써, 동 기간에 출생아동수의 규모는 약 1/3 수준으로 격감하였다. 이와 같은 현상이 지속되면서 일본은 인류 사회가 지금까지 경험하지 못했던 초고령사회로 진입하게 되었다(厚生労働省, 2014).

6) 한국 사회의 경험은 이하에서 따로 살펴보기로 한다.

한편, 이와 같은 급속한 출산율 저하 및 빠른 고령화, 이에 따른 인구 감소 등과 연계되어 나타나는 국가적 차원의 또 다른 현안 과제의 하나가 생산가능인구의 급감이다. 이와 같은 현상은 동아시아 지역에 소재하는 한국, 일본, 중국 등에서 공히 나타나고 있는 현안 과제의 하나로 볼 수 있다.

예컨대, <표2-4> 및 <그림2-1>에서도 제시하고 있듯이 한국 사회는 2018년을 전후하여 마침내 출산율 0%대로 접어들게 되었고, 중국 역시 2020년을 전후하여 일본보다도 낮은 출산율을 보이기 시작하였다. 물론, 일본은 2005년을 전후하여 1.26이라는 출산율 최저치를 보인 이후, 미약하지만 정체적 양상도 일부 나타나고 있다.

표 2-4 동아시아 3국의 합계출산율 추이

연도	합계출산율		
	한국	중국	일본
1990	1.57	2.51	1.54
2000	1.48	1.63	1.36
2005	1.09	1.57	1.26
2010	1.23	1.69	1.39
2017	1.05	1.81	1.43
2018	0.98	1.55	1.42
2019	0.92	1.50	1.36
2020	0.84	1.28	1.34

※ 자료 : https://gentosha-go.com/articles(2023.03.15).

따라서 빠른 속도의 출산율 저하, 급속한 고령화에 따른 고령층 급증, 이에 따른 생산가능인력의 감소와 관련된 대책 모색은 조만간 이들 3개 국가의 미래성장동력원의 확대·재생산과 관련하여 국가적 차원의 현안 과제가 될 것으로 본다.

이와 관련, 최근 중국은 한족(漢族)을 중심으로 한 소위 「1 자녀」 시책을 크게 보완하는 방향으로 인구정책을 지속적으로 보완하여 가고 있는 것으로 지적된다. 예컨대, 중국은 1979년부터 2014년까지는 1자녀 시책을 강제하여 왔지만, 이후 이에 대한 보완책을 부분적으로 시행하였고, 2021년 8월부터는 공식적으로 3명까지 출산을 허용하고 있다(https://ja.Wikipedia.org, 2023.11.03.).

그림 2-1 동아시아 3국의 합계출산율 추이

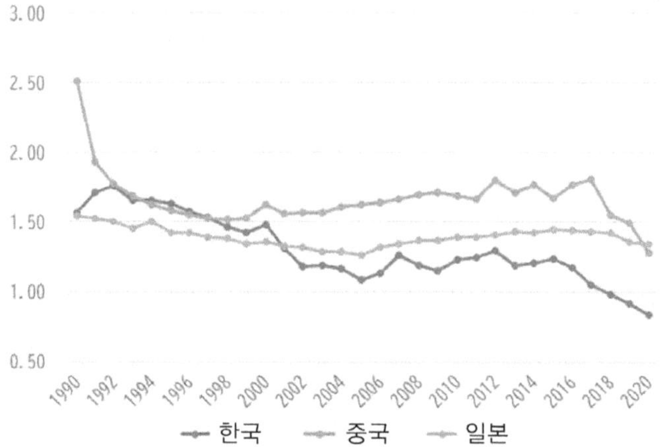

※ 자료 : https://gentosha-go.com/articles(2023.03.15).

한국 역시 저출산을 막기 위하여 국가적 차원의 다양한 시책을 제시하고 있다(이에 대한 보다 구체적인 내용은 관련 영역에서 보다 자세히 다루기로 한다).

이상과 같은 흐름에 비추어 볼 때, 발전도상국가의 경우에는 향후 상당 기간에 걸쳐 고령사회로의 전환에 대한 우려는 크지 않을 것으로 본다. 하지만, OECD 회원국의 경우에는 높은 수준의 고령화율과 인구의 지속적인 감소 등으로 인하여, 낮은 출산율과 높은 고령화 등은 국가적 현안 과제가 될 것으로 본다.

따라서 지금과 같은 흐름이 지속될 경우, OECD 회원국들은 조만간 지금까지 인류사회가 경험하지 못했던 아동과 인구의 규모는 급속히 줄어들고, 고령자의 규모는 급속히 늘어나는 소위 「역피라미드적(inverted pyramid style) 인구 구조[7]의 초고령사회」를 맞이할 수 있을 것으로 본다.

한국 사회의 경우, 이와 같은 흐름의 상징적 사례가 되지 않기 위해서는 국가적 차원의 관련 대책 마련이 매우 중요할 것으로 본다.

---

7) 역피라미드적 인구구조에 대해서는 관련 부분에서 자세히 다루고 있기에 참조 바람.

Ⅲ. ▸▸ 평균 수명의 신장(늘어남)

1. 인류 사회의 경험

어느 시대, 어느 사회에서나 고령사회로 나아가게 되는 배경에는 기본적으로 고령층의 상대적 규모 확대가 자리한다. 그와 같은 이유는 고령화의 의미 속에는 기본적으로 전국민 대비 고령인구의 상대적 규모 변동이 포함되어 있기 때문이다. 즉, 고령화는 1차적으로 전체 국민 대비 고령 인구의 상대적 규모 변동 현상으로 설명된다.

한편, 빠른 고령화 및 높은 고령화율의 현황을 인구 구조적 측면에서 보면, 2 가지 관점에서 이를 주목할 수 있을 것이다. 즉, 합계출산율의 저하에 따른 출생아동 규모의 상대적 축소 및 인간의 평균 수명의 신장에 따른 고령층의 상대적 규모 증가이다. 따라서 인간의 평균 수명의 신장과 이에 따른 고령층의 규모 확대는 고령사회의 진전에 대한 중요한 역할을 하게 된다.

한편, 인간의 평균 수명이란 「특정 기간 동안 사망한 사람들의 평균 나이, 즉 당해 기간에 인간이 누린 평균 수명」을 의미하며, 이에 비해 기대 수명이란 「특정 시기에 태어난 인간이 향후 누릴 것으로 예상되는 수명」을 의미한다.

따라서 평균 수명은 「특정 시기에 사망한 사람의 평균 수명」, 그리고 기대 수명은 「특정 시기에 태어난 사람에게 예상되는 평균 수명」에 초점을 두고 있다. 따라서 평균수명과 기대수명은 인간의 수명에 대한 관점의 차이일 뿐이며, 통계적으로는 같은 의미를 가진다(기획재정부, 2010; 박문각, 2018).

이와 관련, 기대수명의 의미에 대하여 좀 살펴보면 다음과 같다. 기대수명은 기본적으로 '연령별·성별 간의 사망률이 현재와 같은 수준을 유지하는 것으로 가정하였을 경우, 0세 출생자가 향후 몇 년을 더 생존할 수 있는지를 통계적으로 추정한 기대치'를 의미한다. 달리 말하면, '0세의 나이에 대한 기대 여명'을 의미하게 되는데, 이때 기대 여명(life expectancy)이란 '현재 특정 연령에 속하는 사람이 향후 얼마나 더 생존할 것인가에 대해 기대되는 연수'를 의미한다(기획재정부, 2010; 박문각, 2018).

앞에서도 잠시 지적하였듯이, 고령사회로의 전환에는 고령층 규모의 상대적 확대가 자리하며, 이와 같은 고령층의 규모 확대의 배경에는 평균 수명의 신장이 큰 몫을 차지하고 있다. 이때, 인간의 평균 수명이 늘어나게 된 배경에는 다양한 요인이 자리하겠지만, 일반적으로는 「공중보건·위생시설의 확대·보급, 영양체제의 개선, 의료기술의 발달」 등이 지적되고 있다(김정근, 1984; 정재욱, 2017; 小宮山宏, 2013).

따라서 인간의 평균 수명의 신장은 이와 같은 경제·사회적 여건 또는 인프라 등이 갖추어지기 시작하였던 시대부터, 예컨대 서구사회의 경우, 산업혁명에 따른 경제·사회적 인프라가 갖추어지기 시작한 시대부터 부각되기 시작한 것으로 볼 수 있다.

예컨대, OECD 회원국의 경우, 산업혁명 이후 인간의 수명이 점차 신장되기 시작하여 마침내 1960년대에 들어서면서 평균 수명 70세의 시대를 맞이하게 되었다. 이에 비하여, 동 시대에도 개발도상국 등을 포함한 세계의 평균 수명은 여전히 46세 전후에 머물러 있었음에 비추어 볼 때, 이와 같은 주장은 설득력을 가질 것으로 본다.

인류사회에 있어서 인간의 평균 수명은 매우 오랜 기간 동안 30세 전후에 머물러 있었다(김정근, 1984; 石井 太, 2010).

예컨대, <그림2-2>에서도 제시하고 있듯이, 서기 1000년까지만 하여도 세계적 차원의 인간의 평균 수명은 25~6세 수준에 머물렀다. 이에 더하여 더욱 놀라운 점은 지금부터 약 100년 전인 1900년경의 세계의 평균 수명 역시 약 30세 전후였다는 점이다(김정근, 1984; 石井 太, 2010; Maddison, 2006). 물론, 동 시대에도 영국·프랑스·미국 등과 같은 서구 선진산업국가의 경우는 평균 수명이 40세 후반으로써 세계 평균 수명과는 큰 차이를 보였다.

한편, 인간의 평균 수명을 역사적 관점에서 잠시 살펴보면 다음과 같다. 먼저, 로마 시대의 이집트 사람들의 평균 수명은 24세 전후로 나타나며, 서기 1000년경의 서구봉건사회의 평균 수명은 로마 시대의 평균 수명과 비슷한 모습으로 나타나고 있다.

그림 2-2 세계 주요국가의 평균수명(1900년대 이전)

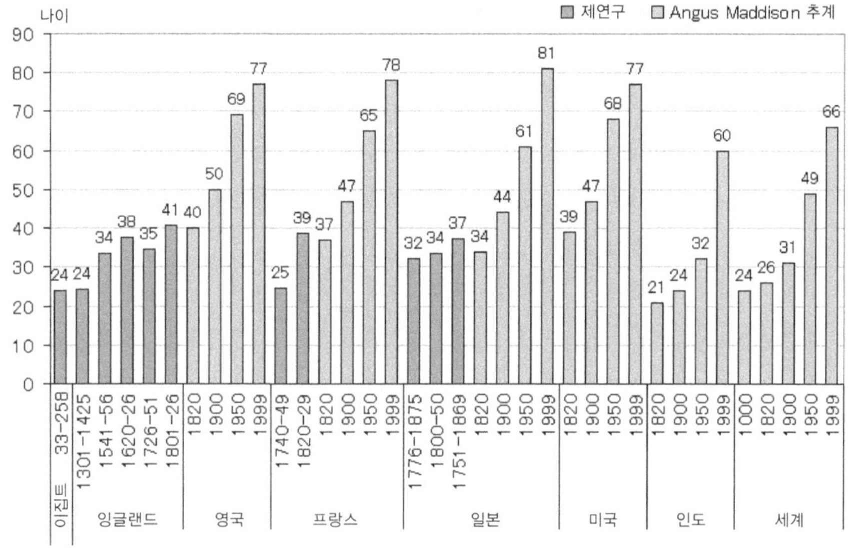

※ 자료 : 石井 太(2010); Maddison(2006).

예컨대, 14~5세기 잉글랜드 지역 주민의 평균 수명은 24세 전후이었고, 18세기 프랑스 사람들의 평균 수명 역시 25세 전후로 나타나고 있다. 이와 같은 수치는 당시 유럽 봉건사회의 전반적 모습을 반영하고 있는 것으로 평가된다(김정근, 1984; Maddison, 2006).

물론, 동 시대의 후진국의 평균 수명은 로마 시대보다도 더 열악하였던 것으로 평가된다.[8] 예컨대, 인도의 경우, 1820년경의 인도인의 평균 수명은 약 21세 전후로 나타나고 있는데, 이와 같은 수치는 고대 로마시대의 이집트인의 평균 수명보다도 더 짧았던 것으로 평가된다.

8) 서구사회를 휩쓸었던 각종 질병에 따른 면역체계의 부족, 공공보건시설의 불비, 식량부족 등에 따른 영양공급체제의 결여, 의료기술의 미진, 여기에 더하여 높은 수준의 아동사망율, 여기에 더하여 빈번에 전란·전쟁 등에 따른 타살(주로 아동, 여성 등과 같은 사회적 약자계층) 등으로 인간은 자연수명을 다하지 못하는 경우가 많았다(김정근, 1984).

이와 같이 세계적 차원에서 볼 때, 인간의 평균 수명은 20세기 이전까지는 약 40세를 넘기지 못했던 것으로 지적된다. 물론, 이와 같은 낮은 수준의 평균 수명의 수치에는 당시 30%를 전후하였던 높은 수준의 유아사망율 등이 포함되어 있음을 고려할 수 있을 것이다.

한편, 개별적 차원에서 보면 동 시대를 살았던 사람들 중에는 이와 같은 짧은 인간의 평균 수명에도 불구하고 장수하였던 사람들도 다수 있었는데, 예컨대, 그리스의 플라톤은 82세까지 살았다(小宮山宏, 2013).

이와 같이 산업혁명의 여파에 따른 경제·산업기반의 강화에 부응하여, 공중·보건위생 시설의 확대·보급, 식량·영양체제의 급속한 개선, 의료기술의 발달 등이 진행되면서 20세기에 들어서면서 인간의 평균 수명은 마침내 40세를 넘기게 되었고, 이후 지속적으로 늘어났다.

한편, 세계보건기구(WHO)의 「세계보건통계2023」(World Health Statistics 2023)에 따르면, 2023년 현재 세계 평균 수명(남여 통합 평균치)은 73.3세로 나타나고 있다. 동 보고서에 의거하여, 평균 수명(남여 통합 평균수명을 의미)이 가장 높은 그룹과 가장 낮은 그룹으로 구분, 각 그룹에 속하는 국가들의 관련 현황을 간단히 살펴보면 다음과 같다(WHO, 2023; MEMORVA, 2023.06.07.)

먼저, 최고위 장수그룹에 속하는 국가에는 제1위 일본이 있으며 평균 수명은 84.3세이다. 이어서 제2위 스위스 83.4세, 제3위 한국 83.3세, 제4위 싱가포르 83.2세, 공동 제4위 스페인 83.2세, 제6위 키프로스 83,2세, 제7위 호주 83.0세, 공동 제7위 이태리 83.0세, 제9위 이스라엘 82.6세, 공동 제9위 노르웨이 82,6세, 제11위 프랑스 82.5세 등으로 되어있다.

한편, 최하위 그룹에 속하는 10개 국가의 관련 현황을 살펴보면 다음과 같다. 먼저 제174위에 Sierra Leone 60.8세, 제175위 짐바브웨 60.7세, 제176위 기니비사우 60.2세, 제177위 차드 59.6세, 제178위 키리바시 59.4세, 제179위 모잠비크 58,1세, 제180위 에스와티니 57,7세, 제181위 소말리아 56.5세, 제182위 남아프리카공화국 53,1세, 제183위 레소토 50.7세 등으로 되어있다. 이와 같이, 최하위 그룹에 속하는 국가는 키리바시(오세아니아 소재의 작은 섬나라)를 제외하고는 모두 아프리카 소재의 국가들로 구성되어 있음을 알 수 있다.

이와 같이 아프리카 대륙의 경우, 2023년 현재 지구상에서 가장 높은 수준의 합계출산율과 인구 증가율을 보이고 있는 한편, 역으로 가장 낮은 수준의 평균 수명을 보이고 있다. 이와 같은 측면에서 볼 때, 아프리카 대륙은 향후 인구문제와 관련하여 지구상에서 가장 역동적인 역할을 할 것으로 평가된다(WHO, 2023; MEMORVA, 2023.06.07.).

2. 한국 현황

한국 사회의 경우, 한국인의 평균 수명에 대한 공식적·체계적 차원의 접근은 1970년부터 비로소 시작되었다. 물론, 일제 식민지 시대의 조선총독부 등에 의한 조선인(당시 명칭)의 평균 수명에 대한 비체계적이었지만 일부 조사도 있었는데, 조선통계시보[9](朝鮮統計時報) 등이 이에 속한다.

당시의 관련 자료 등에 따르면, 조선인의 평균 수명은 1920년대에 약 24세[10], 1930년대에 37세 전후, 1940년대에 45세 전후로 제시되어 있다(김정근, 1984; 동아일보, 2001. 09. 10; 한국경제뉴스, 2014. 07. 15; 水島治夫, 1938).

이와 같이 당시 조선인의 평균 수명이 매우 짧게 나타났던 중요한 배경에는 인간의 짧은 평균 수명과 관련하여, 앞에서도 살펴보았던 인류사회의 공통적 경험들이 일정 수준 같이하였을 것으로 볼 수 있다. 즉, 당시의 열악하였던 식량 및 영양 상태, 빈번하게 발생하였던 각종 질병 및 전염병, 미흡하기 짝이 없었던 보건·의료체제 등에 더하여, 매우 높았던 유아사망율 등을 지적할 수 있을 것이다.

예컨대, 유아사망률만 보아도, 1925~30년경에 식민지 조선의 경우, 유아 1000명을 기준으로 남아 252명, 여아 230명으로, 합계 482명 정도가 사망하였던 것으로 지적되고 있다. 이와 같은 수치는 동 시대의 아프리카 지역의 유아사망율과 매우 유사한 수준으로 볼 수 있을 것이다.

---

9) 조선총독부는 1935년 조선총독부 관방문서과장을 중심으로 조선통계협회를 조직하였다. 동 협회는 그 기관지로써 년 3~4회의 朝鮮統計時保를 간행하였지만, 총독부의 공식적 자료로써는 한계가 있다. 한편, 조선총독부는 공식적으로 1925년부터 5년을 단위로 1940년까지 인구·산업 등을 포함한 공시적 차원의 國勢調査를 실시하였다(黃仁相, www.lcr.hit－u－ac.jp/CEO/Japanese(2018.02.15).

10) 1900년대 초반기까지의 조선인 평균수명을 24세 정도로 추정하는 것과 관련하여 자주 거론되는 것의 하나가 당시 조선의 수도였던 한양의 사실상 전무하다시피 하였던 공중위생시설과 위생상식의 부족 등이 지적되기도 한다(이익성, 1971).

한편, 해방 이후의 관련 현황을 간단히 살펴보면 다음과 같다. 먼저, 1945년 해방 당시의 조선인의 평균 수명은 남자가 46세, 여자가 51세로써 전체 평균 수명은 50세를 넘기지 못한 것으로 지적되고 있다. 나아가서 1960년대 초반기에 들어서면서 남자가 55세, 여자가 61세 전후로 추정, 비로소 전체 평균 수명이 50대 중반 수준을 넘어서게 되었다.

한국 사회의 경우, 1960년대 이후의 지속적인 경제발전에 따른 경제·사회적 인프라의 확대·구축과 함께, 공중·보건위생 시설 및 제도의 확대·보급, 영영체제의 개선 등이 이루어지면서 평균 수명도 급격히 늘어나는 경향을 보였다.

이와 같은 분위기 속에서 정부는 마침내 1970년부터 법적·공식적으로 생명표(life table)[11)]에 의한 한국인의 평균 수명을 조사하기 시작하였다. 한국 정부가 공식적인 입장에서, 한국인의 평균수명 또는 기대수명에 대한 통계를 조사·발표하기 시작하였던 1970년 이후의 한국인의 평균 수명에 대한 변화 추이를 살펴보면 <표2−5>와 같다.

예컨대, 한국인의 평균 수명을 보면 1970년에 남자 58.7세, 여자 65.6세로써 전체 평균 수명은 62.3세로 나타났다. 이와 같은 수치를 아프리카 국가들과 단순비교하여 보면, 1970년도의 한국인의 평균 수명은 2023년 현재의 아프리카 소재 국가들의 평균 수명과 유사한 수준으로 이해될 수도 있을 것이다.

한편, 한국 사회는 그 동안 비약적인 경제발전과 함께 각종 사회 인프라, 예컨대 보건·공중위생·사회복지 등을 포함한 사회 전반에 걸친 인프라 확충에 더하여, 식량·영양체제의 획기적인 개선 작업이 이루어지면, 평균 수명도 급격히 증가하였다.

그리하여 한국 사회는 마침내 2010년을 기점으로 평균 수명 80세의 시대를 맞이하게 되었다. 즉, 2010년의 한국 사회의 전체 평균수명은 80.2세이었고, 그 중에서 남자는 76.8세, 여자는 83.6세 나타났다.

이후에도 평균수명은 지속적인 증가 추세를 보여, 2019년부터는 83세를 넘어서기 시작하였으며, 2021년 현재 전체 평균수명은 83.6세이며, 그 중에서 남자

11) 1군의 동종개체가 출생 후 시간경과에 따라 어떻게 사망하고 감소하였는가를 기재한 표로써, 이 표는 특히 인구학분야에서 발달되어 1920년대에는 동물개체군연구에 도입되었고, 한국 정부는 1970년부터 한국인의 평균수명 조사 등과 관련하여 공식적으로 인용·사용하고 있다.

표 2-5 한국인의 기대수명(1970~2021년까지)

구분	1970	1980	1990	2000	2010	2015	2016	2017	2018	2019	2020	2021
평균	62.3	66.1	71.7	76	80.2	82.1	82.4	82.7	82.7	83.3	83.5	83.6
남자	58.7	61.9	67.5	72.3	76.8	79.0	79.3	79.7	79.7	80.3	80.5	80.6
여자	65.8	70.4	75.9	79.7	83.6	85.2	85.4	85.7	85.7	86.3	86.5	86.5

※ 자료 : 통계청(2023a).

는 80.6세, 여자는 86.6세로써, 여자가 남자보다 평균수명이 약 6세 정도 많게 나타나고 있다. 나아가서 2021년 현재 한국은 세계 제3위의 장수국가에 속하게 되었다.

2021년 현재의 이와 같은 한국인의 평균 수명 83세를 지금부터 약 7~80년 전의 한국인의 평균수명 약 34~5세와 비교하여 볼 때, 이와 같은 차이는 한국 사회가 그 동안 경험하였던 격동의 흔적의 징표로 볼 수도 있을 것이다.

한편, 이와 같은 평균 수명의 신장에 따른 장수시대의 도래는 인간의 수명의 연장이라는 측면에서는 반가운 일이지만, 다른 한편으로는 오랜 고령자 생활에 따른 노인복지니즈의 증폭과 다양화, 이에 따른 관련 서비스의 확대 등과 관련하여 많은 과제도 제기되고 있다.

예컨대, 장수 고령자의 건강 유지, 일정 수준의 소득 보장, 건강한 사회참여, 사회적 존경과 소외 극복, 여가 시간 활동 등과 관련된 고령자 복지니즈의 확대 및 관련 서비스의 확충 등이 이에 해당된다.

그 중에서도 특히, 오랜 노후생활에 따른 노인장기요양(수발, 돌봄) 니즈의 급증, 즉 장기 수발 및 장기 간병 등을 둘러싼 고령자복지 니즈의 급증 등을 고려할 때, 이에 대한 효과적인 제도 구축은 향후 고령자 복지와 관련하여 매우 중요한 위치를 차지할 것으로 본다(성재욱, 2015; 2017).

제 2 절 노인과 발달과제

I. ▶▶ 노인과 노화

1. 노인

지금까지 살펴보았듯이, 어떤 사회에 고령화가 진행되고 있다는 것은 일차적으로 전 국민 대비 고령자(노인 또는 고령자의 혼용 사용)의 규모가 상대적으로 확대되어 간다는 의미와 깊은 관계를 이루고 있다.

따라서 고령화 또는 고령화 현상에 대한 보다 체제적인 이해를 위해서는 먼저 '노인' 또는 '고령자'에 대한 보다 합리적인 차원의 접근과 이해가 요구된다.

더욱이 조만간 맞이하게 될 장수시대로 대변되는 초고령사회의 경우, 전 국민의 약 30~40%가 고령층으로 구성될 가능성이 높기 때문에, 노인에 대한 보다 체계적인 이해가 요구될 것으로 본다.

한편, 노인에 대한 논의에 즈음하여 일반적으로 경험하게 되는 중요한 논란의 하나는 노인에 대한 합의된 개념 규정이 어렵다는 점, 관련된 용어(term)의 다양성, 연령대의 차이, 그리고 최근 들어 새롭게 주목받고 있는 노화(aging)에 대한 인식의 차이 등이다. 따라서 이하에서는 이와 같은 부분을 중심으로 관련 내용을 간단히 살펴보기로 한다.

먼저, 노인에 대한 개념 규정의 어려움이다. 노인에 대한 관심이 고조되면서 최근 들어 노년의학(geriatrics)이나 노년학(gerontology) 등과 같이 노년층을 대상으로 한 새로운 형태의 학문까지 등장하고 있지만, 여전히 노인에 대한 체계적 수준의 합의된 개념 규정이 어렵다.

노인을 의미하는 유사 용어는 고대 그리스 시대에도 이미 있었다. 예컨대, geron(노인) 또는 geras(노년)와 같은 용어가 이에 해당한다. 그런데, 이와 같은 용어는 당시에는 비교적 부정적이며 비관적 의미가 많이 내포되어 있었다(那須

宗一, 1989).

그러나 1900년대 이후부터는 의학, 생물학, 임상의학 등과 같은 관련 학문의 비약적인 발달에 힘입어, 노인을 대상으로 한 노인의학(geriatrics)이 나타나게 되었고, 여기에 더하여 노화에 대한 학제적 연구(interdisciplinary research)까지 나타나면서, 최근에는 노년학(gerontology) 및 노년학회까지 속속 등장함으로써, 이제는 노인에 대한 보다 중립적·개관적이며 체제적 차원의 접근이 이루어지고 있다.

그러나, 이와 같은 다양한 노력에도 불구하고, 여전히 노인에 대한 합의된 개념 규정에는 많은 한계를 보이고 있으며, 이와 같은 혼란은 노인복지의 실천 현장에서도 비슷하게 나타나고 있다.

예를 들면, 노인복지서비스 실천 현장에서는 노인복지를 「노인이 인간다운 생활을 영위할 수 있도록 그들이 필요로 하는 자원과 사회적 서비스를 제공하는 공적·사적 차원의 사회적 활동체제」로써 이해하면서도(권중돈, 2023), 그와 같은 차원의 각종 사회적 자원이나 서비스를 향유할 수 있는 노인의 범위 및 연령 등에 대한 합의에는 여전히 많은 이견을 보이고 있는 것이 이와 같은 현상을 일부 반증하는 것으로 볼 수 있다.

한편, 노인에 대한 개념 규정과 관련하여 주목되는 부분의 하나가 국제노년학회(1951년) 및 브린(L. Breen, 1960)에 의하여 제시되었던 노인에 대한 개념 규정이다. 예컨대, 제2회 국제노년학회에서는 노인을 「인간의 고령화 과정에서 나타나는 생리적·심리적·환경적 변화와 행동의 변화가 상호 작용하는 복합적 형태의 과정에 놓여 있는 사람」으로 규정하면서, 나아가서 이들은 환경 변화에 적응할 수 있는 자체 조직력의 결핍, 자신을 통합하는 능력의 감퇴, 인체기관의 감퇴 현상이 급속히 나타나는 특성을 가진 것으로 보았다.

한편, 브린은 노인을 「생리적 측면에서의 쇠퇴기, 심리적 측면에서의 정신 기능 및 성격 변화, 그리고 사회적 측면에서의 지위와 역할 상실 등이 나타나는 사람」으로 이해하였다.

한국 사회에서는 이와 같은 입장의 연장선상에서 노인을 개념 규정하는 경향이 강하다. 예를 들면, 노인을 「생리적 및 신체적 기능의 감퇴와 더불어 심리적 변화가 생겨 개인의 자기유지 기능과 사회적 역할 기능이 퇴화되는 사람」(장인협 · 최성재, 1987), 「나이가 들어감에 따라서 신체적 · 심리적 · 사회적 기능이 감퇴되어 정상적인 사회생활을 수행함에 있어서 어려움을 경험하는 시기에 있는 사람」(박차상 외 5인, 2008) 등과 같은 주장이 이에 해당한다.

따라서 이상과 같은 논의에 따르면, 노인은 「생리적 · 신체적 · 사회적 기능 감퇴에 따른 사회적 역할 상실이 나타나는 사람」으로 이해할 수 있을 것이다.

한편, 노인에 대한 이해와 관련하여 혼란을 가중시키는 또 다른 측면의 하나는 관련 용어의 다양성이다. 예를 들면, 서구 사회에는 노인을 the aged, older person, the elderly, senior citizen 등으로 표현하고 있으며, 한자문화권인 동북아시아에서는 老人, 老年, 高齢者, 어르신 등으로 표현하기도 한다. 물론, 이와 같은 용어 간에는 뉘앙스(nuance)상에 일정한 차이가 있는 것도 사실이다.

이와 관련하여 주목되는 사례의 하나가 최근 일본 사회의 경험이다. 일본은 2000년까지는 노인(老人)이라는 용어를 공식적으로 사용하여 왔지만, 2000년 4월 1일을 기점으로 개호보험법(介護保險法)이 시행되면서 노인이란 용어의 중립성 여부에 주목하여, 노인을 대신하여 고령자(高齢者)라는 용어를 공식적 · 법적으로 사용하게 되었다. 이와 유사한 흐름은 한국 사회에서도 일부 있었는데,[1] 이와 같은 흐름의 연장선상에서 사회복지 실천 현장과 실무자를 중심으로는 노인이란 용어를 대신하여 「어르신」이란 용어가 자주 사용되고 있다.

한편, 어르신과 같은 용어는 나이가 많은 상대방을 존중한다는 측면에서는 순기능도 있겠지만, 용어의 중립성이나 서비스의 이용자와 제공자 간의 공동체 의식의 형성 등과 관련해서는, 다소간 역기능도 엿볼 수 있을 것으로 본다.

예컨대, 이와 같은 용어의 사용이 도리어 나이에 따른 눈에 보이지 않은 구분 · 격리 등으로 연계될 수도 있지 않을까 하는 우려도 존재하게 된다. 보다 중립적 차원의 용어 선택을 위한 노력이 필요할 것으로 본다.

한편, 노인의 나이를 규정하는 연령대에 대한 다양한 입장 역시, 노인에 대한 이해에 많은 어려움을 더해주고 있다. 예컨대, UN에서는 고령화사회를 규정함에 있어서 65세 이상을 기준으로 노인을 규정하고는 있지만, 각국에서는 자신

1) 한국 사회에서도 노인이란 명칭을 대체할 용어를 모색한 적이 있었는데, 서울시에 의한 노인을 대체할 수 있는 용어 공모가 이를 대변한다. 공모 결과, 어르신이란 용어가 최우수 용어로 선정된 바가 있었다(서울시, 2012. 9. 6).

의 정치·사회적 특성 등을 고려하여 국내법적으로 다양하게 이를 규정하고 있다. 예컨대, 한국 사회만 보아도 <표2-6>과 같이 개별 법률의 성격에 따라서 노인의 연령대를 다양하게 규정하고 있다.

예를 들면, 노인복지법에서는 노인을 65세 이상인 자로 규정하면서도, 동법에 따른 입소 조치의 경우에는 65세 이하의 경우도 노인으로 인정하고 있다. 특히 노인복지주택입소와 관련하여서는 60세 이상인 자도 노인으로 일부 인정하고 있다.

한편, 국민연금법에서는 60세 이상인 자, 고령자고용촉진법에서는 55세 이상인 자, 기초연금법에서는 65세 이상인 자를 노인으로 일부 규정하고 있다.

이와 같은 배경에는 개별 법률의 적용 대상자에 대한 차이에서 비롯되는 것으로 볼 수도 있다.

표 2-6 관련 법률에 따른 노인 규정

법 률	규 정	내 용
노인복지법	생업지원(제25조)	65세 이상의 자(상담입소 등의 조치는 노쇠현상이 현저한 경우 65세 미만도 해당)
	경로우대(제26조)	
	건강진단(제27조)	
	상담입소 등의 조치(제28조)의 대상자	
	노인복지주택 입소	60세 이상의 노인
국민연금법	노령연금수급권자(제61조)	60세가 된 때
고령자고용촉진법 등	정의(제2조)	고령자는 55세 이상인 사람으로, 준고령자는 50세 이상 55세 미만인 사람
기초연금법	목적(제1조) : 기초연금 수급권자의 범위 등(제3조)	노인: 65세 이상인 자
노인장기요양보험법	정의(제2조)	노인 등이란 65세 이상의 노인 또는 65세 미만의 자로서 치매·뇌혈관성 질환 등 대통령령으로 정하는 노인성 질병을 가진 자

※ 자료 : 관계 법률 규정 재정리 이용(정재욱, 2017).

2. 노화

노인에 대한 개념 규정과 관련하여 최근 새롭게 주목을 받고 있는 부분의 하나가 노화(aging) 및 이에 대한 이해이다. 예컨대, 앞에서도 잠시 언급하였듯이 노인을 「생리적·정신적·사회적 기능의 감퇴가 나타나는 사람」으로 인식하게 될 경우, 노인에 대한 접근과 관련하여 빠뜨릴 수 없는 과제의 하나가 노화에 대한 정확한 이해이다.

그와 같은 이유의 하나는 사람에 따라서 생리적·정신적·사회적 기능의 감퇴 현상이 나타나게 되는 시기나 정도 등에 있어서 일정한 차이, 즉, 개인별로 노화에 대한 일정한 수준의 차이가 나기 때문이다.

예컨대, 희귀성 질병 등으로 인하여 생리적·정신적 기능의 감퇴가 보다 일찍 젊은 나이에서부터 나타나는 사람도 있을 수 있으며, 학교생활의 부적응 등으로 청소년기부터 사회적 기능 등의 약화가 시작되는 사람도 있을 수 있다. 반대로 좋은 영양 상태나 잘 구비된 보건·의료체제의 지원 등으로 인하여 많은 나이에도 불구하고 생리적·정신적·사회적 기능이 왕성한 사람도 있을 수 있다.

이와 같이 신체적·생리적 기능이 감퇴하는 시기나 정도는 개인 또는 사회적 환경에 따라서 일정한 차이를 보이게 된다. 그런데, 이와 같은 노화에 대한 인식은 인간의 평균수명이 상대적으로 짧았던 시대에는 별반 주목을 받지 못했지만, 인간의 평균 수명이 크게 신장되기 시작한 장수시대 및 고령사회에 들어서면서 이에 대한 이해의 필요성은 더욱 증가하게 되었다.

따라서 고령사회에 즈음하여, 노인에 대한 보다 체계적 차원의 이해를 위하여 인간의 노화(aging) 또는 노쇠(senescence)에 대한 논의가 보다 활발하게 나타나게 되었다(那須宗一, 1989; 全国社会福祉協議会, 2023).

일반적으로 인간은 노년기에 접어들게 되면, 신체적·정신적·사회적 차원의 각종 기능들이 급격히 약화되는 소위 「복합 상실」을 경험하게는 된다. 예컨대, 노년기에 들어서면서 정년 등에 따른 사회적 지위 상실, 경제력 상실, 역할 상실, 사회참여 상실 등이 연속적이며 복합적으로 나타나면서, 신체적·정신적·사회적 활동 기능이 급격히 저하되는 현상을 경험하는 사례가 늘어난다.

물론, 이것과는 반대로 개인적 차원의 역할 상실 여부와는 무관하게 노년기에도 왕성한 신체적·정신적·사회적 활동 기능을 유지하면서 자신의 총체적인 삶을 온전히 잘 유지하는 노인층도 존재한다(임연옥, 2010). 그러나 어느 쪽이든 정도의 차이는 있겠지만 종국적으로는 노년기의 기능 저하는 충분히 예측할 수 있을 것이다.

한편, 일반적으로 사람들은 「자연 나이」(暦年齢)와 「생물학적 나이」가 비슷하게 진행되기 때문에, 자연 나이에 따른 노년기를 맞이하게 되면, 생리적·정신적·사회적 기능 역시 급격히 쇠퇴하는 것으로 인식되어왔다.

그러나 장수시대 및 고령사회에 접어들면서 그와 같은 기존의 입장과 맥락을 달리하는 흐름도 일부 나타나고 있는데, 이와 같은 현상을 설명하는데 상당 수준 기여하는 논의가 하나가 노화 또는 노화 현상이다(福祉士養性講座編集委員會, 2017b).

일반적으로 노화 또는 노화 현황은 인간이 태어나서 죽을 때까지 시간적 흐름과 함께 진행되는 심신상의 변화와 연관되어 있지만, 다만 시간적 흐름에 따라 나타나는 단순한 자연적 변화, 즉 연령에 따른 자연적 변화(加齢變化)와는 일정한 차이가 있다(福祉士養成講座編集委員会, 2017b).

노화는 이와 같은 연령에 따른 자연적 변화 중에서, 일정 시기에 보다 뚜렷하게 나타나는 심·신상의 기능 쇠퇴 등과 일차적으로 깊은 관계가 있으며, 이와 같은 현상은 노년기에 보다 뚜렷하게 나타나는 것으로 평가된다. 물론, 사람에 따라서 이와 같은 현상이 나타나는 연령대나 정도 등에는 일정한 차이를 보이기도 한다.

한편, 이와 같은 노화 현상은 크게 2 가지, 즉 「생리적 측면」과 「병리적 측면」으로 재구분하여 설명하기도 한다. 이때, 생리적 측면은 주로 나이를 먹어감에 나타나는 생리적 기능 감퇴 등과 관계가 깊으며, 병리적 측면은 이와 같은 생리적 기능에 더하여, 각종 질환이나 환경 요인 등이 스트레스로 전환되어, 생리적 측면에 부가되어 수명 장애 등과 같은 각종 현상과 연관되어 나타나는 것으로 본다.

물론, 대부분의 인간은 노년기에 생리적 측면의 기능 감퇴를 경험하게 되는데, 이와 같은 현상은 유전적 측면도 있겠지만, 생활환경이나 생활습관 등과도 관계가 깊다. 이와 같은 이유로 인하여, 노화가 나타나는 연령대, 노화에 따른 신체적·정신적·사회적 기능의 감퇴 정도는 개인별로 많은 차이가 난다.

일반적으로 노년기와 함께 신체적 측면의 기능 감퇴를 경험하지만, 그럼에도 불구하고 정신적·지능적 측면의 기능 감퇴가 상대적으로 미미한 사람도 있다. 이와 같은 이유로, 최근에는 노년기에도 정신적·인격적 차원의 발달은 지속 가능할 수 있다는 소위 「생애발달이론」이 많은 주목을 받고 있는데, 이와 같은 논의 역시 노화와 깊이 연관되어있다(福祉士養成講座編集委員会, 2017a).

따라서 향후 전개될 고령시대에 즈음하여 노인문제에 대한 이해와 관련하여, 노화에 대한 체계적 이해는 학문적 차원은 물론, 노인복지 서비스의 실천 현장에서도 매우 중요한 부분이 될 것으로 본다. 한국 사회의 경우, 학문적으로는 물론이고 노인복지 실천 현장에서도 노화에 대한 체제적 논의는 부족한 실정이다.

한국 사회의 경우, 조만간 맞이하게 될 고령사회와 이에 따른 노인복지 환경의 급속한 변화 가능성 등을 고려할 때, 노인문제에 대한 보다 효과적인 대안 마련을 위해서는 노화에 대해 학제적 차원의 공동연구도 매우 중요할 것으로 본다(김정휘(역), 1990; 한림대학교 고령사회연구소, 2010; 권중돈, 2023).

Ⅱ. ▸▸ 노년기의 주요 변화

인간의 생애주기(life cycle)에 따르면, 노년기는 이전의 다른 단계에 비하여 급속한 노화 현상과 함께 이에 따른 다양한 모습의 변화가 상대적으로 빠르게 진행되는 단계로 인식되고 있다. 이와 같은 입장에서 따라서 여기서는 노년기에 나타나게 되는 주요 변화 및 그 특징에 대하여 이를 간단히 살펴보기로 한다.

이와 관련하여 살펴보게 되는 주요 영역은 크게 다음과 같다. 즉, 일상생활 기능, 신체기능, 심리적 특성 및 사회적 관계를 중심으로 관련된 주요 내용을 간단히 살펴보기로 한다(김규수 외 6인(역), 2006; 최옥채 외 3인, 2011; 石田一紀, 2010; 福祉士養成講座編集委員会, 2017b; C. Zastrow and Kirst－Ashman, 2018).

1. 일상생활기능 변화

오늘날의 현대 사회는 경제 발전에 따른 소득 수준의 향상에 더하여 영양 상태의 개선, 보건·의료기술의 발달 및 각종 사회·문화제도의 개선 등에 힘입어 인간의 수명이 크게 신장되었다. 이에 일부에서는 현대사회를 장수사회라고 부르기도 한다.

그러나 이와 같은 여건 변화에도 불구하고, 인간의 신체적 기능은 중년기 후반부터 노화의 속도가 빨라져서 노년기에는 그 속도가 더욱 급속히 진행되는 것으로 지적되고 있다. 이와 같은 흐름에 따라서 노인의 신체 기능 역시 급속히 쇠퇴하는 것으로 지적된다.

이때, 일상생활과 관련된 노인의 신체 기능의 감퇴와 관련하여 먼저 주목하게 되는 부분이 노인의 일상생활과 관련된 「일상생활수행능력」(Activities of Daily Living, ADL) 및 「도구적 일상생활수행능력」(Instrumental Activities of Daily Living, IADL)의 급격한 감퇴이다.

이때, ADL은 노인이 독립적으로 일상생활을 영위하기 위하여 필요한 최소한도의 일상적 행위나 동작을 혼자서 할 수 있는지에 대한 능력 평가를 의미한다. 예컨대, 혼자서 독립적으로 목욕하기, 옷 갈아입기, 식사하기, 앉기, 걷기, 화장실 이용하기 등에 대한 능력 평가가 이에 해당된다.

이에 비하여, IADL은 노인이 독립적으로 일상생활을 영위하기 위하여 ADL보다 좀 더 복잡한 일상생활 능력에 대한 평가 부분을 의미한다. 예컨대, 혼자서 전화하기, 교통기관 이용하기, 시장보기, 금전관리하기, 시간에 맞추어서 약 복용하기 등에 대한 능력 평가가 이에 해당된다.

따라서 노년기의 일상생활과 관련된 노인의 신체 기능의 변화와 관련하여, 우선적으로 주목되는 부분이 위에서 살펴본 ADL 및 IADL과 관련된 기능 또는 능력의 저하 여부이다.

일본 사회의 경우, 65세 이상 고령자의 약 5% 정도가 ADL, 그리고 약 10% 정도가 IADL과 관련된 기능 또는 능력에 장애를 경험하고 있는 것으로 지적되고 있다(福祉士養成講座編集委員会, 2017b).

노인의 일상생활에 즈음하여 ADL 및 IADL과 관련된 기능이나 능력상에 일부 장애가 있을지라도, 기존의 대가족체제 하에서는 그와 같은 유형의 장애 또는 불편이 상당 수준 동거 가족 등에 의하여 보완될 수 있었지만, 지금과 같이 부부 세대, 핵가족 세대, 노인 단독 세대 등이 증가하고 있는 사회 환경 속에서는 이와 같은 기능 및 능력 장애는 노인의 일상생활의 유지와 관련하여 중요한 장애 요인으로 작용하고 있다.

따라서 고령사회에 즈음하여, 고령자의 일상생활과 관련된 ADL 및 IADL의 장애에 대한 보완 대책의 중요성이 더욱 부각되게 되었다. 즉, 고령사회의 도래에 따른 고령자의 일상생활과 관련된 이와 같은 기능이나 능력 장애는 당사자의 문제를 넘어서서 이제는 사회적 차원의 과제로 나타나고 있다.

2. 신체기능 변화

노년기에 접어들면서 인간은 청·장년기와는 뚜렷이 구분되는 신체적 측면에서의 퇴화, 즉 신체적 차원의 노화가 급속히 진행된다. 예를 들면, 외모, 감각 기능을 비롯하여, 정신운동기능, 지적 기능, 항상성, 신경계, 소화계, 성적 능력 등에서 나타나는 쇠퇴 현상이 이를 상징한다. 노년기에 경험하게 되는 이와 같은 신체기능상의 변화와 관련된 중요한 특징과 관련하여 Zastrow & Kirst−Ashman(2018)의 입장을 중심으로 이를 정리하면 다음과 같다(김규수 외 6인, 2006).

첫째, 신체적 외모의 급속한 변화이다.

예를 들면, 주름살의 증가, 민첩성의 약화, 휘어지는 어깨, 불편한 걸음걸이, 빠지고 가늘어지는 머리카락, 정맥의 이상 확장 등이 이에 속한다. 이와 같은 외모의 급속한 변화로 인하여, 사람들은 직관적으로 노인을 구분할 수 있게 되고, 이에 따른 반응을 보이는 경우가 많다.

둘째, 각급 신체 기능의 저하이다.

인간은 오감 체제를 통하여 외부의 자극을 인지(perception)하고, 이에 따른 해석과 판단, 그리고 그에 따른 행동을 선택하게 된다. 즉, 인간은 「외부 자극 → 오감체제에 의한 인지 → 행동 및 반응」과 같은 모습을 보이게 된다.

그런데, 노년기에 접어들게 되면, 앞에서 지적하였던 신체적 외모의 변화와 거의 맥락을 같이하면서 감각 기능의 저하가 나타나게 된다. 이에 따라서 신체 기능상의 각종 자동조절능력이 급속히 저하하게 되면서, 일상생활에 있어서 많은 문제를 일으킨다.

예를 들면, 청각, 시각, 미각, 촉각, 후각 등의 기능 저하로 정상인들이 느끼는 감각을 공유하지 못함으로써 사물에 대한 판단 능력에도 문제를 일으키는 경우가 많이 나타난다.

셋째, 정신운동기능의 저하이다.

노년기에는 중앙신경계에 의한 정보처리 속도가 늦어지기 때문에, 외부 자극에 대한 반응과 반응 속도가 늦어지게 된다. 따라서 노년기에는 행동 또는 동작이 느려지게 된다. 예컨대, 교통 신호에 맞추어서 제때에 건널목을 건너지 못하는 노인을 보는 경우도 늘어나고 있으며, 계단을 오르는 노인의 행동이 마치 슬로모션처럼 느껴지는 경우도 보게 된다. 이는 노년기에 나타나게 되는 정신운동기능의 저하와 깊은 관계를 가지고 있다.

넷째, 신체적 안정성 확보에의 변화이다.

인간의 신체는 안정적이며 지속적인 균형 상태를 유지하려는 경향을 보이게 되는 데, 이와 같은 모습을 항상성(homeostasis)이라고 한다. 따라서 어떤 이유에서 던지 이와 같은 균형 상태가 깨어지게 되면, 인간의 신체는 곧 안정성을 회복하려는 방향, 즉 항상성을 발휘하여 균형을 유지하고자 한다(Zastrow & Kirst-Ashman, 2018).

그런데, 노년기에 접어들게 되면, 인간의 신체는 이와 같은 항상성의 기능이 급속히 저하하는 모습을 보인다. 예컨대, 심장 박동과 호흡의 간격이 길어짐에 더하여 상처가 아무는데도 이전보다 많은 시간이 걸린다. 물론, 단백질과 당의 신신대사에 필요한 효소를 생산하는 췌장의 가능 저하도 신체의 항상성 기능 저하와 깊은 관계를 가지고 있다.

다섯째, 신경계통의 기능 쇠퇴 현상이다.

신경계통의 기능 쇠퇴는 정신운동기능의 저하와도 맥락을 같이한다. 노년기의 신경계의 변화 가능성에 대해서는 이견도 있지만, 일부 신경조직의 경우에는 섬유질 세포로 대체되면서 노년기에는 외부 자극에 대한 반응이 늦어지는 경우도 많다.

여섯째, 소화기 계통의 기능 저하이다.

효소, 위액, 침의 양이 줄어들면서 소화 과정에 따른 장애도 나타난다. 노년기에 나타나는 대표적인 장애의 하나가 소화 장애이다. 이와 같은 소화 장애는 노년층의 생활스트레스의 중요한 요인이 되기도 한다.

일곱째, 성에 관한 태도 변화이다.

오늘날 영양상태의 개선 및 보건·의료 기술의 발달 등으로 인하여 노년층의 신체적·정신적 건강 상태는 크게 개선되었다. 그와 같은 결과, 노인층의 성에 대한 인식에도 많은 변화가 나타나고 있다. 따라서 노인의 경우, 성에 관한 관심이나 성행위는 줄어들 수 있지만, 신체적으로나 정신적으로도 성에 대한 관심이 지속되고 있는 것으로 평가된다. 이와 같은 노인층의 성에 대한 지속적인 관심은 노년기의 재혼에 대한 적극적 태도 변화로까지 일부 연계되는 것으로 지적되고 있다(박차성 외 5인, 2008).

여덟째, 지적 능력의 저하 여부에 대한 논쟁이다.

인간의 지적 능력과 관련하여, Horn과 Cattell은 이를 크게 '유동적 지능'(fluid intelligence)과 '결정적 지능'(crystallized intelligence)의 구분하였다. 이때, 유동적 지능은 태어날 때부터 생성되는 것으로써, 모든 유형의 문제 해결에 동원되는 기초능력과 관련된 것으로써, 이는 14~16세에 이르면 그 정점에 도달하는 것으로 보았다.

이에 비하여, 결정적 지능은 언어 능력이나 수리 능력과 같이 유동적 지능의 반복 및 연습 등의 결과로 획득된 능력으로써, 상당 기간에 걸쳐 개선 및 발전의 가능성이 담보된 지능으로 보았다.

이와 같은 견해에 따른 지능 검사를 하여 본 결과, 성인기의 사람들이 노년기의 사람들보다 유동적 지능은 비교적 높았다. 하지만 결정적 지능의 경우에는 노년기의 사람들이 성인기의 사람들보다 상대적으로 높게 나타났다.

이와 같은 검사 결과에 비추어 볼 때, 노년기에 접어들면 인간의 지적 능력이 총체적으로 쇠퇴한다는 기존의 가정에 대한 의문도 일부 나타나게 되었다. 이때, 이와 같은 의문을 제기하는 그룹의 주요한 주장 내용은 다음과 같다.

예컨대, 노년기에 접어들게 되면, 비록 지능의 일부 기능은 퇴화할 수 있겠지만, 다른 일부 영역의 기능은 비록 속도는 느릴지라도 증가할 수도 있을 것이라는 것이다. 예컨대, 80대의 노인이 새로운 외국어를 배워서 직접 대화에 나선다거나 새로운 기술을 습득하는 경우가 이와 같은 주장을 상당 부분 반증한다.

3. 심리적 특성 변화

노년기의 발달과제와 관련하여 지적되고 있는 중요한 심리적 특성 변화와 관련된 주요 주제로는 크게 자아통합과 절망, 심리적 조절, 생애에 대한 회고, 하위지위와 나이 차별, 영성과 종교 등이 지적되고 있다(Zastrow & Kirst-Ashman, 2018). 여기서도 이와 같은 주제를 중심으로 관련 내용을 간단히 정리하면 다음과 같다.

첫째, 노년기에 경험하게 되는 자아통합 및 절망감이다.

Erikson(1963)은 노년기에 직면하게 되는 심리적 발달과업, 특히 심리적 위기와 관련하여 '자아 통합과 절망'을 주목하였다. 이때, 자아 통합이란 '노인이 자신의 여생 또는 인생을 자신이 바라던 대로 살았다고 받아들이고, 만족스럽게 생각하며, 다가올 죽음을 인정하고 기다리는 심리적 특성'을 의미한다. 이에 비하여 절망은 '자신의 지금까지의 삶을 후회하고, 다가올 죽음에 대해 불안·초조해하는 심리적 특성'을 의미한다.

따라서 노인을 대상으로 한 사회복지실천에서는 노인의 이와 같은 심리적 위기와 그 특성을 이해하고, 이에 대한 실천 방안을 모색하는 것이 중요할 것이다.

둘째, 노년기에 경험하게 되는 급속한 노화이다.

일부 연구자 그룹은 노년기의 삶이 보다 의미 있기 위해서는 세 가지 차원에서의 심리적 조절 또는 적응이 필요하다고 한다(권중돈·김정배, 2011). 즉, 첫째, 직업 역할에 몰두하는 것으로부터 '자기 분화'로 전환하는 과정에 적응하는 것 둘째, 신체 몰두로부터 '신체 초월'로 나아가는 것 셋째, 자기몰두에서 '자기초월'로 나아가는 것이 이에 해당한다.

예컨대, 노년기에 접어들게 되면 퇴직은 피할 수 없는 현실적 과제가 되기에, 퇴직 이후의 삶을 보람되게 만들기 위해서는 변화된 새로운 사회 환경에 대한 적응력을 높여야 할 것이다. 이와 같은 현상을 일부에서는 자기분화라고 한다.

또한, 노년기에는 신체적 쇠퇴 또는 퇴화가 급속히 진행된다. 이때, 노인들이 자신의 노화에 지나치게 집중하게 될 경우, 일상생활이 피폐하게 될 가능성이 높아진다. 따라서 노화를 자연스럽게 받아들이는 가운데서, 자신의 삶을 올바로 설계하는 것이 바람직하다는 입장이 신체 초월이다.

마지막으로, 인간은 누구나 마지막으로 죽음을 맞이하게 된다. 따라서 죽음을 대하는 태도에 따라서 노년기의 삶은 차이가 날 수 있다. 따라서 죽음을 긍정적으로 받아들이는 태도를 '자기 초월'로 볼 수 있다.

셋째, 생애에 대한 검토 및 회고이다.

인간은 대부분 생애 대한 검토를 통하여 인생의 균형을 이끌어내는 경우가 많다. 이와 같은 과정에서 중요한 위치를 차지하는 부분의 하나가 '과거가 의미 있었다.'는 인식과 함께, '죽음의 불가피성'을 수용하는 것으로 볼 수 있을 것이다.

심리적으로 이와 같은 부분을 잘 수용하는 노인은 편안한 노년기를 보낼 수 있을 것이다. 이와 같은 부분은 일부에서는 '인생의 대차대조표 작성'이라고도 한다.

넷째, 노인의 낮은 지위와 노인차별주의에 대한 대응이다.

사회 일부 계층에서는 노인들이 하는 일은 사회적으로 별반 중요하지도 않고, 사회에 별반 만족을 주는 일이 되지 못한다는 인식이 있는 것도 사실이다. 이와 같은 요인으로 인하여, 노인들은 일 또는 역할 수행과 관련하여 심리적 불안이나 불안한 태도를 보이기도 한다. 예컨대, 노인들은 자신의 역할 수행과 관련하여 받게 되는 상대적으로 낮은 수준의 각종 대우 또는 취급에 대하여 불안감을 느낀다.

이와 같은 분위기를 더욱 가속화시키는 요인의 하나가 급속한 과학기술의 발전이다. 예컨대, 노인들은 급속한 과학기술의 발전에 따른 새로운 지식 습득에 어려움을 경험하고 있으며, 이에 따른 의미 있는 역할 수행에 어려움을 겪는 경우를 자주 보게 된다.

이상과 같은 요인들이 복합적으로 작용하여 오늘날 노인들은 이전 시절에 비하여, 사회적 지위 및 역할이 상대적으로 낮게 취급되는 경우가 많다. 이와 같은 노인의 작은 지위나 역할을 일부에서는 '노인차별주의'(ageism)와 연계하여 설명하는 경우도 있다.

이때, 여기서 말하는 노인차별주의는 '단지 늙었다는 이유만으로 그 사람에 대한 부정적 이미지 또는 태도를 가지게 되는 것'을 의미한다. 오늘날, 많은 사람들이 노인에게 보이는 반응의 상당 수준이 이와 같은 부정적 이미지와 연계되어있기도 하다. 여기에 더하여 노인은 무능하고 의존적이며 노쇠한 존재자로 인식되는 경우도 많다. 이와 같은 인식은 노인복지 실천과 관련하여 극복하여야 할 중요한 과제의 하나로 볼 수 있다.

다섯째, 약화되는 자존감이다.

사람에게 있어서 '자기 자신을 존중하는 태도나 방식'은 자신의 인생에 대한 행복과 적응을 결정하는 중요한 요인이 된다. 만약 주위 사람들이 노인을 '구식이고, 의존적이며, 무능력한 인격체'로 바라보게 되면, 노인 스스로도 자신을 그와 같이 인식할 가능성이 높아지게 된다. 이와 같은 현상은 쿨리(Charles H. Cooley)는 '거울 자아'(looking glass self)라고도 했다.

노년기에는 신체 기능의 쇠퇴와 함께 이와 같은 자존감도 약화되는 경향을 보인다. 이와 같이 약화되는 자존감의 회복을 위해서는 노인 당사자는 물론, 주위에서도 노인에 대하여 좋게 느끼고, 능력을 존중하는 분위기를 조성할 필요가 있을 것이다.

여섯째, 정서적 안정을 위한 영성과 종교에 대한 이해 증진이다.

노년기의 정서적 안정과 관련하여 영성과 종교는 중요한 비중을 차지하는 것으로 지적된다. 서구 사회의 경우, 종교는 노년기의 정서적 안정과 관련하여 매우 중요한 역할을 하는 것으로 평가된다. 예컨대, 836명의 노인을 대상으로 이루어진 연구 결과에 따르면, 종교를 가지고 있는 노인이 그렇지 아니한 노인에 비하여 사기도 높고 노화에 대하여 보다 긍정적인 태도를 가지고 있는 것으로 나타났다(Zastrow & Kirst-Ashman, 2018).

인간은 노년기에 접어들수록 삶과 죽음의 문제를 반추하는 시간이 늘어나게 되고, 그와 같은 과정에서 노인들은 영적인 문제에 보다 집중하게 된다. 따라서 이와 같은 과제는 노인복지실천 현장을 중심으로 더욱 중요한 현안 과제로 부각될 수 있을 것이다.

4. 사회적 관계 변화

노년기의 노령자들이 맞이하게 되는 사회적 현안 과제로는 다양한 것들이 제시될 수 있을 것이다. 예컨대, 사회·경제적 차원의 여러 과제, 조기 퇴직, 사회보장체제, 학대, 범죄 피해 등이 이에 해당한다(최채옥 외, 2011; Zastrow & Kirst-Ashman, 2018).

여기서는 그와 같은 과제 중에서 역할 상실, 경제적 문제, 질병과 건강, 노인 부양, 노인 학대 등을 중심으로 관련 내용을 간단히 살펴보기로 한다(정재욱, 2011).

첫째, 역할 상실, 소외 및 고독감이다.

급속한 사회변화에 따른 핵가족화의 심화, 세대 간의 사고 방식 및 행동 양식의 차이, 개인주의의 팽배 등으로 인하여 노인의 심리적 고립감 및 소외감은 늘어나고 있다. 특히, 고령에 따른 현업, 즉 직장으로부터의 은퇴에 따른 역할 상실이 나타나면서, 그들의 소외감 및 고독감은 더욱 가중되게 된다.

집안 생활 역시, 자녀들의 장성과 출가에 따른 부부만의 '빈 둥지 집안'(空きの巣)의 생활이 지속되면서, 사회로부터의 소외감은 물론 가족으로부터의 소외감도 증폭되게 된다.

고독과 소외감의 문제는 현대 사회의 중요한 특징 중의 하나이지만, 노인의 경우에는 그 심각성이 더 삼하게 나타나고 있다. 즉, 노인은 질병이나 은퇴 등으로 인하여 사회적 참여 등과 관련된 중요한 역할 상실이 나타나기 때문에, 고독감과 소외감을 더욱 강하게 느끼게 된다.

나아가서 한국 사회의 노인이 경험하는 또 다른 차원의 고독감과 소외감은 세대 간의 가치관의 혼재에 따른 부분도 상당 부분 작용하고 있다. 예를 들면, 부모는 자녀에게 높은 기대감을 가지고 있지만, 자녀는 그와 같은 기대에 부응하지 못함으로써, 부모인 노인은 자녀와의 관계에서 소외감을 느끼기도 한다.

둘째, 경제적 문제이다.

거시적 관점에서 볼 때, 현재 한국 사회의 노인층이 겪고 있는 가장 심각한 문제 중의 하나는 경제적 능력의 저하이다. 예컨대, 한국 사회의 노인의 빈곤율은 사회 전체의 빈곤율의 약 2배에 달한다(정재욱, 2015).

한편, 국민의 대다수가 포함된 국민연금의 경우, 1988년에 시행되면서 20년 이상의 가입 기간과 60세 이상의 연령에 도달한 사람에 한하여 노령연금을 받을 수 있도록 함으로써, 당시 60세 이상의 노인은 물론 40세 이상의 장년과 50대의 은퇴자에 대한 노령연금이 배제되기도 하였다.

연금의 급여 수준에 있어서도, 그 열악성으로 인하여 노후생활보장에 많은 어려움을 경험할 수 있는 고령층이 다수 나타날 수도 있게 되어있다. 예를 들면, 2007년에 국민연금법을 개정하여, 소득대체율은 40년 가입시 60%에서 2008년에는 50%, 2009년부터는 매년 0.5%씩 단계적으로 낮추어서 2028년부터는 40%가 되도록 변경하였다. 이와 같은 이유로 인하여, 한국 노인의 상당 수준은 노년기의 생활을 위하여 자녀들이 지원하는 경제적 부양에 크게 의존하는 모습도 나타나고 있다(정재욱,2010).

셋째, 질병과 건강의 문제이다.

영양체제의 개선과 의료기술의 발달 등으로 평균 수명은 크게 연장되었다고는 하지만, 신체적 노화에 따른 각종 질환 문제에 더하여, 급속한 사회 변화에 따른 부적응과 이에 따른 사회심리적 문제 등이 중첩되어 나타나면서 노인의 건강상태는 악화되고 있는 것으로 지적된다. 그리하여, 고령층의 질환자층의 상대적 증가 및 생활 능력의 저하 등이 나타나면서 노인 부양의 문제가 새로운 사회과제로 나타나고 있다.

조사에 따르면, 전체 노인의 90.9%가 한 가지 이상의 만성질환을 가지고 있고, 만성질환을 가진 노인은 1개 질병(17.1%), 혹은 2개 이상의 질병(73.8%)을 가진 것으로 나타났다.

나아가서 만성질병을 가진 노인이 경험하는 어려움에 대하여 살펴보면 다음과 같다. 즉, 일상생활의 수행에 대한 제한(43.3%), 치료비로 인한 경제적 어려움 가중(22.4%), 사회활동의 제한(17.0%), 외로움·소외감·자존감 상실 등(5.8%), 간호와 수발에 따른 어려움(0.9%) 등으로 나타났다(정경희 외, 2005).

이와 같이 노인의 질병은 보건·의료의 측면에 더하여 가사 지원, 경제적 지원, 간병 등에 이르기까지 다양한 형태의 사회복지 서비스와의 연계적 지원체계의 구축이 요구되고 있다.

넷째, 노인 부양이다.

노인 부양은 한편에서 보면, '경제적 어려움'의 영역과 깊이 연계되어 있는 과제로 이해할 수도 있겠지만, 특히 한국 사회의 경우, 최근 들어서 그 자체만으로도 중요한 현안 과제가 되고 있다.

예컨대, 고령 인구의 급속한 증가 추세가 지속되고 있는 가운데서, 뒤 늦은 연금제도의 출발에 더하여 낮은 급여수준, 노후 경제생활에 대한 대비책의 부족 등이 중첩적으로 나타나면서, 노인부양은 시대적 현안 과제로 나타나고 있다.

가족 구성원의 경제적 및 사회적 생활 방식이 급변하게 되면서, 기존의 가족제도나 혈연적 차원의 근린 연대에 의한 노인부양의 기능은 급속히 쇠퇴되었다. 이에 비하여, 노후의 안정된 경제생활을 사전에 준비를 하지 못한 노인들은 은퇴 이후, 거의 전적으로 자녀들의 부양이나 사회보장제도에 크게 의존하여 일상생활을 영위할 수밖에 없게 되었지만, 사회보장제도의 미비와 자녀들의 노인부양에 대한 부담이 가중되면서, 마침내 한국 사회에서 노인부양은 심각한 수준의 사회문제로 나타나고 있다. 이에 대한 중장기적 차원의 대책 마련이 매우 중요할 것으로 본다.

Ⅲ. 노년기의 핵심적 현안 과제

노년기에 접어들어서 직면하게 되는 발달과업과 관련하여 상당 부분은 앞에서 이미 지적하였다. 예컨대, 노년기에 직면하게 되는 신체적 및 사회적 특징과 이에 따른 과제에 대한 논의 내용이 이에 해당된다.

따라서 여기서는 노년기에 맞이하게 되는 보다 근본적인 발달과제에 초점을 두고서 관련 내용을 간단히 살펴보기로 한다. 이와 관련하여 제시되고 있는 중요한 과제는 ① 임종과 죽음, ② 부적응행동으로서의 노인 치매, ③ 우울과 자살 및 ④ 노인 학대 등이다.

한편, 노인장기요양 역시 노년기의 핵심적 현안 과제의 하나로 부상하고 있지만, 이 부분은 독립된 하나의 장(章)으로 다루고 있기 때문에, 여기서는 논의하지 않기로 한다.

1. 임종과 죽음

임종과 죽음은 생애주기적 관점에서 볼 때, 인간의 최종 단계로서 노년기의 종점을 의미한다. 이때, 임종이란 '죽음을 맞이하는 상태'를 의미한다. 즉, 임종이란 '생명이 소멸되어 가는 최종적이며 죽음에 임박한 상태'를 일컫는다.

이와 같은 의미의 임종은 반드시 노년기에서만 일어나는 것은 아니며, 죽은 직전에 반드시 거치게 되는 과정만도 아니다. 예를 들면, 아동, 청소년, 성인 중에서도 불치의 병으로 임종을 맞이하는 경우도 있으며, 이것과는 달리 노인이라도 불의의 사고 등으로 인하여 임종이라는 과정을 거치지 않고 죽음에 이르는 경우도 있다.

한편, 죽음이란 '생물체로서의 생명력이 없어지는 현상이나 또는 세포 내 연속적인 생리적 변화가 불가역적으로 되어 정지하는 상태'를 의미한다. 죽음이란 임종의 마지막 단계로써 삶의 종점을 의미한다. 물론, 죽음이 법제도적으로 확인되기 위해서는 사망 진단서나 인우증명서(隣友證明書)를 첨부한 유족의 사망 신고가 필요하다.

죽음과 자아와의 관계에 대하여 Erikson(1963)은 다음과 같이 주장하고 있다. 즉, 노년기의 생애 과업인 자아 통합을 달성하기 위해서는 죽음에 가까워질수록 자신의 삶을 중요하고도 의미 있게 받아들이는 것이 중요하다고 하였다. 대부분의 인간은 노화를 통하여 필연적으로 죽음에 이르게 되기 때문에 노년기의 노인들은 죽음에 대하여 준비하는 자세가 중요할 것이다.

그러나 죽음에 대해 준비를 하고 있다고 할지라도 죽음 앞에서 놓인 인간으로서의 노인은 불안, 즉 심리적 변화를 경험하게 된다. 즉, 죽음을 앞둔 사람은 대부분 죽음에 대한 불안이나 공포심을 느끼게 되고, 이는 곧 노인의 심리적 변화를 가져오게 한다. 이와 같은 심리적 변화는 크게 2 가지 유형으로 구분할 수 있다. 즉, 한쪽은 죽음을 인정하지 않으려는 부정적 태도이며, 다른 한쪽은 죽음을 긍정적으로 수용하는 태도이다.

따라서 사회복지 서비스를 직접 전달하는 사회복지 실천의 입장에서 볼 때, 사회복지사는 임종을 앞둔 노인을 케어(care)함에 있어서 가능한 한 임종을 맞이하고 있는 노인들이 경험하게 되는 슬픔과 분노, 두려움, 고통 등을 적절히 표현할 수 있도록 이를 허용하고, 나아가서 이들을 격려하는 자세가 필요할 것이다. 사람은 죽음 앞에서 초연하기가 매우 어렵기 때문이다.

죽음을 앞두고 있는 노인들에게는 자신이 죽어가고 있다는 현실을 인정하고 이에 적응할 수 있는 마음과 시간의 허용이 필요할 것이다. 이와 관련하여 kubler-Ross(1969)는 중년기의 말기암 환자가 죽음과 관련하여 경험하게 되는 정서적 반응과 적응 단계를 다음과 같이 5 단계로 나누어 설명하였다. 이와 같은 5 단계에 대한 이해는 죽음을 앞둔 노인의 정서 이해에 많은 도움을 줄 것이다(장수한 · 김현주 · 임혁, 2011)[2)]

첫째, 부정과 고립의 단계이다.

죽음을 앞둔 사람들이 경험하게 되는 첫 번째 단계는 충격과 무감각의 상태이다. 이 단계에서는 대부분의 사람들이 자신의 죽음을 사실로 받아들이려 하지 않는다. 예를 들면, "검사 결과가 잘 못 나왔을 거야, 다른 의사에게 가봐야겠어"라고 하든지, 또는 "나에게 그와 같은 일이 일어날 리가 없어"와 같은 반응이 이에 해당된다. 우리는 무의식적으로 자신의 죽음을 인정하지 않으며 하며, 죽음에 대한 부정적 · 방어적 태도를 보인다.

둘째, 분노의 단계이다.

죽음을 맞이하여 초기에 경험하였던 일시적 충격에서 벗어나게 되면, 죽음에 대해 깊은 분노와 슬픔을 느끼게 된다. 예를 들면, "왜 나에게 이와 같은 벌이 나타나게 되었는가?", 혹은 "더 빨리 치료를 했었다면 이렇게 되지는 않았을 텐데!"와 같은 후회와 분노 및 슬픔이 나타나게 되는 단계이다. 이와 같은 분노의 단계에서는 자신은 물론 주위 사람들에게 어려움을 안겨 주는 경우가 많고, 급격한 인격 변화에 따른 어려움을 호소하는 경우도 많다.

셋째, 타협의 단계이다.

이는 죽음을 불가피한 사실로 인식하고 어떻게든 죽음을 연기하여 보려고 애쓰거나 종교에 귀의하는 등의 특별한 헌신과 맹세를 통하여 죽음에 대한 보상을 시도하는 단계를 의미한다. 이때의 행동은 주로 신이나 다른 사람, 또는 자신과의 '거래'의 형태로 나타나는 경우가 많다.

---

2) 이하의 내용은 장수한 · 김현주 · 임혁(2011)의 저서 내용에 크게 의존하였다.

예를 들어 "신이시여! 저를 살려만 주신다면 나머지 생애는 신을 위해 헌신하겠습니다.", 또는 "아들이 결혼할 때까지만, 손자가 태어날 때까지만 허락하신다면 더 좋은 사람이 되겠습니다." 등의 기원적인 자세가 이에 해당된다.

넷째, 우울의 단계이다.

이는 죽음을 자신의 힘으로는 어떻게 해볼 수 없다는 사실을 인정하면서, 동시에 이를 부인할 수 없다는 사실에 직면하여 우울감에 빠지는 단계를 의미한다. 죽음을 받아들이게 되면 대부분의 사람들은 우울한 상태에 빠지거나, 주위 사람들과의 관계를 단절하고자 하는 경향이 강하게 나타난다. 따라서 이와 같은 단계에 직면하게 되면, 임종에 다다른 노인과 슬픔을 함께 나누는 자세도 중요하다.

다섯째, 수용의 단계이다.

죽음을 직접 맞이하게 되는 마지막 생애단계를 의미한다. 이와 같은 단계에 도달하게 되면, 죽음 그 자체를 수용하는 쪽으로 나타나는 경우가 많다. 이때 사람들은 더 이상의 고통이나 분노와 같은 상태로부터 벗어나, 때로는 평온한 자세를 보이기도 하며, 극도로 지치고 쇠약해지며 감정의 공백기를 가지게 된다.

살아간다는 것도 그러하겠지만, 죽어간다는 것도 결국은 개인적으로 겪게 되는 개인적 경험의 영역으로 볼 수도 있다. 따라서 사람마다 죽음을 맞이하는 자세나 태도에도 차이가 날 수 있을 것이다. 그러나 사회복지 서비스를 전달하는 복지 실천의 차원에서 보면, 어떠한 죽음도 경건하고 안락한 죽음이 될 수 있도록 이를 지원하는 것이 중요할 것이다.

2. 노인 치매

치매[3]는 인간의 뇌가 성숙하여 정상적인 지적 수준에 도달한 이후, 질병이나 외상과 같은 후천적 원인에 의해 뇌가 손상되어 기억 장애, 사고 장애, 판단 장애, 지남력 장애, 계산력 장애와 같은 인지기능과 고등정신기능이 감퇴하고,

3) 일본의 경우에는 2000년 4월 1일부터 개호보험제도가 시행되면서 '치매'라는 용어 대신에 인지증(認知症)이라는 용어를 공식적으로 사용하고 있다. '치매'라는 용어는 인격적으로 부정적 이미지가 있다고 보고 있다.

정서 장애, 성격 변화, 일상생활 장애 따위가 수반되어 직업, 일상 활동, 대인 관계에 장애를 불러일으키는 노년기의 대표적인 기질성 정신 장애(권중돈, 2023)를 의미한다.

이때, 치매의 일반적 형태로는 크게 '알츠하이머형 치매'와 '뇌혈관성 치매'로 구분되며, 이에 대한 원인으로는 70여 종류가 제시되고 있다. 치매는 기본적으로 뇌의 기질적 병변(病變)으로 보고 있다(박차상 외, 2008; 社会福祉士養講座編集委員会, 2015).

치매의 경우, 이를 조기에 발견하게 되면 치료가 이루어지는 경우도 일부 있겠지만, 대부분은 조기 발견도 어려울 뿐만 아니라, 치료의 효과를 명확히 입증하기도 어려운 것도 사실이다.

한편, '알츠하이머형 치매'나 '혈관성 치매'를 앓는 노인들의 경우, 많은 문제행동을 일으키기 때문에 이들을 돌보는 가족이나 이웃에게 큰 어려움을 주고 있다. 예를 들면, 치매 노인들은 원인을 알 수 없는 우울 증상을 보이거나, 밤중에 배회하거나 대소변 등을 부정적인 모습으로 봄으로써, 수발하는 가족이나 이웃을 놀라게 하는 경우가 많다.

나아가 치매 노인을 돌보는 가족의 경우, 사회활동의 제한, 심리적 부담, 경제적 부담, 건강상의 부담 등이 가중되면서 가족 관계에도 부정적 현상이 나타날 수 있을 것으로 보고되고 있다(권중돈, 2023).

한국 사회에서도 인구의 고령화에 따른 고령사회로의 진입을 앞두고, 치매나 중풍과 같은 노인성 질환자가 급증하고 있음에 비추어, 2008년 7월 1일부터 '노인장기요양보험제도'를 공식적으로 도입·운영하고 있다. 이와 관련하여, 동 제도에서는 치매 등과 관련하여 장기요양 서비스를 제공받을 수 있는 유형을 크게 2 가지 그룹, 즉 '장기요양 5등급'과 '인지지원 등급'으로 구분하고 있다.

이때, 장기요양 5등급은 장기요양 인정점수가 '45점 이상 51점 미만'에 해당하며, 나아가서 노인장기요양보험법 시행령 제2조에 따른 노인성 질병을 가지고 있는 자로 규정하고 있으며, 이들은 치매전담요양보호사에 의한 치매 관련 장기요양서비스를 받을 수가 있다.

한편, 2018년부터는 소위 '인지지원 등급'을 새롭게 신설하여, 비록 장기요양 인정점수가 '45점 미만'에 해당될 지라도, 장기요양보험법 제2조에 따른 노인성 질병을 가지고 있는 자의 경우에는 장기요양 서비스를 제한된 범위 내에서 받을 수 있게 되었다. 이와 같은 내용에 대한 보다 구체적인 내용에 대해서는 장기요양보험제도론에서 자세히 다루기로 한다.

한국 사회의 경우, 빠른 고령화와 고령사회로의 진화에 즈음하여 치매 증상을 보이고 있는 고령층 역시 증가하는 추세를 보이고 있다. 따라서 충분하다고는 말할 수는 없겠지만 노인장기요양보험제도의 도입 등을 통하여, 치매 노인을 돌보고 있는 당해 가족들의 사회 활동이나 경제 활동은 동 제도 도입 이전과는 상당한 차이가 나타나고 있는 것으로 지적되고 있다(정재욱, 2018).

3. 우울과 자살

우울과 자살은 노인들에게 일반적으로 드러나는 정신보건상의 문제이다. 우울은 슬픔 및 절망과 같은 감정으로 특징지어지는 장애로써, 경미한 증상에서 치명적인 증상에 이르기까지 그 범위가 매우 넓다. 우울한 기분이 일시적인 상태를 넘어서서 2주 이상에 걸쳐 지속되어 일상생활에 상당한 지장을 초래할 경우에는 치료가 필요한 질병으로 이를 간주할 것을 권하고 있다.

한편, 노인이 경험하게 되는 우울 증상의 중요한 단서로써는 지속적인 불안이나 공허함, 수면 장애, 식욕이나 체중 감소, 흥미로운 활동에 대한 무관심, 초조함과 짜증남, 만성 통증과 소화 장애 등과 같은 신체적 증상을 꼽을 수 있다. 아울러 정신적으로는 집중력과 기억력의 감퇴 및 결정의 어려움, 피곤함, 죄책감, 절망감이나 무가치함, 죽음이나 자살에 관한 생각 따위를 들 수 있다. 우리나라의 경우에서는 도시 노인들이 농촌 노인들보다, 여성 노인이 남성보다 우울과 불안 증상을 더 보이고 있는 것으로 보고되고 있다(장수한 외, 2011).

한편, 개인적으로나 사회적으로 노후의 안정생활에 대한 충분한 대비책이 마련되어 있지 않은 상태에서 진행되고 있는 급속한 고령화로 인하여 노인들은 상대적으로 많은 상실감과 스트레스를 느끼고 있으며, 이와 같은 물적·정신적 스트레스는 일정 수준 노인의 자살 심리를 자극하는 요인으로 작용하는 것으로 지적되고 있다(진주신문, 2007.3.12).

한국 사회의 노인의 자살률이 OECD 국가 가운데 5년 연속 제1위를 차지하고 있는 배경에는 이와 같은 사회적 현상도 자리하고 있는 것으로 지적된다(경향신문, 2010년 9월 9일자).

한편, 노인 자살율의 경우, 독거노인이 일반노인보다 높은 것으로 지적되고 있다. 물론, 노인의 자살은 여러 가지 요인이 복합적으로 연계되어 있기 때문에, 전국의 관련 상담 센터 등이 연계하여 대처하는 것이 매우 중요한 것으로 지적된다. 노인 자살 방지와 관련하여 중요한 역할을 하는 기구의 하나가 노인자살예방센터이다. 동 센터의 역할 제고가 필요한 시대이다.

한편, 노인 자살의 중요한 요인의 하나로 작용하는 것이 상실감인데, 이와 관련하여 주목되는 사회적 현상의 하나가 퇴직이다. 예컨대, 퇴직은 노인에게 정신적으로 매우 중요한 사건으로 작용한다. 퇴직으로 인하여 직업적 역할 기능이 상실됨으로 인하여 경제적 상실을 비롯하여, 자아 존중감, 권력과 명예, 미래에 대한 안정감 등에 위협을 느끼게 된다. 여기에 더하여 노인이 경험하게 되는 또 다른 다른 차원의 상실감의 요인은 노화와 건강 약화에 따른 신체적·정신적 능력 장애와 만성질환이다.

이와 같은 장애로 인하여, 고령자는 사회관계와 사회참여 기회 역시 줄어들면서 점차적으로 고립감에 빠지기도 한다. 배우자의 상실 역시 노년기에 견디기 어려운 사건의 하나이다. 배우자의 상실로 인하여 홀로된 노인들의 경우, 자살의 위험에 빠질 가능성이 높다. 이와 더불어 노후의 경제적 불안정과 가족관계를 포함한 사회적 관계망의 축소 역시 노인의 삶의 질에 부정적인 영향을 미친다.

지리적으로나 사회적으로 그리고 정서적으로 고립된 노인일수록 자살에 이르게 되는 가능성이 높다. 노후에 발생하는 상실 요인들로 인하여 우울 증상을 보이기도 한다. 예컨대, 노인들이 무력감과 절망감에 점차적으로 빠져들게 되면, 이에 대한 문제 해결의 대안으로서 노인 자살을 생각하는 경향이 있는 것으로 지적된다.

4. 노인 학대

고령사회에 즈음하여 고령자들이 직면하게 되는 중요한 발달 과제의 하나가 노인 학대이다. 이때, 노인 학대는 「가족 또는 타인이 노인에게 신체적, 언어·정서적, 성적, 경제적으로 고통이나 장애를 주는 행위」에 해당되는데, 이와 관련하여 노인복지법 제1조의2(정의) 제4항에서는 이를 보다 구체적으로 규정하고 있다. 즉 노인학대를 "노인에 대하여 신체적·정신적, 성적 폭력 및 경제적 착취 또는 가혹행위를 하거나, 유기 또는 방임을 하는 것'으로 규정하고 있다.

한국 사회에 있어서 노인 학대가 사회적 문제로써 주목을 받기 시작한 것은 1990년대 후반기부터이다. 한국 사회의 경우, 노인 학대는 오랫동안 일반 가정과는 크게 상관이 없는 개별적이며 특수한 현상으로 간주되어 왔다. 즉, 정신적·신체적으로 상당 수준의 의존성이 있는 노인계층을 대상으로 이루어지는 병리적 현상으로 간주되어, 특정 개인이나 가정의 문제로 인식되는 분위기가 강했다.

그러나 오늘날에 이르러서는 노인 학대는 피해 노인과 학대행위자간의 개별적이며 병리적 현상으로만 설명하기에는 어려운, 보다 보편적인 가족 및 사회현상으로 인식되기 시작하였다.

예컨대, 이제는 노인 학대를 단순히 노부모와 당해 자녀, 또는 요양지원자간에 이루어지는 개인 간의 병리적 관계를 넘어서서, 부양의 불일치, 노인부양에 따른 역할 과중 등과 연계하여 노인 학대를 바라보는 경향이 나타나고 있다.

따라서 이제는 노인 학대를 사회구조적 변화와의 관계 속에서 바라보게 되었다. 예컨대, 급속한 고령화, 가족구조 및 가족 기능의 변화, 사회적 가치관 및 노인부양의식의 변화, 이용가능한 사회 자원 등과 연계하여 노인 학대를 바라보고 있다. 이와 같이 노인 학대에 대한 인식의 변화는 노인 학대가 발생하게 되는 배경에 대한 인식 변화와도 깊은 관계를 이루고 있다. 이와 같은 차원에서 노인 학대가 발생하게 되는 배경을 간단히 정리하면 다음과 같다.

첫째, 인구사회학적 특성이다.

노인의 성별, 연령별, 학력별, 결혼 상태 등과 노인 학대의 발생과의 상관관계에 대한 부분이다. 예컨대, 여성 노인이 남성 노인에 비하여 상대적으로 학대 발생 비율이 높으며, 학력 수준이 낮을수록, 연령이 많을수록, 경제적 대처 능력이 낮을수록 학대 발생 위험성이 높은 것으로 보고되고 있다.

둘째, 노인의 건강 상태 및 심리적 특성이다.

노인의 건강 상태가 나쁘거나, 일상생활에서의 의존성이 높을수록 학대 발생 가능성이 높은 것으로 보고되고 있다. 이와 같은 현상은 일차적으로 부양의

무자의 부양 부담의 증가와 관계가 있을 것으로 지적된다. 노인의 심리적 특성도 노인 학대 발생의 주요한 요인으로 작용하는 것으로 지적된다. 예컨대, 노인 스스로가 학대에 익숙하여지거나, 자아 존중감이 낮아지거나, 노인 학대에 무기력해 질 경우에는 노인 학대의 발생 가능성이 증가하는 것으로 지적된다.

셋째, 가족 상황적 요인이다.

가족과의 동거 여부, 부양자의 특성, 자녀와의 관계 등에 따라서 노인 학대의 내용 및 빈도수에 차이가 나는 것으로 지적된다. 예컨대, 부양자의 특성과 노인학대의 유형을 보면, 남성 부양자는 신체적 학대, 여성 부양자는 방임 행위를 하는 빈도수가 상대적으로 많은 것으로 나타나고 있다.

넷째, 사회관계망과의 연계성 여부이다.

노인과 부양자가 사회적으로 고립되어 있을 경우, 노인 학대가 발생할 수 있는 확률이 높은 것으로 지적된다. 예컨대, 노인과 부양자가 이웃, 친구, 친척, 전문가 집단, 사회체계로부터의 도움이 필요한 상황에서도 이를 활용할 수 있는 사회적 관계망이 없을 경우, 노인 학대의 발생 가능성은 높아지는 것으로 지적된다.

다섯째, 사회문화적 요인이다.

사회서비스체제에 대한 인지 및 동 체제의 이용 여부, 노인차별주의, 가족주의 등과 같은 사회문화적 요인 역시 노인 학대 발생의 중요한 배경이 되는 것으로 지적된다. 예컨대, 노인 학대를 예방할 수 있거나, 이를 해결할 수 있도록 지원하는 사회서비스체제가 구비되어 있지 못한 사회에서는 노인학대의 발생 가능성이 높게 나타나는 것으로 지적된다.

나아가서 가족주의 의식이 강한 사회에서는 노인 학대를 은폐 또는 묵인하거나, 학대를 반복적으로 발생시키는 경향이 강한 것으로 지적된다(중앙노인보호기관, 2018).

한편, 노인 학대와 관련하여 앞에서도 잠시 지적하였듯이, 노인복지법에서는 노인학대의 유형을 크게 신체적 폭력, 정신적 폭력, 성적 폭력, 경제적 착취, 가혹행위, 유기, 방임으로 분류하고 있다. 따라서 이와 같은 법령에 의거하여 학대 현황 및 유형을 분류하여 보면 <표2-7>과 같다.

<표2-7>에서 제시하고 있듯이, 노인학대는 크게 2 가지 유형이 압도적 우

위의 비중을 차지하고 있다. 즉, 신체적 차원의 학대(폭력) 및 정서적 차원의 학대(폭력)가 그것이다.

전자는 전체 노인학대 건수 대비 36.4%, 후자는 42.0%로써, 2 가지 유형을 합하면 전체 학대 건수 대비 78.4%를 차지하고 있다. 따라서 노인 학대는 대부분 신체적 및 정서적 차원을 중심으로 이루어지고 있음을 알 수 있다.

표 2-7 노인학대유형 및 현황(2017년)

구분	신체적 학대	정서적 학대	성적 학대	경제적 학대	방임	자기 방임	유기	합계
건수	2,651	3,964	150	411	649	291	71	7,280
비율(%)	36,4	42.0	2.1	5.6	8.9	4.0	1.0	100.0

※ 자료 : 중앙노인보호전문기관(2018).

Ⅳ. 생애발달과 비표준적 영향

앞에서도 잠시 살펴보았듯이, 고령자가 가진 특성 또는 복지욕구를 보다 체계적으로 이해·파악하기 위해서는 고령자의 생애 과정의 전체, 즉 전 생애과정에 걸쳐서 이루어지는 각종 경험과 그에 따른 발달과제를 총체적으로 파악할 필요가 있을 것이다. 이와 같은 차원에서 생애발달(인간발달)이라는 관점에서 관련 내용을 간단히 살펴보기로 한다.

한편, 노화와 관련하여서 잠시 지적하였듯이, 인간의 생애발달(인간발달)이론이 제시하는 핵심적 관점은 인간의 발달은 청소년기 및 성인기를 지나면서 그 정점을 이루게 되고, 이후에는 쇠퇴한다는 기존의 입장과는 달리, 도리어 인간은 죽음에 이르기까지 지속적으로 발달하는 존재하는 입장을 보이고 있다.

물론, 생애발달이론 역시 인간의 생애(일생)는 영·유아기에서부터 노년기에 이르기까지 다양한 단계로 구분이 가능할 뿐만 아니라, 각 생애단계 마다, 각각의 핵심적인 발달(현안)과제가 있으며, 이와 같은 발달과제의 해결을 통하여 다음

단계로의 점진적 발달을 이루어간다는 입장에는 큰 이견은 보이지 않고 있다.

이와 같은 차원에서, Erikson(1982)은 노년기의 핵심적 발달과제의 하나로써 「통합」을 제시하면서, 이것이 원만하게 달성되지 못할 경우에는 「절망」과 같은 위기적 상황이 나타날 수 있다고 하였다. 이때, 통합이 지닌 중요한 의미는 지금까지의 자신의 경험을 토대로 하여, 주변 경험 등을 객관적·종합적으로 이해하고자 하는 입장을 의미한다.

한편, 이와 같은 인간의 생애발달 과정에 영향을 미치는 요인은 매우 다양한데, 이와 관련하여 주목되는 내용의 하나가 Baltes 등(1990)에 의해 제시되었던 「표준연령적 영향」, 「표준역사적 영향」 및 「비표준적 영향」이다. 이와 관련하여, Baltes 등은 <그림2-3>과 같이 이와 같은 영향 요인들이 생애발달의 과정에서 미치는 영향력 및 그 변화의 양상을 다음과 같이 설명하고 있다.

그림 2-3 상대적 영향력과 생애발달 양상

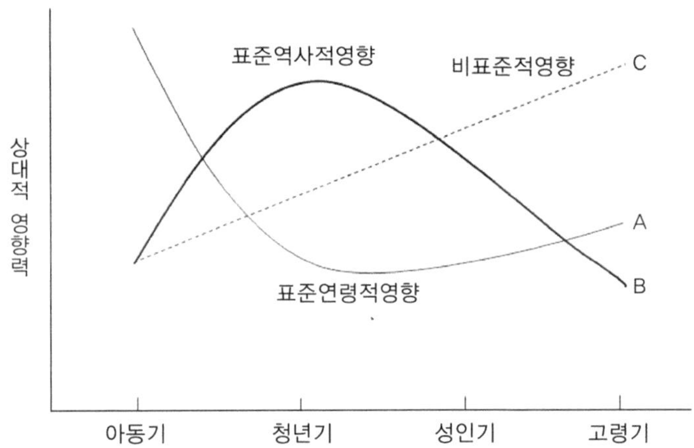

※ 자료 : Baltes,P.B. et al. (1990). 社會福祉士養成講座編輯委員會(2015).

이때, 「표준연령적 영향」이란 시간, 즉 세월의 흐름 속에서 나타나게 되는 생물학적 요인에 의한 생애발달단계에 미치는 영향을 의미한다. 이와 같은 표준연령적 영향은 기본적으로 유전적 규정성이 강한 아동기 및 청소년기에 가장 그 영향력이 크게 나타나며, 또한 생물학적 존재로써 죽음을 맞아하는 노년기에 다시 그 영향력이 상당 수준 회복되는 모습을 보이는 것으로 보았다.

한편, 「표준역사적 영향」은 역사적 맥락과 관련된 요인에 의하여 생애발달과정에 미치는 영향을 의미한다. 이는 인간의 삶이나 가치관의 형성에 많은 영향을 미치는 역사적·사회적·환경적 사건, 예컨대, 전쟁이나 화재 등은 물론이고, 인구 구성의 변화나 경제 불황 등을 포함한 사회변동 등과 연관된 것으로 본다. 이와 같은 표준역사적 영향은 가치관이 형성되는 청소년기에 가장 큰 영향을 마치는 것으로 보았다.

마지막으로 「비표준적 영향」은 인간이 개인적·개별적 차원에서 개인적으로 경험하게 되는 개별적 사건 등과 연관되어 있는 것이다. 예컨대, 이혼, 실업, 입원 등과 같은 사적·개인적 경험 등이 이에 포함된다. 이와 같은 경험이나 사건은 연령과 함께 확대되는 경향이 있기 때문에, 노년기에는 이와 같은 비표준적 영향의 큰 비중이 상대적으로 증가하는 것으로 보았다.

이와 같은 주장 또는 내용에 따르면, 생애발달과정과 관련하여 노년기의 발달과제를 보다 효과적으로 관리하기 위해서는 무엇보다도 '비표준적 영향' 요인에 대한 체계적인 분석과 이에 대한 효과적인 대처 방안의 모색이 상대적으로 그 중요성이 높아질 것으로 볼 수 있다. 물론 다른 영향 요인에 대한 이해 증진도 요구될 것이다.

제 3 절

노인복지 환경 변화와 노인복지 기본 방향

I. 사례관리 차원의 노인복지환경

빠른 고령화와 노령사회의 도래에 즈음하여, 고령자를 둘러싸고 있는 노인복지 환경은 급속히 변화하고 있다. 이때, 이와 같은 노인복지환경의 변화 및 그 방향 등에 대해서는 바로 다음에 있는 「Ⅱ. 노인복지환경의 주요 변화 방향」에서 주로 다루고 있기 때문에, 여기서는 그와 같은 부분에 대한 이론적 차원의 논의보다는 사회복지실천 현장을 중심으로 체감되고 있는 노인복지환경에 대하여 이를 개괄적으로 살펴보기로 한다.

이와 관련하여 여기서 주목하게 부분이 소위 사례관리(case management)이다. 노인을 위한 사례관리는 일차적으로 복합적·만성적 복지 욕구나 복지 문제를 앉고 있는 대상자(client), 즉 노인을 대상으로 그들의 사회적 기능 회복을 위한 통합적 차원에서 이루어지는 일련의 사회복지서비스의 운영체제와 깊은 관계를 이루고 있다(현외성·정재욱 외 7인, 2012).

따라서 복합적 복지욕구 및 복지문제를 앉고 있는 대상자, 즉 클라이언트의 이와 같은 복합적 복지욕구에 부합하는 복지서비스를 제공하기 위해서는 우선적으로 지역사회에 산재하는 관련 복지자원의 개발 및 이용 절차 등을 확인하는 작업이 매우 중요하다. 물론, 이와 같은 복지자원은 지역사회에 존재하는 공식적·비공식적 차원의 자원을 모두 의미한다.

이와 같은 차원에서 볼 때, 사례관리는 기본적으로 복합적 복지욕구를 가진 노인 클라이언트를 대상으로, 지역사회에 산재되어 있는 관련 자원들을 개발·연계·활용케 함으로써, 대상자인 노인의 사회적 기능의 향상은 물론, 이를 통한 그들의 삶의 질의 향상을 추구하는 통합적 차원의 사회복지 실천 방법으로 볼 수 있다.

이때, 노인복지환경의 변화와 관련하여 주목하게 되는 부분은 복합적 복지욕구를 가진 대상자를 위하여 개발·연계·활용되게 되는, 즉 지원·이용되는 지역사회에 산재하는 복지자원 및 그 유형이다.

이는 복합적 복지욕구를 가진 대상자의 사회적 기능 회복을 위하여 지역사회의 자원이 어떻게 개발·연계·활용되지를 살펴보면, 노인복지환경 및 그 흐름을 엿볼 수 있기 때문이다. 이와 같은 차원에서 특정한 모습의 사례관리를 간단히 살펴보기로 한다.

『A씨(72세, 여성)는 25년 전부터 스몬병(SMON)[1]을 앓아왔으며, 8년 전부터는 파킨슨병(Parkinson's disease)까지 더하여 앓고 있다. 그녀는 지금까지 5회에 걸쳐서 입·퇴원을 반복하여 왔으며, 최근에는 퇴원하여 약 반년 간에 걸쳐서 인근 지역에 살고 있는 여동생에 의탁하여 요양지원을 받아왔지만, 그 동안에 두 사람 간의 관계까지 점차적으로 나빠져서, 지금은 자신의 집에서 혼자 거주하고 있는 상태이다.

지금은 매주 2회 정도 가사봉사원이 그녀의 집을 방문하여 가사업무를 도와주고 있으며, 약간 떨어져 있는 종합병원으로부터 매주 1회 정도 택시를 이용하여 통원 치료를 받고 있다. 보행이 어려워서 지팡이를 이용하여 겨우 일상생필품을 사오고는 있지만, 일상생활의 대부분은 휠체어에 의존하여 생활하고 있다.

A씨의 경우, 아픈 몸에도 불구하고 자신을 의탁할 수 있는 사람이 거의 없어서 장기요양과 관련하여 많은 불안감을 느끼고 있으며, 최근에는 밤에 잠을 잘 자지 못하고 있으며, 우울증과 같은 증세도 보이고 있다. 한편, 지금까지 상담을 받아왔던 의료진으로부터는 지금과 유사한 상태의 신체적 상태(여건) 속에서 향후 일정 기간 일상생활이 지속될 가능성이 높은 것으로 이야기를 듣고 있다. 그리하여 A씨는 지역사회에 있는 어느 사회복지전문기관을 방문하여 관련 상담을 받았다.

한편, A씨로부터 상담을 요청받은 사회복지전문요원은 A씨와의 몇 차례에 걸친 상담은 물론, 그 동안의 관련 자료 등을 통하여 A씨가 겪고 있는 각종 사회생활 상황에 대한 구체적인 내용을 파악함은 물론, 이에 따른 요양지원 방안

1) SMON은 'Subacute Myelo-Optico-Neuropathy'의 약사 표기임. 1955년 무렵 일본 각지에 발생한 소위 '복부증상을 수반하는 뇌척수염증'을 말한다. 당해 질병은 설사, 복통 등에서 출발하여 급성 또는 아급성으로 이어지는 감각장애, 시력장애 등이 나타나며, 척수의 등쪽 시신경이 썩어서 말초신경이나 시신경이 침해되는 질병으로 알려져 있다.

을 모색하게 되었다. 즉, 구체적으로는 A씨가 겪고 있는 각종 사회생활 상황에 대한 종합적 파악과 함께 이에 따른 지원 방향을 <그림 2-4>와 같이 계획하게 되었다.

예컨대, 지원 방안과 관련하여 크게 일상생활에 대한 지원, 신체적 기능의 저하 방지와 관련된 지원, 고립적 생활 방지를 위한 지원, 지역사회와의 격리 방지에 대한 지원, 불안감 등에 따른 이상행동의 가능성에 대한 방지 지원 방안과 함께 이에 따른 구체적인 실천 목표를 설정하고, 이와 관련된 장기요양서비스의 실천 계획을 수립하게 되었다.』

그림 2-4 A씨를 둘러싼 지역사회 복지환경

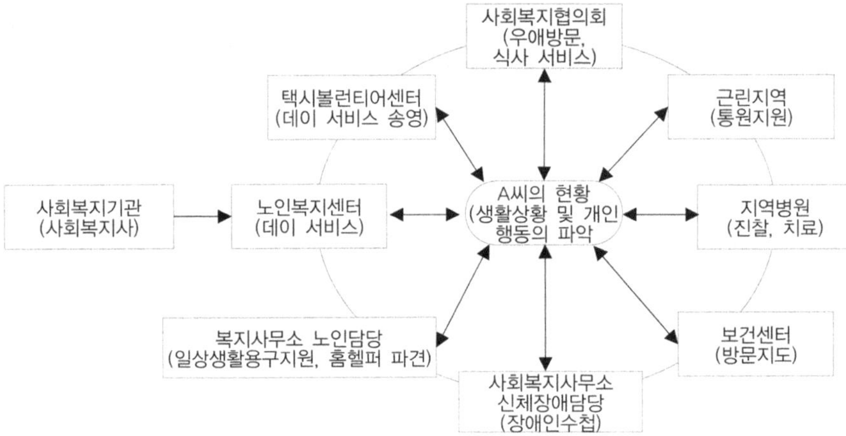

※ 자료 : 정재욱(2015); 白沢政和(2003)의 재인용.

위에서 살펴본 내용은 비록 한국 사회의 관련 사례는 아닐 지라도, 한국 지역사회의 양상이 상당 수준 투영된 모습도 일부 있는 것으로 볼 수도 있을 것이다. 즉, 고령시대에 즈음하여 흔히 경험할 수 있는 유사 사례의 일종으로 보아도 좋을 것이다.

즉, 우리 사회 역시 A씨와 매우 유사한 상황에 놓여 있는 고령층이 증가하고 있는 것도 현실이다. 오랜 기간에 걸쳐 일상생활을 혼자서 독립적으로 수행할 수 없는 고령층, 그리하여 장기돌봄(요양)지원을 필요로 하는 고령층이 증대하고 있다는 사실이 이를 대변하여 준다.

이와 같이, 고령시대에 접어들면서, 노인복지환경은 크게 변화하고 있다. 특히 장기돌봄(요양)을 둘러싼 노인복지환경은 급격히 변화하고 있다. 이와 같은 차원에서 1980년대 이후부터 OECD 회원국을 중심으로 이에 대한 효과적인 정책개발에 많은 관심을 보여 왔다.

II. 주요 변화 방향

고령화사회의 시작을 알렸던 21세기를 시점으로, 이후 전개되고 있는 지구촌 고령시대에 즈음하여, 고령자를 둘러싼 노인복지환경은 크게 변화하여 가고 있다. 그와 같은 변화 방향 및 관련 내용에 대해서는 다양한 의견이 제시되고 있지만(정재욱, 2006a; 2017; 全國社會福祉協議會, 2001), 여기서는 그 동안의 논의 내용을 바탕으로 다섯까지 영역으로 한정하여 이를 살펴보기로 한다.

1. 세계화와 지방화의 동시·병행적 진행 및 영향력 확대

누구도 지금이 세계화의 세기임을 부정하는 사람은 없을 것이다. 오늘날 어떤 국가도 국경을 초월한 인적·물적 자원의 급속한 이동, 국가 간의 긴밀한 협력 증대 등으로부터 자유스러울 수 없는데, 이를 일컬어 소위 세계화라고 한다.

한편, 특정 국가의 내부적 현상으로 시각을 돌려보면, 지역사회, 지방자치단체, 또는 기초지역사회(community)로의 중앙정부의 권한·사무·책임 등이 이양되는 소위 지방분권화 또는 지방화의 가속화도 엿 볼 수가 있다. 몰론, 이와 같은 현상은 국가에 따라서 상대적인 차이를 보이는 것은 사실이다.

이상과 같은 2가지 흐름을 반영하여 일부에서는 이와 같은 현상을 세방화(glocalization, 世方化)라는 표현을 사용하기도 한다.

한편, 사회복지 환경도 이와 같은 거대 흐름, 거대 환경 변화 속에서 자신의 역할을 재조명하는 것이 매우 중요할 것이다. 이와 관련, 향후, 사회복지는 세계화와 관련하여서는 서로 다른 역사·문화·속성·개성을 가진 민족 또는 국가 간의 공생·공존 및 공동 번영을 모색하는데 기여할 수 있는 방향이나 활동 영역을 찾아야 할 것이다.

나아가서 지방화와 관련하여서는 지방자치단체 또는 지역사회를 기반으로 한 지역사회 밀착 지향적 사회복지의 전개 역시 중요한 모습으로 나타날수 있을 것으로 본다.

2. 시장기능의 확대 · 강화 및 영향력 확대

서구 사회의 경우, 1970년대까지만 하여도 소위 복지국가의 이름으로 국가 또는 중앙정부가 지원, 보조, 보호 등의 형식으로 국민의 일상생활에 대하여 폭넓은 관여 또는 지도하는 모습을 보여 왔다. 즉, 적극적 행정, 큰 정부기능을 중요하게 여기었다.

그러나 이와 같은 접근은 결국 행정조직의 비대화와 비효율성 제고, 국민의 소극적인 태도 등과 같은 모습, 즉 소위 정부실패(government failure)라는 또 다른 부정적인 모습으로 나타나게 되었다.

그리하여 이에 대한 반작용의 일환으로써, 1980년대 이후부터 소위 신자유주의 등의 이름으로 다양한 분야에 걸쳐 시장기능의 도입·확대·강화라는 목소리가 높아졌고, 이와 같은 흐름은 특히 사회복지 분야에 더욱 강하게 나타났다.

이와 같은 흐름 속에서 대부분의 OECD 국가에서는 사회복지의 분야에 민간영역의 활력을 확대·강화시키는 방향, 즉 시장기능의 확대·강화라는 새로운 형태의 사회복지이념이 새롭게 주목을 받게 되었다. 그리하여, 노인복지를 포함한 사회복지분야에도 시장 기능의 영향력이 확대·강화되어 갔다.

3. 이용자 중심의 노인복지 기능의 확대 · 강화

기존의 복지국가라는 이름 하에서 이루어졌던 사회복지 서비스의 이용 구조는 기본적으로 복지서비스 이용자의 복지욕구 및 복지권리에 의거하여 진행되기 보다는 복지서비스의 공급자 및 제공자, 예컨대 관청 또는 행정기관의 입장이 더 강조되어 운영되는 측면이 매우 강하였다.

이와 같은 모습을 대변하는 것이 소위 행정조치제도(行政措置制度)이었다. 즉, 관청 또는 행정기관의 우월적 의사결정, 즉 행정조치에 의거하여 사회복지 서비스의 이용구조가 결정되는 경향이 강했다.

물론, 행정조치의 경우에도 공급자로서의 행정기관의 선의도 일부 있을 수 있겠지만, 기본적으로는 공급자인 행정기관의 우월적 입장에서 사회복지 서비스의 이용 방법이 결정되었다.

이와 같은 이유로, 일본의 경우, 제2차대전 이후에 법제화되었던 「사회복지 기초구조」를 개혁하는 차원에서 기존의 조치제도를 폐지하는 대신, 사회복지 서비스의 이용에 따른 이용지원제도(계약제도 포함)를 2000년 이후 본격적으로 도입·시행하고 있다.

여기에 더하여 사회복지 서비스 이용자의 권리 보호, 권리 옹호의 차원에서, 특히 노인이나 장애자와 같이 사회복지 서비스의 이용에 따른 신체적·언어적·정신적 차원에서 어려움을 가지고 있는 그룹의 권리 보호 차원에서, 다양한 형태의 사회복지 서비스 이용자의 권리옹호제도를 적극적으로 도입·운영하고 있다(福祉士養成講座編輯委員會, 2017a).

4. 장기돌봄(요양) 지향적 관련 제도 확대

앞에서도 잠시 살펴보았듯이, 고령시대의 도래에 즈음하여, 장기간에 걸친 고령자들의 노후생활이 현실화되면서, 고령자의 안정된 노후 생활을 담보하기 위한 시책들이 여러 차원에서 모색되어 왔는데, 이를 상징하는 것이 크게 소득보장과 건강보장으로 볼 수 있을 것이다.

그 중에서도 고령시대에 즈음하여 크게 부각되고 있는 것이 노년기의 건강보장과 관련된 노인장기요양(간병, 수발, 돌봄)이다.

이와 같은 현상이 발생하게 된 중요한 배경에는 평균 수명의 연장에 따른 후기 고령층의 증가와 함께, 장기요양서비스를 필요로 하는 고령층이 증가하고 있기 때문일 것이다. 장기요양서비스 이용 대상자의 급증은 향후 사회 전반에 걸쳐서 심각한 영향을 미칠 것으로 지적된다.

예컨대, 국민건강보장체제의 운영에 따른 재정상의 어려움의 가중, 가족적 차원의 지원에 따른 부담 및 가족 간의 갈등 증대, 가족 지원에 따른 지원자의 고용시장에의 참여 애로, 시설 이용자의 사회적 격리에 따른 차별 가능성 등이 이를 대변한다.

이와 같은 상황에 직면하여, 1990년대 중반기 이후부터 OECD 국가를 중심으로 다양한 형태의 새로운 접근을 시도하여 왔으며, 한국 사회가 시행하고 있는 노인장기요양보장제도 역시 이와 같은 흐름의 연장선상에서 도입된 제도로 볼 수 있다.

5. 사회통합(social inclusion)을 통한 사회적 격차 해소

외견상으로 보면, 인간은 태어나면서부터 경제적·사회적 측면에서 상대적으로 능력상의 차이 또는 격차가 있는 것으로 보일 수도 있을지 몰라도, 인간으로서의 존엄과 인격의 측면에서 보면 모두가 숭고한 존재체임에는 틀림없는 사실이다.

이와 같은 차원에서 볼 때, 어떤 인간이나 집단이 비록 가족, 이웃, 국가 등에 일부 의존하여 일상생활을 영위한다고 할지라도, 그와 같은 의존은 기본적으로 그들의 자립을 위한 의존이지, 배제나 격차 유지를 위한 의존이 되어서는 아니 될 것이다. 이와 같은 차원에서 최근에 큰 주목을 받고 있는 것이 사회통합이다.

사회통합의 중요성은 최근 발생하였던 몇몇 사회적 사건을 통해서도 잘 나타나고 있다. 예컨대, 벨기에의 「브뤼셀 공항테러」 사건이 이를 대변하여 주고 있다. 당해 사건은 31명의 민간인과 2명의 테러범의 죽음, 그리고 250여명의 부상자를 발생시켰던 테러 사건으로써, 기본적으로 IS와 같은 테러집단에 의한 것이었지만, 관련자는 무슬림 이민자들로서 벨기에 사회에 통합되지 못한 채, 사회적 차별과 편견, 빈부 격차 속에서 생활하였으며, 그리하여 외부 테러 세력에 보다 쉽게 포섭될 수 있었던 것으로 지적되고 있다(이 투데이, 2016. 3. 23; 부산일보, 2016. 3. 23).

한국 사회 역시, 조만간 이와 같은 사회통합이 중요한 사회적 현안 과제로 등장할 수 있는 여건을 갖추고 있는데, 이를 간접적으로 유추하여 볼 수 있는 것의 하나가 다문화가정의 확대이다. 저출산·고령사회의 도래에 즈음하여, 한국 사회에 있어서 다문화가정의 비중은 증가 일로에 있으며, 이에 따른 다문화가정 출신의 아동 및 소년층의 비중 증가는 피할 수 없는 사회적 현상으로 볼 수 있다.

따라서 향후 한국 사회의 안정성의 제고 및 지속가능한 발전 방안을 모색함에서 있어서, 이와 같은 새로운 사회구성원을 아우르는 사회공동체의식 및 사회통합체제의 구축은 매우 중요한 할 것으로 본다(정재욱, 2014; 나랑뭉크 빈드리아, 2015). 이와 같은 차원에서 사회통합과 사회적 격차 해소는 사회복지의 새로운 중요한 이념의 하나로써 조명되고 있다.

Ⅲ. 증가하는 고령층의 사회적 욕구

사회복지는 기본적으로 인간이 추구하는 사회적 욕구, 즉 사회적 차원에서 충족이 요망되는 인간의 욕구를 대상으로 하고 있다는 점에서 일찍이 윌리엄스(Williams, 1978)는 사회복지를 「욕구론」이라는 명칭을 부여하기도 하였다.

따라서 사회복지는 기본적으로 사회 구성원으로서 충족되어 있지 못한 사회적 욕구, 달리 말하면 「사회적 결핍이나 부족」(wants) 등을 사회적 차원에서 지원 또는 원조하는 행위와 일차적으로 관계를 맺고 있다. 이와 같은 차원에서 볼 때, 고령사회의 도래에 즈음하여 노인복지에 있어서도 「사회적 차원에서 지원이 필요한 노인 지향적 사회적 욕구」를 이해하는 것이 중요할 것이다.

이에, 사회복지와 관련하여 사회적 욕구에 대해 이를 간단한 살펴보고, 나아가서 고령시대에 즈음하여 크게 부상하고 있는 노인의 사회적 욕구인 장기요양욕구에 대하여 간단히 살펴보기로 한다. 한편, 노인장기요양에 대해서는 장(章)을 달리하여 다루고 있기 때문에, 여기서는 노인의 사회적 욕구의 차원에서 이를 간단히 살펴보기로 한다.

1. 기초적 요구

욕구(needs, 이하 니즈 또는 욕구로 표현)에 대한 이해는 매우 다양하지만, 기본적으로는 인간으로서 가진 기본 동기를 의미한다. 이때, 욕구에 대한 연구는 크게 머레이(Murray)적인 계보와 매슬로우(Maslow)적 계보로 구분할 수 있다(윤재풍, 2014).

이때, 머레이는 욕구를 인간 행동 일반과 연계시켜 접근하고 있으며, 매슬로우는 결핍에 대한 충족 과정과 연관하여 접근하는 경향이 강하다. 이와 같은 차원에서 매슬로우는 소위 「욕구 5단계론」을 제시하기도 하였는데, 이것이 일반적으로 잘 알려져 있는 생리적 욕구, 안전욕구, 사회적 욕구, 존경 욕구, 자이실현 욕구이다.

한편, 사회복지에서 다루고 있는 욕구는 앞에서 지적하였던 인간의 기본 욕구, 즉 인간으로써 가지게 되는 기초적 욕구에 초점을 두고 있는 것과는 약간의 차이가 있다. 예컨대, 인간의 욕구 중에는 인간으로서의 존립을 위해 필수 불가결한 영역의 욕구도 존재한다.

그러나 사회복지에서 주로 다루고 있는 욕구는 인간의 가진 다양한 형태의 욕구 중에서, 먼저 「사회적 합의 등을 통하여 승인된 사회적 영역의 욕구」를 다루게 된다. 이와 같은 영역의 욕구의 경우에는 이를 운용하는 과정에서, 무엇보다도 사회적 합의가 먼저 필요로 하게 된다.

예컨대, 이와 같은 사회적 욕구를 관리(운용)하기 위해서는, 먼저 정치적인 합의나 재정적 문제 등이 이루어져야 한다. 이와 같은 차원에서 일부에서는 사회복지에서 다루게 되는 복지욕구를 인간의 기본욕구와 구분하여 '사회적 니즈'(social needs)라는 용어를 사용하기도 한다(김상균 외 8인, 2013; 현외성, 2016; 福祉士養成編纂委員會, 2017a).

따라서 사회복지에서 다루게 되는 복지욕구는 인간의 기초적 욕구, 즉 기본욕구를 넘어서서 다음에서 다루고 있는 사회적 합의 등을 통하여 지원되고 이용되는 「사회적 욕구」에 일차적으로 초점을 두고 있다.

2. 사회적 욕구

앞에서도 잠시 지적하였듯이, 사회복지에서는 다루게 되는 욕구는 인간이 가진 원초적 기본 욕구가 아닌 사회적 합의 등을 통하여 운용되는 욕구인데, 이와 같은 차원에서 일부에서는 이를 '복지욕구'(welfare needs)라고도 부르고 있다(福祉士養成編纂委員會, 2017a). 따라서 이때의 복지욕구란 기본적으로 「인간이 사회 속에서 사회생활을 영위하기 위하여 놓칠 수 없는 기본적이며 필수적인 사회적 차원의 욕구」로 이해할 수 있을 것이다.

이와 관련된 내용을 좀 더 구체적으로 살펴보면 다음과 같다. 먼저 이와 같은 욕구는 개인적 차원의 기본욕구가 아니고, 사회생활과 관련된 사회적 차원의 욕구에 속한다. 따라서 그와 같은 유형의 욕구를 충족시키는 과정에는 공동체로서의 사회가 그 책임의 상당 부분을 지게 된다,

이때, 사회가 그와 같은 책임 및 문제 해결 과정에 관여하는 중요한 동기는 이윤 추구가 아닌 인간성 회복 등에 있다는 점 등이다(김상균 외 8인, 2013; 山縣文治 · 柏女霊峰(編), 2004; 福祉士養成編纂委員會, 2017a).

따라서 이와 같은 의미의 사회적 욕구가 나타나게 되는 배경은 순수 개인적 차원의 개인적 이해관계가 아닌, 사회구성원의 일원으로서 사회적 차원의 공익관계에서 발생하게 되며, 이에 대한 해결 방안 역시, 사회적 차원의 합의를 통하여 이루어지게 된다(현외성, 2016).

한편, 사회복지와 관련하여 이와 같은 사회적 욕구를 보다 설득력 있게 설명 · 유형화하였던 학자 중의 한 사람이 브래드쇼우(Bradshaw)이다. 그는 사회적 욕구를 크게 4 가지 유형으로 구분하여 설명하고 있다. 예컨대, 규범적 욕구(normative need), 지각적 욕구(felt need), 표현적 욕구(expressed need) 및 비교 욕구(comparative need)가 이에 해당한다.

첫째, 규범적 욕구이다.

이는 전문가, 예컨대 행정가, 연구자 등이 사전에 바람직한 상태를 미리 규정하여 놓고서, 이를 기준으로 욕구의 충족 여부를 평가하는 욕구체제를 의미한다.

예컨대, 개인이나 집단의 욕구가 전문가 등이 사전에 규정하여 듀 상태(기준)에 미치지 못하게 되면, 그와 같은 대상자는 그와 같은 욕구 상태에 놓여 있는 것으로 평가받게 되는 욕구체제를 의미한다.

둘째, 지각된 욕구이다.

이는 욕구상태에 있는 당사자의 느낌이나 지각에 의하여 인식되는 욕구를 의미한다. 이는 욕구에 대한 개인적 인식에 의존하기 때문에 허위 욕구로 판명

될 수도 있다.

셋째, 표현적 욕구이다.

이는 어떤 서비스가 필요하다고 느끼고서 이에 대한 충족을 요청 및 요구하는 경우에 해당되는 욕구이다. 예를 들면, 의료서비스를 받기를 요청하는 경우에 해당된다.

넷째, 비교 욕구이다.

이는 특정 집단 구성원의 욕구를 그와 비슷한 상태에 있는 집단 구성원의 욕구와 비교하여 나타나게 되는 욕구이다.

한편, 노인복지실천은 고령자의 복지욕구에 초점을 맞추어서 시행되어야 한다고는 하지만, 이용 가능한 자원이나 기타 관련 제도 등을 고려할 때, 고령자의 욕구 전체를 대상으로 하여 이를 시행하기에는 현실적인 한계도 나타나게 된다.

이와 같은 이유로 인하여, 고령사회에 즈음하여 새로운 형태의 고령자 욕구가 발생할지라도, 이것이 노인복지욕구로써 전환되어 사회적으로 수용되고 실천되기까지는 다양한 절차가 요구된다.

즉, 고령자 복지욕구가 정부정책 등으로 수용되어 실천되기까지는 자원 및 재정 등을 고려한 또 다른 단계의 논의가 요구된다.

예전의 고령시대에 급증하고 있는 노년층을 위한 간병, 간호, 장기요양 등과 관련된 노인복지욕구와 이에 대한 대응 방안 역시 이와 같은 맥락에서 이해될 필요가 있을 것이다.

3. 노인장기요양 욕구

고령사회에 접어들면서, 노인복지를 둘러싼 노인복지환경의 변화에 더하여, 노인복지욕구 역시 급속히 변화하고 있음을 보게 된다. 예컨대, 평균 수명의 연장으로 인하여 신체적·정신적·사회적 기능의 감퇴에도 불구하고, 오랜 노후생활을 영위하게 되는 장수사회가 급속히 진행되면서, 고령시대에 있어서의 노인복지 환경은 후기 고령자를 비롯, 노인복지서비스를 필요로 하는 잠재적 대상자들 역시 증가하고 있음을 경험하게 되었다.

이와 같은 노인복지환경의 급속한 변화와 관련하여 새롭게 주목 받고 있는 노인복지 분야의 하나가 장기돌봄(요양)으로 상징되는 노인복지욕구의 증가 및 관련 제도이었다. 고령사회로의 진전에 따른, 후기 고령자의 급증과 함께 장기입원 및 치료 등을 필요로 하는 대상자가 급증하면서, 이와 같은 분야의 복지욕구 및 제도화가 시대적 과제로 등장하게 되었다.

이와 같은 현상에 직면하여, 기존에는 제1차적으로 의료기관의 확충이나 의료 차원의 예방과 같은 치료 및 의료 지향적 접근과 대책에 상대적으로 더 많은 관심과 초점을 받았다.

하지만, 이와 같은 방법만으로는 고령시대에 급증하고 있는 장기요양수요에 효과적으로 대처하는 데에 많은 한계점이 나타났다.

예컨대, 후기 고령층의 확대에 따른 노인성 질환자의 증가는 물론이고, 여기에 더하여 이들의 장기간에 걸친 의료기관의 이용[2], 소위 사회적 입원자의 급증은 물론이고, 이들의 복지서비스에 대한 욕구 역시 보다 다양화 및 다원화되어 가면서, 마침내 「대상자의 신체활동 및 일상생활에 대한 지원 요구」로까지 노인복지욕구가 크게 확대되었다(永和良之助 外2人, 2011; 全國社會福祉協議會, 2012).

이와 같은 현상이 나타나게 된 주요한 사회적 배경은 다음과 같다. 고령시대의 도래에 즈음하여 고령자들이 혼자서 오랫동안 자신의 일상생활을 원만하게 수행하기 위하여, 신체활동 및 일상생활과 관련하여 주위로부터의 일부 지원 또는 도움이 필요한 고령층의 급속히 증가하게 되었다.

예컨대, 고령자들이 노인성 질환 등(와상, 중풍, 치매 등)으로 혼자서는 일상생활을 원만하게 유지하지 못하는 상태에서도, 오랜 노후생활을 영위하게 될 경우, 이들의 원만한 일상생활의 유지와 관련하여 이들에 대한 폭 넓은 차원의 신체활동 및 일상생활에 대한 지원이 필요하게 된다.

이와 같은 차원에서 고령사회에 즈음하여, 장기간에 걸쳐 폭넓은 사회적 지원을 필요로 하는 노인층의 증가에 따른 관련 대책의 필요성이 증가하게 되었고, 이와 같은 흐름 속에서 등장하게 된 제도의 하나가 소위 장기요양보험제도

2) 일본에서는 이와 같은 현상을 소위 사회적 입원이라고 하였으며 1980~90년에 걸쳐 급증하였다. 이에 같은 현상에 대한 대처 방안의 연장선상에서 개호보험제도를 비롯한 다양한 형태의 제도 모색이 있었다(社會福祉士養成講座編輯委員會, 2015).

로 볼 수가 있다.

한편, 앞에서 잠시 지적하였던 노인의 신체활동 지원과 관련된 노인복지욕구는 주로 식사, 입욕, 배설 등과 같은 소위 「일생생활 동작」(activity of daily life, ADL)과 연관된 영역에서 많이 나타나고 있다. 이에 비하여 일상생활 지원과 관련된 욕구는 주로 금전관리, 장보기, 외출, 교통 이용, 대인(교류) 관계 등과 같은 사회활동 지향적 욕구는 소위 「수단적 일상생활동작」(instrumental activities of daily living)과 연관된 영역에서 나타난다.

이와 같은 차원에서 볼 때, 고령시대에 있어서의 노인문제에 대한 대책 모색에 즈음하여, 고령층이 겪고 있는 신체적·생리적 차원의 과제뿐만 아니라, 일상생활 기능까지 고려하여 종합적으로 접근하는 것이 매우 중요하다.

이와 같은 모습은 세계보건기구(WHO)의 제안 사항과도 깊은 관계가 있다. 즉, WHO는 1984년에 노인 건강과 관련하여 「노인의 건강을 질병의 유무와 함께 그들의 일상생활 기능의 자립 여부도 함께 고려할 것」을 제안하였다.

사람에 따라서는 노년기의 신체적 기능의 감퇴에도 불구하고, 정신적·지능적 감퇴는 거의 나타나지 않는 사람도 있다. 이와 같은 이유로 최근에는 노년기에도 정신적·인격적 발전이 지속 가능하다는 소위 「생애발달이론」이 많은 주목을 받기도 한다(福祉士養成講座編集委員会, 2017a).

고령시대에 있어서의 노인복지욕구는 기존의 생리적·신체적 차원의 치료·재활 등과 같은 영역은 물론이고, 일상생활 기능에 대한 지원 영역까지 확장되어 가고 있다.

따라서 고령시대에 있어서의 노인문제에 대한 이해의 폭을 넓히기 위해서는 의료·보건·재활 등과 같은 전통적 차원의 의료서비스는 물론, 각종 일상생활 지원기능에 대한 노인복지욕구의 변화를 이해하는 것도 매우 중요하게 되었다.

이때, 후자와 관련하여 1990년대 이후 OECD 국가를 중심으로 많은 주목을 받고 있는 분야 또는 제도의 하나가 장기요양보장체제이다. 이에 대한 보다 자세한 내용은 장(章)을 달리하여 살펴보기로 한다.

IV. 노인복지 기본 방향 및 주요 기능

1. 기본 방향

고령사회에 즈음하여 노인복지 또는 고령자복지의 기본 방향 또는 기능에 대한 고찰에 즈음하여, 다시금 되새겨보게 되는 것은 노인 또는 노년기에 대한 보다 명확한 인식이다. 이와 관련하여 이시카와(市川)의 노인에 대한 인식은 주목받을 만하다. 이시카와는 "노년기는 생애주기(life cycle)에 있어서 특별한 단계나 시기라기보다는 생애주기에 있어서 빠뜨릴 수 없는 꼭 필요한 하나의 단계"에 속한다는 인식이다.

즉, 노년기는 생애주기에 있어서 어느 단계에 부속된 특수한 단계가 아닌 인간이 경험하는 다른 여러 단계 중의 온전한 하나의 단계에 속하는 것으로 보았다. 따라서 "노년기에도 타인이나 사회와의 접촉이나 교류 역시 온전히 이루어지게 된다."라고 했다(市川禮子, 1993).

이와 같은 입장은 기본적으로 노인 또는 노년기에도 생애의 다른 단계와 마찬가지로 또는 다른 세대 등과의 동일한 차원에서 지역사회에서 자기 존경과 자기 결정에 기초한 삶의 보장이 매우 중요하다는 의미로 이해될 수 있을 것이다.

이와 같은 주장은 1991년 제46차 유엔총회의 「노인을 위한 유엔 원칙」(United Nations Principles for Older Persons)과도 상당 수준 그 맥락을 같이 하는 것으로 볼 수 있을 것이다. 즉, 동 UN 결의에서는 노인을 위한 5대 원칙을 제시하였는데 자립(independence)[3], 참여, 보호(care), 자기실현(self－fulfillment) 및 존엄이 이에 해당된다.

이와 같은 UN의 결의 내용은 향후 고령화시대에 있어서 노인복지가 나아가야 할 기본 방향을 모색함에 있어서 좋은 기본 지침으로 작용할 것으로 평가되고 있다. 즉, 노인은 노년기에도 인간으로서의 존엄과 자기실현을 실천하기 위해서는 의존적인 삶이 아닌 자립적 삶, 배제가 아닌 참여, 방치가 아닌 보호 등이 지속적으로 보장되어야 한다는 것을 제시하고 있기 때문이다.

---

3) independence를 독립으로 번역하지만, 노후생활의 보장이라는 의미에서 자립으로 표현함.

이와 같은 흐름과 관련하여 한국의 노인복지법(제2조)에서 다음과 같이 이와 같은 내용을 직·간접적으로 반영하고 있다. 예컨대, 동 조항에 의하면 "노인은 …… 존경받으며, 건전하고 안정된 생활을 보장받아야 하며, 또한 그 능력에 따라 적당한 일에 종사하고 사회적 활동에 참여할 기회를 보장받는다."라는 규정이 이를 반영하고 있다.

이와 같은 관련 규정 및 UN의 결의 내용 등을 근거로 하여 노인복지의 기본 원칙을 재정리하면 다음과 같이 제시할 수 있다.

첫째, 참여와 자기결정이다.

이것이 의미하는 바는 인간관계 및 지역사회에 있어서 고령자는 독립된 인격체로서 다른 사람들과 동등하게 의사결정 과정에 참여함은 물론, 자신의 문제를 포함한 각종 사안에 대하여 주체적인 입장에서 이를 결정한다는 것을 의미한다.

둘째, 자립이다.

노인복지에 있어서의 자립이 가지는 핵심적인 의미는 노인 자신의 소득은 물론, 당해 가족 및 지역사회의 지원 등을 통하여 자신의 능력에 맞추어서 가능한 범위 내에서 자립생활을 영위할 수 있도록 하는 것을 의미한다.

셋째, 보호이다.

화재를 비롯하여 각종 사회적 재난이 발생하였을 경우, 피해를 입을 가능성이 높은 계층이 노인이나 아동집단과 같은 사회적 약자 집단이다. 따라서 노인의 신체·정신·정서적 안녕을 최적의 수준으로 유지할 수 있도록 사회적 위해로부터는 물론이고, 건강보호와 같은 개인 차원의 보호 조치가 우선적으로 지원되어야 함을 의미한다.

넷째, 자기실현이다.

노인이 자신의 잠재력을 개발하여 자기 성취를 통한 자아실현을 이루어갈 수 있도록 교육·문화·사회·정신적으로 이를 지원하여야 한다는 것을 의미한다.

다섯째, 존엄이다.

노인은 인간으로서의 존엄을 가진다. 즉, 노인은 인간으로서 어떠한 상황에서도 차별을 받지 아니하는 존엄성을 가진 존재이다. 따라서 이와 같은 존엄성을 확대·강화하는 방향으로 노인복지가 작동하여야 할 것이다.

2. 주요 기능

위에서 제시하였던 노인복지의 기본 방향 또는 기본 원칙은 노인복지의 실천과정에서는 보다 다양한 모습, 기법 또는 기능으로 전환되어 나타날 수 있다. 이와 관련하여 자주 지적되는 시각의 하나가 사전 · 예방적 차원에서 이루어지는 소위 '사전적 복지기능'과 사후 조치적 차원에서 이루어지는 구호 · 재활 · 치료와 같은 '사후적 복지기능'이 이에 해당한다.

물론, 학자에 따라서는 이를 좀 더 세분하여 예방적 기능, 보호적 기능, 조정적 기능, 개발적 기능 등으로 분류하기도 하지만, 이와 같은 경우에도 보호적, 조정적, 개발적 기능은 넓은 의미의 사후적 기능의 하나로 볼 수도 있기 때문에, 크게 보면 역시 2 유형의 분류에 속한다고 볼 수 있다.

한편, 사회복지제도 도입의 초기 단계에는 사회복지의 기능을 주로 보충적 사회복지(residual social welfare)에 초점을 두었기 때문에 노인복지의 기능도 주로 사후적 기능에 초점을 두었다. 즉, 구호나 재활 및 이와 관련된 차원의 각종 지원이 이루어졌다.

하지만, 복지국가의 등장과 함께 사회복지의 기능이 점차적으로 제도적 사회복지(institutional social welfare)로 확대되어 가면서 노인복지 기능 역시 점차적으로 사전적 기능이 확대되어가는 경향을 보여주고 있다.

따라서 이와 같은 2 가지 유형의 노인복지의 주요 방향 또는 기능과 이와 관련된 주요 시책 방안(사업, 대책, 기법 등)을 명칭의 차원에서 이를 간단히 재정리하면 다음과 같다(박차상 외 5인, 2008).

첫째, 사전적 · 예방적 차원의 노인복지 기능과 관련된 주요 프로그램이나.

- 각종 연금, 연금수급자 생활상담, 융자 등
- 정년제노개선, 퇴직자 재고용훈련, 산업복지 활성화, 재취업을 위한 훈련수당지급 등
- 노인건강진단, 건강상담, 보건센터활성화, 영양지도, 노인가정방문사업 등
- 노인가족상담, 독거노인 가정방문·가정원조, 주택대출금지원 등
- 노인클럽운영, 경로당 및 노인회관의 효율적 관리, 노인스포츠센터운영 등

둘째, 사후적·대책적 차원의 노인복지 기능과 관련된 주요 프로그램이다.

- 보호적 기능과 관련된 프로그램은 다음과 같다.
  예를 들면, 경제적 안정과 관련하여 공공부조, 생활상담 등이 있고, 의료보장과 관련된 프로그램으로는 노인전문병원, 단기보호시설 등이 있고, 사회참여와 관련하여서는 우정방문, 특수노인클럽활동 등이 있다.
- 조정적 기능과 관련된 프로그램으로는 다음과 같다.
  예를 들면, 경제적 안정과 관련하여 연금제도조정회 참가, 저소득노인대책회 참가 등이 있고, 의료보장과 관련된 프로그램으로는 노인의료보장 관련 회의 참가, 노인간호 관련 회의 참가 등이 있고, 사회참여의 확대와 관련된 프로그램으로는 노인문제 개선회의 참가, 노인교육 관련 회의 참가, 노인레크리에이션 관련 회의 참가 등이 있다.
- 개발적 기능과 관련된 프로그램은 다음과 같다. 즉, 경제적 안정과 관련하여 노령연금 증액운동, 저소득노인 대책운동, 노령자 직업훈련 등이며, 의료보장과 관련하여 노인특별요양대책 개선, 노인의료제도 개선, 재활기술 및 시설 개선 등이 있고, 사회참여의 확대로써는 노인문제조사, 노인복지향상을 위한 각종 입법 활동, 노인자원봉사활동 등이 있다.

제 03 장

한국사회의 고령화와 노인복지 현안 과제

제 1 절

인구 구조 변화 추이

I. ▸▸ 광복 이전의 인구 추이

1. 일제식민지 이전시대

한국 사회, 특히 한반도를 중심으로 한 현대적 의미의 인구 조사 및 체계적 수준의 인구 통계 처리는 미진한 수준이었기는 했어도 사실상 일제식민지시대부터 시작되었다고 보아도 좋을 것이다.

물론, 그 이전 시대에도 간헐적으로 한정된 수준의 인구 조사는 있었지만, 그와 같은 인구 조사는 공식적·체계적 수준으로 이루어지지 못했던 것으로 평가된다. 그와 같은 현황을 충분히 고려한 위에, 그 동안 이루어져왔던 인구 조사 및 관련 내용에 대하여 이를 간단히 살펴보면 다음과 같다.[1].

먼저, 조선시대 이전에는 지금의 한반도 전체를 아우르는 통일 국가의 형성에는 한계가 있었다. 따라서 지금의 한반도 전체를 포함한 인구 조사는 현실적으로 이루질 수 없었으며, 설령 일부 있었다고 하여도 조사 자체가 기본적으로 호구(戶口)를 단위로 이루어졌기 때문에, 지금과 같은 체계적 수준의 인구 파악에는 근본적인 한계가 있었다.

그럼에도 불구하고, 당시 파악된 호구수(戶口數)를 기준으로 한 인구 규모를 잠정적으로 추정하여 보면 다음과 같다.

예컨대, 삼한 시대의 초기에 해당되는 서기(西紀, AD) 초빈 시기의 삼한 시역의 총 인구수는 약 482만 명으로 추정하고 있으며, 통일신라가 등장할 무렵이었던 7세 중엽에 이르러 삼한 지역의 총 인구수는 약 675만 명 정도로 추정되고 있다. 이때, 1호당 평균인구수는 약 8.2명으로 간주되었다(한국정신문화연구원, 1991).

1) 이와 관련된 내용은 다음 문헌을 참조(한국정신문화연구원, 1991; 朝鮮總督府, 1909(治42)).

한편, 고려시대에 들어서서는 그 이전 시대에 비하여 호구 조사가 좀 더 치밀하게 이루어졌던 것으로 알려져 있는데, 이는 3년마다 호적 편성을 하였다는 점에서도 이와 같은 사실을 추정할 수 있게 한다. 하지만, 아쉽게도 고려 시대에 이루어졌던 호구 조사에 대한 통계 자료는 현재로써는 거의 찾아보기가 어려워 통계자료로써 이용하기는 어렵다.

따라서 고려시대의 인구수는 7세기 중엽, 즉 통일신라 초기의 인구수와 14세기 말엽인 조선 초기의 인구수에 관한 기록 등을 근거로 하여 이를 잠정적 차원에서 추정하여서 그 수치를 인용하는 경향이 있다.

예컨대, 7세 중엽의 삼한 지역, 즉 통일신라 지역의 총 인구수를 675만 명으로 가정한 위에, 세계적 차원의 연평균 인구증가율과 유사한 수준의 연평균 인구증가율 0.0518%를 대입시켜 계산하여 보면, 고려 초기(937년경)의 총 인구수는 약 780만 명으로 추정되며, 이와 같은 수치가 고려시대의 인구수로 일반적으로 인용되고 있다.[2)]

한편, 조선시대에는 여러 차례에 걸친 호구 조사가 있었다. 따라서 조선시대의 인구에 관한 자료는 그 이전 시대에 비하여 상대적으로 풍부한 것으로 볼 수도 있다. 하지만, 이것 역시 일정한 한계를 보이고 있다. 예컨대, 당시의 인구 조사는 호구 조사를 기반으로 하였으며, 나아가 당사자의 신고를 기반으로 하여 이루어졌다.

그런데, 당시 일부 계층에서는 군역·조공·부역에 대한 회피 등을 목적으로 신고를 누락하는 경우도 있었으며, 경우에 따라서는 지방관리 등에 의한 호적 누락 등도 나타났다.[3)] 이와 같은 이유로, 조사 자료에 대한 신뢰성의 확보에 상당한 한계가 노정되고 있다.

이와 같은 시대적 사항 등을 고려한 위에, 조선시대에 이루어졌던 호구 조사의 자료에 의거하여 당시의 조선의 인구 및 관련된 내용을 간단히 정리하면 다음과 같다.

---

2) 서구사회의 경우, 서기 이후부터 17세기 중엽까지의 세계인구의 연평균증가율을 0.04~0.05%로 추정하고 있다.

3) 중앙정부에 제공할 조공에 대한 사취 등과 관련하여 고의로 호적을 감추는 일도 있었다.

먼저, 중종 38년(서기 1543년)에 있었던 호구 조사 및 그에 따른 결과를 보면, 당시의 전체 호구수는 836,669호로 나타났다. 이에 각 호구 당 인구수를 약 4.2명으로 추정하여 보면, 당시의 총 인구수는 약 4,162,021명으로 추정된다(朝鮮實錄, 中宗實錄38年12月乙亥條.3).[4)]

이와 같은 방식의 인구 추계는 임진왜란(1592년) 초기 및 이후의 총 인구수 추정에도 많은 도움을 받을 수 있다. 이와 같은 방식에 따르면, 임진왜란 직후의 조선의 총 인구수는 약 3백만 명 수준으로 평가된다.

한편, 조선 후기의 부흥 시대를 열었던 것으로 평가받고 있는 영·정조 시대에 들어서면서 비로소 조선의 인구수는 약 7백만 명을 넘어서게 되었던 것으로 평가된다. 즉, 정조 10년(1786년)에는 전체 호구수 1,740,592호에 인구수 7,330,965명(호구 당 4.2명 추정)으로 추정된다.

한편, 조선 말기 또는 1900년대 초기에 이루어졌던 조선의 인구수의 경우, 그 이전 시기보다 한층 체계화된 조사 자료로써 평가될 수 있는데, 이를 대변하여 주는 것이 1906년에 있었던 조선통감부의 경무고문부(警務顧問部)에 의한 조사 및 관련 내용이다. 동 조사는 비록 일제 관헌에 의한 조사이었다는 측면에서 자료의 신뢰성에 일부 의문이 제기되기도 한다.

이와 같은 상황을 고려한 위에, 관련 자료에 따르면, 광무 10년(1906년)의 조선은 총 가구수는 2,742,262호이었고, 총 인구수는 12,934,282명(호구 당 4.7명)으로 되어있다(善生永助, 1927). 따라서 조선의 총 인구수는 1900년을 전후하여 1천만 명을 넘어서기 시작한 것으로 볼 수 있다.

2. 일제식민지시대

일제식민지시대에 있어서 조선총독부는 조선 강점시책의 일환으로써 1910년부터 1943년에 이르기까지 각 연도별로 연말에 소위 현주호구조사(現住戶口調査)를 실시하였다. 여기에 더하여 1925년부터는 5년 단위로 1944년까지 5차례 걸쳐서 국세조사(國勢調査)를 실시하였다.

4) 이와 같은 수치는 호구당 인구수를 5.0명으로 추정하여 계산된 것임.

이때, 각 연도별로 연말에 실시되었던 「현주호구조사」는 경찰에 의해 조사·작성되었던 호구조사를 기초로 하여 재작성된 통계 자료였음에 비하여, 국세조사는 '현재인구주의'(現在人口主義)의 입장에서 따라서, 당해 조사 년도의 10월 1일을 기준으로 이루어졌던 자료에 해당된다(한국정신문화연구원, 1991).

따라서 일제식민지시대에 이루어졌던 한반도의 인구 통계의 경우, 일반적으로 1925년 이전의 인구수는 주로 '현주호구조사'의 결과를 기준으로 하고 있으며, 1925년 이후의 인구수는 주로 국세조사의 결과에 의존하는 경향이 있다.

이와 관련하여, 현주호구조사의 자료에 따르면 1910년의 한반도의 총 인구수는 약 1,313만 명으로 추정된다. 여기에 더하여 국세조사의 자료에 따르면 한반도의 인구수는 1925년에 19,020(천명), 1930년 20,438(천명), 1935년 22,208(천명), 1940년 23,548(천명), 1944년 25,120(천명)으로 나타나고 있다.

한편, 일제식민지시대에 있어서의 한반도, 즉 조선의 총 인구수와 관련하여 주목되는 부분의 하나는 조선인의 '한반도 역외 지역'(문헌에서는 대부분 '해외'로 표현되어 있음)으로의 다량의 인구 유출이었다는 점이다.

예컨대, 1945년 현재 당시 한국인(조선인)의 해외거주 인구수를 개괄적으로 살펴보면 다음과 같다.

먼저 만주지역에 약 160만 명, 일본에 210만 명, 중국 본토에 10만 명, 소련 연해주지역에 20만 명, 미국 등 기타 지역에 3만 명으로써, 전체적으로 400만 명이 넘는 조선인이 한반도의 역외지역에 거주하고 있었던 것으로 추정된다.

이와 같은 규모는 당시 한반도에 거주하였던 한국인(조선인)의 약 1/6에 이르는 수치에 해당된다. 이들은 단순한 이민자가 아닌, 일제의 가혹한 정치적 박해와 경제적 수탈로 인하여 생존에 위협을 느끼고서 자신의 삶의 터전인 조국을 떠난 사실상의 유민(流民)으로 생활하였던 것으로 볼 수 있을 것이다(한국정신문화연구원, 1991).

이와 같은 차원에서 볼 때, 오늘날 우리 앞에 가끔씩 그 모습을 나타내는 난민을 접하는 차가운 자세에 대해서는 한번쯤 돌아볼 필요도 있을 것으로 본다(연합뉴스, 2022. 02. 10).

Ⅱ. 1990년대까지의 인구 추이

1. 개 관

광복 이후에 진행된 한국 사회의 인구 구조의 변화 추이는 1990년대 후반기를 변곡점으로, 그 이전과 이후 간에 많은 질적 변화를 보이고 있다. 즉, 1990년대 중반기까지는 인구 성장률이 점증하는 추세를 보여줌으로써 소위 생산가능인구(15~64세) 역시 지속적인 증가 추세를 보여주었다.

하지만, 2000년대 초반기에 들어서면서 고령화율이 7%를 넘어서서 고령화사회로 진입하게 되었고, 이후에 저출산·고령화가 지속되면서 2017~8년을 기점으로 고령화율이 14%를 초과하여 마침내 고령사회로 전환되었으며, 이와 동시에 생산가능인구도 축소되어 가는 모습을 보이기 시작하였다.

이와 같은 인구 구조의 변화로 인하여 한국 사회의 인구 구조는 1990년대까지 유지되어왔던 소위 인구 보너스적 인구 구조가 2000년대에 들어서면서 급속히 인구 오너스(onus)적 인구 구조를 보이기 시작하였다.

이와 같은 변화로 인하여, 마침내 한국 사회의 지속가능한 자기성장 기반의 확대 강화를 위한 국가운영체제의 변화, 즉 국가 운영 패러다임의 근본적인 변화를 요구하는 목소리가 강하게 나타나게 되었다.

예컨대, 급속한 고령화와 병행하여 진행되고 있는 지속적인 저출산·고령사회의 진행, 이에 따른 생산가능인구의 급감 등으로 인하여 기존의 인구 보너스 지향적 국정운영 패러다임의 한계점을 지적하는 여론이 나타나기 시작하였다.

즉, 2000년대 이후 지속되고 있는 저출산·고령사회의 급속한 진행과 이에 따른 한국 사회의 운영에 따른 잠재적 위험성이 확대·강화 및 이에 따른 사회관리비용의 증대 가능성 등이 이와 같은 수장을 상당 부분 반영하였다.

해방 이후에 진행되어 온 한국 사회의 인구 구조의 변화 추이를 정리하면 <표3-1>과 같다. 이때, 1944년도의 총인구는 한반도 전체를 포함한 인구수를 의미하며, 그 이후의 인구 동세치는 한국 정부가 공식적으로 발표한 대한민국의 국내 인구수에 해당된다.

표 3-1 세계 및 대륙별 인구 추계(단위, 백만명, %)

구 분	총 계	0~14세(%)	15~64세(%)	65세이상(%)	고령화지수[5)]	인구성장율[6)]
1944	25,120	43.2	52.9	3.8	–	–
1949	20,167	41.6	58.2	–	–	1.4
1960	24,989	40.6	55.2	3.7	–	2.9
1970	32,241	42.5	54.4	3.1	7.2	2.18
1980	38,124	34.0	62.2	3.8	11.2	1.56
1990	42,869	25.6	69.3	5.1	20.0	0.99
2000	47,008	21.1	71.7	7.2	34.3	0.84
2010	49,554	16.1	73.1	10.8	67.2	0.50
2020	51,836	12.2	72.1	15.7	129.3	0.14
2021	51,745	11.9	71.6	16.5	139.5	−0.18
2030	51,199	8.5	66.0	25.5	301.6	−0.11
2040	50,193	8.8	56.8	34.4	389.5	−0.35
2050	47,359	8.8	51.1	40.1	456.2	−0.80
2060	42,617	7.7	48.5	43.8	570.6	−1.21

※ 자료 : 1944년부터 1966년까지의 내용은 통계청(KOSIS) 관련 자료를 중심으로 본인이 재구성한 것이며, 기타는 부분은 보건복지부(2022) 및 통계청(2022)의 관련 내용을 일부 재인용.

한편, 2000년 이후 진행되고 있는 인구 구조의 변동 추이에 대해서는 본장 제2절에서 자세히 다루고 있기 때문에, 여기서는 주로 2000년대 이전까지의 한국 사회의 인구 구조의 변화 추이에 대하여 이를 살펴보기로 한다.

2. 해방에서 1960년대 초반기까지

한국 사회의 인구 변동 추이와 관련하여 먼저, 해방 이후부터 1960년대 초반기까지의 관련 현황을 정리하면 다음과 같다. 이때, 인구 파악과 관련하여 이 기간이 가지는 중요한 특징 중의 하나는 기존의 한반도가 아닌 대한민국, 즉 남

5) 노령화지수는 0~14세까지의 총 인구 규모와 65세 이상의 총 인구 규모를 상대 비교한 수치를 의미한다. 즉, 노령화지수는 「(65세 이상자의 총인구수) / (0~14세까지의 총인구수) × 100」으로, 100보다 낮으면 아동 규모가 상대적으로 크고, 높으면 노인 규모가 큰 것을 의미한다.

6) 년평균 인구성장율은 전년도 대비 인구증가정도를 의미한다.

한지역을 대상으로 한 현황 파악이 시작되었다는 점이다.

따라서 인구를 파악함에 있어서 일제 강점기 시대의 한반도의 인구와는 그 대상 집단, 즉 모집단에 있어서 차이가 있다는 사실을 인식할 필요가 있다. 동시기에 이루어졌던 인구와 관련된 중요한 특징을 정리하면 다음과 같다.

첫째, 체계적 차원의 인구 조사를 위한 관련 법제도의 정비에 대한 인식이 나타났다.

해방 이후 대한민국 정부는 인구 조사와 관련하여 보다 체계적 차원에서 인구 조사가 이루어질 필요성을 인식하였다. 즉, 신정부 수립에 따른 새로운 정책들을 수립함에 있어서 먼저 정확한 인구 규모의 파악이 필요함을 인식하였다.

이와 같은 차원에서 1949년 5월 1일을 기하여 대한민국(남한 지역)만을 대상으로 한 '제1회 총인구조사'를 실시하였다. 이와 같은 인구 조사를 위하여 정부는 공보처 통계국 국세조사과를 설치하여 이와 같은 역할을 담당하게 하였다.

여기에 더하여 정부는 「인구조사법」(1949년 1월 27일 공포, 법률 제18호)을 제정하여 인구 조사에 대한 법적 근거를 마련하였고, 나아가서 「제1회 총인구조사 지방사무처리규칙」(1949년 2월 15일 공포, 총리령 제6호)을 제정하여, 인구 조사에 따른 법·행정적 근거 및 관련 절차 등을 마련하였다.

이와 같은 관계 법령에 의거하여 1965년에 다시 총인구조사를 실시할 계획을 세웠지만, 당시 진행되고 있었던 경제개발5개년계획에 따른 경제개발투자 우선정책에 밀려서, 당초 계획보다 1년 늦은 1966년에 총인구조사가 이루어졌다(국가기록원, www.archieves,go.kr, 2018. 01.21~22). 이와 관련하여, 당시 체신부에서는 이번에 이루어진 총인구조사를 기념하는 차원에서 기념우표 <그림3-1>를 발행하기도 하였다.

총인구조사 기념우표(1966년)

둘째, 격동적 수준의 인구 구조 변동이 나타났다.

동 기간의 인구 구조 변동과 관련하여, 먼저 광복에서부터 1950년대 중반기까지의 현황을 잠정적으로 살펴볼 필요가 있다. 그와 같은 이유는 동 기간에는 한국 사회의 국내적 요인 이외에 대외적 요인에 의한 인구 변동이 크게 나타났기 때문이다.

이를 요약하면 다음과 같다. 즉, ① 광복에 따른 많은 동포의 국내 귀환 및 한반도에 살았던 재조선일본인들의 철수가 있었다. ② 남북 분단에 따른 북한지역으로부터 상당한 규모의 월남인이 발생하였다. ③ 6.25 사변에 따른 많은 인명 손실 및 전시 피난으로 남북한 간의 다수의 인구 이동과 이에 따른 남한지역의 인구 증가가 나타났다. ④ 1950년대 말부터 1960년대 초·중반기에 걸쳐 진행된 경제성장 및 경제력의 향상에 따른 인구의 증가 기반이 크게 확대·강화되었다.

이와 같은 흐름 중에서도 한국 사회의 인구 변동과 관련하여 동 시기가 가지는 특히 중요한 특징 중의 하나는 1950년대 후반기부터 1960년대 초·중반기에 걸쳐, 한국 사회의 역사에서 가장 높은 인구증가율을 보여주었던 시대라는 점이다.

즉, 동 시기는 소위 한국 사회에 있어서 제1대 '베이비 붐 세대'로 지칭되는 시대로써 매우 높은 수준의 합계출생율을 나타냈다.

예컨대, 1955년에서 1964년 사이에 태어난 900만 명을 초과하는 엄청난 규모의 출생아동이 이를 대변하여 준다. 한국 사회에서 이와 같은 세대를 통칭하여 소위 '58 개띠'라고 부르기도 한다.[7]

3. 1960년대 중반기부터 1990년대 후반기까지

1960년대 중반기부터 1990년대 후반기에 걸쳐, 한국 사회의 인구 구조의 변화의 추이를 단선적으로 설명하는 데는 많은 한계를 느끼게 된다. 그러기에는 약 40여년이라는 오랜 세월에 따른 변화 등도 있겠지만, 그 동안에 한국 사회가

7) 베이비 붐 세대는 미국과 일본에도 있다. 예컨대, 미국은 1946년부터 1964년 사이에 태어난 7200만 명, 일본은 1947년부터 1949년 사이에 태어난 806만 명을 지칭한다. 특히, 일본의 경우 이들 베이비 붐 세대를 '단카이 세대'(團塊世代)라고도 한다(정재욱, 2017).

경험하였던 정치·경제·사회적 격동과 격변 등도 있기 때문이다.

그와 같은 차원에서 보면, 인구 변화의 추이를 1960년대, 1970년대, 1980년대, 1990년대로 구분하여 살펴보는 것도 합리적일 것으로 본다.

그럼에도 불구하고 인구 추이와 관련하여, 동 시대의 전체를 관통하는 일련의 연속적인 흐름도 있기에, 여기서는 이와 같은 흐름을 간단히 정리하는 차원에서 관련 논의를 이어가기로 한다. 이와 관련하여 주로 주목하는 부분은 크게 다음과 같다.

첫 번째로는 1960년대 초반기부터 시작되어 1990년대 중반기까지 지속되었던 소위 '가족계획'의 추진과 이에 따른 인구증가율 및 합계출산율의 점진적인 저하 현상이며. 두 번째로는 농어촌지역 인구가 도시지역으로 급격히 이동하기 시작한 부분, 즉 급속한 이농향도(離農向都)와 이에 따른 농어촌지역의 인구 과소화가 시작되었고, 나아가서 도시화가 빠르게 진행되었다는 점이다.

이와 같은 현상에 주목하여 동 시대의 인구 구조의 변동 추이와 관련하여 주목되었던 사회적 현상을 간단히 정리하면 다음과 같다.

1) 규제적 가족계획 시행과 합계출산율 저하 시작

정부는 1961년 11월에 가족계획사업을 정부의 주요 시책의 하나로써 공식적으로 채택함과 동시에 1962년부터 경제개발 5개년계획의 일환으로써 본 계획을 강력하게 추진하였다.

이와 같은 가족계획사업은 이후 출산억제정책으로 확대·강화되어 1996년까지 공식적인 정부 정책의 일환으로써 시행되었다. 가족계획사업은 정부의 강력한 정책 의지가 반영된 대표적인 국가정책의 하나로써 운영되었다.

정부는 이와 같은 가족계획사업의 효과적인 추진을 위하여 행정 조직과 인력·재정 등을 동원함은 물론이고, '행정지도' 등과 같은 이름으로 당해 사업추진에 직간접적으로 관여하기도 하였는데, 이를 대변하였던 것의 하나가 가족계획 추진을 위해 정부가 시달하였던 각종 구호, 포스터 및 관련 문구들이었다.

예컨대, 구호나 포스트의 문구를 보면, 1960년대 초반기에는 "알맞게 낳아서 훌륭하게 기르자" 등과 같이 비교적 선언적 차원의 용어들이 주로 사용되었지만, 1960년대 중반기에 들어서서는 "세 살 터울로 세 자녀만 35세 이전에 낳자", 1970년대에는 "1가구 2자녀 이하 갖기" 등과 같이 점차 지시적인 뉘앙스의 용어로 바뀌어갔다. 심지어 각 가정의 대문에까지 "적게 낳아 잘 키우자", "딸·아들 구별 말고 둘만 낳아 잘 기르자" 등과 같은 표어를 붙이기도 하였다.

이와 같은 정부주도하의 가족계획사업의 영향으로 인하여, <표3-2>에서도 제시하고 있듯이, 1960년대 초반기에는 한 가구당 약 6명 전후의 아동이 있었음에 비하여 1970년대가 끝날 무렵에는 약 3.2명으로 줄어들었다. 소위 합계출산율이 급격히 낮아지기 시작하였던 때도 이 시기부터였다.

이와 같은 경향은 세월에 흐르면서 더욱 강화되어 1980년대에는 "둘도 많다", "축복 속에 자녀 하나 사랑으로 튼튼하게"라는 구호까지 나타나면서, 정부가 사실상 한 가구당 1 자녀 출생을 유도한 모양도 강하게 나타났다.

이와 같은 영향으로 인하여 인구증가율은 이후 지속적으로 줄어들어, 마침내 1983년을 전후하여 한국 사회의 인구증가율은 소위 인구대체수준(population replacement level)[8]으로 전환되게 되었다(한국정신문화연구원, 1991).

한편, 낮아지기 시작한 인구증가율을 2000년 이후 지속되어 한국 사회는 지구상에서 가장 합계출산율이 낮은 국가의 하나로 자리하게 되었다. 예컨대, 한국의 경우, 2022년 현재 합계출산율은 0.78명으로 나타나고 있다(통계청, 2022a).

이와 같은 현상이 지속될 경우, 향후 한국 사회의 지속가능한 성장 잠재력의 기반은 크게 약화될 것으로 전망(박영숙, 2008; 김동섭, 2014; 이상호, 2016)됨은 물론,[9] 나아가서 국가의 존립 기반에도 큰 위협 요인으로 작용할 수 있을 것으로 평가된다(박익환, 2017; 정현수, 2018).[10] 이와 같은 현황 및 의미 등에 대해서는 본장 제2절에서 보다 자세히 설명하기로 한다.

---

8) 인구대체수준이란 현행 인구수를 현상 유지하는 데 필요한 출산율의 수준을 의미한다. 일반적으로 그 수준을 2.1 전후로 보고 있다. 이와 같은 수치는 유럽경제위원회(UNECE)에서 향후 현행 인구가 유지되도록 하기 위해서는 가임여성 1인당 2.1명의 자녀는 낳아야 한다는 내용의 보고서에 따른 것이다(두산백과, 2018. 01. 12).

9) 통계청의 '2017년 12월 인구동향'(2018.02.28.일 발표)에 따르면 2017년도 현재 합계출산율은 1.05 수준으로 되어있다. 나아가서 데이빗 콜만((David Coleman)교수는 지금과 같은 낮은 출산율이 지속될 경우, 한국은 '인구소멸국가 1호'가 될 수 있다고도 하였다.

10) 이와 유사한 일본의 관련 내용은 다음을 참조(정재욱, 2017; 최미숙(역), 2018).

표 3-2 합계출산율(1970~2022년까지)

년도	'70	'75	'80	'83	'85	'90	'95	'00	'15	'18	'20	'21	'22
합계 출산율 (명)	4.53	3.43	2.82	2.06	1.66	1.57	1.63	1.47	1.24	0.98	0.84	0.81	0.78

※ 자료 : 통계청(2022; 2022a). 장래합계출산율 관련 자료 재정리.

2) 농어촌지역 주민의 도시지역으로 광범위한 이주, 이농향도(離農向都)

농·어·산촌 지역 주민들의 도시지역으로의 빠르고도 광범위한 수준의 이주, 즉 이농향도(離農向都) 현상과 이에 따른 급속한 도시화의 진행과 도시인구의 빠른 증가이다.

한국의 경우, 1960년대 중반기 이후부터 소위 '경제개발5개년계획'[11]의 대대적인 추진과 함께 급속한 경제성장이 이루어졌다. 그런데, 그와 같은 국가계획사업의 추진은 산업기반기설이 상대적으로 구비되어 있었던 기존의 도시지역을 비롯하여, 새로운 산업단지 및 이들 주변지역을 중심으로 진행되었다.

따라서 이와 같은 지역을 중심으로 고용기회가 크게 확대되었기 때문에 농어산촌지역의 주민, 특히 농어산촌지역의 젊은이들이 대규모로 도시지역으로 이주하게 되었다.

그와 같은 현상이 지속되면서 1960년대 이후 한국 사회에서는 도시화(urbanization)가 빠르게 진행되었다. 이때, 도시화란 기본적으로 '국가 또는 사회의 전체 인구 대비 도시지역 인구의 상대적 비율'을 의미한다. 1960년대 이후 농어산촌지역 주민의 도시지역으로의 폭넓은 유입으로 인하여 한국 사회는 <표 3-3>에서도 제시하고 있듯이, 세계적으로도 그 유례를 찾아보기 어려운 모습으로 빠르게 도시화가 진행되었다.

11) 국민경제발전을 목적으로 5년 단위로 추진되었던 경제계획이다. 1961년 7월 종합경제재건5개년계획의 발표, 1962년 1월 제1차 경제개발5개년계획의 청사진과 함께 시작되었고(1962~1966), 이후 5차에 걸쳐 1986년까지 시행되었다.

예컨대, 한국의 경우 1950년경에는 도시화율이 약 21.4%로써 세계적으로도 비교적 낮은 수준의 도시화율을 보였다. 당시 세계 전체의 평균 도시화율은 약 29.6%로써 한국은 세계 평균치에 미치지 못했다.

이후, 한국 사회의 도시화율은 빠르게 증가하여, 1960년에 27.7%, 1970년에 40.7%, 1990년에 73.8%, 2000년에는 79.6%, 2010년에 81.9%, 2020년 현재 81.4% 수준을 보여주고 있다.

표 3-3 세계 및 한국의 도시화율 변화 추이

구분	1950	1960	1970	1980	1990	2000	2010	2020	2022	2030
세계전체(%)	29.6	33.8	36.61	39.3	43.0	46.7	51.7	56.2	57.0	60.4
한 국(%)	21.4	27.7	40.7	56.7	73.8	79.6	81.9	81.4	81.4	82.0

※ 자료 : 정원식(2001); 통계청(2022; 2022a) 참조.

즉, 2020년 현재 한국 사회의 경우, 100명 중에서 약 82명 정도가 도시지역, 약 18명 정도가 농어산촌지역에 거주하는 것으로 볼 수 있다. 한국사회는 1960년대 이후 진행된 급속한 도시화로 인하여, 도시지역의 인구 과밀화에 더하여 농어산촌지역의 인구 과소화가 지속되면서 최근에는 지방소멸론까지 등장하게 되었다.

한편, 이와 같은 흐름과 관련하여 주목되는 또 다른 현상의 하나는 수도권으로 인구가 집중하는 소위 수도권 일극집중화(一極集中化)의 가속이다.

예컨대, 수도권(서울, 인천, 경기도 포함)의 경우 1980년에는 1,330만 명(35.4%)이 거주하는 것으로 되어있었지만, 이후 증가 추세가 지속되어 1985년에는 1,582만 명(39.1%), 1990년에는 1,859만 명(42.8%), 1995년에는 2.019만 명(45.3%)으로 나타났다.

이와 같은 증가 추세는 계속되어 2021년 7월에는 마침내 전체 국민수의 절반을 넘어서는 2,601만 명(50.3%)을 기록하였고, 2022년 7월 현재 2,604만 명(50.5%)로 나타났다(행정안전부, 2022, 주민등록인구통계).

이와 같은 상황은 전 국토의 약 11.8%(11,692㎢)에 불과한 당해 지역에 전 국민의 절반 이상이 살고 있음을 나타내는 것이다. 이와 같은 현상은 국토균형 발전에 대한 저해라는 차원을 넘어서서, 향후 지속가능한 국가 발전 동력원의 확대 차원에서도 많은 과제가 될 것으로 전망된다.

한편, 2000년 이후의 인구 구조의 변화 추이에 대해서는 본장의 제2절에서 살펴보기로 한다.

이와 같은 접근을 선택하게 된 배경은 2000년 이후 급속히 진행되고 있는 고령화와 이에 따른 인구 구조의 변화는 향후 한국 사회의 노인복지정책의 패러다임의 변화, 즉 노인복지정책의 기조 변화와도 깊이 연관되어 있을 것으로 보기 때문이다.

제 2 절

한국 고령사회의 주요 특징

I. 개 관

2000년 이후 진행되고 있는 인구 구조의 변화와 관련하여, 한국 사회가 경험하고 있는 중요한 특징 중의 하나는 빠르고도 지속적인 출산율의 저하와 높은 수준의 고령화율이다. 즉, 한국 사회는 세계적으로도 유례를 찾아보기 어려울 정도의 낮은 출산율과 높은 고령화율을 2000년 이후 지속적으로 보여주고 있으며, 이와 같은 현상이 거의 동시·병행적(同時·並行的)으로 진행되고 있다.

이와 같은 현상이 지속될 경우, 한국 사회는 조만간 아동수 및 생산가능인구(15~64세)의 급감, 고령인구, 특히 후기 고령층(75세 이상)의 급증 및 총인구의 급감이 현실적 과제로 부각될 것으로 본다.

이와 같은 현실을 대변하여 주는 것이 65세 이상 고령층 인구가 0~14세의 아동층의 인구를 초과하는 소위 '역 피라미드'(inverted pyramid)적 인구 구조의 도래 가능성이다. 즉, 한국 사회는 조만간 역피라미드적 인구 구조가 주요한 현안 과제가 될 것으로 지적된다.

따라서 이와 같은 흐름이 지속될 경우, 향후 한국 사회는 사회적 안전관리비용의 급속한 증가 또한 경험하게 될 것으로 지적된다. 즉, 아동 규모 감소에 더하여 생산가능인구의 감소 및 고령층의 급증, 총 인구 감소 등으로 인하여 지속가능한 사회발전 동력원의 확보에 어려움을 경험할 수 있을 것이며, 이를 보완하는 차원에서 사회안전 관리비용의 확대가 사회적 현안 과제로 등장할 수 있을 것이다.

이와 같은 입장에 의거하여 2000년 이후 한국 사회가 직면하고 있는 인구 구조, 특히 고령사회의 도래에 따른 인구 구조의 특징에 대하여 다음과 같은 내용을 중심으로 이를 살펴보기로 한다. 즉, ① 초저출산사회로의 빠른 진행, ② 깊어가는 고령사회, ③ 총인구의 감소와 역피라미드적 인구 구조, ④ 사회적 안전관리비용의 확대 가능성이다.

Ⅱ. 초저출산사회로의 빠른 전환

1. 일반 현황

이미 살펴보았듯이, 한국 사회는 1960년대 초·중반기부터 국가적 차원에서 추진되어왔던 인구억제정책에 의거하여, 아동 출산을 제한하는 소위 「가족계획사업」을 강력히 추진하여왔다.

그와 같은 결과로 인하여 1950년대 초반기에 약 6.0명 수준에 달하였던 합계출산율이 1983년을 전후하여 마침내 현행 인구 규모의 유지에 필요한 소위 「인구대체수준」으로까지 떨어지게 되었고, 이후에도 합계출산율은 지속적으로 저하되어 마침내 2022년 현재 0.78명이라는 세계적으로 그 유례를 찾아보기 어려운 모습으로까지 나타나고 있다(통계청, 2023).

한국 사회가 직면하고 이와 같은 초저출산의 현상을 요약하면 <표3-4>와 같다.[1] 합계출산율의 변동 추이를 보면, 1950년에 5,97명으로써 세계적 차원에서도 높은 수준에 속했지만, 이후 감소를 계속하여 1970년에 4.41명, 1980년에 2.72명, 1983년에 인구대체 수준인 2.06명, 2000년에 1,41명, 그리고 2020년을 전후하여 마침내 1.0명 이하로 떨어져 0.89명, 2022년 현재 0.78명으로 나타나고 있다.

한편, 비록 전망치이기는 하여도, 2030년경부터는 합계출산율이 다시 1.0명대로 전환될 수도 있을 것으로 정부는 발표하고 있지만, 이와 같은 예상치의 달성 여부와는 관계없이, 그와 같은 예상치 자체도 사실상 매우 낮은 수치에 해당된다.

1) 이 도표는 <표3-1>의 내용 중에서 2000년 이후의 자료를 추가한 것이다.

표 3-4 한국의 합계출산율(중위수)(1950~2040년)

년도	'50	'60	'70	'80	'83	'90	'00	'10	'20	'30	'40
합계 출산율(명)	5.97	5.95	4.41	2.72	2.07	1.60	1.41	1.22	0.89	0.97	1.09

※ 자료 : 통계청(2023). 장래합계출산율의 관련 자료 재정리.

한편, 한국 사회와 비교적 밀접한 상호 관계를 이루고 있는 것으로 평가되는 국가들의 합계출산율 현황을 간단히 살펴보면 <표3-5>와 같다. 이때, 살펴보게 되는 국가는 북한, 일본, 중국, 인도, 미국, 독일 등이다.

이와 관련하여 먼저 세계 평균 합계출산율의 변동 추이를 살펴보면, 1950년에는 4.86명으로 당해 연도의 한국의 평균치 5.97명보다 낮았다. 이와 같은 수치는 당시 한국 사회의 높은 합계출산율을 상당 수준 대변하여 주고 있다. 그런데, 이후 한국 사회는 1980~90년대를 전후하여 합계출산율이 1.0명대 떨어졌음에 비하여, 세계 평균치는 여전히 3명대의 중반을 유지하였고, 2000년 이후에도 2명대의 중반을 보여주고 있다.

이와 같은 현상이 유지되었던 배경에는 앞의 「<표1-1> 세계 및 대륙별 인구 추계」에서도 잠시 지적하였듯이, 아프리카 대륙을 비롯하여 인도, 파키스탄, 필리핀 등과 같이 높은 합계출산율을 보이는 국가들의 존재도 큰 역할을 하였을 것으로 볼 수 있다.

표 3-5 주요 관심 국가의 합계출산율 변동 추이

구분	'50	'70	'90	'00	'10	'20	'21	'22	'30	'40
세계평균	4.86	4.83	3.31	2.73	2.59	2.35	2.32	2.23	2.27	2.21
한국	5.97	4.41	1.60	1.42	1.22	0.89	0.88	0.78	0.97	1.09
북한	4.99	3.89	2.35	1.97	1.81	1.82	1.81	1.79	1.75	1.71
일본	3.66	2.09	1.53	1.37	1.39	1.29	1.30	1.31	1.37	1.43
중국	5.87	6.09	2.51	1.63	1.69	1.28	1.16	1.18	1.27	1.34
인도	5.73	5.62	4.05	3.35	2.60	2.05	2.03	2.01	1.91	1.83
미국	2.93	2.47	2.07	2.05	1.93	1.64	1.66	1.66	1.68	1.68
독일	2.09	2.04	1.44	1.38	1.39	1.52	1.53	1.53	1.55	1.56

※ 자료 : UN(2022); 総務省(2023).

한편, 합계출산율의 저하와 관련하여 한때 세계적으로 큰 주목을 받았던 국가의 하나가 일본이었다. 일본의 합계출산율 변동 추이를 보면, 1990대 이후 지속적으로 감소하기 시작하여 2005년에는 1.27명으로까지 떨어져서 일본 사회에 큰 충격을 주었다.

이후 일본 사회는 다양한 형태의 인구친화정책, 특히 유·아동 친화정책을 통하여 비록 제한된 수준이기는 하지만 일부 개선되는 모습도 나타나, 2022년 현재 1.31명을 보여주고 있다.

중국의 경우에는 1970년대까지는 매우 높은 수준의 합계출산율을 나타냈지만, 국가의 강력한 출산억제정책의 영향으로 1990년경을 전후하여 출산율이 급격히 낮아졌으며, 그와 같은 추세는 지속되어 2000년 이후에는 일본보다도 출산율이 더 낮게 나타나고 있다.

북한 역시 1950년대에는 출산율 4.99명으로써 비교적 높은 편에 속했지만, 이후 지속적인 감소 추세가 유지되어 2000년부터는 1.97명에서 1.70명대의 수준을 보이고 있다.

2. 출생아동수의 지속적 감소

인구 문제와 관련하여 한국 사회가 경험하고 있는 중요한 현안 과제의 하나는「출생아동수의 지속적인 감소」현상이다. 이와 같은 현상은 앞에서 이미 살펴보았던 합계출산율의 급감과 직접 연계되어있는 현상이기도 하다.

이때, 출생아동의 규모를 살펴보는 이유는 출생아동의 규모 변화 추이를 통하여 인구와 관련된 사회적 각종 현안 과제를 확인하는데 도움을 얻을 수 있기 때문이다. 예컨대, 출생아동수의 급감은 일차적으로 각종 사설학원, 영·유아원, 유치원, 초등학교, 중학교, 고교, 대학 등의 운영 전반에 걸쳐 큰 영향을 주기 때문이다.

그 동안 진행되어 온 한국 사회의 출생아동수의 변동 추이를 요약하면 <표3-6> 및 <그림3-2>와 같다. 여기서도 제시되어 있듯이, 한국 사회는 1970년 이후 출생아동수가 급속히 감소되어 가고 있음을 충분히 알 수 있다.

표 3-4 합계출산율 및 출생아동수 변동 추이

구분(년도)	1970	2000	2015	2019	2020	2021	2022
합계출산율(명)	4.53	1.48	1.24	1.23	0.84	0.80	0.78
출생아동수(만명)	101	64.2	43.8	30.2	27.2	26.0	24.9

※ 자료 : 통계청(2022; 2022a).

그림 3-2 출생아동수변동 추이(1970~2022)

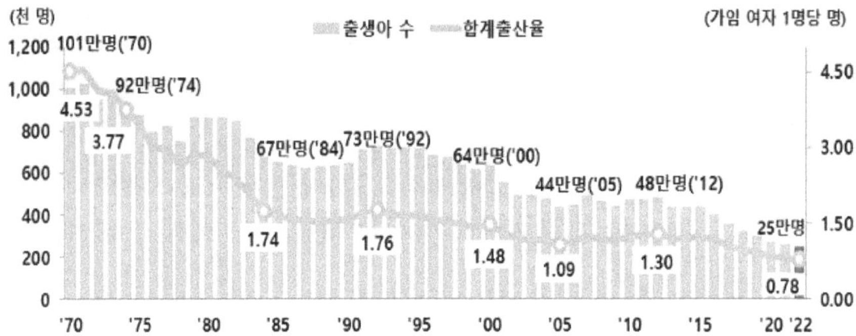

※ 자료 : 통계청(2022; 2022a), 세로막대는 출생아동수, 곡선 기울기는 합계출산율.

예컨대, 1970년을 전후하여 매년 100만 명을 상회하던 출생아동수가 이후 시간이 지나면서 감소하기 시작하여, 그로부터 4년 후인 1974년에 약 92만 명으로 약 9만 명이 감소하였고, 이와 같은 감소 추세는 지속되어 14년 지난 1984년에는 약 67만 명으로, 그리고 2000년에는 약 64만 명으로 나타났다.

이와 같은 추세는 2000년 이후 더욱 가속화되어, 마침내 2020년부터는 출생아동수가 20만 명대로 떨어져, 2021년에 26만 명, 2022년에는 약 25만 명으로 나타났다.

따라서 동 기간에 한국의 출생아동수는 약 75만 명, 즉 1970년도에 대비하여 약 75% 수준이 감소하게 되었다. 한국 사회는 세계적으로도 그 사례를 찾아보기 어려운 모습의 출생아동수의 감소가 진행되고 있음을 알 수 있다.

이와 같은 현상이 지속될 경우, 한국 사회는 조만간 사회 전반에 걸쳐 매우 심각한 수준의 인구 위기를 경험하게 될 것으로 지적된다(정재욱, 2015). 예컨대,

제1차적으로는 생산가능인구의 규모 축소와 이에 따른 청·장년층의 사회적 부담 급증(연금, 노인부양 등), 국방 등을 비롯한 사회안전관리 인력난 등이 가중되어 나타나면서, 사회적 안정관리 확보 등을 둘러싸고 위기감이 크게 고조될 수 있을 것으로 본다.

3. 초저출산사회의 지속 가능성

지금과 같은 낮은 수준의 합계출산율, 즉 초저출산이 지속될 경우, 한국 사회는 전반에 걸쳐 심각한 수준의 사회적 위기 국면을 맞이할 수 있음에 대해서는 앞에서 지적하였다. 그런데, 이와 같은 낮은 수준의 합계출산율에 대한 대응방안을 모색함에 있어서 깊이 고려하여야 할 부분의 하나가 출산예비(가능)집단의 아동 출산에 대한 가치관, 의식, 마음가짐 등이다.

이와 같은 출산과 관련된 가치관, 의식, 마음가짐과 관련하여 비록 간접적 차원의 접근이기는 하겠지만, 상당히 의미 있는 자료가 있다. 예컨대, 일본의 내각부(内閣府)는 2010년 10~12월까지 스웨덴, 프랑스, 미국, 한국 및 일본에 거주하고 있는 청·장년층 남녀 1,000명(각국 20~49세까지)을 대상으로 <그림 3-3>과 같은 조사연구를 실시한 바가 있었다.

이때, 당해 조사와 관련하여 제시되었던 질문은 「향후 여건이 주어지면 자녀를 가지고 싶어 신지요?」이었다. 이때, 조사대상의 청·장년층은 「어떤 이유에서든지 자신들이 평소에 가지고 싶어 했던 만큼의 자녀(수)를 가지고 있지 않은 사람」으로 한정하였다.

당해 자료에 따르면 한국의 청·장년층(20~49세 남녀)은 다른 국가의 동일집단에 비하여 「자식을 가지고 싶어 하는 경향」이 상대적으로 낮게 나타났다. 이에 비하여 미국, 프랑스, 스웨덴 등은 상대적으로 높게 나타났다.

즉, 이들 국가의 경우, 「여건이 주어지면 자식을 더 가지고 싶다.」는 응답자가 전체 응답자의 80% 전후로 나타났지만, 한국과 일본은 약 50% 수준에 머물렀고, 더욱이 「여건이 주어져도 더 갖고 싶지 않다」는 응답자의 비율도 약 45%로 나타났다.

당해 조사는 비교적 단순하고 단면적인 측면도 있지만, 한국 사회의 인구정책, 특히 낮은 합계출산율 및 초저출산사회에 대한 대응 방안을 모색함에 있어서 상당한 시사점을 줄 수 있을 것으로 본다.

즉, 이는 기존의 각종 지원금이나 보조금과 같은 재정 지향적 시책에 더하여 출산과 아동을 바라보는 가치관, 가족 및 가족공동체에 대한 의식 등을 동시에 고려할 시책 개발의 필요성을 간접적으로 제시하고 있다고 볼 수 있다.

그림 3-3 여건이 갖추어지면 자녀를 더 가지고 싶은가요?

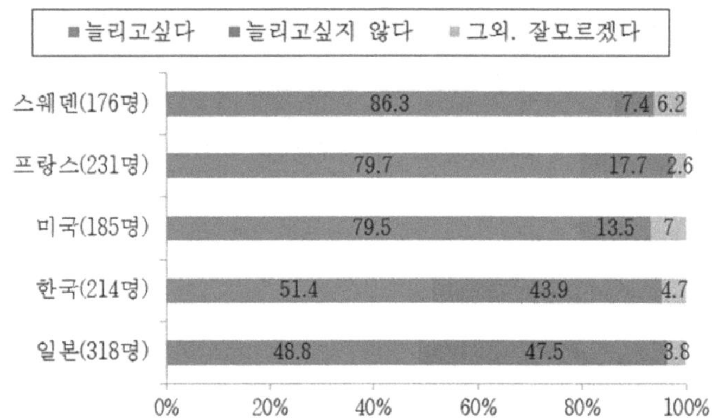

※ 자료 : 内閣府(2010).

이와 같은 차원에서 볼 때, 최근 일본 사회가 추진하여온 관련 정책들은 일정한 시사점을 줄 수 있을 것이다. 예를 들면, 일본은 합계출산율의 급격한 저하에 따른 사회적 위기감 속에서, '소자고령화사회'(少子高齡化社會, 한국 사회에서는 이를 저출산·고령사회로 표현함)와 같은 소위 자기경계적 용어까지 만들어가면서까지 1990년대 중반기 이후부터, 특히 아동과 노인복지를 중심으로 한 사회전반에 걸친 대대적인 제도개혁을 지속적으로 단행하여왔다(정재욱, 2006a; 鄭宰旭, 2016).

이와 같은 제도개혁의 결과로만 볼 수는 없겠지만, 합계출산율은 이후 미약하지만 개선되는 흐름도 나타났다. 예를 들면, 2005년의 1.26명을 최저점으로, 이후 조금씩 개선되어 최근에는 약 1.40명 수준까지 나타나고 있다. 이에 비하여, 한국 사회는 1960년경에 약 6.0명을 보인 이후, 감소 추세가 지속되어 2022

년에는 0.7~8명대로 나타나, 초저출산사회로 진입하였다.

이와 같은 차원에서 볼 때, 최근 일본 사회의 관련 경험이나 정책 등은 한국 사회에도 일정한 시사점을 줄 수 있을 것으로 본다. 따라서 저출산 및 고령화 등과 관련된 일본의 관련 정책이나 제도 등에 대한 폭 넓은 검토가 필요할 것으로 본다(정재욱, 2017).

Ⅲ. 깊어가는 고령사회

1. 일반 현황

한국 사회의 경우, 고령층의 규모 증대를 더욱 가속화시키는 또 다른 요인 중의 하나가 평균 수명의 빠른 신장이다. 예컨대, 한국인의 평균수명을 살펴보면, 1970년 초반기에 약 60세이었던 것이 2021년에는 남자 80.6세, 여자 86.5세, 전체 평균 83.6세로 늘어나게 되었으며, 이에 따른 고령층의 규모는 더욱 확대되게 되었다.

한국 사회의 고령층의 인구 규모의 변화 추이를 살펴보면 <표3-7>과 같다. 당해 자료에 따르면 65세 이상의 고령자 규모가 1970년에는 전체 국민 대비 약 3.1% 수준이었지만, 2022년 현재 전체 국민 대비 17.5% 수준으로 늘어났다. 이는 동 기간에 고령층의 규모가 약 5배, 즉 500% 이상으로 증가하였음을 반증하여 준다(통계청, 2022; 2022a).

이와 같은 양상은 2000년대 초반기까지만 하여도 OECD 국가 중에서 고령층의 증가가 가상 빠른 것으로 평가되어왔던 일본 사회의 경험을 추월하는 것으로써, 향후 한국 사회에 있어서 고령화와 이에 따른 노인문제의 중요성을 암시하고 있다고 본다.

표 3-7 고령화 및 노인인구 추이(단위, 천명, %)

구 분	총 계	0~14세(%)	15~64세(%)	65세이상(%)	고령화지수	인구성장율
1960	24,989	40.6	55.2	3.7	–	2.9
1970	32,241	42.5	54.4	3.1	7.2	2.18
1980	38,124	34.0	62.2	3.8	11.2	1.56
1990	42,869	25.6	69.3	5.1	20.0	0.99
2000	47,008	21.1	71.7	7.2	34.3	0.84
2010	49,554	16.1	73.1	10.8	67.2	0.50
2020	51,836	12.2	72.1	15.7	129.3	0.14
2021	51,745	11.9	71.6	16.5	139.5	−0.18
2030	51,199	8.5	66.0	25.5	301.6	−0.11
2040	50,193	8.8	56.8	34.4	389.5	−0.35
2050	47,359	8.8	51.1	40.1	456.2	−0.80
2060	42,617	7.7	48.5	43.8	570.6	−1.21

※ 자료 : <표3−7>은 지금의 논의를 위하여 <표3−1>를 재인용한 것임.

한국 사회가 직면하고 있는 고령화 및 고령인구와 관련된 현황을 좀 더 자세히 살펴보면 다음과 같다. 먼저 한국 사회는 2000년에 고령화율이 7%를 넘어서면서 고령화사회로 진입하였다. 한국 사회의 고령화사회로의 진입 시점을 OECD 국가들과 비교하여 보면 그렇게 빠른 시점은 아닌 것으로 볼 수 있다.

하지만 과제는 고령화사회로 진입한 이후 진행되는 빠른 속도의 고령화이다. 예컨대, 고령화사회로 진입한지 14년만인 2018년 초반기에 고령화율 14%를 초과하여 고령사회로 진입하였고, 그로부터 6~7년 전후의 2024~5년경에 20%를 초과하여 초고령사회로 진입할 것으로 평가된다. 이는 세계적으로 유례를 찾아보기 어려운 모습의 빠른 속도이다.

한편, 고령화의 빠른 속도는 이후에도 지속되어 2050년을 전후하여서는 고령화율이 약 40%를 초과하여, 사회구성원 10명 중에서 4명 이상이 65세 이상의 고령자로 이루어지는 세계 최고 수준의 초고령사회로 전환될 수 있을 것으로 지적된다.

이와 같은 초고령사회가 직면하게 될 심각성의 일면은 아동수와 노인수간의 비교를 통해서도 일부 나타나는데, 이를 대변하는 것이 0~14세까지의 아동

규모와 65세 이상의 노인 규모 간의 상대적 크기를 나타내는 소위 「고령화지수」의 급격한 변화 추이이다.

한국 사회의 고령화지수의 변동 추이를 살펴보면 다음과 같다. 예컨대, 2016년경까지는 아동집단의 규모가 노인집단의 규모보다 상대적으로 커서 고령화지수가 100.0보다 적었지만, 이후 노인집단의 규모가 상대적으로 커져가면서 고령화지수도 100.0을 초과하기 시작한다. 2016년을 기점으로 노인 규모가 아동규모보다 더욱 커지기 시작하였고, 2050년경에는 그 격차가 4배 이상으로 나타나면서 고령화지수 역시 456.2로 나타나고 있다.

따라서 향후 한국 사회는 아동규모의 축소, 이에 따른 생산가능인구(15~64세)의 급속한 축소 등으로 인하여 국방을 비롯한 사회안전 유지 관리 인력의 급감, 청·장년층의 아동 및 노인부양 부담의 증가 등으로 인하여 사회 전반에 걸쳐 인구구조 변동에 따른 사회적 역기능이 급증할 수 있을 것으로 본다.

2. 후기고령층의 급증

빠른 고령화와 고령층의 규모 확대와 관련하여 새롭게 부각되고 있는 인구·사회적 현상의 하나가 후기고령층[2]의 증대와 장기돌봄(요양)서비스를 필요로 하는 노인층, 소위 「장기돌봄(요양)지원을 필요로 하는 고령층」의 증가 현상이다(이와 같은 부분에 대한 논의는 관련 영역에서 자세히 다루고 있다).

한국 사회가 직면하고 있는 고령사회의 인구 구조, 특히 고령층의 인구 구조의 특징을 살펴보면 <표3-8> 및 <그림3-4>와 다음과 같다. 한편 여기에서는 한국 시회가 고령화사회로 진입하였던 2000년 이후의 관련 현황을 중심으로, 이를 살펴보기로 한다.

한국의 고령사회가 맞이하게 될 인구 구조, 특히 고령층의 인구 구조의 특징은 다양할 수 있겠지만, 여기서 특히 주목하는 부분은 75세 이상의 후기 고령층의 급증이다.

2) 일반적으로 65~74세까지를 전기 고령자, 75세 이상을 후기 고령자로 구분한다.

예컨대, <표3-8>에서도 제시하고 있듯이, 향후 한국의 고령사회가 경험하게 될 인구 구조의 중요한 특징 중의 하나는 75세 이상의 후기고령층이 사회구성원의 약 30%를 차지하는 소위 「초고령사회」로 재구성될 수 있다는 점이다.

이와 관련하여 <표3-8>의 내용을 좀 더 구체적으로 살펴보면 다음과 같다. 예컨대, 고령화율이 7%대 수준이었던 2000년에는 75세 이상의 후기고령층이 전 국민 대비 2.3%에 지나지 않았다. 이후 시간이 지나면서 후기고령층의 증가 속도는 고령화의 속도보다 더 빠르게 진행되고 있다.

즉, 후기고령층의 증가 현황을 보면, 2000년에 전 국민 대비 약 2.3%이었지만, 2023년에는 7.7%를 초과함으로써, 그 숫자의 크기로만 보면 2000년의 고령화의 수준을 넘어서고 있다. 나아가서, 2070년경에는 75세 이상의 고령층이 전 국민 대비 약 30.7%로 지적된다.

따라서 한국 사회는 향후 직면하게 될 이와 같은 후기 고령층 중심의 사회구성에 대하여, 정부를 비롯하여 한국 사회 전체가 보다 진지하고도 폭넓은 검토와 대책 마련이 필요할 것으로 본다.

한편, 후기 고령층 중심의 초고령사회로의 전환에 즈음하여, 새롭게 부각되고 있는 중요한 사회적 현상의 하나가 「장기돌봄(요양)지원을 필요로 하는 고령층」의 증가 가능성이다.

이와 같은 현상이 나타나게 된 중요한 사회적 배경의 하나는 전기 고령층(65~74세)의 노인에 비하여 후기 고령층(75세 이상)의 노인이 일반적으로 치매나 와상(침상지기) 등으로 인한 「노인성 질환자로의 전환율」이 상대적으로 높기 때문이다.

따라서 후기 고령층의 증대는 잠재적 차원의 노인장기돌봄(요양)서비스를 필요로 하는 수요층의 증대와 연계 가능성이 높게 된다. 물론, 이와 같은 수요층의 증대 배경에는 고령사회의 진행에 따른 독거 노년층의 증가 등도 중요한 요인이 될 수 있다.

따라서 급속히 진행되고 있는 고령사회에 즈음하여, 한국 사회의 지속가능성의 확대·강화의 위해서는 이와 같은 흐름을 종합적으로 고려한 위에, 관련 정책의 개발 등을 모색하는 것이 중요할 것으로 본다.

표 3-8 총인구 및 고령층 인구비중 변동추이(단위 : 천명, %)

구분	총인구	65세이상(%)	65~69세(%)	70~74세(%)	75세 이상(%)
2000	47,008(100.0)	3,394(7.2)	1,381(2.9)	922(2.0)	1,091(2.3)
2010	49,554(100.0)	5,366(10.8)	1,878(3.8)	1,540(3.1)	1,948(3.9)
2020	51,836(100.0)	8,151(15.7)	2,662(5.1)	1,990(3.8)	3,499(6.8)
2023	51,558(100.0)	9,499(18.4)	3,274(6.3)	2,240(4.3)	3,986(7.7)
2025	51,447(100.0)	10,585(20.6)	3,685(7.2)	2,533(4.9)	4,367(8.5)
2030	51,199(100.0)	13,056(25.5)	4,027(7.9)	3,532(6.9)	5,497(10.7)
2040	50,193(100.0)	17,244(34.4)	4,172(8.3)	3,980(7.9)	9,093(18.1)
2060	42,617(100.0)	18,682(43.8)	3,500(8.2)	3,099(7.3)	12,084(28.4)
2070	37,655(100.0)	17,472(46.4)	2,614(6.9)	3,288(8.7)	11,571(30.7)

※ 자료 : 통계청(2023; 2023b, 2023c).

그림 3-4 고령층 인구 비중 변동 추이

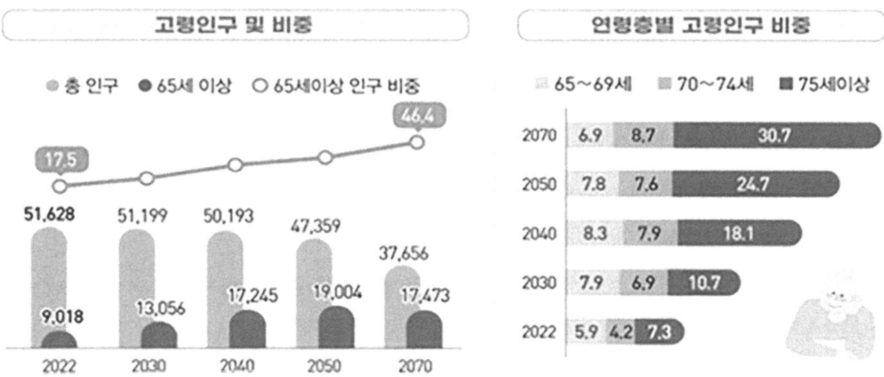

※ 자료 : 통계청(2023; 2023b, 2023c).

Ⅳ. 총인구 감소와 역 피라미드적 인구 구조

1. 총인구 규모 급감

한국 사회가 향후 인구 구조의 변동 과정에서 직면하게 될 중요한 현안 과제의 하나는 총 인구의 급속한 감소일 것이다. <그림3-5>에서도 제시하고 있듯이, 2020년 현재 한국 사회의 총 인구수는 5,148만 명인데, 지금과 같은 낮은 수준의 인구성장률이 지속될 경우, 2030~1년경을 전후하여 5,296만 명을 정점으로 이후, 총인구의 감소가 시작되어 2070년경에는 3,766만 명으로, 1979년경의 수준으로 떨어질 것으로 전망된다.

이와 같은 인구 감소가 지속될 경우, 인구 감소에 따른 한국 사회의 지속가능한 자기성장 동력원의 확보에는 상당한 제약이 나타날 것으로 전망된다. 예컨대, 위에서도 잠시 지적하였듯이 2030년경을 전후하여 총 인구가 감소하기 시작하여, 2070년경에는 2030년경 대비 약 1,500만 명 정도의 인구 감소, 즉 2023년 현재 경기도 총인구수 1,362만 명을 초과하는 규모의 인구 감소를 경험할 수 있을 것으로 본다.

이와 같은 급속한 인구 감소는 특히, 지방자치단체의 경우, 매우 긴급하고도 위기적인 현안 과제로 나타날 것으로 본다. 이는 지역 인구의 급감에 따른 지방자치단체의 존립 자체에 대한 근본적 차원의 논란이 나타날 수 있기 때문이다.

예컨대, 어느 보고서에 따르면 지금과 같은 저출산·고령사회가 지속될 경우, 조만간 다수의 지방자치단체는 자연 소멸의 단계로 진입할 수 있을 지적되고 있다(한국지방행정연구원, 2016).

이와 같은 논란은 한국 사회보다 일찍 저출산·고령화를 맞이하였던 일본 사회에서 보다 빨리 나타났다.

예컨대, 2014년에 일본의 전 총무성 장관을 지냈던 마스다 히로야(增田寬也) 씨는 일본 사회의 경우 지금(당시)과 같은 모습의 저출산·고령화(일본은 이를 少子高齡化라고 함)가 지속될 경우, 2040년을 전후하여 약 523개의 지방자치단체가 소멸할 수도 있다는, 소위 '지방자치단체의 소멸론'을 주장하기도 하였다(정재욱, 2017; 增田寬也, 2014).

그림 3-5 총인구 및 인구성장률 변동 추이(1960~2070년)

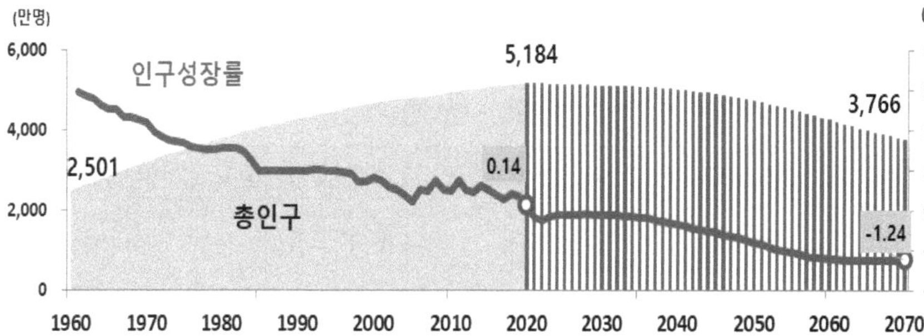

※ 자료 : 통계청(2023; 2023b).

2. 인구성장율 저하

한국 사회의 지속적인 인구 감소 추세와 관련하여 이를 설명하여 주는 대표적인 지표의 하나가 인구성장률 추세이다. 이때, 특정 국가의 인구성장률은 크게 국내 아동출생률(합계출산율), 국내 사망률 및 국가 간 순의 이동율의 총합으로써 이루어진다.

이와 같은 입장에서 볼 때, 한국 사회의 인구성장률에 결정적인 영향을 미치는 요인은 크게 합계출산율과 사망률일 것이다. 한국 사회의 경우, 국가 간의 이동률을 그렇게 높지 않다.

따라서 현재 나타나고 있는 낮은 수준의 인구성장률은 결국 지속되고 있는 낮은 수준의 합계출산율과 이에 더하여 2030년을 전후하여 급증할 것으로 예상되는 「출생아동수 대비 사망자수의 증가 가능성」, 즉 사망자의 증가 현상으로 볼 수 있다.

이와 관련하여 한국 사회의 인구성장율의 변동 추이를 실펴보면 <표 3-9>와 같다. 즉, 1965년에는 인구성장률이 2.54이었지만, 이후 하락하기 시작하여 1975년에 1.68, 1985년에 0.99, 1995년에 1.01, 2005년에 0.21, 2015년에 0.53, 그리고 2025년경에는 0.20으로 나타날 것으로 평가된다.

나아가서 2035년경에는 인구성장률이 −.0.12로써 마침내 총인구 규모 그 자체가 줄어들게되고, 시간이 지나면서 더욱 강화되어 2045에 −0.52, 2055년에

-0.89, 2065년에 -1.03으로 전망된다.

이와 같은 흐름의 배경에는 사망률이 큰 영향을 미치고 있다.

표 3-9 한국의 인구성장률(1961~2070년)

연도	1961	1970	1980	1990	2000	2010	2020	2030	2040	2050	2060	2070
인구성장률 (%)	2.97	2.18	1.56	0.99	0.84	0.50	0.14	−.10	−.35	−.80	−1.21	−1.24
합계출산률 (명)	5.95	4.53	2,82	1.57	1.48	1.23	0.84	0.97	1.09	–	–	–

※ 자료 : 통계청(2023; 2023b).

한편, 향후 한국 사회의 인구성장률의 감소에 큰 영향을 미칠 것으로 예상되는 인구사망률의 변동 추이를 살펴보면 <그림3−6>과 같다. 이와 관련하여 먼저, 한국 사회에 있어서의 합계출산율과 인구증가율의 변동 추이를 다시 정리한 후, 사망률의 변동 추이를 살펴보기로 한다.

한국 사회의 경우, 합계출산율의 변동 추이를 보면 2030년을 전후하여 0.97명, 2040년을 전후하여 1.09명으로 전망된다. 이에 비하여, 인구성장률은 2030년에 -0.10, 2040년경에 -0.35로써 전체 인구는 2030년경부터 부(負)의 성장을 보일 것으로 전망된다.

이때, 의문을 가질 수 있는 부분은 2030년경부터 비록 합계출산율이 0점대로 떨어졌다고는 하여도 여전히 일정 규모의 출생아동수는 나타나고 있는데, 전체 인구 규모는 감소한다는 것이다. 이와 같은 현상을 설명하여 주는 결정적인 요인이 「인구사망률의 급증」이다.

즉, 이와 같은 시기에 이르게 되면, 한국 사회의 인구성장률의 변화에 보다 결정적인 영향을 미치는 요인의 하나가 높은 인구사망률이다.

한국 사회에 있어서, 2020년을 기점으로, 이후의 출생아동수의 변동 추이를 살펴보면 다음과 같다. 예컨대, 출생아동수는 2020년에 약 27만 명이었지만, 2023년에는 23만 명, 2070년경에는 20만 명으로 전망되기 때문에 시간의 흐름에 따라서 인구 감소의 흐름은 충분히 예견할 수 있다.

그런데, 같은 시기의 사망자수의 변동 추이를 살펴보면 다음과 같다. 예컨대 사망자의 경우, 2020년에 31만 명, 2030년에는 40만 명을 넘어서고, 2070년에는 70만 명으로써 2020년 대비 약 2.3배, 즉 230% 이상으로 사망자가 증가할 것으로 전망된다.

그림 3-6 출생아동수 및 사망자수(1985~2070년)

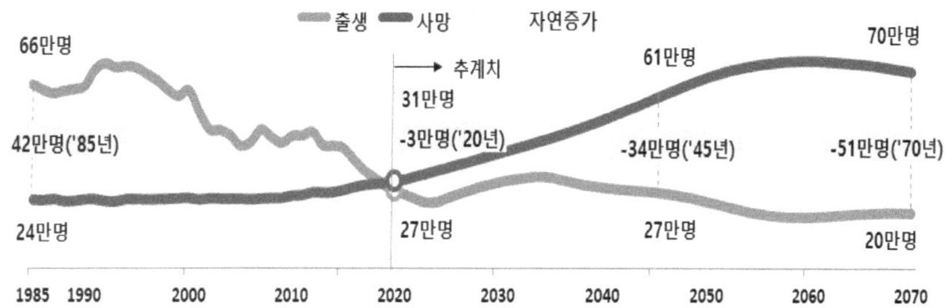

※ 자료 : 통계청(2023; 2023b).

따라서 국가 간에 이루어지는 국가 간의 순수한 인구이동 인원수를 제외하고, 국내에서 이루어지는 출생아동수에서 사망자수를 뺀 「자연 증감 인구」 현황을 살펴보면, 한국 사회의 경우, 2020년에 약 3만 명, 2030년에 약 10만 명, 2070년에는 약 51만 명의 「자연 인구 감소」가 전망된다.

이상과 같은 내용을 요약하면, 한국 사회는 2020년을 전후하여 사망자수가 출생아동수를 넘어서기 시작하며, 이후 시간이 지나면서 그 간격은 더욱 벌어질 것으로 본다.

이와 같은 간격은 특히 2025년경을 전후하여 증폭될 것으로 전망되는데, 그와 같은 배경에는 한국 사회의 소위 '제1세대 베이비 붐' 세대루 불려지는 1958~60년 세대가 본격적으로 후기고령사회로 전환되는 것과 깊은 관계를 엿볼 수도 있을 것이다.

향후 한국 사회에 있어서, 합계출산율에 저하에 더하여 사망률의 급증은 인구문제와 관련하여 새로운 모습의 시대적 현안 과제가 될 것으로 전망된다.

즉, 한국 사회는 조만간 「잠재적 생명위험집단의 급증」의 가능성을 충분히 고려한 위에, 인구문제 관련 정책개발에 집중할 필요가 있을 것으로 본다.

3. 역 피라미드적 인구구조

한국 사회가 앉고 있는 인구문제의 핵심적 과제는 지속적인 합계출산율 저하, 빠른 고령화, 평균 수명의 신장, 2020년 이후부터 지속적으로 증가하는 사망률 등이데, 더욱이 이와 같이 현상이 동시·다발·병행적으로 그리고 지속적으로 진행되고 있다는 점이다.

이와 같은 거대 흐름 속에서 총 인구 규모까지 감소하게 되는데, 이와 같은 흐름과는 대조적으로 고령층, 특히 75세 이상으로 후기고령층이 상대적으로 급증하는 인류 사회에서 그 유례를 찾아보기 어려운 소위「역삼각형」또는「역피리미드형」의 인구구조를 보이게 된다는 것이다.

이미 지적하였듯이, 한국 사회는 2000년에 고령화사회로, 2018년에 고령사회로, 그리고 2024~5년경에는 초고령사회로 전환될 것으로 지적된다.

이와 같은 빠른 고령화의 배경에는 기본적으로 낮은 합계출산율이 큰 역할을 하고 있지만, 또 다른 측면에서 보면 고령층의 급속한 규모 증가도 큰 역할을 하고 있다. 한국 사회의 경우, 고령층 중에서도 특히, 후기고령층의 상대적 규모 증대가 큰 주목을 받고 있다.

예컨대, <표3-10>에서도 제시하고 있듯이, 2000년에는 65세 이상의 고령층의 인구 규모는 약 339만 명이며, 2030년경에는 1,305만 명으로써 2000년 대비 약 3.8배 증가하였고, 2070년경에는 1,747만 명으로써 2000년 대비 약 5배 증가하게 될 것으로 지적된다.

그런데, 같은 기간 동안에 75세 이상의 후기 고령층의 증가 양상을 보면 다음과 같다. 즉, 2000년에는 약 11만 명으로 전체 국민 대비 약 2.3%이었고, 2030년에는 550만 명으로 전체 국민 대비 10.7%로써, 2000년 대비 약 4.7배 증가하였으며, 2070년경에는 1,157만 명으로써 전체 국민 대비 30.7%이며, 2000년 대비 약 14.4배로 나타나고 있다.

이와 같은 자료에 따르면, 한국 사회는 향후 75세 이상의 후기고령자가 사회구성원의 다수를 차지하는 사회, 예컨대, 75세 이상의 고령자가 사회 전체 구성원의 30% 이상을 차지하는 심각한 수준의 초고령사회를 맞이할 것으로 본다.

표 3-10 고령층 인구 비중 변동 추이(단위 : 천명, %)

구분	총인구	65세이상(%)	65~69세(%)	70~74세(%)	75세 이상(%)
2000	47,008(100.0)	3,394(7.2)	1,381(2.9)	922(2.0)	1,091(2.3)
2010	49,554(100.0)	5,366(10.8)	1,878(3.8)	1,540(3.1)	1,948(3.9)
2020	51,836(100.0)	8,151(15.7)	2,662(5.1)	1,990(3.8)	3,499(6.8)
2023	51,558(100.0)	9,499(18.4)	3,274(6.3)	2,240(4.3)	3,986(7.7)
2025	51,447(100.0)	10,585(20.6)	3,685(7.2)	2,533(4.9)	4,367(8.5)
2030	51,199(100.0)	13,056(25.5)	4,027(7.9)	3,532(6.9)	5,497(10.7)
2040	50,193(100.0)	17,244(34.4)	4,172(8.3)	3,980(7.9)	9,093(18.1)
2060	42,617(100.0)	18,682(43.8)	3,500(8.2)	3,099(7.3)	12,084(28.4)
2070	37,655(100.0)	17,472(46.4)	2,614(6.9)	3,288(8.7)	11,571(30.7)

※ 자료 : 통계청(2023; 2023b).

즉, 향후 한국 사회의 인구 구조는 <그림3-7>과 같이 극심한 형태의 「역삼각형」의 모습으로 전환될 것으로 평가된다. 한국의 경우, 1965년경에는 20대 이하의 유·소년층의 인구 규모가 전체 국민 대비 상대적으로 많은 하변 구조가 매우 넓은 「두터운 삼각형 구조」를 나타냈었다.

하지만, 시간이 흐르면서 차츰 4~50대가 증가하여 2015년경에는 중간층이 두터운 「항아리형 구조」로 변화하여 갔고, 이후 시간이 흐르면서 점차적으로 60세 이상이 두터워지면서 「역삼각형 구조」로 변화되어 가고 있다.

이와 같은 현상은 이후 시간이 흐르면서 그 속도를 더하여, 2070년경에는 인구 구조의 상층부가 매우 두터운 심각한 수준의 소위 「역피라미드 인구 구조」로 급속히 전환될 것으로 전망된다.

한편, 한국 사회의 경우, 이와 같은 고령화 및 고령인구의 급증 현상은 2025년과 2035년을 전후하여 더욱 부각될 것으로 본다. 어떤 의미에서는 이 시점보다 5년 빠른 2020년 및 2030년 전후가 사회적으로 더욱 의미 있는 시점이 될 수 있을 것으로 본다.

이와 같은 시각의 배경에는 소위 , 한국 사회의 베이비붐 제1세대로 지칭되는 1955~1964년생(그 중심에 1960년생) 그룹과 관계가 있을 것이다. 동 그룹은 약 1,644만 명으로써 한국 총인구 대비 약 32.5%에 달하는데, 이들 그룹이 노년층으로 진입하게 되는 시점이 빠르게는 2020년부터이며, 2025년에 65세, 2035년에 75세에 이르게 된다.

따라서 한국 사회는 이와 같은 시점을 전후하여 고령화 및 이를 둘러싼 노인문제가 사회적 현안 과제로 더욱 부각될 것으로 본다. 이에 대한 중장기적 차원의 대책 마련이 한국 사회의 핵심적 현안 과제가 될 것으로 본다.

그림 3-7 한국사회 인구구조 변동 및 역피라미드화

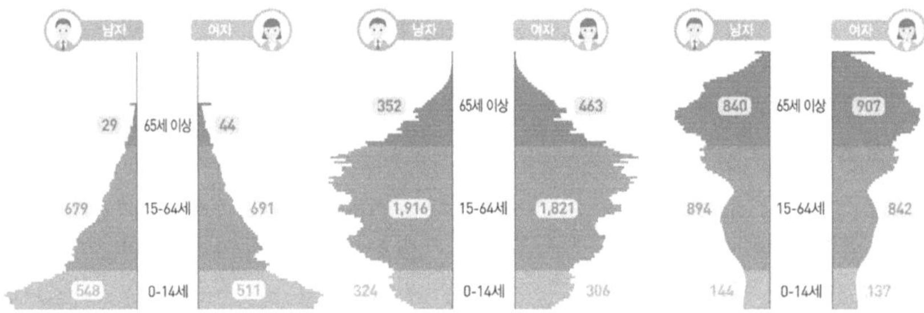

(1960년) (2020년) (2070년)

※ 자료 : 통계청(2023; 2023b).

V. 사회적 안전관리비용 확대 지향적 인구 구조

1. 개 관

2000년 이후 한국 사회가 직면하고 있는 중요한 현안 과제의 하나는 인구구조의 급변과 이에 따른 중·장기적 차원의 정책적 대안 모색으로 볼 수 있다.

앞에서도 살펴보았듯이, 한국 사회는 세계적으로 유례를 찾아보기 어려운 모습의 빠른 초저출산과 출생아동수의 급감, 급진적 고령화와 이에 따른 고령층의 급증, 특히 후기 고령층의 급증, 총인구 감소 등이 동시·병행적으로 진행됨으로써 한국 사회는 마침내 심각한 수준의 역삼각형 또는 역피라미드적 인구 구조를 맞이하게 될 것으로 전망된다.

그런데, 이와 같은 현상과 관련하여 새롭게 주목되는 부분의 하나는 후기 고령층의 급증에 따른 사회적 역기능의 일환으로써, 한국 사회는 상대적으로 높은 유병율(有病率)과 이에 따른 사망위험성이 증가하는 사회적 현상을 맞을 수도 있다는 것이다.

즉, 조만간 조사망율(粗死亡率, crude death rate)[3]이 증가하는 사회로 진입할 수 있다는 것이다(통계청, 2022; 2022a).

이와 관련하여, 2011년을 기준으로, 이후에 진행되고 있는 조사망률의 변동 추이를 살펴보면 <표3-11>과 같다. 즉, 2011년 현재 인구 1000명당 조사망률이 약 5.1명으로 나타나고 있지만, 이후 지속적인 증가 추세를 보여 2015년에는 약 5.4명, 2020년에는 5.9명으로 나타나고 있으며, 이후 급속한 증가 추세를 보여 2021년에는 약 6.2명, 2022년에는 약 7.3명으로까지 전망되고 있다(통계청, 2022a, 인구동향조사).

한국 사회에 있어서 2020년을 기점으로 조사망률이 급증하는 배경에 대해서는 의학적 차원은 물론, 사회·심리적 차원에서도 깊은 연구가 더 필요할 것으로 본다.

이와 관련하여 지금까지의 진행된 논의에 의거하여 잠정적으로 추론하여 보면, 2020년 이후의 현상에는 베이비붐 1세대로 지칭되는 소위 '1958~1960년생들'의 고령사회로의 대대적인 진입 및 이에 따른 여파가 상당 부분 잠재되어 있을 것으로 본다.[4]

한편, 출생아동수의 급감, 이에 따른 생산가능연령층의 지속적인 감소, 국민의 평균수명의 신상, 후기 고령층의 급증, 인구 규모의 지속적인 감소, 사망자의 급증 등이 동시·다발적으로 나타나고 있는 한국 사회의 인구 구조를 고려할 때, 향후 한국 사회의 지속가능한 성장동력원의 확대를 위한 사회안전망의 구축·유지·관리를 위한 비용 투입이 증가할 것으로 본다.

---

3) 조사망율이란 분모를 1년의 중앙 시점(7월 1일)의 추정인구로 하여 계산되는 사망률로서, 보통 인구 1000에 대한 사망률로 나타낸다. 즉, 사망 수준을 나타내는 가장 기본적인 지표로써 연간 총사망자 수를 해당 연도의 연앙인구(年央人口)로 나눈 수치를 1,000분비로 나타낸 비율이다. 즉, 조사망률 = (특정 1년간의 총사망자수)/(당해 연도 연앙인구) × 1,000

4) 이와 같은 주장의 근거는 지금까지의 논의 및 관련 내용으로부터 추론될 수 있을 것이다.

즉, 지금과 같은 모습의 인구 구조가 지속될 경우, 사회적 성장동력원의 확대재생산을 위해서는 부가적 차원의 재정투입의 필요성이 증대하게 될 것으로 지적된다. 즉, 사회적 안전관리를 위한 재정 투입의 증대 필요성이 증가 할 것으로 본다.

이와 같은 입장에서, 이하에서는 관련 내용을 개괄적 수준에서 간단히 살펴보기로 한다.

표 3-11 인구 조사망률 변동 추이(2011~2022년까지)

구분	2011	2015	2018	2020	2021	2022
조사망률	5.1	5.4	5.8	5.9	6.2	7.3

※ 자료 : 통계청(2022; 2022a).

2. 생산가능인구, 특히 핵심생산가능인구의 감소

한국 사회의 경우, 총 인구의 감소와 관련하여 특히 주목되는 부분의 하나는 생산가능연령층(15~64세)의 급속한 감소 현상이다. 한국 사회에 있어서 인구 구조의 변동 추이를 연령대별로 살펴보면 <표3-12>와 같다. 동 자료에 따르면, 2020년 현재, 0~14세의 유소년인구는 전체 인구의 12.2%에 해당하는 631만 명이며, 15~64세의 생산가능인구는 72.1%인 3,738만 명, 그리고 65세 이상의 고령자는 15.7%인 815만 명으로 나타나고 있다.

한편, 동 자료에는 직접 나타나고 있지 않지만, 생산가능인구수는 2016년의 3,763만 명을 정점으로, 이후 점차적으로 감소하는 것으로 알려져 있다. 그리하여 2040년경에는 2,852만 명으로 전체 국민 대비 약 56.8%, 2050년경에는 2,419만 명으로 전체 국민 대비 51.1%까지 축소될 것으로 전망된다.

따라서 생산가능인구의 경우, 2050년경에는 2010년 대비 약 1,202만 명, 즉 2020년 현제 경기도 총인구에 준하는 규모의 생산가능인구의 감소를 경험하게 될 것으로 예상된다. 이와 같은 생산가능인구의 급감 현상은 소위 한국 사회에 있어서 「인구 절벽기」로 알려졌던 2020년을 전후하여 본격적으로 나타났다. 이와 같은 현상의 이면에는 앞에서 살펴보았던 「베이비붐 제1세대」의 고령사회로의 진입과 깊은 관계가 있을 것으로 본다.

한국 사회는 2020년 이후 본격적으로 시작되는 생산가능연령층의 급속한 감소에 더하여, 저출산·고령화의 여파가 빠르게 진행됨으로 인하여, 사회의 잠재적 안전위험성 역시 증가할 것으로 전망된다. 따라서 이에 대한 안정적 관리 차원에서 사회안전관리비용의 증가 역시 충분히 예측된다.

한국 사회는 생산가능인구의 증가에 기초하여 책정·시행되어왔던 소위 「인구 보너스」적 국가성장모델을 그 동안 유지하여 왔지만, 이제는 인구감소, 특히 생산가능인구의 감소를 고려한 「인구 오너스」적 국가발전모델이 요구되는 시점에 들어서고 있다, 따라서 한국 사회는 향후 지속가능한 사회발전동력원의 확대재생산과 관련된 사회안전 관리비용이 증가할 가능성이 높아지게 되었다.

표 3-12 1960~2050년까지의 인구구성(단위 : 만 명, %)

구분	'60	'70	'80	'90	'00	'10	'20	'30	'40	'50
총인구	2501	3224	3812	4287	4701	4955	5184	5120	5019	4736
0-14세	1059	1371	1295	1097	991	798	631	433	443	417
15-64세	1370	1754	2372	2970	3370	3621	3738	3381	2852	2419
65세이상	73	99	146	220	339	537	815	1306	1725	1900
0-14세(%)	42.3	42.5	34.0	25.6	21.1	16.1	12.2	8.5	8.8	8.8
15-64세(%)	54.8	54.4	62.2	69.3	71.7	73.1	72.1	66.0	56.8	51.1
65세이상(%)	2.9	3.1	3.8	5.1	7.2	10.8	15.7	25.5	34.4	40.1

※ 자료 : 통계청(2022).

한편, 생산가능연령층의 감소와 관련하여 다시 주목하게 되는 부분의 하나는 생산가능연령층 중에서도 생산 활동과 관련하여 가장 핵심적인 역할을 담당하는 연령층, 즉 25~49세의 장·중년층의 감소 현상이 나타나고 있다.

즉, <표3-13>에서도 제시하고 있듯이 당해 연령층의 경우, 2000년 전후하여 전국민 대비 42~3%를 전후하여 정점을 보인 이후, 지속적인 감소 추세를 보여, 2060년경에는 2000년 대비하여 약 절반 수준의 전국민 대비 약 21.5%로 전망된다.

이와 같은 현황을 인원수로써 표시하게 되면, 2000년의 1천 982만 명에서 2060년에는 9백 15만 명으로써, 동 기간에 약 1천 1만 명 규모의 핵심생산가능인구의 감소가 예상된다.

표 3-13 생산연령인구(15~64세) 변동추이(1960~2060년, 단위, 만 명, %)

구분	'60	'80	'00	'10	'20	'30	'40	'60
15~64세 (%)	13,70 (54.8)	23,72 (62.2)	33,70 (71.8)	36,21 (73.1)	37,38 (72.1)	33,81 (66.1)	28,52 (56.8)	20,66 (48.5)
15－24세 (%)	4,74 (19)	8,61 (22.6)	7,70 (16.4)	6,57 (13.3)	5,91 (11.4)	4,65 (9.1)	3,12 (6.2)	3,04 (7.1)
25－49세 (%)	6,96 (27.8)	11,81 (31)	19,82 (42.2)	20,68 (41.7)	19,08 (36.8)	16,79 (32.8)	14,56 (29)	9,15 (21.5)
50－64세 (%)	1,99 (8)	3,29 (8.6)	6,19 (13.2)	8,96 (18.1)	12,39 (23.9)	12,38 (24.2)	10,84 (21.6)	8,48 (19.9)

※ 자료 : 통계청(2023b). 인구관련자료 재편집

이와 같은 핵심생산가능 연령층의 급감은 산업 현장을 넘어서서 지속가능한 한국 사회의 건설을 위한 새로운 형태의 「국가운영 패러다임의 재설계 요청」으로 연계될 수 있을 것이다.

즉, 한국 사회는 그 동안의 빠른 저출산 · 고령화에 더하여 총인구 및 생산가능인구, 특히 핵심생산가능인구의 축소로 인하여, 기존의 인구 보너스(특히, 핵심생산인력을 대상으로)적 시각 및 접근의 사회운영시스템은 한계를 나타내고 있다.

이와 같은 모습은 산업 현장을 중심으로 보다 일찍부터 인식되어 왔다. 예컨대, 출산율의 저하에 따른 노동 시장에 진입하는 노동 인력의 감소에 더하여, 생산가능인력의 평균 연령이 증가하는 소위 노동력의 고령화 경향은 벌써부터 확인되어왔다.

예컨대, 노동 인력의 평균 연령을 살펴보면 2015년의 40.3세, 2022년에는 46.8세, 2030년에는 마침내 50세를 넘어서고, 2050년경에는 53.7세까지 증가할 것으로 전망하고 있다. 이와 같은 수치는 OECD 회원국의 평균치 43.8세보다도 약 9.9세가 많은 것으로 지적된다(뉴데일리경제, 2023. 01. 20; 대한상공회의소, 2023.07.20.).

이상과 같은 현상이 지속될 경우, 우선 고려할 수 있는 것은 핵심생산가능 인력계층의 인구 감소에 따른 노동력의 급감, 평균 취업 인력의 연령대 상승에 따른 노동생산성의 저하, 구매력 위축과 이에 따른 투자 감소 등이 악순환적으로 반복되면서, 종국에는 한국 사회의 지속가능한 자기성장 동력원의 확대·강화에 부정적 영향을 미치게 될 것으로 볼 수 있다.

따라서 이와 같이 급격히 감소하여 가고 있는 핵심생산가능 인구 및 그에 따른 사회적 역기능을 보완하고, 지속가능한 사회기반의 확대 차원에서, 사회안전망의 확대 재생산을 위한 관련 투자는 급증할 수 밖에 없을 것으로 본다.

3. 사회보장비의 증가와 국가재정

일반적으로 고령화에 따른 고령층의 규모 증가는 이와 관련된 당사자, 예컨대 국가 및 부양자의 사회보장비 부담이 증가할 것으로 지적된다. 한국의 경우, 이와 관련하여 특히 주목하게 되는 부분은 저출산에 따른 생산가능인구의 급속한 감소에 따른 영향이다.

한국 사회의 경우, 고령층의 규모 증가에 따른 사회보장비의 확대에도 불구하고, 사회보장비의 상당 부문(예, 각종 연금이나 보험료 등에 대한 일부)을 부담할 후속 세대, 특히 생산가능인구의 급감으로 인하여 이들의 잠재적 부담이 크게 늘어나고 있다.

따라서 지금과 같은 흐름이 지속될 경우, 현행 사회보장체제는 큰 한계를 맞이할 것으로 본다. 예컨대, 국민연금제도는 2044년을 전후하여 수지 적자가 발생하기 시작하며, 2060년에는 적립기금이 일부 소진하는 모습을 보일 것으로 지적된다. 국민건강보험제도 역시 현재와 같은 모습으로는 2025년을 전후하여 적립기금의 고갈 현상이 일부 나타나기 시작할 것으로 지적된다(보건복지부, 2015).

한편, 저출산·고령화에 따른 고령층의 급증 및 생산가능인구의 감소에 따른 사회보장비의 증대 및 이에 대한 대응과 관련하여, 이를 국가 재정운영과 연계하여 살펴보면, 결국은 사회복지재정의 확대를 예상할 수 있을 것이다. 따라서 이와 같은 현상이 지속될 경우, 결국은 국가의 재정 확대에 따른 재정운용상의 부작용이 나타나게 될 것이다.

예컨대, <표3-14>에서도 나타내고 있듯이, 한국의 경우 2000년대 초반기까지만 하여도 사회보장비의 규모는 GDP(국내총생산액) 대비 6% 수준에 머물렀지만, 2010년대를 넘어서면서 10% 수준으로 늘어났고, 2040년대에는 약 22.6% 수준으로까지 상승하여, 마침내 서구 사회에 근접할 것으로 지적된다.

표 3-14 GDP 대비 사회보장지출비 비중(%)

구분	1980	1990	2000	2005	2010	2011	2020	2040	2060
스웨덴	26.0	28.5	28.2	28.7	27.9	27.2	–	–	–
덴마크	24.4	25.0	26.0	27.3	29.9	30.1	–	–	–
프랑스	20.6	24.9	28.4	29.6	31.7	31.4	–	–	–
독일	21.8	21.4	26.2	27.0	26.8	25.5	–	–	–
영국	16.3	16.3	18.4	20.2	22.8	22.7	–	–	–
미국	12.8	13.1	14.2	15.5	19.3	19.0	–	–	–
일본	10.3	11.1	16.3	18.4	22.1	23.1	–	–	–
한국	–	2.8	4.8	6.5	9.0	9.0	12.9	22.6	29.0
OECD	15.4	17.5	18.6	19.4	21.7	21.4	–	–	–

※ 자료 : OECD STAT, 2015.10월 기준; 보건복지부, 2014. 01월.

그런데, 한국 사회의 경우, 이와 같은 20% 수준을 유지할 경우, 국가 재정의 효율적 운영과 관련하여 많은 애로 사항이 나타날 수 있을 것으로 전망된다.

예컨데, 지금까지의 경험에 비추어 보면, 한국 정부의 예산 규모는 GDP 대비 약 30% 수준을 보여 왔다. 따라서 만약 사회보장비가 GDP 대비 약 20% 수준을 넘어서게 될 경우, 기존의 방식에 따르면 사회보장비의 비중이 정부예산의 약 60% 수준에 달할 것으로 예상된다.

한국의 경우, OECD 회원국과는 달리 국방비가 국가재정에서 상당한 비중을 차지하고 있으며, 이에 대한 필요성은 증가될 가능성이 높다.[5] 이와 같은 이유로 인하여, 인구 구조의 변동에 따른 사회안정 지향적 재정확대와 관련하여 상당한 수준의 재정적 제약도 예상된다.

따라서 한국 사회는 이와 같은 상황에 효과적으로 대처할 수 있는 보다 세밀한 접근이 필요할 것으로 본다.

이와 같은 차원에서 향후 고려하여 볼 수 있는 시책의 하나가 국방의무 수행자, 즉 병사의 전문 직업화를 고려하여 볼 수도 있을 것이다.

예컨대, 병사의 전문 직업화는 국방 및 병력의 직업화, 병력직의 전문성 제고, 청·장년층을 대상으로 한 병력직업화를 통한 복지시책 확대, 감소하는 군무인력에 대한 지속가능한 인적 자원 확보, 청년층의 자기계발 기회 확대 등으로 연계되어, 종국에는 사회보장과 관련된 국가재정부담의 경감에도 기여할 수 있을 것으로 본다.

4. 생산가능인구의 총부양비 부담 증가

일반적으로 총부양비란 「근로연령인구, 즉 생산연령인구(15~64세)에 대비 비생산연령인구(0~14세 및 65세 이상자)의 상대 비율」을 의미한다. 이때, 총부양비는 다시 유년부양비(0~14세 인구/15~64세 인구)×100 및 노년부양비(65세 이상 인구/15~64세 인구)×100로 재구분할 수 있다.

따라서 총부양비는 유년부양비와 노년부양비를 합한 것으로써, 근로연령인구가 부양해야 할 비생산 연령인구의 규모를 파악하는데 도움을 준다.

한국 사회에 있어서 생산가능인구 100명당 부양하여야 할 인구 규모의 변동 추이를 살펴보면 다음과 같다.

먼저 1965년에는 유소년층의 상대적 증가로 총부양비가 약 88.3명로 나타났다. 하지만 이후부터는 합계출산율의 저하 및 출생아동수의 감소 등으로 2015년에는 36.2명으로까지 줄어들었다.

그런데, 이후 고령층의 급증으로 총부양비는 증가하기 시작하여 2035년에는 66.8명, 2055년에는 94.2명, 그리고 2065년에는 108.7명을 초과할 것으로 전망

5) 2022년 한국의 명목GDP는 2161조 7739억 원, 국방비는 54조 6112억 원으로써, GDP 대비 2.52% 수준임

된다.

한편, 빠른 고령화로 인하여 고령화지수 역시 빠르게 높아져 갔다. 예컨대 2015년을 전후하여 고령화지수가 100.0(0~14세까지의 인구 규모와 65세 이상의 고령층의 인구 규모가 동일한 규모임을 의미)을 넘어선 이후, 지속적인 증가 추세를 보여, 2065년에는 442.3까지 오를 것으로 전망된다. 이는 65세 이상의 고령자가 유소년층(0~14세)의 4배 규모를 넘어서게 됨을 의미한다.

여기에 더하여 2065년경에는 총부양비가 108.7명에 달하여, 생산연령인구 100명이 부양할 피부양인구가 100명을 넘어설 것으로 볼 수 있다. 이와 같은 경우, 생산가능인구의 부양 부담은 크게 증대할 것으로 본다(표3-15).

이와 같은 흐름에 비추어 볼 때, 향후 한국 사회는 지속가능한 사회성장기반의 확충 등과 연계되어, 사회안전관리 지향적 투자 및 비용의 증대가 급증하게 될 것으로 전망된다. 이와 같은 차원의 정부재정지출의 확대를 둘러싸고 많은 논란이 나타날 거으로 전망된다.

표 3-15 부양비 및 노령화지수(1965~2065년)

구분	1965	1975	1985	1995	2005	2015	2025	2035	2045	2055	2065
총부양비	88.3	72.5	52.5	41.4	39.1	36.2	47.1	66.8	84.2	94.2	108.7
유소년부양비	82.5	66.6	46.0	33.0	26.6	18.8	17.8	18.9	18.6	18.2	20.0
노년부양비	5.8	6.0	6.5	8.3	12.5	17.5	29.4	47.9	65.6	76.1	88.6
노령화지수	7.0	8.9	14.2	25.2	46.8	93.1	165.6	253.7	352.7	418.8	442.3

※ 자료 : 통계청(2022).

제 3 절

고령사회 한국의 노인복지

I. 노인문제 접근 방법

고령사회에 있어서 특정 국가의 인구학적 특징에 대한 논의나 설명은 다양할 수 가 있겠지만, 여기서는 주로 빠른 고령화, 고령층 및 후기 고령층의 증대, 인구 규모의 축소 등을 중심으로 이를 살펴보았다,

물론, 이와 같은 양상은 OECD 국가, 특히 한국과 일본 등에서 매우 뚜렷하게 나타나고 있는 현상이라는 점에 대해서도 지적되었다. 나아가서 이와 같은 노인문제는 OECD 회원국, 특히 한국 사회에 있어서 향후 국가적 현안 과제가 될 수 있음에 대해서도 지적하였다.

따라서 고령시대에 있어서의 노인문제에 대한 보다 체계적인 이해를 위하여, 이와 같은 노인문제의 발생 배경에 대한 이론적 접근과 함께, 특히 한국의 고령사회에서 부각되고 있는 주요한 노인문제를 간단히 살펴보기로 한다.

고령사회로 대변되는 현대사회의 노인 문제의 발생 배경에 대한 이론적 접근과 논의는 다양하다. 예컨대, 기능주의적 접근을 비롯하여 갈등주의, 상호작용주의, 교환주의, 현대화론적 접근과 관련 내용 등이 이를 상징한다(최일섭·최재성, 1996; 박차상 외 5인, 2008; 현외성, 2010). 이와 같은 접근과 관련 내용 등은 고령시대의 노인문제를 이해하고 설명하는데 있어서 나름대로의 장·단점을 가지고 있다.

하지만, 여기서는 주로 한국 사회가 경험하고 있는 빠른 고령화, 정보화, 도시화, 그에 따른 고령층의 부적응 및 사회적 격차와 같은 현상에 초점을 두고서 노인문제를 바라보고자 한다는 입장에서 「현대화이론」(modernization theory)을 배경으로, 한국 사회의 노인문제의 발생 배경 및 주요 현안 과제를 간단히 살펴보기로 한다(최일섭·최재성, 1996; Cowgill & Homes, 1972).

현대화이론에 따른 사회의 변화, 즉 사회의 현대화란 기본적으로 보건·의료기술의 발달, 생산기술의 발전, 대중교육의 확대 및 도시화 등으로 인하여 나

타나는 사회 전반에 걸쳐 진행되는 발전적 차원의 변화 양상을 의미한다.

따라서 현대화이론에 따르면 노인문제는 이와 같은 사회적 변화·발전에 즈음하여, 일련의 사회적 요인들이 서로 결합하고 작동하는 과정에서 노인들의 사회적 지위를 상대적으로 약화시키거나 또는 변화 과정에 부적응함으로 인하여 새로운 형태의 노인문제가 나타나게 된다는 입장을 취하고 있다.

예를 들면, 급변하는 생산 및 관리기술의 발달이나 급속한 도시화 등으로 인하여, 노인의 사회적 지위 또는 사회 적응은 상대적으로 하락하거나 약화되고, 이와 같은 현상은 결국에는 노인의 역할 상실, 수입 감소, 경제적 의존성 증대, 자신의 건강 보호의 어려움 및 사회적 소외·고립 등과 같은 다양한 형태의 노인문제로 나타나게 된다는 것이다.

한국 사회의 경우, 급속한 고령화와 빠르게 진행되고 있는 도시화와 정보화 등을 고려할 때, 이와 같은 현대화이론은 한국 사회의 노인문제의 발생 배경 및 현주소, 나아가서 이에 대한 대안 모색 등과 관련하여 많은 시사점을 제시할 수 있을 것으로 본다.

한편, 구체적이며 실천적 차원에서 바라보는 한국 사회의 노인문제 또는 노인과제는 매우 다양할 수 있다. 예컨대 박차상 등은(2008)은 크게 빈곤과 부양문제, 질병과 보호문제, 역할 상실과 여가 문제, 심리·사회적 소외와 고립문제, 성과 재혼문제 등을 제시하고 있고, 현외성(2010)은 빈곤문제와 소득보장, 질병과 보건의료의 보장, 역할상실과 고독, 주거문제와 주거보장, 노인학대, 노후의 삶의 보람과 노인문화 증진 미흡 등을 제시하고 있다. 그 외에도 빠른 고령화, 노년부양비의 증가, 노인의 경제적 문제, 노인의 건강 문제(윤철수 외 8인, 2008) 등도 지적되고 있다.

한편, 이와 같은 다양한 형태의 노인문제의 발생의 배경에는 현대화이론의 주장과 상당 수준 맥락을 같이하고 있겠지만, 일부 내용은 한국 사회에 내재되어 있는 전통적 특성과도 일부 연관되어 있을 것으로 볼 수도 있을 것이다.

이와 같은 차원에서 이하에서는 노인문제와 관련하여 한국의 고령사회가 앉고 있는 「근본적 현안과제」와 함께 새롭게 부각되는 실질적 차원의 「주요 현안과제」로 구분, 이를 살펴보기로 한다. 본 저서는 이와 같은 과제가 저술의 주된 주제가 아니기 때문에 지금까지의 내용 전개에 불편을 주는 않은 범위 내에서 관련 내용을 간단히 살펴보기로 한다.

Ⅱ. 근본적 현안 과제

고령사회로의 전환에 즈음하여 한국 사회가 직면하고 있는 노인문제, 특히 현실적·실천적 차원에서 직면하고 있는 현안 과제에 대한 입장의 다양성은 앞에서 이미 지적하였다. 여기서는 이와 같은 다양성을 바탕으로 한 위에, 고령사회에 즈음하여 한국 사회가 앉고 있는 보다 근본적·근원적 차원의 노인문제를 살펴보기로 한다.

한국 사회의 경우, 그 동안 소위 압축경제성장과 민주화로 대변되는 사회변화가 매우 짧은 기간 동안에 이루어져왔다. 그와 같은 과정에서 영양체제의 개선, 공중보건·의료체제의 정비 등을 비롯하여 각종 사회 인프라가 정비되면서 국민의 평균 수명 역시 크게 늘어나게 되었고, 마침내 고령사회로 진입하게 되었다.

그런데, 매우 빠른 속도의 사회변화에 즈음하여, 경제적 차원의 발전에 비하여 소위 휴먼서비스(human services)를 비롯한 인간복지, 특히 고령자 복지체제의 정비는 상대적으로 지체되는 모습을 보였다. 이를 대변하여 주는 것이 OECD 회원국에 비하여 상대적으로 늦게 시행된 국민연금제도이었다(국민연금제도에 대해서는 관련 부분에서 다루고 있음).

한편, 한국 사회는 그 동안에 매우 빠른 속도의 평균수명의 신장을 경험하여왔다. 예컨대, 앞에서 인용되었던 「<표2-5> 한국인의 기대수명(1970~2021년까지」에서도 제시하고 있듯이, 한국인의 평균수명은 1970년의 61.3세에서 2021년에는 83.6세로써, 세계 최장수 국가의 일원이 되었다.

이와 관련하여, 그 동안 정부는 국민건강보험제도 등의 정비를 통하여, 고령자를 비롯하여 국민건강증진을 위한 많은 노력을 기울여 왔음에도 불구하고, 고령자의 입장에서 보면 크게 늘어난 오랜 노후생활과 이에 따른 건강문제에 대하여 많은 신경을 써는 것도 사실이다.

이와 같은 경향을 상당 수준 대변하여 주는 것이 <표3-16>과 같은 조사연구의 결과이다. 본 조사는 고령층이 겪고 있는 어려운 점에 대한 인식 조사로써, 고령사회에 즈음한 한국 사회의 고령층이 인식하고 있는 핵심적 노인문제를 이해하는데 도움을 주고 있다.[1]

표 3-16 한국사회의 노인문제 현황

지역	연령/대상	노인들이 겪는 가장 어려운 문제					
	60세 이상 가구원	경제적인 어려움	직업이 없거나 고용이 불안정	소일거리 없음	건강문제	외로움/소외감	가족으로부터 푸대접
전국	계	40.1	3.8	5.3	40.7	3.2	0.3
	남자	41.8	6.1	6.2	34.7	2.6	0.3
	여자	38.9	2.0	4.6	45.2	3.6	0.3

※ 자료 : 통계청(2007).

본 조사결과에 따르면 노인들이 겪고 있는 가장 큰 어려운 과제은 크게 2가지, 즉 경제적 문제(40.1%)와 건강문제(40.7%)로 나타났다. 그 외에 '직업이 없거나 고용 불안정'(3.8%), '외롭고 소외감을 느낌'(3.2%), '가족으로부터의 푸대접을 받음'(0.3%) 등이 있지만, 경제적 문제나 건강문제에 비하여 응답 비율은 매우 낮게 나타나고 있다.

따라서 위에서 살펴보았던 여러 학자들의 견해 및 실증조사의 결과에 기초하여 볼 때, 고령시대에 즈음하여 한국 사회가 직면하고 있는 노인문제는 크게 「2대 근본 과제」와 기타 다양한 형태의「실천적 현안과제」으로 재구분할 수 있을 것으로 본다. 따라서 이와 같은 입장에 의거하여 이하에서는 관련 내용을 간단히 살펴보기로 한다.

이때 「2대 근본 과제」로는 '노인의 소득·경제 문제'와 '노인건강 문제'가, 그리고 「실천적 현안과제」에는 소외감, 인권, 가족관계 등과 같은 사회복지실천 영역에 따른 다양한 형태의 과제들이 포함될 수 있을 것인데, 여기서는 제한된 범위 내에서 관련 내용을 간단히 살펴보기로 한다.

한편, 고령시대에 즈음하여 급증하고 있는 노인의 장기돌봄(요양)수요 및 관련 제도, 예컨대 노인장기요양보험제도에 대해서는 여기서는 개괄적 수준에서 이를 간단히 소개하고, 보다 자세한 내용은 한국의 장기요양보험제도에서 다루기로 한다.

1) 조사내용이 시간적으로 조금 지난 것이기는 하여도, 방향성을 이해하는데 유의미한 것으로 보고 인용하였음.

1. 경제 및 소득보장

노령층이 겪고 있는 경제적 과제는 소득보장과 직결되는 것으로써, 이와 연관되어 나타나는 부가적 과제는 사실상 고령층의 일상생활의 전반에 걸쳐 나타난다. 예컨대, 낮은 소득 수준으로 경제적 어려움을 겪게 되면, 고령층의 의식주의 전반에 걸쳐 악영향을 미치게 되며, 부양문제로까지 연계되어 자녀와의 관계에까지 악영향을 미치게 된다.

한국 사회에 있어서 노년층이 겪고 있는 가장 핵심적인 현안 과제의 하나는 노년층의 경제적 능력 저하, 열악한 수준의 소득보장이다. 즉, 한국 사회의 경우, 노인문제와 관련하여 가장 큰 주목을 받고 있는 부분의 하나가 이미 살펴보았던 급속한 고령화와 후기 고령층의 급증에 더하여, 매우 높은 수준의 노인 빈곤율이다.

한국 사회의 노인 빈곤율은 <그림3-8>과 같이 OECD 국가 중에서도 압도적 1위를 나타내고 있다.

통계청의 자료에 따르면, 2021년 현재 66세 이상의 은퇴 연령층의 상대빈곤율은 39.3%로서(통계청, 2023c), OECD 회원국 중에서 가장 높게 나타나고 있다.

이를 2020년 기준으로 국제적 차원에서 비교하여 보면, 한국 40.4%, 호주 22.6%, 미국 21%, 뉴질랜드 16.8%, 영국 13.1%로써 타 국가들과의 비교 자체에 무리를 느낄 정도이다.[2)]

그런데, 이와 관련하여 더욱 놀라운 사실은 토지나 아파트와 같은 부동산을 개인소득에 포함시켜도 한국의 노인빈곤율은 미국, 영국, 독일 등의 주요 8개 국가 중에서 가장 높게 나타나고 있다는 것이다.

예컨대, 고령층의 소득과 자산 모두를 포함시켜 산출하는 소위 '연금화 방식'으로도 한국의 노인빈곤율은 26.7%로써 독일 10.7%, 미국 9%, 호주 7%, 이탈리아 7.3% 등과는 비교하기 어려울 정도로 높게 나타나고 있다(이승희, 2023).

2) 상대빈곤율은 중위소득의 50%(빈곤선) 이하인 인구가 차지하는 비중을 나타낸다.

그림 3-8 OECD 주요국가 은퇴연령층의 상대빈곤율(2020년)

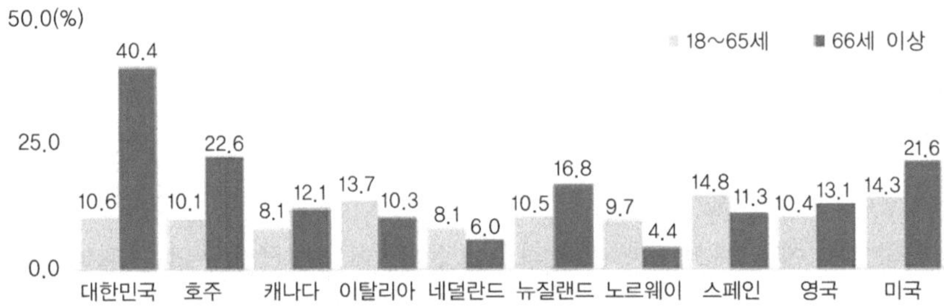

※ 자료 : 통계청(2023c).

한편, 한국 사회는 국민연금법(제정 1986년, 시행 1988. 01. 01)의 제정 및 시행을 통하여 고령층의 소득보장에 기여하고 있다. 이와 같은 국민연금제도의 시행으로 65세 이상 고령층의 공적 연금수급률은 매년 조금씩 개선되고 있다.

예컨대, <표3-17>과 같이 2022년 현재 전체 고령자의 57.6%가 이와 같은 공적 연금을 받고 있다. 이와 관련, 고령층을 연령대별로 다시 구분하여 보면 65~69세가 66.1%로써 가장 높고, 이어서 70~74세 61.4%, 75~79세 61.4%, 80세 이상이 39.1%로 나타나고 있다.

이때, 공적 연금의 구성 형태를 다시 살펴보면, 국민연금이 압도적 비중을 차지하고 있다. 예컨대, 2022년 현재 공적 연금 중에서 국민연금이 89.5%로써 압도적 우위를 차지하고 있으며, 이어서 공무원연금 7.8%, 사학연금 1.4%, 군인연금 1.3%로 나타나고 있다. 따라서 고령층 일반인을 대상으로 한 가장 보편적인 노후 소득보장 연금제도는 국민연금제도로 보아도 좋을 것이다.

따라서 고령층의 안정적 소득보장을 위해서는 기본적으로 국민연금제도에 대한 개혁, 예컨대 국민연금의 소득대체율에 대한 논의 등이 필요할 것으로 본다.

한편, 소득대체율에 대한 그 동안의 논의를 보면, 40년 가입자의 급여 수준을 기준으로, 본인의 평균소득에 대비하여 급여 수준을 당초 법에서는 약 70%로 설계하였지만, 연금재정의 안정화를 위한 제1차 개혁(개정법)에서 평균소득의 60%로 조정되었고, 이후 제2차 개혁(2007. 7. 23, 개정법)을 통하여 2008년에는 평균소득의 50%, 2009년 이후부터는 매년 0.5%씩 단계적 감축하여 2028년부터는 평균소득의 40% 수준으로 규정하고 있다.[3]

표 3-17 공적연금 수급률(65세이상)(단위 : 천 명, %)

(단위: %, 천 명)

	공적연금 수급률[1]	공적연금 수급자 수[2]	국민연금	구성비	공무원연금	구성비	사학연금	구성비	군인연금	구성비
2017	46.9	3,313.6	2,936.7	88.6	279.5	8.4	42.5	1.3	54.9	1.7
2018	48.7	3,584.9	3,180.0	88.7	300.0	8.4	47.1	1.3	57.7	1.6
2019	50.9	3,914.5	3,478.6	88.9	323.4	8.3	52.3	1.3	60.1	1.5
2020	52.9	4,315.0	3,842.2	89.0	351.9	8.2	58.7	1.4	62.2	1.4
2021	55.1	4,723.4	4,215.0	89.2	379.0	8.0	65.0	1.4	64.3	1.4
2022	**57.6**	**5,193.2**	**4,648.3**	**89.5**	**407.2**	**7.8**	**72.2**	**1.4**	**65.5**	**1.3**
남자	77.7	3,061.1	2,604.5	85.1	286.3	9.4	125.7	4.1	44.6	1.5
여자	44.0	2,236.7	2,043.8	91.4	120.9	5.4	51.2	2.3	20.9	0.9
65~69세	66.1	2,024.9	1,832.7	90.5	141.4	7.0	35.2	1.7	15.6	0.8
70~74세	61.4	1,331.4	1,203.8	90.4	101.1	7.6	14.9	1.1	11.6	0.9
75~79세	61.4	983.4	888.5	90.4	72.1	7.3	11.0	1.1	11.8	1.2
80세 이상	39.1	855.3	723.3	84.6	92.7	10.8	13.2	1.5	26.1	3.1

※ 자료 : 통계청(2022).

한편, 2020년 현재 국민연금의 수급개시 연령은 63세이지만, 2023년부터는 65세로 연장되게 되어있다. 이와 관련하여 노동계에서는 현재 60세인 정년을 65세로 연장하는 방안을 제시한 바도 있었다.

이와 같은 주장에는 국민연금 수급개시연령과 법정 정년을 같게 하여 고령자의 소득 공백을 줄이자는 입장과 맥락을 상당 수준 같이하는 것으로 볼 수 있다. 물론, 이와 같은 주장이 수용되기 위해서는 산업계를 비롯하여 관련 업계의 의 합의가 필요할 것이다.

이와 같은 이유 등으로, 한국 사회의 고령층의 상당 규모는 노년기의 안정된 일상생활을 유지하기 위하여 자녀 등에 경제적으로 의존하는 경향이 지속되고 있으며, 나아가서 가족간의 갈등이나 학대 행위의 주요한 요인으로 작용하는 경향도 있는 것으로 지적되고 있다(조예저, 2008; 정재욱, 2010).

3) 2015년 현재 국민연금의 소득대체율은 약 46.5% 수준이다.

2. 건강문제

현대 사회에 이르러 영양체제의 개선 및 의료기술의 발달 등이 급속히 진행되면서 인간의 평균 수명은 크게 늘어났다.

그러나 이와 같은 여건 변화에도 불구하고, 노년기에 직면하게 되는 급속한 노화 현상과 이에 대한 대응 체제의 미비, 빠른 속도의 사회적 환경 변화와 이에 따른 노년층의 상대적 부적응, 이에 따른 사회적·심리적 병리 현상 등이 동시·다발적으로 나타나면서, 고령층의 건강 상태는 결코 양호한 편으로 보기 어려우며, 나아가서 노인성 질환자, 특히 만성질환자도 꾸준히 일정 비율로 나타나고 있다(임정미, 2021).

노인층의 건강 상태에 대한 어느 조사 연구에 따르면 이와 같은 경향을 더욱 잘 알 수 있다. 예컨대, 자신의 건강 상태에 대한 노인 자신의 주관적 평가에 따르면 '좋은 상태'의 응답율이 32.4%임에 비하여, '나쁜 상태'에 대한 응답율이 43.7%로써, 주관적 평가에 따르면 비교적 나쁘게 느끼고 있는 것으로 나타나고 있다(오영희, 2015).

나아가서 전체 노인의 90.9%는 한 가지 이상의 노인성 질환을 가지고 있으며, 특히 노인성 만성질환을 가진 노인은 1개 질병(17.11%) 또는 2개 이상의 질병(73.8%)을 동시에 가지고 있는 것으로 나타났다. 이와 같은 노인성 만성질병을 가진 노인이 경험하게 되는 일상생활상의 어려움을 살펴보면 노인건강과 관련된 내용들이 잘 나타나 있다.

예컨대, 만성질환을 앓고 있는 고령자의 경우, 건강 그 자체에 대한 문제는 물론이고, 여기에 더하여 일상생활을 수행함에 있어서의 어려움(43.3%), 치료비로 인한 경제적인 어려움(22.4%), 사회활동 참여에 대한 어려움(17.0%), 외로움·소외감·자존감 상실 등(5.8%), 간호와 수발에 따른 어려움(0.9%) 등을 동시에 제시하고 있다(정경희 외, 2005).

이와 같은 차원에서 볼 때, 노년층의 건강 또는 질병에 대한 대책은 보건·의료적 측면에 더하여 경제적 지원, 가사 지원, 장기요양 지원 등과 같이 다차원에 걸친 지원이 필요함을 엿 볼 수 있다.

Ⅲ. 실천적 현안 과제

위에서 살펴보았던 근본적 차원의 노인문제(핵심적 현안 과제), 즉 노득(경제) 문제 및 건강문제를 제외한 기타 관련 과제들, 예컨대 사회복지실천 현장을 중심으로 부각되고 있는 노인문제들은 매우 다양하다. 예컨대, 사회적 소외, 역할 상실, 노인 학대, 성과 재혼, 독거 노인, 노인차별주의, 노인수발, 장기요양 등이 이를 대변하여 준다.

따라서 여기서는 실천적 차원의 노인문제와 관련된 현안과제로써 다음과 같은 몇 가지에 주목하여 이를 간단히 살펴보기로 한다.

1. 역할 상실 및 소외감

급속한 사회변화에 따른 핵가족화의 확대 · 심화, 세대 간의 사고 방식 및 행동 양식의 차이 확대, 개인주의적 사고 방식의 팽배 등과 같은 현상이 심화되면서, 고령층의 심리적 고립감 및 소외감은 점점 증가하는 것으로 지적되고 있다.

여기에 더하여 고령에 따른 직장으로부터의 은퇴에 따른 역할 상실이 중첩되어 나타나면서, 고령층의 소외감 및 고독감은 더욱 가중되는 양상이다.

집안생활 역시 그와 같은 경향이 존재한다. 예컨대, 자녀들의 장성과 출가에 따른 부부만의 소위 '빈 둥지 집안'(空きの巣)과 같은 가정생활이 지속되면서, 노령층은 사회로부터의 소외감은 물론 가족으로부터의 소외감이 증폭되는 양상을 보이고 있다.

한편, 한국 사회의 노년층이 겪고 있는 이와 같은 소외감 및 고독감 등과 연계되어 나타나고 있는 사회적 역기능의 하나가 고령층의 우울증 환자 및 자살율의 증가이다.

한국 사회의 경우, 노령층의 자살률은 OECD 국가 중에서도 압도적 제1위를 보이고 있다. 예컨대, 한국 사회의 경우, 최근 5년간을 기준으로 볼 때, 65세 이상자 중에서 매년 3천명을 초과하는 규모의 자살자가 나타나고 있다. 2020년만 보아도 한해에 3,392명으로 보고되고 있다(보건복지부, 2021; 헬스조선, 2023.01.31.)

오늘날 이와 같은 노인 자살은 노인의 우울증과도 깊은 관계가 있는 것으로 알려져 있다. 따라서 노인 우울증 환자의 증가는 잠재적 차원에서의 노인 자살률의 증가를 견인할 가능성이 높은 것으로 추정할 수 있다. 최근 들어 한국사회에 있어서 노인 우울증 환자는 증가 추세에 있는 것으로 지적된다.

예컨대, 2003년 현재 노인 우울증으로 진료를 받은 60세 이상의 환자수는 11만 340명이었고, 이는 2000년의 6만 366명에 대비하여 약 82.8%가 증가한 수치에 해당된다(중앙일보, 2005.5.20; 박차상 외, 2008). 이와 같은 수치는 노인 우울증 환자의 급증을 엿보게 한다.

한편, 고독과 소외 현상 역시 한국 사회가 경험하고 있는 중요한 특징 중의 하나이다. 고독과 소외감은 특히 한국 사회의 고령층에게는 더욱 심각하게 나타나고 있는 것으로 밝혀지고 있다. 예컨대, 노년층은 빠른 속도의 사회적 변화에 대한 적응에의 많은 한계를 보이고 있으며, 여기에 더하여 은퇴나 질병 등으로 인하여 사회적 참여의 제약 및 이에 따른 역할 상실이 가중되어, 고독과 소외감을 더욱 강하게 느끼게 된다.

한편, 한국 사회에 있어서 노년층이 겪고 있는 고독과 소외감은 세대 간의 가치관의 차이로부터 나타나는 부분도 있다. 예컨대, 부모 세대는 자녀 세대에게 높은 기대감을 가지고 있지만, 자녀 세대는 그와 같은 부모 세대의 기대에 부응하지 못함으로 인하여 부모의 노년층은 자녀 세대와의 관계에서 소외감을 느끼기는 경향이 있다.

한편, 한국 사회의 경우, 매우 빠른 속도로 노인의 역할 상실이 나타나고 있는 영역의 하나가 소위 '집안의 어른'으로서의 역할이다. 전통적으로 한국의 노인은 집안의 어른으로서 집안의 대소사(大小事)에 대하여 상당한 영향력을 행사하여 왔다. 그러나 지금은 현업으로부터의 은퇴와 이에 따른 사회적 역할의 감소에 더하여 가정 내에서도 주변적 역할자로 밀려나면서 '웃어른'의 역할 기능은 크게 위축되어 가고 있다.

이와 같은 빠른 속도의 고령층의 역할 상실은 자칫 노인의 자아 개념과 사회적 정체감에 대한 상실 또는 혼란으로 연계되어, 노인들의 사회적 부적응을 가중시킬 우려도 나타나고 있기 때문에, 고령층의 역할 상실 및 소외감을 제어할 수 있는 대책 마련이 긴요할 것으로 본다.

2. 노인 학대

노인 학대는 가족 또는 타인에 의해 노인에게 신체적, 언어·정서적, 성적, 경제적으로 고통이나 장애를 주는 행위 또는 노인에게 필요한 최소한의 적절한 보호 조치를 제공하지 않는 방임, 자기 방임 및 유기적 현상을 의미한다. 이와 관련하여 노인복지법 제1조의2 제4호에서는 법률적으로 노인 학대를 다음과 같이 규정하고 있다.

즉, 노인학대란 "노인에 대하여 신체적·정서적·성적 폭력 및 경제적 착취 또는 가혹 행위를 하거나, 유기 또는 방임을 하는 것을 말한다."라고 규정 하고 있다.

한국 사회에서 노인학대가 사회적 문제로 주목받기 시작한 것은 1990년대 후반기부터로 지적된다. 한국 사회의 경우, 전통적으로 노인 학대는 일반 가정과는 거의 상관이 없는 현상으로 간주되기도 하였다. 즉, 일반적으로 노인학대는 정신적·신체적으로 의존성이 높은 취약 노인계층을 대상으로 이루어지는 특수한 현상으로써, 특정한 개별 가족의 내부 문제로 인식하는 경향이 강했다.

그러나 지금에 이르러서는 노인 학대는 피해 노인과 학대행위자 간의 병리적·개별적 특성보다는 피해 노인과 학대행위자 간에 이루어지는 가족사회 차원의 문제로 인식되기 시작하였다. 즉, 노인 학대를 노부모와 성인 자녀 간에 나타나는 부조화적 관계, 부양 스트레스, 부양불일치, 노인부양에 따른 역할 과중 등과의 관련성에서 이를 바라보게 되었다.

나아가서 최근에는 노인학대와 사회구조와의 상관관계도 일부 밝혀지면서, 노인 학대를 바라보는 시각은 한층 넓어지게 되었다. 예컨대, 노인학대를 급속한 고령화, 가족구조 및 가족기능의 변화, 가족을 바라보는 가치관 및 노인부양의식의 변화, 사회적 자원 부족 등과의 관계에서 바라보게 되었다.

이와 같은 흐름은 노인문제를 가족과 사회 간에 나타나는 사회적 역기능의 일환으로 인식하고자 하는 경향과도 일정 수준 맥락을 같이하는 것으로 볼 수도 있다(현외성, 2010).

한편, 최근 나타나고 있는 한국 사회의 노인 학대와 관련된 현황을 이해하는 차원에서 2022년도의 노인학대 관련 현황을 간단히 살펴보면 다음과 같다.

먼저 2022년도의 노인학대에 따른 피해 노인은 총 6.807명으로써 2021년도의 6,774명 대비 약 0.5% 증가하였다.

이를 노인학대의 유형별로 다시 재분류하여 보면 <표3-18>과 같다(보건복지부·중앙노인보호전문기관, 2022). 이와 관련, 노인학대의 유형을 살펴보면 정서적 학대(43.3%)와 신체적 학대(42.0%)가 전체 노인학대의 약 85.3%로써 압도적 다수를 차지하고 있다. 따라서 노인학대의 주류는 결국 정서적 및 신체적 차원에서 이루어지는 학대로 볼 수 있다.

노인학대와 관련하여 최근 들어 특히 주목되는 부분의 하나는 신체적 학대, 즉 신체적 차원에서 이루어지는 노인학대이다. 예컨대, 신체적 학대의 경우, 2017년에는 전체 노인학대 건수 대비 약 36.4%이었지만, 2022년에는 그 비율이 42.0%로 나타나고 있다.

참고로 정부의 관련 자료에 따르면 2014년부터 2022년에까지 신체적 학대의 건수 및 그 비율은 지속적인 증가 추세를 보이고 있으며, 이와 같은 증가 추세로 인하여 최근 들어서는 정서적 학대와 유사한 비중으로 나타나고 있다(보건복지부·중앙노인보호전문기관, 2022).

따라서 노인학대와 관련하여 신체적 학대가 큰 비중을 차지하고 있는 배경, 지속적인 증가 추세를 보이는 배경 등에 대한 연구 검토와 함께 이에 대한 중·장기적 차원의 대책 모색이 지속가능한 노인복지시책의 일환으로써 매우 중요한 위치를 차지할 것으로 본다.

표 3-18 노인학대 현황(2017년 및 2022년 비교)(단위, %)

구분	신체적 학대	정서적 학대	성적 학대	경제적 학대	방임	자기방임	유기	합계
2017	36,4	42.0	2.1	5.6	8.9	4.0	1.0	100.0
2022	42.0	43.3	2.5	3.8	6.5	1.6	0.3	100.0

※ 자료 : 보건복지부·중앙노인보호전문기관(2022).

3. 성과 재혼

최근 한국 사회에 있어서 노인문제와 관련하여 급속히 증가하고 있는 현안 과제의 하나가 노년층의 성(性)과 재혼 문제이다.

기존에는 노인의 성에 대한 욕구나 관심은 거의 등한시되어왔기 때문에, 노인의 성의 문제는 사회적 관심의 대상이 거의 되지 못했다. 하지만 최근의 각종 조사 연구에 따르면 노인의 성의식은 크게 변화하고 있으며, 이에 따른 사회적 관심 역시 증가하고 있다.

예컨대, 65세 이상의 결혼한 노인을 대상(64명)으로 한 연구에 따르면, 이들 중의 약 67.2%는 성에 대한 욕구를 가지고 있으며, 32.8%는 지금도 성생활을 계속하고 있는 것으로 밝히고 있다(김주희 · 이창은, 1999). 또 다른 조사에 따르면 65세 이상의 연구 대상자 중에서 남자는 53.0%, 여자는 32.6%가 현재 성생활을 유지하고 있으며, 이들 중의 약 80%는 월 1~2회의 성생활을 하는 것으로 보고하고 있다(양연심, 2008).

한편, 노인의 성생활과 관련하여 한국소비자원이 60세 이상의 성인 500명(여성 123명, 남성 377명)을 대상으로 조사한 결과에 따르면, 60~64세는 84.6%, 65~69새는 69,4%, 70~74새는 61.9%, 75~79세는 58.4%가 성생활을 하는 것으로 나타났다. 전체적으로 보면 60세 이상 성인의 62.4%, 성별로는 남성이 69.8%, 여성이 39.8%로써, 남성이 높게 나타났다(조선일보, 2012.10. 19).

한편, 한국 사회에 있어서 고령층의 성 또는 성의식을 둘러싼 논의가 사회적 주요 과제로 등장한 것은 노인을 대상으로 한 소위 '유사 매춘 행위'가 언론에 보도되면서 부터이있다.[4] 예컨대, 탑골공원을 중심으로 이루어지고 있는 소위 '박카스 아줌마 복장'의 여성과 노인들 간에 이루어지는 역기능적 모습의 만남이 보도되면서 사회적 관심의 대상이 되었다.

그런데, 그 동안 이와 같은 모습을 접하는 사회적 태도는 고령층의 성의식이나 성생활에 대한 소극적 및 부정적 측면이 상당 수준 반영되어 있었다. 즉, 성에 대한 일부 고령층의 일탈적 유사 행위로 이를 바라보는 입장이 내재되어 있었다.

---

4) 공원 주변의 노인 대상 매춘행위에 대한 보도는 자주 등장한다(아시아경제, 2011.06.17).

그러나, 고령사회에 즈음한 지금에 이르러서는 노년층의 성생활은 인간으로서의 누릴 수 있는 기본적 권리이며, 매우 자연스러운 모습의 하나로 이해되고 있다.

고령사회 및 장수사회에 있어서의 노인의 성 욕구나 성생활은 논의의 수준을 넘어서서 구체적이며 실천적 차원의 과제로 등장하고 있다.

특히, 영양 및 보건·의료체제의 개선에 따른 육체적 건강 증진, 평균 수명의 연장 등에 따른 성생활 기간의 연장 등이 현실화되게 되었고, 여기에 더하여 부부 사별 등에 따른 고령층의 재혼 문제까지 부각되면서, 노인의 성문제는 개별 노인의 차원을 넘어서서 사회적 차원의 과제로 부각되는 모습이다.

이와 같은 차원에서, 이제는 노인의 성과 성생활을 노인의 재혼과 연계하여 바라보는 시각도 나타나고 있다. 예컨대, 고령사회에 있어서 노인의 성과 성생활을 노인의 재혼과 관련하여 보다 긍정적으로 평가할 필요가 있다는 입장이 이를 대변하며, 이와 같은 차원에서 노인의 성과 재혼을 연계하여 이를 상담하고 지원할 수 있는 전문가 및 전문상담소의 활성화를 제안하기도 한다(이윤숙, 1983; 박차상 외, 2008).

4. 노인치매

고령사회의 도래에 즈음하여 새롭게 주목을 받고 있는 노인 관련 현안 과제의 하나가 치매와 노인장기돌봄(요양)이다. 즉, 한국 사회의 경우, 치매 노인환자의 증가 추세와 함께, 일상생활을 혼자서 수행하기 어려운 고령층, 즉 장기돌봄(요양)을 필요로 하는 고령층이 증가하고 있다.

따라서 이와 같은 현상에 대한 효과적인 대응책 마련이 시대적 현안 과제의 하나로 등장하게 되었으며, 이와 같은 사회적 요구에 대한 대응 방안의 일단을 보여주는 것이 소위 '치매관리법'(제정, 2011, 8월; 2012. 2월) 및 '노인장기요양보험법'(2008년 7월)의 등장과 시행으로 볼 수 있다.

이와 관련, 여기서는 노인치매와 관련된 내용 및 관련 현황을 중심으로 이를 간단히 살펴보기로 한다. 노인장기요양의 경우, 본 저서의 주된 논의 내용 중의 하나이기 때문에, 장(章)을 분리하여 다루기로 한다.

치매(dementia)의 경우, OECD 회원국에서는 이미 노년기의 대표적인 현안 과제의 하나로써 인정되어왔다. 치매의 경우, 이를 질환의 일종으로 분류하기보다는 인간의 뇌가 정상적으로 성숙하여 일정한 지적 수준에 도달한 이후, 후천적인 요인에 의하여 뇌에 손상이 가해져서 언어, 학습, 지능 등과 같은 인지기능에 장애가 나타나는 복합적 임상증후군으로 분류되고 있다.

이와 같은 차원에서, 최근 들어서는 치매라는 용어가 주는 낙인 효과(stigma effect) 때문에 신경인지장애(neuro-cognitive disorders) 또는 인지장애(cognitive disorders)라는 용어를 사용하는 경향도 나타나고 있다(노길희 외 3인, 2021; 全国社会福祉協議会2023a).

노인치매의 유형은 매우 다양하지만 크게 2 가지 유형, 즉 알츠하이머형 치매와 혈관성 치매로 구분된다. 이때, 알츠하이머형 치매는 치매 중에서도 가장 큰 비중을 차지하고 있는데, 이는 기본적으로 뇌세포가 파괴되어 발생하는 치매 유형이며, 치료가 현재로써는 매우 어려운 것으로 지적되고 있다.

이에 비하여 혈관성 치매는 뇌혈관의 질환으로 뇌조직에 손상이 초래되어 나타나는 치매 유형을 말한다. 이때, 혈관성 치매의 위험 인자로는 고혈압, 심장질환, 흡연, 당뇨, 비만 등이 지적되고 있으며, 여기에 더하여 뇌혈관이 좁아지고 막히거나 뇌출혈이나 유전적 요인 등에 의한 발생 가능성도 제시되고 있다(이근홍, 2021).

한편, 한국 사회의 경우, 빠른 고령화와 고령사회의 도래에 즈음하여 치매노인의 규모가 지속적으로 증가하고 있다.

예컨대, <표3-19>에서도 제시하고 있듯이, 2010년에는 65세 이상의 고령자 중에서 치매 노인은 47.4만 명으로 전체 고령자 대비 약 8.7%로 나타났지만, 2030년경에는 치매 노인 136만 명으로 전체 고령자 대비 10.5%, 그리고 2050년경에는 치매 노인이 302.3만 명으로, 전체 고령자 대비 15.9% 수준이 될 것으로 추산된다.

즉, 2050년경에는 치매노인의 규모가 2023년 현재 부산광역시 인구 331.1만 명에 비견되는 규모로 예상된다. 이와 같은 현상이 발생하였을 경우, 사회 전반에 미치는 부정적 영향은 물론, 이를 관리하기 위한 사회안전 관리비용은 계산하기 어려울 것으로 본다.

표 3-19 치매노인 및 치매유병율 추이(단위, 만 명, %, 노인은 65세 이상자)

구분	2010	2015	2020	2021	2025	2030	2050
총인구	4,701	5,062	5,178	5,182	5,191	5,193	4,775
노인인구	340만	662	813	854	1,051	1,298	1,901
고령화율	7.2	13.1	15.7	16.5	20/3	25.0	39.8
치매노인	47.4만	64.8	83.2	87.1	107.7	136	302.3
치매유병률	8.7	9.8	10.3	10.2	10.3	10.5	15.9

※ 자료 : 보건복지부(2022a).

이와 같은 차원에서 정부는 치매노인에 대한 대응 방안의 일환으로써 '치매관리법'을 제정하여 운영하여 오고 있다. 이에, 정부는 동법 제6조에 의거하여 5년 단위로 소위 '치매관리종합계획'을 수립하여 이를 시행하고 있다. 이때, 제1차 치매종합관리대책은 2008~2012년, 제2차는 2013~2015년, 제3차는 2016~2020년, 제4차는 2021~2025년까지로 계획되어있다.

이와 관련하여 주목되는 정부 대책의 하나는 제3차 치매종합관리대책의 일환으로써 나타난 '치매국가책임제도'의 도입이었다. 이와 같은 치매국가책임제도는 기본적으로 급속한 고령화와 함께 치매노인의 급증에 따른 관련 가족의 경제적·사회적 부담 증가에 따른 사회적 갈등을 완화시키는 차원에서, 치매에 대한 국가와 사회의 연대성 및 공동 책임성을 강화시키고자 하는 차원에서 도입된 제도로 볼 수 있다.

이와 관련하여 추진되고 있는 중요한 시책을 간단히 정리하면 다음과 같다.

첫째, 치매안심센터 인프라 확충 및 관련 서비스 다양화이다.

이와 관련, 전국 256개 시군구 보건소에 치매안신센터를 설치·운영함으로 인하여, 치매에 대한 조기 검진, 맞춤형 상담, 쉼터 운영, 1:1 사례관리 등을 할 수 있게 되었다.

둘째, 장기요양서비스의 확대 및 의료지원 기능 강화이다.

정부는 2018년 01월을 기점으로 '장기요양 인지지원등급'(이에 대한 보다 구체적인 내용은 이하의 장기요양에서 자세히 다루고 있음)의 신설을 통하여, 초기 단계의 치매노인들도 장기요양서비스를 일부 받을 수 있게 되었으며, 중증치매노인의 의료비 자기부담을 최대 60%에서 10%까지 감소시켰으며, 공립요양병원에 치매전문병동 49개를 설치하게 하였다.

그러나 여전히 많은 한계점을 보이고 있는 것도 사실이다. 예컨대, 치매노인의 재가생활을 지원할 수 있는 재가서비스체제의 미비, 치매와 관련된 돌봄서비스와 치료 등을 함께 제공할 수 관련 인프라의 부족, 치매노인 친화적인 지역사회 환경 조성, 치매와 관련된 사회적 인식 변화 등이 이에 속한다.

한국 사회의 경우, 빠른 고령화와 고령층의 증가에 더하여 치매 노인의 증가 역시, 벗어나기 어려운 사회적 현상의 하나로써 다가오고 있다.

한국 사회가 지속가능한 자기 성장동력원의 확대를 위해서는 이와 같은 치매 및 치매노인을 위한 효과적인 대응 방안의 모색 역시 향후 긴요한 사회적 현안 과제의 하나가 될 것으로 본다.

제 04 장

고령사회의 노인복지 기본대책

제 1 절

개 관

지금까지 전 지구적 차원으로 진행되고 있는 고령화, 그에 따른 고령사회의 등장 배경 및 주요 특징 등에 대하여 국내·외를 중심으로 관련 현황을 살펴보았다.

예컨대, 급속히 진행되고 있는 고령화 및 관련 현황, 최근 들어 OECD 국가를 중심으로 진행되고 있는 고령층, 특히 후기 고령층의 급증, 여기에 더하여 한국 사회가 격면하고 있는 급속한 속도의 합계출산율의 저하와 생산가능인구의 급감, 인구 규모의 감소 등에 대한 내용 등이 이에 해당한다.

여기에 더하여 고령사회의 도래에 따른 후기 고령층의 급증과 이에 따른 고령자의 복지욕구의 변화, 이에 따른 사회복지영역의 변화 및 다원화 등에 대해서도 살펴보았다.

이와 같은 차원에서 장수시대 및 고령사회의 도래에 즈음하여 새롭게 많은 주목을 받고 있는 노인복지분야의 하나가 기존의 보건·의료 영역을 중심으로 진행되었던 각종 보건·의료지향적 노인복지서비스에 더하여, 장수시대에 즈음하여 원활한 일상생활을 유지하는데 어려움을 겪고 있는 노년층을 대상으로 이들의 「일상생활」[1](ADL)을 지원하는 일상생활 지원과 관련된 사회복지 수요가 확대되어 가고 있다.

예컨대, 오랜 기간에 걸쳐 진행되고 있는 와상 상태에 놓인 노년층[2]이나, 혼자서 독립적으로 재가생활 등을 유시하는데 어려움을 경험하고 있는 노년층 등을 위하여, 이들이 보다 원활하게 혼자서도 자립적 일생생활을 수행할 수 있도록 이들의 일상생활과 관련된 각종 서비스, 예컨대, 수발·지원·원조 등과 같

1) ADL에 대한 번역은 다양하지만, 기본적으로 사람들이 자신의 일상생활을 유지하는데 필요한 최소한의 신체적 구비 능력에 초점을 둔 논의이다. 즉, 인간으로써 가장 초보적인 비의존적 일상생활을 할 수 있는 능력, 예컨대, walking, feeding, dressing, toileting, bathing, transferring 등에 초점을 둔 접근이다.

2) 와상노인(臥床老人)이란 질환 등으로 병원 등에서 오랫동안 침대생활을 하는 노년층을 의미한다. 일본에서는 '寝たきり老人'라고도 하며 본인은 이를 '침상지기노인'으로 번역함

은 지원이 이에 속한다.

이와 같은 영역에 해당되는 지원 영역 또는 서비스를 국가에 따라서 다양한 명칭을 사용하고 있는데, 현재 한국 사회에서는 노인장기요양(long-term care for the elderly)으로 부르고 있다. 고령사회의 전개와 함께 이와 같은 영역의 노인복지의 수요는 향후 급속히 증가할 것으로 전망된다(정재욱, 2015; 2017).

그와 같은 흐름에 따라서 1990년대 이후부터 OECD 회원국을 중심으로 각국은 자신의 정치·경제·사회적 여건에 부응하여, 다양한 모습으로 관련 법·제도화를 추진시켜왔으며, 나아가서 당해 제도의 지속가능성을 확대·강화시키는 차원에서 이와 같은 제도 운영의 근거 기반의 하나로써 각국은 고령자 기본대책을 동시에 추진하여 오고 있다(정재욱, 2015).

이와 같은 차원에서, 여기서는 고령사회의 도래에 즈음하여 추진되고 지속가능한 고령자 기본대책, 그 중에서도 노인장기요양제와 연관된 관련 내용을 간단히 살펴보기로 한다.

한편, 지속가능한 고령자 기본대책이라고 할 때, '지속가능한'(sustainable)이란 용어는 기본적으로 1987년 UN의 세계환경개발위원회(WCED)가 발간하였던 보고서, 즉 「우리 공동의 미래」(Our Common Future)의 역할이 매우 컸다. 동 보고서는 인구 증가와 경제 성장으로 파생되는 전 지구적 문제를 해결하기 위해, 자연과 공존하면서도 풍요로운 삶을 누리고자 하는 인간의 의지 및 방향성과 깊은 관계가 있었다.

따라서 '지속가능한'에 대한 인식과 접근은 결국, 경제적 측면의 지속가능성뿐만 아니라, 자연자원을 포함한 생태계 전체적 측면의 지속가능성을 함께 요구하는 목소리와 그 맥락을 같이 하고 있다.한편, '지속가능한'이란 용어는 '지속가능한 개발' 등에서도 볼 수 있듯이, 이미 1972년 '로마클럽'의 제1차 보고서인 「성장의 한계」를 통하여 이미 환경과 개발에 대한 강한 우려의 표명을 통해서도 일부 나타나기도 하였다.

하지만, UN의 1987년 「우리 공동의 미래」라는 보고서를 통하여, '미래 세대의 필요를 충족시킬 수 있는 가능성을 손상시키지 않는 범위에서, 현재 세대의 필요를 충족시키는 개발'이라는 의미와 함께 '환경적으로 건전하며 지속가능한 개발(environmentally sound and sustainable development ; ESSD)'이라는 개념이 확립될 수 있게 되었다. 이후, '지속가능한'이라는 용어 및 의미는 보다 다양한 영역에 걸쳐 사용되었다. 예를 들면, 지속가능한 사회, 지속가능한 생활 등이 이를 대변한다.

이와 같은 차원에서 본 글에서는 고령시대에 즈음한 노인복지 기본 방향의 적실성을 도모하는 차원에서 '지속가능한' 이란 용어와 함께 그와 같은 고령자복지정책 및 기본 방향을 '지속가능한 고령자 기본대책'으로 규정하여 이를 살펴보기로 한다. 이와 관련하여 살펴보게 되는 내용은 크게 UN의 관련 내용 및 한국의 고령자복지 기본정책이다.

한편, 국가는 국정 운영과 관련하여 각 영역별 주요 정책을 개발·시행하게 된다. 이때, 이와 같은 정책은 크게 '미래의 바람직한 상태를 실현하기 위한 목표와 이를 달성하기 위해 강구된 과학적 수단 등에 대하여 권위 있는 정부기관이 내린 활동 지침'으로 이해된다(권기현, 2014).

따라서 정책은 기본적으로 '미래지향적이며, 바람직한 미래 상태, 그리고 활동 지침'과 같은 성격을 가진다.

한편, 행정실무적 차원에서는 이와 같은 정부 정책이나 주요 활동에 대한 실천 방향이나 활동 지침을 '기본대책'으로 표현하기도 한다.

이와 같은 차원에서 본 글에서 살펴보게 되는 '고령자복지 기본대책'은 '고령자복지 기본정책 또는 정책 방향'으로 이해하여도 무리가 없을 것으로 본다.

제 2 절

UN의 제언

I. ▸▸ 개 관

고령화를 둘러싼 관련 문제가 UN의 차원에서 처음으로 제기되었던 것은 1948년 「아르헨티나 회의」와 이를 통하여 제기되었던 「인권선언초안」으로 볼 수 있다. 동 초안은 기본적으로 인권문제를 다루고 있었지만, 그 내용 중의 일부는 고령화의 문제를 다루고 있었다. 물론, 당해 초안은 채택되지 못하였기 때문에 고령화는 국제적 차원의 과제로써 공식적으로 부각되지 못했다.

한편, UN은 세계적으로 진행되고 있는 고령화의 물결 속에서 1982년 7월 26일부터 동년 8월 6일까지 오스트리아의 빈에서 고령화를 주제로 한 「고령화에 관한 세계총회」(World Assembly on Aging)를 개최하였으며, 당해 총회를 통하여 「고령화에 관한 국제행동계획」(International Plan of Action on Aging)이 채택되게 되었다.

이와 같은 행동계획은 동년에 개최되었던 제37차 국제연합총회의 비준을 통하여, 마침내 고령화는 국제적 과제의 하나로 등장하게 되었다. 이와 같은 결정은 1990년에 결의되었던 10월 1일을 「세계고령자의 날」(International Year of Older Person)로 결정하는 데도 큰 역할을 하였다.[1)]

이와 같은 「고령화에 관한 국제행동계획」은 각국이 고령자 기본대책을 수립함에 있어서 많은 참조 및 기여를 하였다. 하지만, 다른 한편으로는 관련 내용이 지나치게 다양하고도 세부적이어서 적실성에 많은 한계가 있었던 것으로 평가를 받았다.[2)]

이에 1991년 제46차 국제연합총회에서는 기존의 내용을 다시 18개 항목으로 축약한 소위 「고령자를 위한 국제연합원칙」(United Nations Principles for Older

1) 「세계고령자의 날」의 지정은 1990년 제45차 국제연합총회에서 결정되었다.
2) 당해 행동계획은 크게 118개 항목의 62개 권고 사항으로 구성되어 있다.

Person)을 다시 채택하게 되었다.

이때, 축약된 18개의 항목의 국제연합원칙에는 고령자를 위한 소위 5대 기본 원칙이 포함되어 있었으며, 이후 이를 고령자 복지의 기본원칙으로 부르기도 한다. 즉, 고령자의 자립(독립), 참여, 케어, 자기실현, 존경(존엄)의 실현 등이 이에 해당한다.[3)]

한편, UN은 국제행동계획 및 국제연합원칙 등을 국제사회에 보다 확대·보급시키고자 하는 차원에서 1992년 제48차 국제연합총회를 통하여, 1999년을 「세계노인의 해」(International Year of Older Person)로 결의함에 더하여, 고령화의 문제가 다양한 분야 및 세대와 연계되어 있다는 측면에서 「모든 세대를 위한 사회를 지향하여」(Towards a Society for All Ages)라는 슬로건과 함께 통합 사회의 구성을 제안하기도 하였다((http://ja.wikipedia.org/wiki; 2015. 03. 08).

한편, UN은 점점 깊어가는 국제사회의 고령화에 즈음하여, 2002년 마드리드에서 개최되었던 제2차 세계고령화 회의를 통하여 「고령화에 관한 마드리드 국제행동계획 2002」(MIPAA)를 채택하였다.

여기서는 1982년 제1차 세계회의에서 채택되었던 「국제행동계획」 및 1991년에 채택되었던 「국제연합원칙」의 성과를 지적하면서, 모든 사람이 존엄성을 가지고 안전한 노후생활과 함께 온전한 권리를 가진 시민으로서 사회 참여가 가능하도록 보장할 것을 강조하였다.

동 계획은 크게 서문, 행동계획, 실천 및 후속조치와 같이 크게 3개 영역에 걸쳐 132개 항목에 이르는 다양한 내용으로 구성되어있다(보건복지가족부, 2002;http://www8.cao.go.jp: 2015.3.01). 마드리드의 국제행동계획을 통하여 다루어졌던 고령화 관련 주요 주제를 몇 가지만 간단히 살펴보면 다음과 같다.

예컨대, 모든 고령자들의 기본적 자유의 완전한 실현, 노년기의 빈곤 해소를 비롯하여 안전한 노후 달성, 사회의 각종 영역에 걸쳐 참여할 수 있는 능력부여, 생애를 통한 개인 계발 및 자아실현 기회제공, 노인에 대한 차별 및 폭력 금지, 노인 및 노인의 성 차별 금지, 세대 간의 호혜주의 강조, 예방적 차원의 보건·의료지원을 포함하여 사회적 차원의 보호 강조 등이 중요한 주제로써 다루어졌다(국가인권위원회, 2002).

3) 5개 원칙에 대한 번역어는 학자에 따른 약간의 차이가 있다.

Ⅱ. ‘건강한 고령화 10년’ 선언

고령화가 전 지구적 차원에서 점점 깊어져감에 따라, 세계보건기구(WHO)는 이에 대한 대응 방안 및 행동계획의 일환으로써 2020년 12월 유엔의 결의를 통하여 ‘건강한 고령화 10년’(Decade of Healthy Ageing 2021~2030)을 채택하게 되었다. WHO는 이와 같은 결의(안)를 제안하게 되었던 주요한 배경을 다음과 같이 설명하고 있다.

즉, 세계적으로 고령화가 급속히 진행되는 가운데, 향후에는 특히 발전도상국가의 고령화가 중요한 현안 과제의 하나가 될 수 있다는 것, 고령자의 건강 상태가 사회적·경제적 여건에 따라서 많은 격차가 나타나고 있다는 것, 고령화에 대한 예측은 가능하지만 이에 대한 대응 방안은 국가에 따라서 많은 차이가 있다는 것 등을 주목하였다.

따라서 이와 같은 흐름이나 상황을 고려할 때, 각 국가와 지역사회는 지속가능한 사회 건설을 위해서는 특히, 현재의 고령자와 미래의 고령자의 복지 욕구에 상호 효과적으로 대응할 수 있는 행동계획의 수립 및 시행이 매우 중요하다는 점을 제안하였다.

이때, 이와 같은 행동계획을 효과적으로 수행하기 위해서는 고령자를 비롯하여, 정부, 시민사회, 전문가, 학계, 언론계, 국제기관 등이 함께 참여한 가운데, 고령자, 그의 가족, 지역사회가 고령자 친화적인 일상생활공간을 만들어 갈 수 있도록 관련 행동계획을 실천할 것을 제안하였다.

이와 관련하여 다음과 같은 부분을 특히 강조하고 있다. 예컨대, ① 연령이나 고령화에 대한 부정적인 생각, 감정, 행동에 대한 변화 요구, ② 지역사회는 고령자들이 그들의 능력을 발휘하면서 일상생활을 유지할 수 있도록 고령자 친화적인 지역 환경을 조성하는 것, ③ 고령자의 개인적 복지욕구를 기반으로 한 위에, 관련 서비스를 보다 종합·통합적으로 제공할 수 있는 보건·의료체제 확대·강화, ④ 장기요양서비스가 필요한 고령자에게 그들이 필요로 하는 관련 서비스를 제공하는 것 등이다.

이와 같은 제안 내용은 고령자가 오랜 기간에 걸쳐 지역사회에서 자신의 일상 생활을 영위하기 위한 생활 능력, 기본적 인권, 인간적 존엄의 유지 등을 위한 기본적 사항으로 볼 수 있다.

이와 같은 차원에서 특히 주목하였던 부분의 하나가 고령자들이 필요로 하는 양질의 장기돌봄(요양) 서비스의 제공의 필요성이었다(全國社會福祉協議會, 2023).

이와 같은 차원에서 볼 때, 깊어가고 있는 고령화 및 그 유례를 찾기 어려운 모습의 초고령사회의 도래를 목전에 두고 있는 한국 사회의 경우, 고령자를 위한 복지 차원을 넘어서서, 지역사회의 존속을 위해서라도 고령자 등을 대상으로한 장기요양체제, 특히 시설 중심이 아닌 가정과 소지역사회(community)를 중심으로 한 일상생활 지원체제의 정비가 긴요할 것으로 본다.

즉, 그동안 확대 지향적이었던 시설 중심의 제도운영을 넘어서서 탈시설화[4] (deinstitutionalization)를 통한 가족체제와 지역사회의 건강한 유지·발전을 모도할 수 있는 방안 모색이 필요한 단계로 본다.

이와 같은 제언이나 관련 내용은 UN의 행동계획, 특히 '건강한 고령화 10년'의 제언 내용, 그 중에서도 가장 핵심적인 내용과도 그 맥락을 같이하는 것으로 볼 수 있다.

4) 탈시설화는 기본적으로 시설입소보다는 소지역사회(자기 집 포함)를 통한 관련 서비스의 지원을 지향하는 입장을 대변한다.

제 3 절

한국의 노인복지 기본대책

I. 저출산 · 고령사회기본법

한국 사회에 있어서 노인문제를 사회복지분야에서 독립된 하나의 영역으로 다루기 시작한 것은 노인복지법체제(1981년)의 등장과 맥락을 같이하는 것으로 볼 수 있다. 일본 사회 역시 이와 매우 유사한 양상을 보여주었다(社會福祉士養成講座編輯委員會, 2015).[1)]

이와 같이 2 국가는 모두 노인복지법이 등장하기 이전까지는 노인문제의 많은 부분은 생활보호법 등에 다루었고, 이에 대한 입장도 대부분 시혜적 차원의 구빈·원호에 초점을 두었다.

그러나 사회복지분야에 노인복지법이란 개별적이며 독자적인 영역의 법체제가 정비되면서, 노인복지는 특수한 노인층만을 위한 것이 아니고 노인 일반을 대상으로 한 보편적인 영역의 하나로 자리하게 되었다.

한편, 노인복지와 관련하여 이와 같이 노인복지법이란 독립된 일반법 체제를 운용하고 있는 대표적인 국가 그룹의 하나가 한국과 일본이다. 예컨대, 일본은 한국보다 일찍이 1963년부터 사회복지분야의 한 영역으로써 노인복지법을 제정·시행하여 오고 있다. 동 법률이 시행될 당시의 일본의 고령화률은 약 6% 수준이었으며, 그로부터 7년이 지난 1970년에 고령화률이 7%를 넘어서서 고령화사회로 진입하였다.[2)]

이에 비하여 한국은 1981년부터 노인복지법을 제정·시행하여 오고 있는데, 당시 한국 사회의 고령화률은 약 4% 수준이었으며, 그로부터 약 19년이 지난

1) 일본은 1963년 7월 11일부로 소위 사회복지6법체제 속에서 노인복지법을 공포·시행하였고, 한국은 1981년 6월 5일 법률 제3453호로써 노인복지법을 공포·시행하였다.

2) 1963년을 전후한 일본의 고령화율을 살펴보면, 1960년 5.7%, 1965년 6.3%, 1970년에 7.1%로 나타났다. 일본은 1970년부터 고령화사회로 진입하였다.

2000년에 고령화율이 7%를 넘어서서 고령화사회로 진입하였다.

따라서 노인복지법이 시행되었을 당시의 2 국가 간의 고령화율, 동법 시행으로부터 고령화사회로 진입하기까지 소요 기간 등을 고려하여 볼 때, 한국은 일본에 비하여 상대적으로 보다 이른 시점부터 고령화와 이에 따른 노인문제를 국가적 차원에서 주목하였던 것으로 볼 수도 있겠지만, 한편으로는 이웃 일본 사회의 흐름도 일정한 영향을 미친 것으로 간주된다.

한편, 한국의 경우, 고령화와 관련하여 비교적 이른 시점에서 노인복지법의 제정 · 시행에 더하여 정부적 차원에서 노인문제를 다루었다고는 하여도, 사실상 노인문제는 1980년대까지는 국가적 차원의 현안 과제로써 주목을 받지는 못했다.

노인문제가 국가적 차원의 현안 과제로 등장하기 시작한 것은 2000년 이후부터로 볼 수 있는데, 이를 대변하여 주는 상징적 사건의 하나가 '저출산 · 고령사회기본법'의 제정 · 운용이었다.

정부는 점차적으로 점증하고 있는 노인문제에 대한 범국가적 차원의 시책 마련과 관련하여, 2005년부터 「저출산 · 고령사회위원회」와 「저출산 · 고령사회기본계획」의 책정 · 시행하게 되었다.[3)4)]

한편, 동 위원회의 활동 및 기본계획의 시행 등을 지원하는 차원에서 이에 대한 근거법(母法)의 하나로써 정부는 「저출산 · 고령사회기본법」(제정, 2005년 5월 18일, 법률 제7496호)을 제정하여, 2005년 9월 11일부터 지금까지 이를 시행하여 오고 있다.

따라서 2000년 이후 한국 사회에서 시행되고 있는 고령화와 관련된 각종 대책 및 노인복지정책의 기본 방향은 상당 수준 「저출산 · 고령사회기본계획」에 기초하는 것으로 볼 수가 있다.

이와 같은 차원에서, 한국 사회의 고령자복지와 관련된 기본대책 및 흐름을 확인하는 차원에서 그 동안 시행되어 온 「저출산 · 고령사회기본계획」에 포함되었던 주요 내용을 간단히 살펴보기로 한다.[5)]

---

3) 제2차 기본계획은 2012년 12월 16일에 국무회의를 통하여 고령사회분야에 대한 수정이 있었다.

4) 2015년 2월에 제3차 기본계획방향(안)이 발표되었는데, 당해 계획(안)의 시행년도는 2016~2020년까지이다. 제2차 기본계획은 한 번에 걸친 수정 · 보완작업이 있었다.

5) 이하에서는 문장의 연결성 등을 고려하여 「저출산」의 용어는 꼭 필요한 부분에서만 사용한다.

Ⅱ. 저출산 · 고령사회기본계획

참여정부 초기부터 본격적으로 논의되기 시작하였던 저출산·고령사회를 둘러싼 다양한 입장들은 마침내 「저출산·고령사회기본법」의 제정(2005년 6월) 및 「대통령직속 저출산·고령사회위원회」의 발족(2005년 9월)으로 일단락을 보게 되었다. 동 위원회는 이후 이명박 정부 시절에 한때 보건복지부장관의 소속으로의 이관되기도 하였지만, 다시 대통령 소속으로 전환되어 현재까지 운영되고 있다(동 기본법 제23조 제1항).[6]

동 위원회는 동법에 의거하여 「저출산 및 인구의 고령화에 대비한 중·장기적 차원의 인구구조의 분석과 사회·경제적 변화 전망에 관한 사항」 등을 비롯하여, 다양한 영역에 걸쳐 저출산 및 고령사회 등과 관련 내용을 심의한다.

한편, 보건복지부는 동법에 의거하여, 저출산·고령사회에 대비하여 중·장기적 관점에서 관련 정책 목표 및 정책 방향을 설정하고, 이에 따른 「저출산·고령사회기본계획」을 수립·추진하도록 되어있다(제23조 제1항).

이와 관련, 보건복지부는 관계 중앙행정기관(장)과의 협의를 통하여 5년 단위로 관련 기본계획(안)을 작성하고, 저출산·고령사회위원회와 국무회의의 심의 및 대통령의 승인을 얻어서 이를 확정하게 되어있다(동법 제20조 제2항 및

이때, 동 기본계획에 포함되게 되는 주요한 내용은 크게 다음과 같다. 즉, ① 저출산·고령사회정책의 기본 목표 및 추진 방향, ② 기간별 주요 추진 과제 및 추진 방법, ③ 필요한 재원의 규모 및 조성 방법, ④ 그 밖에 저출산·고령사회정책으로 필요하다고 인정되는 사항 등(동법 제20조 제3항)이다.

이와 같은 법령에 근거하여 한국 사회에서는 2005년부터 2024년 현재까지 4 차례에 걸쳐 「저출산·고령사회기본대책」을 수립·시행하여 오고 있다. 즉, 제1차 기본계획(이하, 대책과 혼용하여 사용)[7]은 2006~2010년까지,[8] 제2차 기본계획은 2011~2015년까지[9], 제3차 기본계획은 2016~2020년까지, 그리고 제4차 기본

6) 동법 제23조 제1항에서 "대통령 소속하에 저출산·고령사회위원회를 둔다."라고 규정.

7) 동 기본법에서는 「기본계획」이란 표현을 사용하고 있지만, 정부 보고서 등에서는 「기본대책」이란 표현도 사용하고 있다. 여기서도 문장의 연결성 등을 고려하여 이를 혼용하여 사용한다.

8) 「제1차 기본계획」의 내용은 다음을 참조(현외성, 2010; 대한민국정부, 2008).

계획은 2021~2025년까지를 계획기간으로 삼고 있다.

Ⅲ. 제4차 기본계획 및 핵심 내용

2024년 현재 시행되고 있는 관련 내용들은 기본적으로 제4차 기본계획(대책)에 포함된 내용으로써, 이는 2021년부터 2025년까지 시행되게 되어있는 계획에 해당한다.

한편, 동 계획(안)이 발표된 때는 2020년 12월 15일이었다. 보건복지부와 동 위원회는 동 계획(안)을 성안시키는 과정에서, 시대적 주요 현안 과제와 함께 지난 15년간에 걸쳐 추진되었던 관련 정책에 대한 평가를 바탕으로, 새로운 정책 방향을 모색하였다.

이와 관련, 제4차 기본대책을 수립함에 있어서 주목하였던 부분은 크게 다음과 같았다. 즉, 지금까지 지속적으로 논의되어 왔던 부분들, 예컨대 합계출산율 저하와 이에 따른 초저출산의 지속화, 높은 수준의 고령화율과 고령층, 특히 후기고령층의 급증, 인구 규모의 감소 및 수도권 집중적인 극단적 1극(一極) 지향적 인구 집중과 같은 현안 과제에 더하여, 이와 같은 현안 과제로부터 파생되는 관련 과제들이었다.

이때, 이와 같은 관련된 주요 과제들을 간단히 살펴보면 다음과 같다. 예컨대, 지금과 같은 모습으로 인구구조의 변화가 지속될 경우 다음과 같은 부분에 대한 우려와 부담이 현실화될 가능성이 높은 것으로 보았다. 이와 관련하여 특히 주목하였던 부분은 다음과 같다.

첫째, 경제성장 저하 및 재정부담의 심화 가능성이다.

즉, 지금과 같은 모습의 인구구조가 지속될 경우, ① 노동공급, 총수요, 저축, 투자 등에 부정적 영향을 미쳐, 중장기적으로 경제성장률의 하락으로 연계될 가능성 높고, ② 생산연령인구의 감소에 따른 세입(노동과 자본)은 감소할 수 있

9) 정부는 2016~2020년까지를 계획연도로 하는 제3차 기본대책 방향(안)을 2015년 2월 6일에 발표하였다.

음에 비하여, 사회지출과 복지비용은 빠르게 증가할 수 있다는 점이었다.

둘째, 사회 영역별 수급의 불균형 확대 가능성이다.

예컨대, 지금과 같은 모습의 인구 구조가 지속될 경우, 고용, 교육, 의료, 주택 등을 비롯하여 사회의 각 영역에 걸쳐, 일부는 초과 공급, 일부는 초과 수요 등이 발생함으로써 사회 각급 영역별로 수급의 불균형이 심화될 수 있을 것이다.

셋째, 세대 및 지역 간의 격차 및 불확실성의 심화 가능성이다.

지금과 같은 모습의 인구 구조가 지속될 경우, 세대 간의 사회경제적 자원 배분에 대한 형평성에 문제가 나타나, 세대 간의 갈등 확대로 전환될 가능성 높고, 수도권으로 인구 집중은 비수도권지역의 지역소멸 및 인구고령화를 더욱 가속화시킬 수 있다는 점 등이었다.

그리하여, 보건복지부와 동 위원회는 이와 같은 현안 문제를 바탕으로 제4차 기본계획을 다음과 같은 내용을 중심으로 제시하였다.

이와 관련하여, 여기서는 한국 사회에 있어서 노인복지 대책의 기본 흐름을 이해하는 차원에서, 제4차 기본계획의 핵심적 내용만을 간단히 살펴보면 <그림 4-1>과 같다.

첫째, 제4차 기본계획의 기본 방향을 제시하였다.

이와 관련하여 기본계획의 정책 방향으로 다음과 같이 크게 2 가지 방향을 제시하였다.

- 모두가 생애 주기에 따른 삶의 권리를 보장받음으로써 「모든 세대가 함께 행복한 지속 가능 사회」를 구현한다. 이와 관련하여 '개인의 삶의 질 향상', '성 평등하고 공정한 사회', '인구변화 대응 사회 혁신'을 관련 목표로써 제시하였다.
- 핵심 정책에 대한 과감한 투자를 통해 청년층과 아이를 키우는 부모들이 느끼는 정책의 체감도를 제고하고, 가족지원 투자를 지속 확대한다. 이와 관련하여, 초고령사회에 대한 대응적 차원에서 고령자의 능동적이며 적극적 역할을 강조하는 한편, 사회 구조적 문제에 대한 논의를 적극 진행한다.

그림 4-1 제4차 기본계획 정책체계도

비전	모든 세대가 함께 행복한 지속 가능 사회	
목표	개인의 삶의 질 향상 / 성평등하고 공정한 사회 / 인구변화 대응 사회 혁신	
전략	1. 함께 일하고 함께 돌보는 사회 조성 1 모두가 누리는 워라밸 2 성평등하게 일할 수 있는 사회 3 아동돌봄의 사회적 책임 강화 4 아동기본권의 보편적 보장 5 생애 전반 성·재생산권 보장	2. 건강하고 능동적인 고령사회 구축 1 소득공백 없는 노후생활보장체계 2 예방적 보건·의료서비스 확충 3 지역사회 계속 거주를 위한 통합적 돌봄 4 고령친화적 주거환경 조성 5 존엄한 삶의 마무리 지원
	3. 모두의 역량이 고루 발휘되는 사회 1 미래 역량을 갖춘 창의적 인재 육성 2 평생교육 및 직업훈련 강화 3 청년기 삶의 기반 강화 4 여성의 경력유지 및 성장기반 강화 5 신중년의 품격있고 활기찬 일·사회참여	4. 인구구조 변화에 대한 적응 1 다양한 가족의 제도적 수용 2 연령통합적 사회 준비 3 전 국민 사회안전망 강화 4 지역상생 기반 구축 5 고령친화경제로의 도약
체계	1 연도별 중앙부처·지자체 시행계획 수립 2 중앙·지자체 인구문제 공동대응 협의체 운영 등 중앙·지역 거버넌스 구축	

※ 자료 : 제4차기본계획서 참조

둘째, 기본계획의 실현을 위한 4대 추진전략을 제시하였다.

(가) 함께 일하고 함께 돌보는 사회 조성이다.

- 일하는 것을 전제로 생애를 기획하는 청년층을 위해, 여성과 남성이 모두 함께 일하고 함께 돌보는 사회 여건의 조성 집중
- 부모의 양육 부담을 경감하고, 모든 아동이 개별적인 권리 주체로 존중받는 아동중심 사회 환경 조성

(나) 건강하고 능동적 고령사회 구축이다.

- 소득, 건강, 주거 등 삶의 기본적인 영역에서 국가 책임 지속 강화
- 고령층, 특히 베이비붐세대를 생산 및 소비 등과 관련하여 '능동적 참여자'로 관점을 전환하고 고령자의 적극적 역할과 활동 지원

(다) 모두의 역량이 발휘되는 사회 조성이다.

- 인구 감소에 대응하여 미래형 교육체계 기반 마련 및 평생교육·직업

훈련 활성화를 통해 지속적인 인적 역량 제고

- 청년이 기회를 보장받고, 자립·결혼·출산 등의 중요한 생애과정을 포기하지 않도록 삶의 기본적인 자립 기반 강화
- 의욕과 능력이 있음에도 경제활동에 참여하지 못하는 여성·중고령층 등이 역량을 발휘할 수 있도록 경력유지 지원 등 여건 조성

(라) 인구구조 변화에 대응한 적응과 도약의 터전 마련이다.

- 개인이 다양한 가족 배경에 따른 차별 없이 성장하고, 다양한 노동 형태를 포용하는 사회안전망의 보호를 받는 제도적 기반 강화
- 청년, 귀향 베이비부머 등 세대별 지원과 삶의 여건의 공간적 균형 회복을 통해 인구분산과 세대가 공존하는 지역사회 조성
- 인구규모 축소에 대응하는 교육, 주택 등 각 분야 사회시스템 적응 조정, 세대간 형평성을 고려한 사회보험의 지속가능성 논의

제 4 절

OECD 국가의 장기요양제도 모색

I. 개 관

지금까지 살펴보았듯이, 고령사회에 즈음하여 노인복지와 관련하여 급속히 부상하고 있는 영역 또는 수요의 하나가 고령층, 특히 후기 고령층의 급증과 연계되어 나타나고 있는 장기간에 걸친 수발·간병·간호 등과 같은 노인장기돌봄(요양), 즉 고령자의 일상생활과 관련하여 장기간에 걸쳐 이루어지는 일상생활지원이었다.

이와 같은 현상은 후기 고령층의 급증와 함께 오랜 기간에 걸쳐 진행되는 와상이나 각종 생활 질환 등으로 인하여 지역사회에서 원활한 일상생활을 영위하기 어려운 노년층의 증가와 깊은 관계가 있었다.

이와 같은 현상에 직면하여 1990년대에 들어서면서 OECD 회원국을 중심으로 자국의 사회·경제적 여건을 고려한 위에, 다양한 형태의 장기요양제도를 모색하게 되었다(정재욱, 2018, 増田雅暢,2014).

한국 사회의 경우, 2000년 이후 고령화가 급속히 진행되는 가운데에 고령자를 둘러싼 문제, 특히 장기간에 걸친 노인의 수발·간병·간호, 즉 돌봄이 사회적 현안 과제의 하나로 나타나기 시작하였다. 당시 노부모 부양 등을 둘러싸고 가족, 특히 형제간의 갈등이 커다란 사회적 문제로 부각되기도 하였다(PRESSMAN, 2017. 04. 18).[1)]

이에, 저출산·고령사회기본법을 제정·시행하였던 참여정부는 이와 같은 부분에 일찍부터 관심을 보여, 이에 대한 검토 작업을 시작하였다. 예컨대, 2000

1) 이와 같은 사회적 분위기를 대변하여 주었던 것이 당시 '아들이 부모를 간병한다는 것 : 부모를 간병하는 아들 28명의 체험담'의 높은 인기였다(히라야마 료, 2015. 아들이 부모를 간병한다는 것(역). 어른의시간).

년 이후 참여정부는 노인장기요양제도의 도입을 중요한 국정과제의 하나로 삼고, 이에 대한 많은 관심으로 보였다.

이와 같은 흐름 속에서 참여정부는 보건복지부 산하에 관련 위원회를 설치, 이후 오랜 기간에 걸친 연구·검토 작업을 계속하였으며, 그 과정에서 중요한 역할을 하였던 것이 공적노인요양보장추진단 및 동 실행위원회이었다. 동 위원회 등의 노력으로 노인장기요양보험제도의 모형 개발이 이루어지게 되었으며, 이후 3 차례에 걸친 시범 사업을 거쳐, 마침내 노인장기요양보험제도를 도입·시행되게 되었다(2008년 7월 1일).

이와 같이 오랜 기간에 걸쳐 이루어지는 노인을 위한 간병·간호·수발·돌봄 등을 의미하는 노인장기요양은 마침내 고령시대의 노인복지의 핵심적 영역으로 자리하여 가고 있는데, 이와 같은 흐름을 엿볼 수 있는 것이 1990년대의 일본 사회의 경험이었다.

일본은 빠른 고령화 및 고령층의 급증에 즈음하여, 1990년부터 1999년까지 10년에 걸쳐 '고령자보건복지추진10개년계획', 가칭 '골드 플랜'을 책정·시행하였는데, 그 핵심적 내용은 고령자를 위한 장기요양 및 관련 기반 구축이었다. 일본 사회는 이와 같은 계획 시행을 계기로 노인복지의 핵심적 영역의 하나로 마침내 장기요양(介護로 표현)이 부각되기 시작하였다(全國社會福祉協議會, 2023).[2)]

한국 사회 역시, 이와 같은 흐름은 충분히 예견된다. 예컨대, 후기 고령층의 급증, 평균 수명의 신장에 따른 장수 사회의 도래, 독거 노인의 증가 등에 더불어, 지역사회에서 장기간에 걸쳐 일상생활을 원만하게 수행하기 어려움 고령층 역시 지속적으로 증가하고 있다.

따라서 이와 같은 노년층을 대상으로 한 일상생활지원, 즉 장기요양지원에 대한 수요 역시 급증하고 있음은 충분히 예견된다(보건복지부·한림대학교산학협력단, 2020).

이와 같은 차원에서 향후 고령사회에 즈음하여 노인복지의 핵심적 영역으로 부상할 것으로 예상되는 노인장기요양 및 관련 제도에 대하여 지금부터 살펴보기로 한다.

---

2) 일본은 장기요양을 개호(介護)라고 하며, 개조(介助)라는 용어도 있는데, 이들 간에는 의미에 차이가 있음.

이와 관련하여, 여기서는 노인장기요양에 대한 이론적 부분, 제도화의 배경, 특징 등을 중심으로 살펴보고,[3] 장기요양제도의 한 형태로써의 한국의 노인장기요양보험제도에 대해서는 장(章)을 달리하여 살펴보기로 한다.

II. ▶▶ 이론적 고찰

간호의 영역이든 사회복지실천의 영역이든, 또는 의료의 영역이든 비의료(non-medical)의 영역이든지간에 클라이언트(client)를 대상으로, 오랜 기간에 걸쳐 그들이 필요로 하는 관련 서비스 등을 제공하는 장기요양[4]은 비단 최근에 나타난 사회적 현상만은 아니다.

예컨대, 비의료적 영역에 있어서의 이와 같은 행위는 비록 오늘날과 같은 체계적 전달체계를 갖추고 있지는 못했지만, 오래 전부터 세계 곳곳에서 나름대로 형성·발전되어 왔다. 예컨대, 노부모 등을 위한 한국 사회의 오래 전통이었던 '병구환이나 병 수발', 일본의 '개조'(介助), 서구 사회의 '일상가사지원'(normal daily tasks) 등이 이를 대변하여 준다(정재욱, 2015; 增田雅暢, 2014).

그러나 그와 같은 역사적 경험에도 불구하고, 장기요양이 지금과 같은 체계적 모습을 갖추게 된 결정적인 계기는 기본적으로 급속한 고령화에 따른 '일상생활에 대한 지원을 필요로 하는 고령자'(要支援高齡者)의 급증, 즉 장기요양 서비스를 필요로 하는 노년층의 급증과 깊은 관계가 있다,

따라서 오늘날 지적되고 있는 장기요양은 기본적으로 '만성질환이나 신체적 장애 등으로, 오랜 기간에 걸쳐 자신을 스스로 돌볼 수 없는 사람들이 필요로 하는 보건·의료 및 일상생활과 관련된 복지욕구를 지원하는 다양한 형태의 의료

3) 장기요양과 관련된 이론적 부분과 각국의 관련제도 등에 대해서는 다음 서적 참조(정재욱, 2018).

4) 「longterm care」를 「장기요양」으로 번역·사용하고 있지만, care를 요양으로 볼 것인지에 대해서는 의문이 간다. care를 기본적으로 「대상자에게 관련 서비스를 지원하는 것」에 초점이 주어진다면, 요양의 의미와는 일정한 차이가 있을 것으로 본다. 도리어 문자적 번역보다는 의미적 번역을 하여 「장기종합수발」 정도로 번역함이 어떠할지 생각한다. 일본에서는 개호(介護)라는 용어를 즐겨 사용하고 있다.

적 및 비의료적 차원의 복지서비스'와 깊은 관계를 이루고 있다(정재욱, 2015; 增田雅暢, 2014).

이와 같은 이유로 장기요양제도의 초기화 단계에서는 주로 보호적이며, 준전문적(특히, 의료 서비스의 경우) 차원의 관련 서비스가 주류를 이루었다. 예컨대, 대상자를 위한 세탁, 목욕, 가사지원 등과 같은 일상생활과 관련된 각종 서비스가 이에 속하였다.

그러나 고령사회로의 진입에 따른 복합·만성질환 고령층이 증가하면서 점차적으로 기존의 일상생활 관련 서비스에 더하여, 전문적 차원의 의료서비스가 포함되는 사례가 증가하고 있다(增田雅暢, 2014).

한편, 장기요양제도는 기본적으로 고령자만을 위한 제도는 아니다. 고령사회에 즈음하여 장기요양 대상자로서의 고령층이 상대적으로 많은 주목을 받고는 있는 것은 사실이지만, 다른 한편으로는 고령층 이외에도 이와 같은 장기요양 서비스를 필요로 하는 계층도 존재한다.

예컨대, 고령자가 크게 부각되기 이전에도 장애자나 만성병 질환자 등이 그 대상자로서 존재하였으며, 최근에는 에이즈 환자, 치매 환자, 약물중독자 등도 그 대상자로서 부각되는 경향을 보이고 있다(https://en.wikipedia.org/wiki/long-term_care).

장기요양은 기본적으로 오랜 기간에 걸쳐 증상이 진행되고, 회복 또한 오랜 기간이 소요되는 기능성 장애 등에 대한 관련 서비스의 지원에 초점이 주어지기 때문에 단기치료(acute cure)보다는 만성질환지원(chronic care) 등과 깊은 관계가 있다. 따라서 스스로 자신의 일상생활을 영위함에 어려움을 경험하고 있는 대상자라면 연령이나 질환의 종류를 넘어서서 대상자에 포함시키려는 흐름도 일부 나타나고 있다(增田雅暢, 2014).

한편, 한국의 노인장기요양보험제도 역시, 이와 같은 역사적 배경과 한국사회의 경제·사회적 환경 등을 고려한 위에 도입·시행되고 있는데, 이는 '고령이나 노인성 질병 등의 사유로 일상생활을 혼자서 수행하기 어려운 노인 등에게 제공하는 신체활동 또는 가사활동의 지원 등'이라는 노인장기요양보험법 제1조를 통해서도 상당 수준 이를 엿볼 수가 있다.

이와 같은 차원에서 한국의 장기요양제도와 관련하여 우선 지적할 수 있는 것은 대상자 및 관련 서비스에 대한 일정 수준의 제한이다(선우 덕 외 15인,

2012).[5] 이와 같은 부분에 대한 자세한 내용은 한국의 장기요양보험제도에서 살펴보기로 하고, 여기서는 정리하는 차원에서 간단히 살펴본다.

대상자에 대한 제한이다. 즉, 일상생활 기능의 수행과 관련하여 타인 또는 사회 환경의 도움을 필요로 하는 노인 등으로[6], 그 대상을 일단은 '노인 등'으로 한정하고 있다.

다음으로, 조건 및 관련 서비스의 제한이다. 동 제도의 경우, 일생생활 관련된 기능 장애가 일정 기간 지속·유지되어야 하며, 나아가서 제공되는 서비스의 범위 역시 일정한 제한이 있다.

따라서 한국의 장기요양제도의 경우, 대상자나 지원 가능한 서비스에 있어서 국제적 흐름에 비추어 상대적으로 제약되어 있음을 엿볼 수가 있다.

Ⅲ. 제도화 배경

전 세계는 2005년을 기점으로 고령화율이 7.0%를 초과하여 고령화사회로 전환되었으며, 이후에도 고령화는 지속되어 2023년 현재 일부 OECD 국가는 초고령사회를 맞이하게 되었다(UN,2022; 國立社會保障·人口問題研究所, 2023).

이와 같은 급속한 고령화 및 고령사회로의 전환에 즈음하여, 새롭게 등장하기 시작하였던 사회적 현안 과제의 하나가 고령자의 장기요양 수요의 증가이었다. 이와 같은 현상의 이면에는 장기요양 대상자로의 전환율이 상대적으로 높은 후기 고령층의 급증이 큰 위치를 차지히였다.

이와 같은 사회적 현상에 즈음하여, OECD 회원국을 중심으로 1990년대 초반부티 장기요양제도, 특히 고령자를 대상자로 한 장기요양제도의 도입을 본격적으로 모색하게 되었다.

이와 관련하여, 당시 OECD 19개 회원국을 중심으로 검토하였던 소위 「고령자 장기요양 보고서」에 담긴 내용을 중심으로 고령자의 장기요양제도의 검토

5) 이하의 관련 내용은 다음 글을 참조하였음(선우덕 외 15인, 2012).

6) 노인 등은 '65세 이상 노인 또는 65세 미만 자로서 대통령령이 정한 노인성질병을 가진 자'임.

배경 및 관련 내용을 정리하면 다음과 같다.[7)]

1. 노년층의 규모 및 비율 증가

1990대에 들어서면서 상대적으로 고령층의 규모가 급격히 증가하였는데, 이와 관련하여 특히 주목되었던 부분은 장기요양 서비스 대상자로의 전환 가능성, 즉 대상자로의 전환율이 상대적으로 높은 후기 고령층의 증가이었다.

예컨대, OECD 주요 회원국의 경우, 2000년 현재 전체 고령자 대비 후기 고령자의 비율은 약 27.7%이었지만, 2040년경에는 약 31.1%까지, 특히 한국의 경우에는 약 52%까지 증가할 수 있을 것으로 전망되었다(표3-8).

한편, 고령자의 장기요양 대상자로의 전환율에 대한 자료는 매우 귀하다. 일본 사회의 관련 경험을 중심으로 이를 추론하면 다음과 같다. 일본 사회의 경우, 전체 고령자 중에서 장기요양 대상자로의 전환율은 약 16%, 그 중에서 69~74세 그룹은 약 4.5%, 75세 이상자 그룹은 약 28% 수준으로 추론되었다(增田雅暢, 2014).

이와 같이 후기 고령층으로 갈수록 장기요양 대상자로의 전환율이 급격히 증가함을 엿 볼 수 있다.

이와 같은 사회적 환경 속에서, OECD 국가에서는 1990년대 초반기부터 고령자를 위한 장기요양제도의 도입을 둘러싸고 대대적인 검토 작업이 시작되었다.

2. 공적 장기요양제도의 도입에 따른 기존의 '사적 장기요양제도'에 대한 재평가

대부분의 국가에서 공적 장기요양제도가 도입되기 이전까지 장기요양을 담당하여 왔던 중요한 제도가 배우자·가족·친지 등과 같은 소위 사적 부문의 장기요양제도이었다.[8)] 따라서 공적 장기요양제도가 도입될 경우, 그와 같은 기존의 사적 장기요양제도의 역할을 어떻게 규정할 것인지에 대한 논란이 나타나게

7) 이하의 내용은 다음 저서를 참조하여 기술하였다(增田雅暢, 2014).
8) 이것은 비공식적 지원(informal care)을 의미하는 것으로 볼 수 있다.

되었다.

OECD 19개 회원국을 대상으로 이와 관련된 현황을 살펴본 결과, 공적 장기요양제도의 도입에도 불구하고, 가족 등을 중심으로 한 기존의 사적 장기요양제도는 여전히 유효한 역할을 수행할 것으로 밝혀졌다.

예컨대, 공적 장기요양제도의 도입에도 불구하고 대상자들이 필요로 하는 상당 수준의 장기요양 서비스는 여전히 사적 장기요양체제에 의하여 이루어질 것으로 나타났다.

이때, 공적 장기요양보제도의 도입에도 불구하고, 사적 장기요양체제가 여전히 일정한 역할을 담당하게 되며, 이와 같은 역할을 담당하는 다수 인력이 여성 그룹이며, 이들은 노동시장에 참여할 수 있는 기회에 제약을 받는 것으로 나타났다.

따라서 사적 장기요양에 참여하는 이들의 부담감 및 노동 시장 참여에 대한 기회 제한 등에 대한 보완책 마련이 과제로 나타나게 되었다(최은영 외 3인, 2005; 增田雅暢, 2014).

3. 독거노인의 급증 및 고령자 장기요양수요 증가

OECD 회원국의 경우, 시간이 흐르면서 가족의 규모 축소 및 핵가족화가 급속히 진행되었다. 예컨대, 영국·독일 등과 같은 OECD 국가의 경우, 조만간 노인 가족은 급속히 2인 가족 구조로 전환될 것으로 전망되며, 그동안 대가족 구조를 선호하였던 일본이나 한국·중국 등에서도 이와 같은 모습은 빠르게 나타나고 있었다.

여기에 더하여 배우자의 사망 등으로 고령자 1인의 독거노인 세대도 증가하고 있다. 예를 들면, 캐나다의 경우, 75세 이상 노인층의 약 50% 정도가 독거노인 가구이며, 스웨덴과 영국 역시 약 40%의 수준이었고, 일본도 이와 같은 경향이 나타나 2030년경에는 2015년에 비하여 약 1.9배 증가된 약 720만 독거노인 세대가 니디날 것으로 전망된다.

따라서 고령자 집단의 잠재적 장기요양수요는 더욱 증가할 것으로 전망된다.

4. 고령자의료비의 증가 및 의료보장제도의 재정 압박

고령자 장기요양 수요의 확대에 따른 부가적 현상의 하나로써 노인의료비의 증가 및 이에 따른 기존의 의료보장제도 등에 미칠 재정적 압박이었다.

고령화에 따른 노인 규모의 확대와 이에 따른 노인장기요양 수요의 급증은 다른 한편으로는 건강보건의료에 대한 수요 확대로 연계되었다.

예컨대, 노인장기요양 대상자의 경우, 일반 병·의원을 통해서는 치료 효과가 별반 크게 나타나지 않음에도 불구하고, 일반 병원에 장기간 입원하는 소위 '사회적 입원'으로 전환되어, 기존 의료보장제도에 대한 재정 압박을 불러왔다.

이와 같은 경험은 특히 독일, 일본, 한국 등을 중심으로 많이 나타났다. 그리하여 독일 등을 중심으로 이와 같은 장기요양수요에 대응할 수 있는 새로운 방안으로써 기존의 의료보장제도와 분리·독립된 새로운 제도 모색하였다.

현재 시행되고 있는 독일, 일본, 한국의 장기요양보험제도는 이와 같은 흐름의 연장선상에서 제도화된 것이다(정재욱, 2018; 보건복지부·한림대학교산학협력단, 2020).

IV. 유형 구분

앞에서도 살펴보았듯이 장기요양제도는 고령자를 포함하여 장기요양을 필요로 하는 대상자가 오랜 기간에 걸쳐 지역사회 등에서 자신의 일상생활을 독립적으로 영위할 수 있도록 일상생활과 관련된 요양서비스 등을 지원하는 공적 사회보장제도의 하나이다.

따라서 요양보호의 대상자는 동 제도를 통하여 일련의 서비스(현물)나 현금 등을 지원받게 되며, 동 제도 운영에 따른 재원은 원칙적으로는 조세 등과 같은 공비(公費)로 조성될 수 있음을 엿볼 수 있다.

그러나 이와 같은 기본 전제에도 불구하고, 각국은 자신들이 직면하고 있는 경제·사회적 환경 등을 고려하여, 보다 다양한 모습의 관련 제도를 도입·운영하고 있다. 예컨대, 대상자, 서비스 종류[9], 이용 기한, 재원 부담, 운영 주체 등에 있어서 일련의 차이를 보인다.

이와 같은 차원에서 동 제도의 구성 요인을 중심으로 제도 유형을 구분하면 다음과 같다(장재혁 외 11인, 2010; 增田雅暢, 2014).

첫째, 재원조달의 방법에 따른 유형 구분이다.

장기요양보장제도의 운영과 관련하여 소요되는 재원 조달의 방법은 크게 ㉠ 일반세(조세), ㉡ 보험료로 구분된다.

이때, 일반세를 주된 재원으로 하는 경우에는 공적 기관, 예컨대 행정기관(지자체, 공단 등)이 장기요양 서비스의 지급 방법 및 관련 내용 등을 우선적으로 결정하는 소위 「사회부조적 방식」을 채택하고 있는 경향이 강하다.

이에 비하여 보험료를 주된 재원으로 하는 경우에는 보험운영자(보험자)가 요양 급부의 지급 방법 및 관련 내용 등을 결정하는 소위 「사회보험적 방식」을 채택하는 경향이 높다.

OECD 국가의 경우, 고령사회로의 진전이 급속히 지속됨에 따라, 사회보험적 방식을 채택하는 국가가 증가하는 경향을 보이고 있다. 예를 들면, 1968년에 네덜란드가 국민건강보험(이것은 사회보험적 방식의 재정 운영)의 일부 재원으로 시설노인장기요양을 제공한 이후, 독일(1995년), 룩셈부르크(1999년), 일본(2000년) 및 한국(2008년) 등도 보험료에 기초하여 관련 서비스를 제공하는 방향으로 제도 운영을 시행하고 있다.

한편, 미국은 거택 및 시설급부의 경우에는 그 재원이 보험료로써 일부 충당되고 있지만, 그것은 어디까지나 노인용 의료보험제도에 해당되는 소위 메디케어(medicare)에 따른 급부의 일종이기 때문에, 이것은 일본이나 한국 등에서 말하는 장기요양보험제도와 같은 독립된 제도에 의하여 이루어지는 요양급여와는 차이가 있다(최은영 외 3인, 2005; 장재혁 외 11인; 增田雅暢, 2014).

둘째, 수급 대상자의 범위에 따른 유형 구분이다.

당해 제도에 따른 수급 대상자의 범위는 크게 ㉠ 전 국민을 대상자로 하는 것, ㉡ 노인 등과 같은 일부 계층만을 대상자로 하는 것으로 구분할 수 있다.

---

9) 한국에서는 이를 통칭하여 '급여'라고 표현한다.

이때, 조세를 주된 재원으로 하는 사회부조적 방식을 채택하고 있는 대부분의 국가에서는 전체 국민을 대상자로 하는 경우가 많지만, 프랑스는 60세 이상의 노인만을 대상자로 하고 있다.

이에 비하여, 사회보험적 방식을 채택하고 있는 국가의 경우에는 독일·룩셈부르크 등과 같이 전체 국민을 대상자로 하는 국가도 있고, 일본·한국 등과 같이 일정 연령층만을 대상자로 하는 경우도 있다. 한국은 원칙적으로 65세 이상의 자, 일본은 40~64세 및 65세 이상의 자로 재구분하고 있다(이에 대한 보다 구체적인 내용은 관련 영역을 참조 바람).

한편, 일본의 경우, 노인복지와 장애자복지는 관련 제도, 근거법, 관련 서비스 등에 있어서 일찍부터 독자적 발전을 하여 왔던 관계로, 장애자를 장기요양제도의 대상자에 편입시키는 것에 대하여 장애자 단체의 강한 반발이 있었다. 그리하여 장애자는 장기요양제도가 아닌 장애자복지법상의 대상자로 남게 되었다.

따라서 일본의 장기요양제도는 사실상 노인만을 대상자로 하고 있음에 비하여, 법률의 명칭에 있어서는 일반인을 대상자로 하는 것처럼 개호보험법(介護保險法)이라는 명칭을 사용하고 있다(정재욱, 2015; 2017).[10]

셋째, 급여(서비스, 급부)의 내용에 따른 유형 구분이다.

장기요양제도에 따른 급여의 경우, 시행되는 장소를 기준으로 유형화하면 크게 ㉠ 재가급여, ㉡ 시설급여로 구분할 수 있다. 대부분의 국가에서는 이와 같은 2 가지 급여를 병행·시행하고 있다.

OECD 국가의 경우, 가능한 대상자들이 시설보다는 자택이나 지역사회 등에서 자신의 일상생활을 영위하는 상태에서, 그들이 필요로 하는 관련 서비스를 이용할 수 있도록 이를 지원하는 것을 중시하고 있기 때문에, 재가급여에 상대적으로 많은 더 정책적 배려를 두고 있다.

빠른 고령화를 보여주었던 일본의 경우에도 고령자가 비록 장기요양지원이 필요로 한 상태에 놓이게 될지라도, 가능한 그들의 삶에 익숙한 자택이나 지역사회에서 자신의 일상생활을 보낼 수 있도록 관련 서비스를 지원하는 것을 장기요양의 중요한 이념으로 삼고 있으며, 이를 대변하여 제도의 하나가 지역밀착형

10) 노인장기요양보험의 경우, 법 명칭에서부터 대상자를 노인으로 한정하고 있지만, 일본은 개호보험법이란 명칭으로 인하여 일반인을 대상자를 삼는 인상을 주고 있다.

개호지원(서비스)이다(일본사회복지법 제107조).[11]

참고로, OECD 국가 중에서 특히 재가 서비스의 이용률이 높은 나라로는 노르웨이와 오스트리아 등이다.[12][13]

한편, 재가(거택) 서비스의 확대 시책과 관련하여 주목되는 것이 동거 가족이나 홈헬퍼(home helper) 등에 대한 지원이다.

예를 들면, 독일·오스트리아 등에서는 장기요양 서비스를 제공하는 가족에게 장기요양수당을 지급하기도 하며, 미국·오스트리아·스웨덴 등에서는 장기요양지원으로 인하여 발생하게 되는 근로자의 수입 감소분에 대한 지원의 일환으로써 이들에 일정 수준의 현금 지급 등을 시행하는 경우도 있다(최은영 외 3인, 2005; 增田雅暢, 2014).[14]

넷째, 급여(서비스)의 형태에 따른 유형 구분이다.

장기요양제도에 따른 서비스의 유형은 크게 ㉠ 현물급부, ㉡ 현금급부로 구분된다. 국가에 따라서는 현물급부만을 제공하거나, 현금급여를 병행하기도 한다.

예를 들면, 스웨덴의 경우에는 가족이 자신의 집에서 장기요양 서비스를 지원하는 경우에는 현물급여에 더하여 일부 현금급여는 물론이고, 가족 수발자(서비스 제공자)에 대하여 코뮨(기초지방자치단체)이 일정 기간 이들을 고용하는 경우도 있다.

한편, 일본은 개호보험제도의 도입 과정에서 현금급여를 둘러싸고 논란이 있었다. 그러나 가족요양의 고정화, 급여의 무단 사용의 가능성, 서비스의 질적 저하, 새로운 급여에 따른 비용 부담 등을 이유로 현금 급여를 제외시켰다(정재욱, 2009; 增田雅暢, 2014).[15]

다섯째, 장기요양 서비스의 제공 주체에 따른 유형 구분이다.

장기요양서비스를 공급하는 주체는 크게 ㉠ 지방자치단체와 같은 행정기관 및 관련 직원, ㉡ 이와 같은 행정기관으로부터 위탁을 받은 민간사업자, ㉢ 대상

11) 일본은 사회복지법 개정(2000. 6)을 통하여 시정촌의 지역복지계획 수립·시행을 법제화하였다.
12) 2000년 현재 오스트리아는 65세 이상자의 비율이 14.8%, 노르웨이는 18.0% 수준이다.
13) 노르웨이와 스웨덴은 한층 강화된 거택 서비스를 제공하고, 오스트리아호주네덜란드 등은 거택 서비스에 대한 각종 인센티브를 제공하고 있다.
14) 국가에 따라서는 대상자를 위한 일시위탁 서비스(respite care service)도 시행하고 있다.
15) 현금 급부라고 하여도 급부가 사적 수발 영역에서 관련 서비스의 구입에 사용될 경우, 현물급부와 비슷한 기능을 할 것으로 볼 수도 있다.

자가 주체를 자유롭게 선택할 수 있는 민간사업자 등으로 구분할 수 있다.

이와 같은 구분은 재원조달 방식과도 깊은 관계를 이루고 있다. 즉, 사회부조적 방식을 채택하는 경우에는 행정기관 지향적 형태, 사회보험적 방식은 민간사업자 지향적 형태를 많이 보이고 있다.

이때, 전자의 경우는 스웨덴이 전형적 모습이다. 스웨덴은 「에델 개혁」에 의하여 기초지방자치단체인 코뮨이 재가서비스의 책임 주체가 되어있으며, 코뮨이 홈헬퍼 사업 등을 수행하고 있다.

이에 비하여, 후자의 경우에는 공익단체 및 주식회사 간의 혼합 형태를 많이 취하고 있다. 독일의 경우를 살펴보면, 장기요양보험제도의 도입으로 인하여 요양서비스의 제공기관으로서의 민간사업자의 참여가 크게 증가하고 있다.

예컨대 독일의 경우, 장기요양사업의 약 60%를 유한회사 등과 같은 민간사업자가 차지하고 있으며, 약 40%는 사회복지단체와 같은 공익단체, 그리고 기초지방자치단체인 코뮨과 같은 행정기관은 2% 수준에 지나지 않는다.

일본의 경우에도 개호보험제도의 도입으로 영리법인과 같은 민간사업자의 참여가 크게 증가하고 있다. 예를 들면, 방문개호사업소의 약 50% 이상이 영리법인이며, 사회복지법인이 그 다음 순위를 차지하고 있다(정재욱, 2011; 2017).

여섯째, 가족에 대한 장기요양수당의 지급 여부에 따른 유형 구분이다.

장기요양제도의 시행에도 불구하고, 특히 재가요양의 경우에는 가족·친족·지인 등과 같은 사적 주체들이 여전히 많은 역할을 수행하고 있다.[16]

예를 들면, 독일의 경우, 재가서비스를 받고 있는 대상자 중에서 가족 등으로부터 요양서비스를 받고 있는 수급자와 요양사업자로부터 요양서비스를 받고 있는 수급자의 비율이 2005년 현재 약 8 : 2로 나타났다.

이와 같은 현상은 장기요양보험제도하에서도 재가서비스에 있어서는 여전히 가족 등에 의한 지원이 큰 비중을 차지하고 있음을 반증한다. 일본에서도 이와 비슷한 현상이 나타나고 있다.

일본의 경우, 개호보험법에 따른 재가(거택)서비스는 거택개호사업자가 제공하는 서비스에 한정되어 있지만, 비공식적 차원에서 가족 등에 의한 상당 수준의 재가서비스가 이루어지고 있는 것도 사실이다.

16) 이와 같은 현상을 대변하는 국가가 스웨덴이다.

한국의 경우, 노인장기요양보험법에 의하여 가족에 의한 장기요양지원을 법적·공식적으로 인정하고 있다.

예를 들면, 노인장기요양보험법 제23조에서는 장기요양급여의 종류로써 재가급여, 시설급여 및 특별현금급여를 규정함과 동시에, 특별현금급여의 일종으로써 가족요양비를 규정하고 있다(이에 대한 보다 구체적인 내용은 제5장에서 자세히 다루고 있다).

제 05 장

한국의 노인장기요양보험제도

제 1 절

운영구조

I. 개 관

한국 사회에 있어서 장기요양에 대한 논의는 장애인복지를 중심으로 먼저 나타났다. 이는 장애인복지의 상당 부분이 성격적으로 장기간에 걸친 재활과 돌봄이 필요하며, 나아가서 일반 병원을 통한 치료에 더하여 가정과 지역사회 등을 통한 장기간에 걸친 지원과 원조 등이 필요하기 때문이었다(손광호, 2013; 정일교 · 김만호, 2011).

그러나 OECD 회원국의 경험에 비추어 볼 때, 장기요양의 제도화에 대한 본격적인 논의는 고령사회의 대두와 깊은 관계가 있었다. 즉, 고령사회의 대두와 함께 고령층을 중심으로 한 장기요양수요가 급속히 증가하면서, 각국은 이에 대한 대응 방안의 하나로써, 자신의 경제 · 사회적 여건 등을 고려한 위에 다양한 형태의 장기요양제도를 모색하였다(정재욱, 2018).

한국 사회 역시, 노인장기요양이라는 명칭을 통해서도 짐작할 수 있듯이, 당해 제도 도입은 고령층 증가와의 깊은 관계가 있다. 한국 사회는 2000년 이후 급속히 진행되어 온 고령화 및 고령층의 급증에 즈음하여, 2008년 7월부터 노인장기요양보험제도를 도입 · 시행하였다.

이와 관련하여, 본 저서에서는 고령사회에 즈음하여 노인복지의 핵심적 영역으로 부각되고 있는 한국 사회의 노인장기요양보험제도(이하, 동 제도)에 대하여 이를 살펴보기로 한다. 이때, 본 절에서는 동 제도의 제도화의 배경, 기본 이념, 기본적 운영구조 등을 중심으로 살펴보고, 다음 절부터는 동 제도의 운영구조를 형성하고 있는 핵심 요인들을 중심으로 이를 살펴보기로 한다.

Ⅱ. 제도화

1. 배경

한국 사회에 있어서 동 제도는 다섯 번째로 도입·시행되는 공적 사회보험제도로써,[1] 독일과 일본 등의 관련 제도를 많아 참고하였다. 한국 사회에 있어서 동 제도의 도입배경 및 과정을 간단히 정리하면 다음과 같다.[2]

첫째, 급속한 고령화와 이에 따른 노인장기요양수요의 급증이었다.

한국 사회에 있어서 동 제도가 도입된 결정적인 배경의 하나는 매우 빠른 고령화이었다. 앞에서도 살펴보았듯이 2000년에 고령화사회로 진입한 이후, 그 속도는 더욱 빠르게 진행하여 2018년에 고령사회, 2025년을 전후하여 초고령화사회, 2050년에는 고령화율이 40%에 육박할 것으로 지적된다(통계청, 2023).

이와 같은 빠른 고령화는 동시에 장기요양을 필요로 하는 노인층 역시 증가시켜가는 모습을 보였다. 예컨대, 고령화율 8%에서는 장기요양지원을 필요로 하는 노인층이 전 국민 대비 약 1.3%이었지만, 고령화율 14%에서는 약 2.3%로 전망되었다(정재욱, 2015).

일본의 경우에는 고령화율 14%에서 그 규모는 약 1.7%이었고, 고령화율 17.2%에서는 약 2.2%로 나타났다(全国社会福祉協議会, 2001; 福祉士養成編輯委員會, 2004), 따라서 지금과 같은 양상이 지속될 경우, 고령사회의 도래에 따른 장기요양지원을 필요로 하는 잠재적 수요자의 비율은 일본에 비하여 상대적으로 높을 수 있을 것으로 예상된다.[3]

둘째, 공급자 중심적 요양지원 이용 구조 및 관련 인프라의 부족이었다.

한국의 경우, 노인장기요양보험제도가 시행되기 이전까지는 장기요양을 필요로 하는 노인일지라도 공적 시설에 입소할 수 있는 사람은 원칙적으로 국민기초

---

1) 5대 보험은 고용보험, 산업재해보상보험, 국민건강보험, 국민연금보험, 노인장기요양보험을 의미.

2) 이하 내용은 鄭載旭(2007) 및 정재욱(2015)을 바탕으로 재구성한 것이다.

3) 이와 같은 원인 또는 배경에 대한 한국과 일본 간의 객관적 비교연구 자료는 매우 드물다. 잠정적으로 볼 때, 2010년 이후 후기고령층에 도달하게 되는 한국 고령층의 청·장년시절의 경제적 어려움 및 보건·의료체제의 낙후와도 일부 관계가 있을 것으로 본다.

생활보장대상자(수급권자, 구 생활보호대상자)로 되어있었으며, 공적 시설에의 입소 여부에 대한 결정권도 행정기관이 행사하는, 소위 행정조치제도를 취하고 있었다.

따라서 장기요양지원을 필요로 하는 노인이라고 할지라도, 관련 서비스의 이용 과정에 있어서 당사자의 자기 선택권과 결정권은 사실상 제한되어 있었다.

이에 더하여 관련 공적 시설도 매우 부족하였다. 예컨대, 2003년 현재 이와 같은 공적 입소시설은 241개소이었고, 공적 시설에 입소할 수 있는 총 인원은 16,262명이었다. 그런데, 당시 이와 같은 장기요양지원을 필요로 하였던 대상자는 총 596,466명 규모이었다. 따라서 당시 공적 시설을 이용할 수 있는 대상자는 관련 서비스를 필요로 하는 그룹의 약 3~4% 수준에 지나지 않았다.

따라서 당시, 장기요양지원을 필요로 하는 다수의 노인층은 당해 가족이나 또는 많은 비용이 소요되는 유료노인시설 등을 이용할 수밖에 없었다.

그러나 여성의 사회 진출이 확대되면서 당해 가족을 중심으로 한 장기요양지원에는 많은 한계가 나타났고, 이에 따른 가족 간의 갈등도 증폭되었다. 물론, 일부에서는 유료노인시설을 이용하는 경향도 있었지만, 이와 같은 시설의 경우, 당시 월 150~250만 원에 달하는 높은 이용료로 당해 가족의 부담은 매우 컸다.

셋째, 노인부양 가족의 경제적 부담의 가중이었다.

한국 사회가 앉고 있는 노인문제의 근본적 현안 과제의 하나가 고령자의 낮은 소득 수준이다. 여기에는 많은 이유가 있겠지만, 공적 연금제도(예컨대, 국민연금제도 등)의 미성숙이 큰 자리를 차지하고 있다. 국민연금의 경우, 40년 가입자의 급여 수준을 기준으로 볼 때, 연금수급액의 소득대채율은 2028년부터는 평균소득의 40% 수준으로 되어있다.

따라서 노후에 치매·중풍·노인성질환 등으로 인하여 장기요양지원이 필요로 한 상태에 놓이게 되면, 다수의 노인층은 자신의 경제력만으로는 이를 감당하기 어려워, 결국은 가족과 자식에게 경제적으로 「짐」으로 전락되게 되었다.

이와 같은 현상은 장기요양 대상 노인의 인간적 존엄과 인격 유지에도 많은 어려움을 나타났다.

넷째, 노인의료비 급증에 따른 국민건강보험 재정의 어려움이었다.

빠른 고령화와 이에 따른 장기요양지원을 필요로 하는 노인층의 증가는 다른 한편으로 노인의료비의 증가로 연계되었다. 당시까지는 노인의료비의 대부분은 국민건강보험재정에서 충당되었기 때문에, 노인의료비의 증가는 바로 국민건강보험재정에 대한 압박이 나타나기 시작하였다.

예컨대, 국민건강보험재정 대비 노인의료비의 비중을 보면, 1995년에는 약 12.2%이었지만, 2004년에는 약 2배 증가한 22.9%로 나타났다. 이와 같은 노인의료비의 급속한 증가에는 다양한 요인이 자리하겠지만, 가장 주목되었던 것은 노인장기요양비의 증가이었으며, 그와 같은 추세는 시간이 갈수록 더욱 강화되었다(보건복지부, 2005).

이와 같은 흐름 속에서 기존의 국민건강보험 재정으로부터 분리·독립된 새로운 형태의 운영체제의 도입 필요성이 모색되었으며, 이와 같은 차원에서 노인장기요양보험제도가 검토되었다.[4]

다섯째, 노인장기요양에 대한 사회적 의식의 변화이었다.

기존의 한국 사회는 경로효친 사상 등으로 부모 등을 자신의 가정에서 부양하는 것을 미덕으로 삼았다. 따라서 부모 등이 장기요양 상태에 놓이게 될지라도, 이를 자신의 가정에서 요양하는 것을 중요하게 인식하였다.

그런데 이와 같은 사고방식에 변화가 나타났다. 예컨대, 보건복지부는 노인장기요양을 둘러싸고 국민의식조사를 2004년 11월부터 2005년 6월까지 세 차례에 걸쳐 실시하였는데, 그 결과를 종합하면 노인장기요양을 「당해 가족만이 그 책임을 지기보다는 사회적 공동책임으로 해결하는 것이 더 바람직하다」는 응답이 전체 응답의 87%로 나타났다(한길리서치, 2005). 나아가서 향후 이와 같은 장기요양보험제도를 도입할 경우, 「매월 장기요양보험료를 지불하겠다」는 응답도 전체 응답의 72%로 나타났다.

이와 같은 조사 자료에 의거하여, 한국 사회는 노인장기요양을 둘러싼 국민의 의식이 크게 변화하고 있는 것으로 보았고, 나아가서 그 방향도 기존의 가족중심에서 사회적 연대의식 또는 사회공동체적 의식에 기초한 모습으로 변화하는 것으로 평가하였다.

이와 같은 사회적 변화 흐름 속에서 2008년 7월을 기점으로 노인장기요양보험제도를 도입·시행하게 되었다.

---

4) 당시, 국민건강보험재정의 악화에는 소위 「사회적 입원」도 큰 몫을 담당하였다. 즉, 장기요양대장자임에도 불구하고 일반병원에 장기간에 걸쳐 입원으로 인하여 의료비의 급증도 나타났다.

2. 주요 과정

한국 사회에 있어서 노인장기요양보험제도의 도입 과정을 간단히 정리하면 다음과 같다. 먼저, 노인장기요양에 대한 이미지이다. 한국 사회의 경우, 노인복지법의 제정(1982년)과 함께 노인요양시설에 대한 관련 규정이 생겼고, 1987년에 처음으로 민간 차원의 가정봉사원 파견 사업이 실시되었지만, 장기요양에 대한 논의나 구체적 개념은 나타나지 않았다.

한편, 이때를 전후하여 학계 등을 중심으로 재가복지 또는 재가복지사업과 같은 용어는 일부 사용하기 시작하였지만, 여전히 공식적 용어로는 사용되지 못하였고, 사회복지 실천 현장을 중심으로 일부 사용되었다(이광재, 2007).

1993년 노인복지법의 개정을 통하여 재가복지사업이라는 명칭이 처음으로 공식적으로 사용되었고, 이에 따른 사업으로써 가정봉사파견사업, 주간보호사업, 단기보호사업과 같은 3 종류의 관련 사업이 제도화되었다. 이와 같은 재가복지사업의 제도화를 통하여 한국 사회에서는 제도적 측면에서 장기요양에 대한 기초적 논의 기반이 시작된 것으로 평가된다.

한편, 이와 같은 기반을 더욱 강화시킨 것이 1997년의 노인복지법에 대한 일부 개정을 통한 4 종류로의 노인복지시설의 등장이었다. 이때, 노인의료복지시설과 노인재가복지시설은 장기요양의 실체화를 염두에 두었다는 측면에서, 노인장기요양에 대한 논의를 강화시킬 수 있었던 기반이 되었다.

물론, 이와 같은 논의의 장(場)에 추진력을 더하였던 요인의 하나가 당시 일본에서 진행되고 있었던 개호보험제도에 대한 다양한 논의 및 관련 자료이었다(정재욱, 2015, 2017; 鄭載旭, 2007; 2016). 당시 일본은 급속한 고령화에 따른 증가하는 장기요양 니즈에 대한 대응 방안의 하나로써 개호보험제도(介護保險制度)의 도입을 폭넓게 검토하고 있었다.[5]

이와 같은 국내·외적 흐름과 학계의 논의를 중심으로 노인장기요양에 대한 논의가 보다 구체화되었고, 나아가서 정치권에서도 많은 관심을 나타내어 마침내 노인장기요양에 대한 제도화의 작업이 빠르게 진행되게 되었다(정재욱, 2005; 2006b; 2018).

5) 각주 내용없음, 확인 바랍니다.

이와 같은 배경 속에서 진행된 한국 사회에 있어서의 노인장기요양보험제도의 도입 과정을 간단히 정리하면 다음과 같다. 이와 관련하여 먼저 주목되는 바는 당시 노무현 참여정부(이하, 참여정부)가 노인장기요양제도의 도입을 국정과제의 하나로써 삼았다는 점이다. 참여정부는 보건복지부 산하에 관련 위원회 등을 설치하고, 이후 오랜 기간에 걸쳐 연구·검토 작업을 계속하였다.

이와 같은 과정에서 중요한 역할을 하였던 것이 보건복지부 산하에 설치·운영되었던 '공적 노인요양보장추진기획단'과 '동 실행위위원회'이었다. 동 위원회 등은 노인장기요양보험제도의 모형 개발에 많은 노력을 기우렸다(선우덕 외 15인, 2012)).

이후 참여정부는 제도 모형(안)을 마련하여, 3 차례에 걸친 시범 시행을 거쳐서, 2008년 7월 1일부터 이를 시행하게 되었는데, 이것이 2000년 이후 약 8년여 년 간에 걸쳐 연구·검토되었던 노인장기요양보험제도이었다.

한편, 동 제도는 시행 이후, 지금까지 여러 차례에 걸친 보완 작업이 있어왔다. 이와 관련된 중요한 내용을 제목의 차원에서 정리하면 다음과 같다. ㉠ 고용허가제로 입국한 외국인 근로자에 대한 보험료 부담 완화와 관련하여 '외국인 근로자 장기요양가입자 제외제도' 도입, ㉡ 본인일부 부담금 면제·할인 행위금지, 거짓 청구한 경우 위반사실 공표, 행정제재처분의 효과 승계 등과 관련하여 '장기요양기관의 운영질서 확립 및 관리 강화', ㉢ 5등급(일명 치매특별등급) 신설 등 3등급체계에게 5등급체계로의 개편과 관련하여 '노인장기요양 등급체계 개편', ㉣ 신체적 기능 상태와 관계없이 모든 치매질환어르신까지 장기요양서비스 대상자가 될 수 있도록 개선하는 차원의 '인지지원등급 신설', ㉤ 저소득계층 수급자의 경제적 부담완화 차원의 '장기요양 본인 일부담금 감경대상자 확대', ㉥ 장기요양유호기간을 1년에서 2년으로 연장하는 '장기요양인정유효기간 연장', ㉦ 척수성 근위축 및 관련 증후군(G12), 달리 분류된 질환에서의 일차적으로 중추신경계통에 영향을 주는 계통성 위축(G13), 다발경화증(G35) 등을 '노인성 질병 종류에 추가'(국민건강보험공단 홈페이지) 등이다.

Ⅲ. 이념 및 운영구조

1. 기본 이념

노인장기요양보험제도가 추구하는 기본 이념은 동 제도의 운영 방향 및 존재 가치 등과 관련하여 중요한 의미를 가진다. 이와 관련하여 먼저 지적하는 부분은 동 제도의 모법인 노인장기요양보험법(이하, 동법)에서는 이에 대한 직접적인 언급은 없으며, 그 대신에 목적(동법 제1조)을 통하여 기본 이념을 간접적으로 제시하고 있다.

한편, 사회복지의 모법인 사회복지사업법에서는 사회복지 전반에 걸친 기본 이념을 제시하고는 있다. 동 사업법에 제시된 기본이념은 비록 포괄적 수준일지라도 사회복지의 모법이라는 측면에서, 이와 같은 내용은 노인장기요양제도에도 일부 원용할 수 있을 것으로 본다.

따라서 여기서는 동법 제1조 '목적' 및 사회복지사업법 제1조의2 '기본이념'을 중심으로 동 제도의 기본이념을 재구성하여 보면 다음과 같다.

먼저, 동 제도의 목적으로 "고령이나 노인성 질병 등의 사유로 일상생활을 혼자서 수행하기 어려운 노인 등에게 제공하는 신체활동 또는 가사활동 지원 등의 장기요양급여에 관한 사항을 규정하여 노후의 건강증진 및 생활안정을 도모하고 그 가족의 부담을 덜어줌으로써 국민의 삶의 질을 향상하도록 하는 것'을 제시하고 있다.

나아가 사회복지사업법에서는 사회복지사업의 기본이념으로 "① 사회복지를 필요로 하는 사람은 누구든지 자신의 의사에 따라 서비스를 신청하고 제공받을 수 있게, ② 사회복지법인 및 사회복지시설은 공공성을 가지며 사회복지사업을 시행하는 데 있어서 공공성을 확보하며, ③ 사회복지사업을 시행하는 데 있어서 사회복지를 제공하는 자는 사회복지를 필요로 하는 사람의 인권을 보장하며, ④ 사회복지서비스를 제공하는 자는 필요한 정보를 제공하는 등 사회복지서비스를 이용하는 사람의 선택권을 보상'는 것"을 제시하고 있다.

이상과 같은 내용을 중심으로 동 제도가 지향하는 기본이념 또는 목적을 다음과 같이 재정리할 수 있을 것이다.

첫째, 장기요양 대상자의 인권과 삶의 질의 보장을 통한 인간 존엄 보장이다.

대상자에 대한 인간 존엄의 보장은 사회복지사업법을 통하여 비교적 잘 나타나 있다. 예컨대, 동 사업법 제1조의2 제3항에서는 '사회복지를 제공하는 자는 사회복지를 필요로 하는 사람의 인권을 보장하여야 한다.'라는 내용이 이를 반증한다.

동법 제1조 역시 '국민의 삶의 질을 향상하도록 하는 것'을 제시하고 있는데, 이것은 대상자의 인간 존엄 보장과 깊은 관계가 있다고 볼 수 있다. 이때, 인간 존엄이란 '연령이나 장애 여부와는 관계없이 누구든지 인간으로서 존중되고, 기본적 인권을 보장받는 것'을 의미한다.

따라서 인간 존엄은 비록 고령자가 치매나 노인성 질환 등으로 장기요양을 필요로 한 상태에 놓이게 될지라도, 신체적 구속이나 학대는 물론이고, 소외·무시 등을 당하지 않고, 인간으로서 자신의 인간다운 삶을 유지할 수 있도록 지원하는 정신과 관련 제도의 실현이 매우 중요하다.

동 사업법에서는 사회복지와 관련하여 대상자의 '인권 보장'을 구체적으로 규정하고 있음에 비하여, 동법에서는 이와 같은 내용 대신에 '삶의 질의 향상'을 제시하고 있다. 따라서 향후 동법의 개정을 통하여 대상자의 인권 보장 또는 인간 존엄에 대한 내용을 보다 구체적으로 규정할 필요가 있을 것으로 본다.

둘째, 자립적 일상생활을 위한 지원과 보장이다.

동 제도가 추구하는 중요한 기본이념의 하나는 장기요양을 필요로 하는 고령자를 대상자로 그들의 자립적 일상생활을 지원 및 보장하는 것이다. 따라서 동 제도를 통하여 제공되는 각종 급여는 이와 같은 기본이념의 실현을 위한 노력의 일환으로 볼 수 있다.

이와 같은 차원에서 지원되는 각종 급여는 일반적으로 치료적 기능보다 일상생활에 대한 지원적 성격이 강하다. 예컨대, 배설·목욕·식사·취사·조리·세탁·청소 등에 대한 지원, 나아가서 간호·간병·진료보조·요양에 대한 상담 및 지원 등이 이에 해당된다, 물론, 현금 지원 등도 일부 이루어진다.

따라서 동 제도는 기본적으로 노인성 질병 등으로 인하여 혼자서 일상생활을 수행하기 어려운 노인 등에게 신체활동이나 가사활동에 대한 지원을 통하여,

그들의 일상생활의 자립성을 제고시키고자 하는, 즉 대상자들이 보다 자립적 일상생활을 영위할 수 있도록 일상생활을 지원하는 기능에 초점을 두고 있다.

셋째, 지원에 따른 사회적 연대성과 책임성의 강조이다.

동 제도가 시행되기 이전까지는 장기요양이 필요한 대상자, 예컨대 치매·중풍 등과 같은 노인성 질환자에 대한 지원은 원칙적으로 당해 가족의 영역에 속하였다.

하지만, 장기요양보험제도는 이와 같은 노인문제를 사회적 연대성과 책임성에 기초하여 이를 공동으로 지원·책임지는 입장, 즉 장기요양에 대한 사회적 연대성과 공동책임성을 강조한다.

고령사회로의 진입에 따른 후기 고령층의 증가와 함께 치매 등에 의한 노인성 질환자가 증가하면서 노인장기요양수요 역시 크게 증가한다. 이와 같은 사회적 현실 속에서는 노인장기요양을 당사자나 당해 가족만으로 대처하는 데는 많은 한계가 나타났다.

따라서 이와 같은 노인문제를 사회적 연대성에 의한 대응, 즉 사회적 공동체의식에 기초한 대응 필요성이 나타나게 되었다.

넷째, 지역사회를 중심으로 한 장기요양의 종합적·체계적 지원이다.

동 제도에서는 관련 서비스 등을 제공함에 있어서 다음과 같은 부분을 중시한다. 즉, 장기요양지원은 노인 등의 심신상태 및 생활환경, 그리고 노인과 그 가족이 가지고 있는 서비스 욕구를 종합·체계적으로 파악한 위에, 가능한 한 그들이 가족과 함께 생활하면서 그들의 삶에 익숙한 지역사회를 중심으로 관련 서비스를 이용할 수 있도록 이를 지원하는, 소위 '재가복지' 차원의 관련 서비스의 제공을 중시한다.

이에 더하여 장기요양을 필요로 하는 노인 등의 심신 상태나 건강 등이 악화되지 아니하도록, 장기요양·의료·기타 관련 서비스 등을 연계하여 종합·체계적으로 제공함을 중시한다.

따라서 장기요양제도는 기본적으로 지역사회(예컨대, 재가복지 등)를 중심으로, 장기요양 서비스를 필요로 하는 고령자의 복지욕구에 맞추어 이를 종합·체계적으로 제공함을 중시한다.

이와 같은 이용 구조를 다르게 표현하면, 가능한 한 시설서비스의 이용을 지양하고, 대상자들이 필요로 하는 서비스를 개별 창구보다 종합·단일 창구를 통하여 종합적·체계적으로 이를 이용할 수 있도록 지원하는 것을 중시한다.

이때, 이와 같은 과정을 지원하는 제도의 하나가 사례관리이다. 한국의 경우, 국민건강보험공단의 관련 직원이 이와 같은 업무를 담당하고 있지만, 원래의 기능을 효과적으로 수행하기에는 한계도 예상된다(정재욱, 2015; 白沢政和, 2003).

동 제도의 지속가능한 발전을 위해서는 이와 같은 부분에 대한 보완이 필요할 것으로 본다.

2. 운영 구조

노인장기요양보험제도(이하, 동 제도)의 운영 구조에 대한 이해는 접근 방법에 따라서 일정한 차이를 보일 수 있겠지만, 여기서는 동법에서 규정하고 있는 동 제도의 핵심적 구성 요인을 중심으로 이를 살펴보기로 한다.

동법에 따르면 동 제도를 구성하고 있는 핵심적 구성 요인은 <그림5-1>과 같이 구분할 수 있다. 먼저, 동 제도는 공적 사회보험제도이기 때문에 기본적으로 보험자와 피보험자가 존재하며, 관련 서비스의 이용을 지원하는 사업자도 존재한다. 여기에 더하여 공적 사회보험제도이기 때문에 국가나 지방자치단체 등의 관여도 나타나게 된다.

따라서 동 제도의 기본적 운영구조는 크게 ① 본 제도의 운영자이며 보험자인 국민건강보험공단, ② 피보험자, 즉 본 제도의 가입자, ③ 본 제도에 따른 관련 서비스를 제공하는 기관·시설, ④ 중앙정부 및 지방자치단체 등으로 구분할 수 있다.

따라서 이하의 논의도 이와 같은 흐름에 따라서 논의를 진행하기로 한다.

그림 5-1 노인장기요양보험제도 운영구조

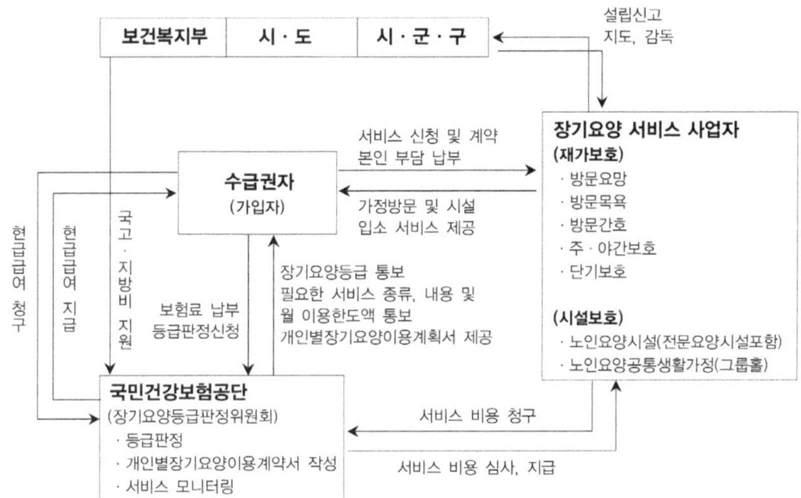

※ 자료 : 관련 법령의 내용 및 정재욱(2015)를 참조하여 재구성.

이때, 여기서는 4 가지 핵심적 구성 요인에 대해 개괄적 수준의 설명만을 하고, 보다 구체적인 내용은 관련 부분에서 논의하기로 한다. 본 제도를 구성하고 있는 핵심적 4 가지 구성 요인 및 관련 내용을 간단히 설명하면 다음과 같다.

1) 보험자이며 제도 운영자인 국민건강보험공단

동 제도는 사회보장제도의 하부 체제에 속하는 사회복지제도의 하나이기 때문에, 동 제도의 운영과정에 따른 권한과 책임은 근본적으로 정부, 나아가서 보건복지부 장관에게 주어져 있다. 예컨대, "장기요양보험사업은 보건복지부장관이 관장"한다는 동법의 규정을 이를 대변한다.

그러나 동 제도의 운영 등과 관련된 「장기요양보험사업의 보험자」는 국민건강보험공단(이하, 공단)으로 되어 있으며(동법 제7조 제2항), 동 제도의 효율적인 운영의 차원에서 장기요양사업의 「관리운영기관」 역시 공단을 규정하고 있다(동법 제48조).

따라서 공단은 동 제도의 운영과 관련하여 보험자이며 동시에 장기요양사업의 관리운영기관으로서 제도 운영 전반에 걸쳐 핵심적 역할을 수행한다.

이때, 보험자의 경우, 우리와 유사한 형태의 제도를 운영하고 있는 일본의 개호보험제도와 비교하여 보면 상당한 차이를 느끼게 된다. 개호보험제도의 경우, 보험자는 기초지방자치단체인 시·정·촌(특별구)으로 되어있으며, 시·정·촌의 규모가 작아서 안정된 개호보험제도의 운영에 어려움이 있을 경우에는 이들 간의 광역연합이나 일부사무조합 등의 특별지방단체를 구성하여 운영하기도 한다(정재욱, 2017; 社會福祉士養成講座編集委員會, 2015).

한편, 공단의 역할 등에 대해서는 이하의 관련 영역에서 자세히 다루기로 하고, 여기서는 공단을 보험자로 규정함에 따른 일련의 이견을 간단히 살펴보기로 한다.

먼저, 공단을 보험자로 하고 있는 가장 핵심적인 이유는 제도운영상의 효율성의 제고이었다(이광재, 2008; 장재혁 외 11인, 2010).[6] 이와 관련하여 살펴보게 되는 것은 동 제도의 기본이념의 하나인 이용자 지향성이다. 기존의 기관(시설, 행정) 중심적 장기요양 이용체제에서 보험료를 지불하는 이용자 지향적 장기요양 이용체제로의 전환이라는 입장에서 볼 때, 사실상 행정관청과 유사한 성격을 가진 공단을 보험자 및 관리운영기관으로 하는 것에 대한 이견이 있을 수 있을 것이다.

이와 같은 차원에서 향후 제도 운영에 따른 민주적 시민참여 및 시민통제의 폭을 넓히는 방향으로의 제도 보안도 필요할 것으로 본다(정재욱, 2009).

한편, 공단이 수행하는 주요 역할, 사업, 조직, 등급판정위원회, 장기요양급여관리·평가 등에 대해서는 이하의 관련 영역에서 이를 다루기로 한다.

2) 보험가입자로서의 피보험자

동 제도는 공적 사회보험 방식을 원용하고 있기 때문에 피보험자, 즉 보험가입자가 존재하게 된다. 이때, 동 제도에 따른 보험가입자는 국민건강보험가입자 및 기타 외국인으로 되어있다(동법 제7조 3항 및 4항). 따라서 본 제도의 보험가입자는 결국 국민건강보험법 제5조 및 제109조의 규정에 따른 가입자와 일치한다(정재욱, 2015).

---

6) 건보공단은 국민건강보험사업을 이미 수행하고 있기에, 이에 병행하여 장기요양사업을 수행할 경우, 관련 인프라 구축, 인·물적 관리, 정보관리 등에 효율성을 도모할 수 있다는 주장임.

한편, 국민건강보험법에서는 보험가입자와 관련하여 '국내에 거주하는 국민 모두를 건강보험의 가입자 또는 피부양자로 하고 있으며(건강보험법 제5조)(정재욱, 2018),[7] 나아가서 외국인 등에 대한 일부 특례도 인정되고 있다.

즉, "'㉠ 정부는 외국 정부가 사용자인 사업장의 근로자의 건강보험에 관하여는 외국 정부와 한 합의에 따라 이를 따로 정할 수 있다. ㉡ 국내에 체류하는 재외국민 또는 외국인으로서 대통령령으로 정하는 사람은 제5조에도 불구하고 이 법의 적용을 받는 가입자 또는 피부양자가 되는 것"이 이에 해당한다.[8]

따라서 동 제도의 보험가입자는 사실상 모든 국민이 되며, 여기에 더하여, 일단의 외국인근로자도 될 수 있다. 한편, 한국은 전국을 하나의 보험구역으로 규정하고 있기 때문에, 보험가입자는 다른 보험자를 선택할 수 있는 기회는 없다.

한편, 노인장기요양을 직접 이용할 수 있는 수급권자의 경우, 피보험자 중에서 일정한 요건을 갖춘 사람으로 제한된다. 즉, 장기요양인정을 신청한 사람 중에서 '장기요양등급판정위원회로부터, 신청 자격 요건이 충족되고, 6개월 이상 동안 혼자서 일상생활을 수행하기 어렵다는 인정을 받음에 더하여, 심신상태 및 장기요양이 필요한 정도 등에 있어서 대통령령으로 정하는 등급판정기준에 따른 장기요양급여를 받을 사람으로 판정된 자'로 한정된다(동법 제15조).

3) 장기요양서비스를 전달하는 장기요양기관

동 제도는 기본적으로 "6개월 이상 동안 혼자서 일상생활을 수행하기 어렵다고 인정을 받은 자, 즉 수급권자를 대상으로 그들에게 신체활동·가사활동에 대한 지원이나 간병 등과 같은 각종 서비스, 또는 이에 갈음하여 현금 등을 지급"하는 사회복지제도이다.

이와 같은 장기요양급여를 제공하는 것을 「장기요양사업」이라고 하며, 이와 같은 장기요양사업을 담당하는 기관을 「장기요양기관」이라고 한다. 따라서 장기요양기관이란 장기요양급여를 제공하는 기관을 의미하며, 이와 같은 장기요

7) 이에 대한 보다 자세한 내용은 다음을 참조(정재욱, 2018).

8) 물론, 동법 제7조 제4항에서는 「국민건강보험공단은 동법 제7조 제3항에도 불구하고 「외국인근로자의 고용 등에 관한 법률」에 따른 외국인근로자 등 대통령령으로 정하는 외국인이 신청하는 경우 보건복지부령으로 정하는 바에 따라 장기요양보험가입자에서 제외할 수 있다.」라는 규정을 통하여 일단의 외국인근로자에 대한 보험가입을 제한하고 있다.

양기관은 동법 제31조에 의거하여 '지정을 받은 기관'으로 한정된다.

동 제도는 기존의 관련 제도(예컨대, 노인복지법 등에 따른 기관 등)에 비하여, 수급권자에게 자신이 필요로 하는 요양서비스에 대한 선택권을 확대하는 자기결정권을 중시하는 노인복지제도이다. 이때, 요양서비스의 이용과정에 따른 수급권자의 자기결정권의 확대를 위해서는 관련 서비스의 량은 물론이고, 이를 제공하는 적정 수준의 장기요양기관의 존재가 매우 중요하다.

장기요양기관에 대한 구체적인 내용은 관련 영역에서 자세히 다루기로 하고, 여기서는 장기요양기관에 대한 동법의 입법태도에 대하여 간단히 살펴보기로 한다. 이때 주목하게 되는 부분은 동법에서는 장기요양기관에 대한 정의는 규정하고 있지만(동법 제2조 제4항), 기관지정의 조건 등에 대해서는 모두 동법 시행령 등에 위임되어 있다는 점이다.

장기요양기관의 종류에 대해서도 동법이 아닌 노인복지법에 의거하여 이를 규정하고 있다. 노인복지법에 따르면 장기요양기관은 크게 재가노인복지시설과 노인의료복지시설로 구분되며, 노인의료복지시설은 다시 노인요양시설, 노인요양공동생활가정 및 노인전문병원으로 재구분된다. 이때, 노인전문병원은 장기요양기관에서 제외하도록 규정하고 있다.

이와 같은 동법의 입법태도는 본 제도의 운영과정에 있어서 국민의 대표기관인 의회를 비롯하여 피보험자를 비롯한 이해당사자의 폭넓은 참여보다는 전문가 집단(예컨대, 관련 위원회 등)이나 행정조직 등을 통한 관리가 용이하게 되어 있는 것으로 볼 수 있다.9)

동 제도는 요양서비스의 이용과정을 비롯하여 다방면에 걸쳐 이용자 지향성 및 시장기능의 활용을 중시하고 있다. 따라서 장기요양기관의 설치·운영에 따른 법적 안정성의 확대를 위해서도 장기요양기관에 대한 중요한 사항은 행정명령이 아닌 동법에 직접 규정하는 것도 모색할 필요가 있을 것으로 본다(정재욱, 2018).

---

9) 따라서 관련 시설의 설치·운영과정에 있어서 행정통제가 광범위하게 나타날 가능성이 제도적으로 높다.

4) 제도관장기관으로서의 국가 및 지방자치단체

동 제도는 재원 확보 등과 관련하여 일정 수준의 보험원리를 적용하고는 있지만, 기본적으로 공적 사회복지제도에 속하기 때문에, 정부 등이 사회보장의 차원에서 제도 전반에 걸쳐서 다양한 형태의 관여를 행사한다.

이와 같은 현상을 대변하여 주는 것이 '장기요양보장사업은 보건복지부장관이 관장한다.'라는 규정이다(동법 제7조 제1항). 보건복지부는 동 제도의 운영과 관련하여 총체적으로 지도·감독한다.

동 제도의 운영과 관련된 보건복지부를 비롯하여 각종 행정기관의 역할과 권한 등에 대해서는 관련 부분에서 자세히 다루기로 하고, 여기서는 동법 제1장 총칙에 포함되어 있는 관련 내용을 간단히 정리하면 다음과 같다.

첫째, 동 제도의 운영과 관련된 국가 및 지방자치단체의 책무이다.

동 제도의 운영과 관련된 국가 및 지방자치단체의 기본적 책무는 다음과 같다(동법 제4조). 즉, "① 국가 및 지방자치단체는 노인이 일상생활을 혼자서 수행할 수 있는 온전한 심신 상태를 유지하는데 필요한 사업(이하, 노인성질환예방사업) 실시, ② 국가는 노인성질환예방사업을 수행하는 지방자치단체 또는 「국민건강보험법」에 따른 국민건강보험공단(이하, 공단)에 소요 비용 지원 가능, ③ 국가 및 지방자치단체는 노인 인구 및 지역 특성 등을 고려하여 장기요양급여가 원활하게 제공될 수 있도록 충분한 수의 장기요양기관을 확충하고 장기요양기관의 설립 지원, ④ 국가 및 지방자치단체는 장기요양급여가 원활히 제공될 수 있도록 공단에 필요한 행정적 또는 재정적 지원 가능, ⑤ 국가 및 지방자치단체는 장기요양요원의 처우를 개선하고 복지를 증진하며 지위를 향상시키기 위한 적극적인 노력' 등이 이해 해당한다.

둘째, 장기요양기본계획의 책정·운영이다.

보건복지부는 동 제도의 효율적인 운영을 위하여 장기요양기본계획을 수립·시행한다. 이와 관련하여 보건복지부장관은 "노인 등에 대한 장기요양급여를 원활하게 제공하기 위하여 5년 단위로 다음 각 호의 사항이 포함된 장기요양기본계획을 수립·시행"하여야 한다. 이때 포함되는 것으로는 '① 연도별 장기요양급여 대상인원 및 재원조달 계획, ② 연도별 장기요양기관 및 장기요양전문인력

관리 방안, ③ 장기요양요원의 처우에 관한 사항, ④ 그 밖에 노인 등의 장기요양에 관한 사항으로서 대통령령으로 정하는 사항" 등이다. 한편, 지방자치단체의 장은 보건복지부장관이 수립한 장기요양기본계획에 따라 세부시행계획을 수립·시행하여야 한다.

셋째, 3년 단위의 장기요양사업에 대한 실태 파악 및 결과 공포이다.

보건복지부장관은 "장기요양사업의 실태를 파악하기 위하여 3년마다 다음 각 호의 사항에 관한 조사를 정기적으로 실시하고 그 결과를 공표'하여야 한다. 이때 포함되는 내용으로는 '① 장기요양인정에 관한 사항, ② 동법 제52조에 따른 장기요양등급판정위원회(이하, 등급판정위원회)의 판정에 따라 장기요양급여를 받을 사람(이하, 수급자)의 규모, 그 급여의 수준 및 만족도에 관한 사항, ③ 장기요양기관에 관한 사항, ④ 장기요양요원의 근로조건, 처우 및 규모에 관한 사항, ⑤ 그 밖에 장기요양사업에 관한 사항으로서 보건복지부령으로 정하는 사항" 등이 이에 해당한다.

한편, 동 제도의 보험자는 공단으로 되어 있기 때문에, 본 제도의 운영과정에 있어서 지방자치단체의 역할은 매우 제한적이며, 광역지방자치단체와 기초지방자치단체간의 역할 구분도 매우 부족한 편이다. 향후 이에 대한 보완 작업도 필요할 것으로 본다(정재욱, 2006b, 2018).

제 2 절

피보험자 및 장기요양급여 이용 절차

I. ▸▸ 노인장기요양보험법의 입법체계

노인장기요양보험제도(이하, 동 제도)의 운영 구조 및 관련 내용을 살펴봄에 있어서 먼저 주목하게 되는 것이 노인장기요양보험법(이하, 동법)의 입법태도 또는 입법체계이다. 그와 같은 이유는 지금부터 동 제도에 대한 논의를 이어감에 있어서 많은 참고가 되기 때문이다. 이와 같은 차원에서 동법의 입법체계를 살펴보면 다음과 같이 정리할 수 있다.

먼저 제1장에 동법의 목적 및 관련 용어 등을 설명하는 '총칙'이 있으며, 이어서 제2장에는 장기요양보험 및 관련 내용을 설명하는 '장기요양보험', 제3장에는 장기요양인정을 둘러싼 각종 내용을 설명하는 '장기요양인정', 제4장에는 수급자들이 가장 많은 관심을 가지는 장기요양급여의 종류를 설명하는 '장기요양급여의 종류'가 편재되어있다.

이어서 제5장에는 '장기요양급여의 제공', 제6장에는 많은 조항에 걸쳐 장기요양급여를 실질적으로 제공하는 '장기요양기관', 제7장에는 '재가 및 시설 급여의 비용 등', 제8장에는 '장기요양위원회', 제9장에는 장기요양사업의 관리운영기관으로서의 국민건강보험공단(이하, 공단)의 역할 등을 설명하는 '관리운영기관', 제10장에는 '심사청구 및 재심사청구', 제11장에는 '보칙', 그리고 제12장에는 '벌칙'으로 되어있다.

따라서 동법의 이와 같은 입법태도 및 입법체계를 원용하여, 여기서도 비슷한 흐름으로 관련 논의를 이어가기로 한다. 이때, 제1장의 '목적' 및 제2장의 '장기요양보험'의 경우에는 앞에서 이미 일정 수준 논의되었기 때문에 여기서는 논의의 전개 과정을 고려하여 필요한 범위로 한정하여 다룬다.

Ⅱ. 피보험자 및 장기요양인정 신청

1. 피보험자

동 제도의 피보험자, 즉 보험 가입자는 "국민건강보험법 제5조 및 제109조에 따른 가입자"로 규정하고 있다(동법 제7조 제3항). 이와 관련하여 국민건강보험법 제5조를 살펴보면 "① 국내에 거주하는 국민은 건강보험의 가입자 또는 피부양자가 된다. 다만, 다음 각 호의 어느 하나에 해당하는 사람은 제외한다.

즉, ㉠「의료급여법」에 따라 의료급여를 받는 사람(수급권자), ㉡「독립유공자예우에 관한 법률」및「국가유공자 등 예우 및 지원에 관한 법률」에 따라 의료보호를 받는 사람(유공자등 의료보호대상자)" 등이 이에 속하다.

이때도 다만, 다음 각 목의 어느 하나에 해당하는 사람은 가입자 또는 피부양자가 된다. 즉, "㉮ 유공자등 의료보호대상자 중 건강보험의 적용을 보험자에게 신청한 사람, ㉯ 건강보험을 적용받고 있던 사람이 유공자 등 의료보호대상자로 되었으나 건강보험의 적용배제신청을 보험자에게 하지 아니한 사람" 등이 이에 속한다.

한편, 일정한 조건 하에서는 외국인에 대해서도 동법의 적용 대상자가 될 수 있다(국민건강보험법 제109조). 예컨대, "① 정부는 외국 정부가 사용자인 사업장의 근로자의 건강보험에 관하여는 외국 정부와 한 합의에 따라 이를 따로 정할 수 있다. ② 국내에 체류하는 재외국민 또는 외국인(이하, 국내체류 외국인등)이 적용대상사업장의 근로자, 공무원 또는 교직원이고 동법 제6조제2항 각 호의 어느 하나에 해당하지 아니하면서 다음 각 호의 어느 하나에 해당하는 경우에는 동법 제5조에도 불구하고 직장가입자가 된다." 등이 이를 의미한다.

물론, 국민건강보험법상의 이와 같은 내용에도 불구하고, 외국인 근로자 등에 대한 동법의 적용을 제한할 수는 있다. 예컨대, 동법 제7조 제4항에 따르면, "국민건강보험공단(이하, 공단)은 동법 제7조 제3항에도 불구하고 '외국인근로자의 고용 등에 관한 법률'에 따른 외국인근로자 등 대통령령으로 정하는 외국인이 신청하는 경우, 보건복지부령으로 정하는 바에 따라 장기요양보험가입자에서 제외할 수 있다."는 것이 이를 의미한다.

따라서 국내에 거주하는 모든 국민은 국민건강보험법에 의거하여 장기요양보험제도의 가입자 및 피부양자가 되며, 외국인 근로자도 일정한 조건 하에서는 동 제도의 보험가입자가 될 수 있다. 이와 같은 이유로 동법에는 노인장기요양보험의 가입자, 즉 피보험자에 대한 근거 규정만 있고, 보다 구체적인 내용은 대부분 국민건강보험법의 관련 규정을 준용하도록 하고 있다.

이와 같은 입법태도는 다음과 같은 내용을 통하여서 잘 나타나고 있다. 예컨대, 동법 제11조의 "국민건강보험법 제5조, 제6조, 제8조부터 제11조까지, 제69조 제1항부터 제3항까지, 제76조부터 제86조까지 및 제110조는 장기요양보험가입자·피부양자의 자격취득·상실, 장기요양보험료 등의 납부·징수 및 결손처분 등에 관하여 이를 준용한다. 이때 보험료는 장기요양보험료로, 건강보험은 장기요양보험으로, 가입자는 장기요양보험가입자로 본다."라는 규정이 이를 대변하여준다.

한편, 동 제도의 보험가입자, 즉 피보험자와 관련하여 다시 주목하게 되는 부분의 하나는 「대상자의 범위」이다. 예컨대, 동 제도의 경우, 피보험자를 사실상 모든 국민을 대상자로 하고 있다. 국민건강보험법상의 "국내에 거주하는 국민은 건강보험의 가입자 또는 피부양자가 된다."라는 규정을 원용하고 있기 때문이다.

이와 같은 법적 규정으로 동 제도의 경우, 사실상 노인장기 요양급여(서비스 등)를 받을 가능성이 거의 없는 연령층, 예컨대, 유아에서부터 청·장년층까지 모두 피보험자에 포함되어 있다.

그와 같은 결과로 노인장기요양급여(서비스 등)와는 거의 무관한 연령층까지 모두 관련 보험료를 납부하게 되어있다. 즉, 사실상 보험급여 없는 보험료 납부 행위가 이루어질 수도 있는 피보험자 집단이 형성될 수도 있다는 것이다.

이와 같은 차원에서 볼 때, 일본의 개호보험제도에 있어서의 피보험자에 대한 입법태도는 참고가 될 수 있을 것으로 본다. 예컨대, 개호보험제도에서는 보험가입자를 크게 2개 그룹, 예컨대 65세 이상의 「제1호 피보험자」 및 40세 이상 65세 미만자의 「제2호 피보험자」로의 구분하고 있다.

이때, 제1호 피보험자 집단의 경우에는 사실상 개호보험제도의 보험급여의 핵심적 대상자 집단에 해당되며, 제2호 피보험자 집단은 이미 고령화된 그들의 부모를 비롯하여 자신들도 노화 등으로 인하여 보험급여 대상자로 전환될 수 있다. 따라서 보험급여 대상자로의 전환 가성성이 높은 연령층을 대상으로 피보험자를 규정하고, 이에 따른 보험료 징수 및 보험급여가 이루어지고 있음을 엿볼 수 있다(정재욱, 2017; 社會福祉法人全國社會福祉協議會, 2023).

2. 노인장기요양인정 신청

1) 인정 신청

동 제도에 따른 요양 급여, 즉 관련 서비스 등을 이용하기 위해서는 먼저 요양 급여를 위한 신청을 공단에 제출하여야 한다. 이때, 요양 급여의 필요성을 공단에 제시하는 절차를 동 제도에서는 「장기요양인정신청」이라고 한다. 이때, 장기요양인정신청서를 낼 수 있는 대상자는 “65세 이상의 노인 또는 65세 미만의 자로서 치매·뇌혈관성질환 등 대통령령으로 정하는 노인성 질병을 가진 자”로 규정하고 있다(동법 제2조).

2) 신청자

동 제도에 따른 장기요양급여의 이용을 위해서는 먼저 공단에 장기요양인정을 신청하게 되는데, 이와 같은 인정을 신청하는 사람을 신청인이라고 하며, 신청인이 되기 위해서는 다음과 같은 요건이 필요하다.

즉, “장기요양인정을 신청할 수 있는 자는 노인 등으로서 다음 각 호의 어느 하나에 해당하는 자격을 갖추어야 한다.[1] ㉮ 장기요양보험가입자 또는 그 피부양자, ㉯ 「의료급여법」 제3조 제1항에 따른 수급권자(의료급여수급권자) 등”이 이에 해당한다(동법 제12조).

따라서 요양 인정 신청인은 크게 피보험자 자신 및 그 대리인으로 나눌 수 있다. 이때, 대리인으로는 가족, 친족 또는 이해관계인, 사회복지전담공무원, 시장·군수·구청장이 지정하는 자 등이 된다. 이때, 대리인은 자신을 확인시킬 수

1) 여기서 지칭하고 있는 「노인 등」은 노인장기요양보험법 제2조의 규정에 따른 것이다.

있는 신분증을 제출하여야 한다.

신청인은 공단, 실제적으로는 전국 국민건강보험공단 각급 지사에 설치된 「노인장기요양보험센터」에 신청서를 제출한다. 이때, 공단을 직접 방문하거나, 우편, 팩스 및 인터넷 신청 등도 가능하다.

Ⅲ. 장기요양급여 이용절차

1. 보험급여 이용절차

동 제도에 따른 요양급여(서비스 등)의 이용 과정을 전체적으로 이해하는 차원에서 이를 간략히 설명하면 다음과 같다. 이와 관련된 내용은 동법 제3장 '장기요양인정'에서 비교적 자세히 규정하고 있다. 관련 규정을 기준으로 전체적 과정을 재정리하면 <그림5-2>와 같이 크게 4 단계로 구분할 수 있다.

그림 5-2 장기요양보험급여 인정 및 이용절차 등

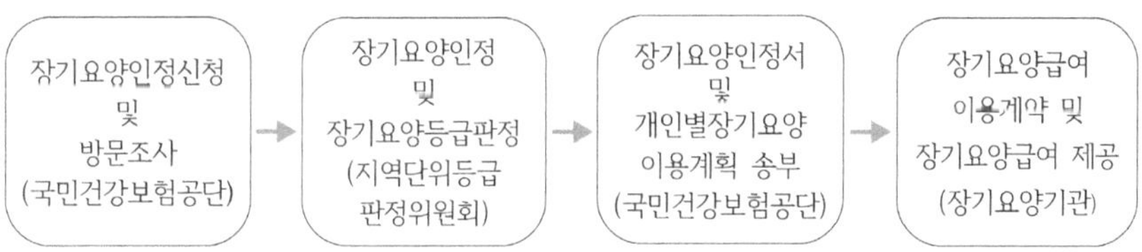

※ 자료 : 관련 법규의 내용 및 정재욱(2018)을 참조하여 재작성.

즉, ① 장기요양인정 신청 및 국민건강보험공단의 직원 등에 의한 직접 방문 조사, ② 등급판정위원회에 의한 장기요양인정 및 장기요양등급에 대한 판정, ③ 장기요양인정서 및 개인별장기요양이용계획(서) 작성 및 송부, ④ 장기요양급여에 대한 이용계약서의 체결 및 장기요양급여의 제공 및 이용 등이다.

이때, ①~③까지의 단계는 요양급여에 대한 인정 절차에 해당되며, ④의 단계는 요양급여의 이용단계에 속하는 것으로 볼 수 있다. 따라서 지금부터는 이와 같은 단계에 따라서 장기요양급여의 이용절차 및 관련된 내용을 설명하기로 한다.

2. 장기요양인정 신청 및 방문조사

1) 인정 신청

동 제도에 따른 요양 급여(서비스 등)를 받기 위해서는 먼저 장기요양인정 신청을 한 이후, 이에 대한 인정을 받아야만 한다. 이때, 장기요양인정을 받은 자를 동법에서는 수급자라고 하며, 수급자만이 동법에 따른 요양 급여를 받을 수 있다.

장기요양인정을 신청을 할 수 있는 대상자의 자격 요건과 신청자에 대해서는 앞에서 이미 살펴보았기 때문에 앞에서 설명하지 못했던 부분을 중심으로 이를 정리하면 다음과 같다. 예컨대, 동 제도에 따른 요양급여를 이용하기 위해서는, 먼저 공단에 서면으로 인정 신청을 하여야 한다.

이때, 요양인정신청을 하기 위해서는 대상자가 다음과 같은 조건을 갖추고 있어야 한다. 즉, “65세 이상의 노인 또는 65세 미만의 자로서 치매·뇌혈관성 질환 등 대통령령으로 정하는 노인성 질병을 가진 자”가 이에 해당한다(동법 제2조).

이때, 65세 미만의 자로서 대통령령으로 규정하고 있는 노인성 질병의 현황은 <표5-1>과 같다. 이때, “어, 저, 처”에 해당되는 질병 항목은 2022년의 동법 개정을 통하여 새롭게 포함된 질병이다.

표 5-1 노인성 질병의 종류

구분	질병명	질병코드
한국 표준 질병· 사인 분류	가. 알츠하이머병에서의 치매	F00*
	나. 혈관성 치매	F01
	다. 달리 분류된 기타 질환에서의 치매	F02*
	라. 상세 불명의 치매	f03
	마. 알츠하이머병	G30
	바. 지주막하혈출	I60
	사. 뇌내출혈	I61
	아. 기타 비외상성 두개내출혈	I62
	자. 뇌경색증	I63
	차. 출혈 또는 경색증으로 명시되지 않은 뇌졸중	I64
	카. 뇌경색증을 유발하지 않은 뇌전동맥의 폐쇄 및 협착	I65
	타. 뇌경색증을 유발하지 않은 대뇌동맥의 폐쇄 및 협착	I66
	파. 기타 뇌혈관질환	I67
	하. 달리 분류된 질환에서의 뇌혁관장애	I68*
	거. 뇌혈관질환의 후유증	I69
	너. 파키슨병	G20
	더. 아치성 파키슨병	G21
	러. 달리 분류된 질환에서의 파키슨증	G22*
	머. 기저핵의 기타 퇴행성 질환	G23
	버. 중풍후유증	U23.4
	서, 진전(震顫)	R25.1
	어.척수성 근위축 및 관련 증후군	G12
	저. 달리 분류된 질환에서의 일차적으로 중추신경계통에 영향을 주는 계통성 위축	G13*
	처. 다발경화증	G35

※ 자료 : 노인장기요양보험법시행령 제2조 별표1 인용(개정, 2022. 12.20).

2) 의사소견서

장기요양인정을 신청하는 경우, 장기요양인정 신청서와 함께 '의사소견서'를 제출하여야 한다. 즉, 동법에 따르면 "① 장기요양인정을 신청하는 자(신청인)는 공단에 보건복지부령으로 정하는 바에 따라 신청서에 의사 또는 한의사가 발급하는 소견서(의사소견서)를 첨부하여 제출하여야 한다.

다만, 의사소견서는 공단이 제15조 제1항에 따라 등급판정위원회에 자료를 제출하기 전까지 제출할 수 있다."고 되어있다(동법 제13조).

따라서 요양인정 신청을 함에 있어서 신청인은 신청서와 함께 의사 또는 한의사가 발부하는 의사소견서를 첨부하여 제출하여야 한다. 이때, 의사소견서 발급에 따른 비용 등은 “의사소견서의 발급비용·비용부담방법·발급자의 범위, 그 밖에 필요한 사항은 보건복지부령으로 정한다.”라는 규정에 의거하여 다음과 같이 처리된다(동법 시행규칙 제4조). 즉,

“① 동법 제13조 제3항에 따른 의사소견서의 발급비용은 의료기관의 종류에 따라 보건복지부장관이 정하여 고시하는 금액으로 한다.

② 신청인이 동법 제2조 제4항에 따라 발급의뢰서를 통하여 의사소견서를 발급받는 경우, 그 발급비용은 다음 각 호와 같이 부담한다. ㉠ 65세 이상의 노인이나 65세 미만의 자로서 노인성 질병을 가진 자 : 100분의 20은 본인이, 100분의 80은 공단이 부담한다. ㉡ 「의료급여법」 제3조 제1항 제1호에 따른 의료급여를 받는 사람: 지방자치단체가 부담한다. ㉢ 「의료급여법」 제3조 제1항 제1호 외의 규정에 따른 의료급여를 받는 사람: 100분의 10은 본인이, 100분의 90은 국가와 지방자치단체가 각각 부담한다. ㉣ 소득·재산 등이 보건복지부장관이 고시하는 일정 금액 이하인 자와 제34조에 따른 생계곤란자 : 100분의 10은 본인이, 100분의 90은 공단이 부담한다.

③ 신청인이 제2조제4항의 절차에 의하지 아니하고 의사소견서를 발급받은 경우 그 발급비용은 전액 본인이 부담한다. 다만, 신청인이 다음 각 호의 어느 하나에 해당하는 경우에는 제2항 각 호에 따라 본인이 부담하는 금액을 제외한 나머지 금액을 공단에 청구할 수 있다. ㉠ 장기요양급여를 받을 자(이하 "수급자"라 한다)로 결정되거나 장기요양등급이 변경된 경우 ㉡ 최초로 장기요양인정을 신청하거나 법 제20조에 따라 장기요양인정의 갱신을 신청한 경우.

④ 제2조제4항에 따라 의사소견서를 발급한 자는 제1항의 의사소견서 발급비용 중 본인 부담 비용을 제외한 나머지 비용을 별지 제4호서식의 의사소견서 발급비용 청구서에 따라 공단에 청구하여야 하며, 공단은 청구를 받은 날부터 30일 이내에 이를 심사한 후 지체 없이 그 비용을 지급하여야 한다.“는 내용이 이에 해당한다.

이와 같이 공단으로부터 먼저 의사소견서 발급의뢰서를 발급받아 이를 의료기관에 제출하게 될 경우, 의사소견서의 발급에 따른 비용은 <표5-2>와 같

이 본인, 국가와 지방자치단체, 그리고 공단이 각각 소정의 비율분을 부담하게 된다. 물론, 의사소견서 발급의뢰서 없이 의료기관으로부터 의사소견서를 발급받게 되는 경우에는 발급비용의 전액은 신청인이 부담하게 된다.

표 5-2 의사소견서 발급비용 부담율

부담률	일반	저소득층· 생계곤란자 경감대상자	의료급여법 제3조제1항제1호 외의 규정에 따른 의료급여를 받는 사람	의료급여법 제3조제1항제1호의 규정에 따른 의료급여를 받는 사람
본인부담	20%	10%	10%	–
공단부담	80%	90%	–	–
국가· 지방자치단체			90%	100%

※ 자료 : 법령상의 관련 내용에 의거하여 재편집.

3) 방문조사

공단은 장기요양인정 신청서가 접수될 경우, 이에 대한 사실 확인을 위하여 현장 방문, 즉 방문조사를 실시한다. 이와 관련하여, 동법에 따르면 "공단은 신청서가 접수되면 보건복지부령으로 정하는 바에 따라서 소속 직원으로 하여금 다음 각 호의 사항을 조사하게 하여야 한다.

다만, 지리적 사정 등으로 직접 조사하기 어려운 경우 또는 조사에 필요하다고 인정하는 경우 특별자치시·특별자치도·시·군·구(자치구)(이하, 지자체)에 대하여 조사를 의뢰하거나 공동으로 조사할 것을 요청할 수 있는 것"으로 규정하고 있다.

이때, 공단의 소속 직원이 방문조사를 통하여 확인하는 항목은 크게 '㉠ 신청인의 심신상태, ㉡ 신청인에게 필요한 장기요양급여의 종류 및 내용, ㉢ 그 밖에 장기요양에 관하여 필요한 사항으로서 보건복지부령으로 정하는 사항' 등이다(동법 제14조 제1항).

물론, 공단은 방문조사에 즈음하여 먼저 조사 일시, 장소 및 조사를 담당하는 자의 인적 사항 등을 미리 신청인에게 통보하여야 한다.

이때, 방문조사는 소정의 교육을 이수한 간호사·사회복지사·물리치료사 등으로 구성된 소속 직원이 행하는 것을 원칙으로 한다. 공단 직원 또는 조사를 의뢰받은 지자체는 방문조사가 완료된 때에는 조사 결과서를 작성하여 지체 없이 이를 공단에 송부하여야 한다(동법 제14조 제1항 단서).

방문조사에 즈음하여 방문조사자는 법령에 따라서 「노인장기요양인정조사표」(표5－3> 및 <표5－4>)에 의거하여 방문조사를 하게 된다. 물론, 노인장기요양인정조사표는 <표5－3> 및 <표5－4>가 합쳐져서 하나의 조사표로 되어있다.

표 5-3 장기요양인정조사표

1. 일반사항						
① 구분	[ ] 장기요양인정신청 [ ] 갱신신청 [ ] 등급변경신청 [ ] 심사청구					
② 조사원	성명		소속(지사)			
	조사장소		조사일시			
③ 신청인 (본인)	성명		생년월일			
	전화번호		도서·벽지 대상자	[ ] 도서지역 [ ] 벽지지역		
	주민등록지					
	실제 거주지					
	장기요양등급		인정유효기간			
	보호자 또는 주 수발자 성명(관계)	()	보호자 또는 주 수발자 전화번호			
④ 참석인	성명		신청인과의관계		전화번호	
⑤ 주거상태	[ ]자택 [ ]노인요양시설 [ ]단기보호시설 [ ]양로시설 [ ]요양병원 [ ]기타 병·의원 [ ]기타( )					
⑥ 동거인	현재 신청인과 동거하는 자에 대해 복수표시 가능					
	[ ]독거 [ ]손자녀	[ ]부부 [ ]친척	[ ]부모 [ ]친구·이웃	[ ]자녀(며느리, 사위 포함) [ ]입소시설 관계자 [ ]기타( )		

<table>
<tr><td rowspan="4">⑦ 현재 받고 있는 급여
(과거 3개월간 평균 횟수 · 일수 기록)</td><td>재가급여</td><td>[ ]방문요양
(회/주)
[ ]방문목욕
(회/주)
[ ]방문간호
(회/주)</td><td>[ ]단기보호(일/주)
[ ]주 · 야간보호(일/주)
[ ]주 · 야간보호시설 내 치매전담실 이용(일/주)
[ ]복지용구(구입 · 대여)</td></tr>
<tr><td>시설급여</td><td colspan="2">[ ]노인요양시설 [ ]노인요양시설 내 치매전담실
[ ]노인요양공동생활가정 [ ]치매전담형 노인요양공동생활가정</td></tr>
<tr><td>특별현금급여</td><td colspan="2">[ ]가족요양비 [ ]특례요양비 [ ]요양병원간병비</td></tr>
<tr><td>그 밖의 서비스</td><td colspan="2">[ ]노인돌봄서비스 [ ]가사간병방문도움
[ ]보건소사업( ) [ ]개인간병인
[ ]치매상담센터 [ ]기타()</td></tr>
<tr><td rowspan="5">⑧ 희망급여 종류</td><td colspan="3">현재 신청인이 희망하는 급여에 대해 복수표시 가능</td></tr>
<tr><td>재가급여</td><td colspan="2">[ ]방문요양 [ ]방문목욕 [ ] 방문간호
[ ]단기보호 [ ]주 · 야간보호
[ ]주 · 야간보호시설 내 치매전담실 이용
[ ]복지용구(구입 · 대여)</td></tr>
<tr><td>시설급여</td><td colspan="2">[ ]노인요양시설 [ ]노인요양시설 내 치매전담실
[ ]노인요양공동생활가정
[ ]치매전담형 노인요양공동생활가정</td></tr>
<tr><td>특별현금급여</td><td colspan="2">[ ]가족요양비 [ ]특례요양비 [ ]요양병원간병비</td></tr>
<tr><td colspan="2">1순위 희망급여종류 및 내용</td><td></td></tr>
<tr><td colspan="2">⑨ 등급외 판정 시 희망 서비스
(등급외 판정 시 지역사회 자원 연계를 위한 참고자료입니다.)</td><td colspan="2">[ ]노인돌봄서비스 [ ]보건소 사업 [ ]노인 일자리 사업
[ ]치매상담센터 [ ]주거개선사업 [ ]무료진료연계
[ ]급식 및 도시락 반찬 [ ]건강운동교실
[ ]가사간병방문도움
[ ]활동보소 [ ]목욕 · 이미용 [ ]여가, 문화, 교육
[ ]말벗 [ ]기타() [ ]거부</td></tr>
<tr><td colspan="4"></td></tr>
<tr><td>⑩ 등록장애</td><td colspan="3">※장애의 종류 및 등급 기록</td></tr>
<tr><td colspan="4"><참고사항></td></tr>
</table>

※ 자료 : 노인장기요양보험법 시행규칙, 별지 제5호서식(개정, 2020.09.20)

표 5-4 장기요양인정조사표 중의 '장기요양인정 · 욕구사항' 발취

2. 장기요양인정 、욕구 사항

가, 신체기능(기본적 일상생활 가능) 영역	바. 재활 영역 : 10개 항목
– 동작 영역 13개 항목	사. 복지용구 : 18개 항목
– 일상생활 자립도(와상도, 인지증) 3 단계	아. 지원형태 : 3개 항목
나. 사회생활기능(수단적 일생생활) 영역	자. 환경 평가 : 10개 항목
: 10개 항목	차. 시력 및 청력 상태 : 5개 항목
다. 인지기능 영역 : 11개 항목	카. 질병 및 증상
라. 행동변화 영역 : 22개 항목	– 질병 및 증상 13개 항목
마. 간호처치 영역 : 10개 항목	– 주요 질병 및 증상 13개 항목

장기요양인정조사표에 담겨있는 내용을 요약하면 다음과 같다. 먼저, 장기요양인정조사표에 기술되어 있는 관련 내용은 크게 2 영역으로 구분할 수 있다. 즉, ① 일반 사항(표5–3) 및 ② 장기요양인정 · 욕구 사항(표5–4)이 이에 해당된다.

이때 장기요양인정 · 욕구 사항은 다음과 같이 재구분할 수 있다. 즉, ① 신체기능(기본적 일상생활기능) 영역, ② 사회생활기능(수단적 일상생활기능) 영역, ③ 인지기능 영역, ④ 행동변화 영역, ⑤ 간호처치 영역, ⑥ 재활 영역, ⑦ 복지용구, ⑧ 지원 형태, ⑨ 환경 평가, ⑩ 시력 · 청력 상태 ⑪ 질명 및 증상 등과 같은 11개 영역이 이에 해당된다.

한편, 신체기능영역은 다시 ⓐ 일상생활과 관련하여 일련의 동작을 할 때 다른 사람의 도움을 받는 정도, 예컨대 '옷 벗고 입기' 등을 확인하는 11개 항목 및 ⓑ 일상생활의 자립도를 확인하는 3개 항목으로 재구성되어있다.

그 이외에도 사회생활기능과 관련하여 ㉠ 다른 사람의 도움을 받는 정도를 확인하는 차원에서 '집안일 하기' 등과 같은 10개 항목, ㉡ 인지기능을 확인하는 차원에서 '방금 전에 들었던 이야기나 일을 잊는다'와 같은 11개 항목, ㉢ 행동변화를 확인하는 차원에서 '헛것을 보거나 환청을 듣는다'와 같은 22개 항목, ㉣ 간호처치 정도를 확인하는 차원에서 '흡인'과 같은 10개 항목, ㉤ 재활 정도를 확인하는 차원에서 '우측상지'와 같은 10개 항목, ㉥ 복지용구를 확인하는 차원에서 '이동변기'와 같은 18개 항목, ㉦ 지원형태를 확인하는 차원에서 '주 수발자'와 같은 3개 항목, ㉧ 환경평가의 차원에서 '조명'과 같은 10개 항목, ㉨ 시력 · 청력을 확인하는 차원에서 5개 항목, ⓩ 질병·증상을 확인하는 차원에서 ⓐ 질병 및 증상 13개 항목, ⓑ 주요 질병 및 증상 13개 항목으로 재구성되어 있다.

이와 같이 장기요양인정조사표의 내용은 신청자의 상태를 보다 면밀하게 확인하는 차원에서 매우 세밀하게 구성되어있으며, 이에 따른 조사 결과의 내용은 이후 진행되는 장기요양인정 여부와 관련하여 매주 중요한 역할을 하게 된다.

3. 장기요양인정 및 장기요양등급 판정

동 제도에 따른 요양급여(서비스 등)를 받을 수 있는 사람을 수급자라고 부른다. 이때, 수급자는"장기요양인정 신청자 중에서 신청 자격 요건을 충족하고, 나아가서 6개월 이상 혼자서 일상생활을 수행하기 어렵다는 인정과 함께, 심신상태 및 장기요양이 필요한 정도 등 대통령령으로 정하는 등급판정을 받은 자" 이다(동법 제15조).

따라서 요양급여를 이용하기 위해서는 반드시 장기요양인정과 함께 등급판정을 받아야만 한다. 이때, 이와 관련하여 핵심적인 역할을 수행하는 기관이 공단(사실상, 지부)에 설치되어있는 「장기요양등급판정위원회」이다. 이와 같은 차원에서 이하에서는 장기요양등급판정위원회, 장기요양인정 및 등급 판정에 대하여 차례로 살펴보기로 한다.

1) 장기요양등급판정위원회

장기요양등급판정위원회(이하, 등급판정위원회, 등판위)의 역할 등에 대해서는 동법 제15조(등급 판정 등) 및 제52조(등급판정위원회의 설치)에서 잘 제시되어있다. 예컨대, 동법 제15조에 따르면, "동법 제14조에 따른 방문조사가 완료된 때에는 즉시 조사결과시, 신청서, 의사소견서, 그 밖에 심의에 필요한 자료를 등급판정위원회에 이를 제출한다,"라고 하고 있다.

한편, 등급판정위원회의 역할, 설치 및 운영 방법은 동법 제52조(등급판정위원회의 설치)에서 제시하고 있다. 이에 따르면, 등급판정위원회는 ① 장기요양인정 및 장기요양등급 판정 등을 심의하기 위하여 공단에 설치하며, ② 동 위원회는 지지체 단위로 설치하며, 다만, 인구수 등을 고려하여 하나의 지자체에 2 이상의 등급판정위원회를 설치하거나, 2 이상의 지자체를 통합하여 하나의 등급판정위원회를 설치할 수도 있다.

동 위원회의 구성은 위원장을 포함하여 15인으로 구성된다. 이때, 구성 위원은 다음에 해당되는 자 중에서 공단 이사장이 위촉한다. 즉, ① 「의료법」에 따른 의료인, ② 「사회복지사업법」에 따른 사회복지사, ③ 특별자치시·특별자치도·시·군·구 소속 공무원, ④ 그 밖에 법학 또는 장기요양에 관한 학식과 경험이 풍부한 자가 이에 해당된다.

나아가서 이와 같은 15인 중에는 지자체의 장이 추천한 위원은 7인, 의사 또는 한의사가 1인 이상이 포함되어야 한다. 등급판정위원회 위원의 임기는 3년으로 하며, 공무원인 위원의 임기는 재임기간으로 한다.

동 위원회가 담당하는 핵심적인 역할의 하나는 장기요양신청에 따른 장기요양 인정 및 등급 판정이다(동법 제15조). 이에 대한 부분에 대해서는 이하에서 살펴보기로 한다.

2) 장기요양인정 및 등급판정

동 제도에 따른 급여(서비스 등)를 받기 위해서는 등급판정위원회로부터 장기요양인정과 함께 등급 판정을 받아야만 한다. 즉, 수급자가 되기 위해서는 "6개월 이상 혼자서 일상생활을 수행하기 어렵다는 인정과 함께 대통령령으로 정하는 등급 판정기준에 따라서 등급판정"을 받아야만 한다.

따라서 등급판정위원회는 장기요양인정 신청자를 대상으로 먼저 장기요양인정 여부에 대한 결정을 하게 되고, 이를 바탕으로 등급판정을 하게 된다.

이와 같은 일련의 과정을 전체적으로 요약하면 <표5-5>와 같이 정리할 수 있다. 이하에서는 이와 같은 과정에 의거하여 관련 내용을 살펴보기로 한다.

표 5-5 장기요양인정 및 등급판정 과정

심의자료검토 (심의판정자료)	장기요양인정여부 (요양필요상태심의)	등급결정 (등급판정기준)	등급판정 위원회 의견첨부
-요양인정조사 결과(표) -의사소견서 -기타 자료 (특기사항등)	-일상생활자립도 -등급별 상태 등	-1등급 : 95점 이상 -2등급 : 75~95점 미만 -3등급 : 60~75점 미만 -4등급 : 51~60점 미만 -5등급 : 치매, 45~60점 미만 -인지지원등급 : 치매, 45점 미만	-인정유효 기간 변경 -급여이용 의견제시등

※ 자료 : 노인장기요양보험법상의 관련 내용을 재구성.

첫째, 장기요양인정 여부, 즉 장기요양상태에 대한 심의·의결이다.

등급판정위원회는 먼저 장기요양인정 신청자에 대하여 장기요양인정 여부, 즉 장기요양상태에 대한 판단을 하게 된다. 이는 "등급판정위원회는 신청인이 동법 제12조의 신청자격 요건을 충족하고, 6개월 이상 동안 혼자서 일상생활을 수행하기 어렵다고 인정하는 경우...수급자로 판정한다."는 규정이 이를 의미한다.

이와 같은 판단과 관련하여 공단은 방문조사가 완료된 때에는 조사결과서, 신청서, 의사소견서, 그 밖에 심의에 필요한 자료를 등급판정위원회에 제출하여야 한다. 물론, 등급판정위원회는 심의·판정에 즈음하여 신청인과 그 가족, 의사소견서를 발급한 의사 등과 같은 관계인의 의견을 들을 수 있다.

등급판정위원회의 이와 같은 판정에 있어서 보다 결정적인 역할을 하는 것이 장기요양인정조사표에 따른 조사결과이다. 즉, 등급판정위원회는 장기요양상태에 대한 판단에 즈음하여, 장기요양인정 신청서. 장기요양인정조사표에 따른 결과보고서, 의사소견서 및 기타 필요한 자료들을 참고하게 되지만, 그 중에서도 조사결과보고서가 매우 중요한 역할을 한다.

앞에서도 지적하였지만, 장기요양인정조사표는 12개 영역에 걸쳐 90개 항목으로 구성되어있다. 등급판정위원회는 이와 같은 90개 항목 중에서 신청인의 심신 상태 등을 나타내는 <표5-6>과 같은 52개 항목에 대한 조사결과를 중심으로 장기요양인정점수를 산정하게 된다. 등급판정위원회는 산출된 장기요양인정 점수와 규정된 등급판정기준 등에 의거하여, 최종적으로 장기요양인정 여부 및 등급판정을 하게 된다.

표 5-6 장기요양인정점수산정에 이용되는 장기요양인정조사표상의 관련 항목

영 역	조사 항목	
신체기능 (12항목)	•옷 벗고 입기 •식사하기 •일어나 앉기 •화장실 사용하기 •세수하기 •목욕하기 •옮겨 앉기 •대변 조절하기 •양치질하기 •체위변경하기 •방 밖으로 나오기 •소변 조절하기	
인지기능 (7항목)	•단기 기억장애 •날짜 불인지 •장소 불인지 •나이/생년월일 불인지 •지시 불인지 •상황 판단력 감퇴 •의사소통/전달 장애	
행동변화 (14항목)	•망상 •환각 •환청 •슬픈상태 •울기도함 •불규칙수면 •주야혼돈 •도움에 저항 •서성거림 •안절부절못함 •길을 잃음 •폭언 •위협행동 •밖으로 나가려함 •의미없거나 부적절한 행동 ·물건 망가트리기 •돈/물건 감추기 •부적절한 옷입기 •대/소변 불결행위	
간호처치 (9항목)	•기관지 절개관 간호 •흡인 •산소요법 •경관 영양 •욕창 간호 •암성통증 간호 •도뇨관리 •장루 간호 •투석 간호	
재활 (10항목)	운동장애(4항목) ⇨ •우측상지 •좌측상지 •우측하지 •좌측하지	관절제한(6항목) ⇨ •어깨관절 •고관절 •팔꿈치관절 •무릎관절 •손목/수지관절 •발목관절

※ 자료 : 노인장기요양보험법상의 관련 내용을 재구성.

둘째, 등급판정에 대한 결정이다.

장기요양급여를 이용하기 위해서는 등급판정을 받아야만 한다. 등급판정은 장기요양인정 신청인을 대상으로 '건강 상태가 안 좋다.'든가, '큰 병에 걸린 것 같다.' 등과 같은 판정자의 주관적 판단이 아닌, 신청인의 심신 상태 등에 따른 요양급여의 필요 여부 및 그 정도를 객관적으로 표시한 장기요양인정점수를 기준으로 이루어진다.

장기요양등급은 6개 등급으로 구성된다. 이때, ㉠ 1등급은 심신의 기능상태 장애로 일상생활에서 전적으로 다른 사람의 도움이 필요한 자로서 장기요양인

정 점수가 95점 이상인 자이며, ㉡ 2등급은 심신의 기능상태 장애로 일상생활에서 상당 부분 다른 사람의 도움이 필요한 자로서 장기요양인정 점수가 75점 이상 95점 미만인 자이며, ㉢ 3등급은 심신의 기능상태 장애로 일상생활에서 부분적으로 다른 사람의 도움이 필요한 자로서 장기요양인정 점수가 60점 이상 75점 미만인 자를 의미한다.

한편, 장기요양의 ㉣ 4등급은 심신의 기능상태 장애로 일상생활에서 일정부분 다른 사람의 도움이 필요한 자로서 장기요양인정 점수가 51점 이상 60점 미만인 자이며, ㉤ 5등급은 치매(제2조에 따른 노인성 질병에 해당하는 치매로 한정) 환자로서 장기요양인정 점수가 45점 이상 51점 미만인 자이며, 마지막으로 ㉥ 인지지원등급은 치매(제2조에 따른 노인성 질병에 해당하는 치매로 한정) 환자로서 장기요양인정 점수가 45점 미만인 자를 의미한다.

3) 장기요양인정 및 등급판정 흐름도

장기요양인정 및 등급판정의 절차를 요약하면 <그림5-3>과 같이 정리할 수 있다. 즉, 장기요양인정 신청이 있게 되면, 공단은 소속 직원 등으로 하여금 현장 방문을 통한 사실 여부를 확인하게 된다. 이때, 방문조사자는 장기요양인정조사표에 의거하여 신청자의 생활기능 등을 비롯하여 다양한 영역에 걸쳐 조사를 하게 된다.

한편, 방문조사자는 방문조사가 끝나게 되면 장기요양인정조사표에 따른 조사결과 보고서를 등급판정위원회에 제출한다. 이때, 등급판정위원회는 이와 같은 조사결과 보고서는 물론, 담당 의사의 소견서 및 그 외 특기 사항을 참고하여 신청인의 기능 상태와 함께 장기요양이 필요한 정도를 대통령령이 정하는 등급판정기준에 따라서 심의 및 판정하게 된다.

이와 같은 과정에서 등급판정위원회가 심의·판정하게 되는 부분은 크게 ㉠ 장기요양이 필요한 상태에 해당하는지의 여부, ㉡ 요양이 필요로 한 상태라고 인정되는 경우, 등급판정기준에 따라서 어느 등급에 해당되는지를 판정하는 것 등이다.

그림 5-3 장기요양인정 및 등급판정 과정

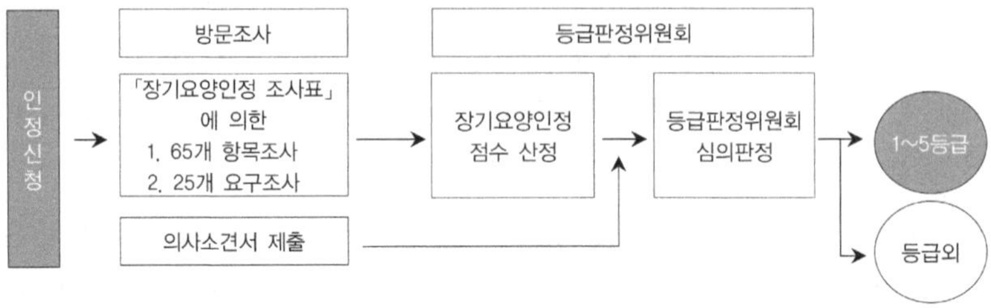

※ 자료 : 정부 자료 및 노인장기요양보험법상의 관련 내용 참조.

따라서 장기요양보험제도에 따른 요양급여의 이용과정을 전체적으로 요약하면 다음과 같다. 즉, ① 인정 신청 → ② 방문 조사 → ③ 방문조사에 따른 결과 보고서 및 담당 의사의 소견서 제출 → ④ 등급판정위원회에 의한 장기요양인정 점수 산정 및 심의 판정 → ⑤ 등급 부여(1~5 등급, 인지지원등급) 및 등급 외 판정 → ⑥ 결과 통보 → ⑦ 급부이용 계약체결 및 급부 이용 ⑧ 종료 및 모니터링 등이다.

이때, <그림5-2>에 따르면 ①~⑤까지는 같이 「장기요양급여 인정과정」, 그리고 ⑥~⑧까지는 「장기요양급여 이용과정」으로 나누어 볼 수 있다.

4. 장기요양인정서 및 개인별장기요양 이용계약서

1) 장기요양인정서 송부

등급판정위원회가 장기요양인정 및 등급판정에 대한 심의·의결을 완료하게 되면, 공단은 지체 없이 다음과 같은 사항이 포함된 장기요양인정서를 작성하여 이를 신청자에게 송부하여야 한다.

이때, 장기요양인정서에는 장기요양등급, 장기요양급여의 종류 및 내용, 그 밖에 장기요양급여에 관한 사항으로서 보건복지부령으로 정하는 사항 등이 이에 포함되어야 한다.

나아가서 공단은 등급판정위원회가 장기요양인정 및 등급판정에 대한 심의가 완료된 경우, 수급자로 판정을 받지 못한 신청인에게도 관련 내용 및 사유를 통보하여야 한다. 이 경우, 지자체의 장은 공단에 대하여 이를 통보하도록 요청할 수 있고, 요청을 받은 공단은 이에 응하여야 한다.

또한, 공단은 장기요양인정서를 송부하는 때에 수급자의 장기요양급여의 원활한 이용에 도움을 주는 차원에서, 장기요양급여의 월 한도액 범위 안에서의 「개인별장기요양이용계획서」를 작성하여 이를 함께 송부하여야 한다.

공단은 장기요양인정서의 작성에 즈음하여, 장기요양급여의 종류 및 내용은 다음 사항을 고려하여 이를 정하여야 한다. 즉, ① 수급자의 장기요양등급 및 생활환경, ② 수급자와 그 가족의 욕구 및 선택, ③ 시설급여를 제공하는 경우, 장기요양기관이 운영하는 시설 현황 등이 이에 해당한다.

한편, 장기요양인정의 유효 기간은 최소 1년 이상으로서, 대통령령으로 정하도록 하고 있다. 이와 같은 법령의 위임에 의거하여, 대통령령으로 장기요양인정의 유효기간을 2년으로 하고 있다.

다만, 갱신의 결과, 직전 등급과 같은 등급으로 판정되는 경우에는 그 갱신된 장기요양인정의 유효기간을 다음과 같이 본다. 즉 ① 1등급은 4년, ② 2~5등급은 3년, ③ 5등급 및 인지지원등급은 2년이다. 이때, 등급판정위원회는 장기요양 신청인의 심신 상태 등을 고려하여 장기요양인정 유효 기간을 6개월의 범위에서 늘리거나 줄일 수 있다.

한편, 수급자는 장기요양인정의 유효 기간이 만료된 후, 장기요양급여를 계속하여 받고자 하는 경우에는, 공단에 장기요양인정의 갱신을 신청하여야 한다. 이때, 장기요양인정의 갱신 신청은 유효 기간이 만료되기 전 30일까지 이를 완료하여야 한다.

장기요양급여를 받고 있는 수급자는 장기요양등급, 장기요양급여의 종류, 또는 내용을 변경하여 장기요양급여를 받고자 하는 경우, 공단에 변경 신청을 하여야 한다.

2) 개인별장기요양이용계획서 작성 및 송부

공단은 신청인에게 장기요양인정서를 송부할 때, 수급자의 원활한 장기요양급여의 이용에 도움을 주는 차원에서 월 한도액의 범위 안에서 <그림5-4>와 같이 개인별장기요양이용계획서를 작성하여 장기요양인정서와 함께 전달한다. 개인별장기요양계획서의 작성 방법 등과 관련하여 필요한 사항은 보건복지부령으로 규정하고 있다.

이와 관련하여, 공단은 보건복지부령에 의거하여 다음과 사항을 고려한 위에 개인별장기요양이용계획서를 작성하게 된다. 즉, ① 수급자의 심신 상태, ② 수급자와 그 가족의 욕구 및 선택, ③ 수급자의 생활환경 및 자립적 일상생활 수행 등이 이에 포함된다.

동 제도에 따른 개인별장기요양이용계획서는 기본적으로 사례관리의 차원에서 작성·이용되는 사례계획의 일종으로 볼 수 있다. 이와 같은 사례계획은 기본적으로 피보험자의 요양급여의 이용과정을 지원하기 위한 일종의 이용자 중심의 지원제도로 볼 수 있다(현외성·정재욱 외 7인, 2012; 白沢政和 他2人, 2001).

이와 같은 차원에서, 일본의 개호보험제도에서는 사례관리를 전문적으로 담당하는 전문직, 소위 개호지원전문원(介護支援專門員)을 제도화하여 운영하고 있다.

이들은 거택개호지원사업자(소)에 의무적으로 배치되어 이와 같은 활동하고 있다. 케어 플랜은 개호보험법에서는 거택개호지원 서비스라는 이름으로 법정화되어 있다. 따라서 케어 플랜은 개호보험법으로부터 법정서비스로써 지원을 받고 있다(정재욱, 2006b; 임효연, 2012; 白沢政和 他 2, 2001).

이에 비하여, 노인장기요양보험제도상의 개인별장기요양이용계획서는 공단 직원이 이를 작성하고 있으며, 동 계획서의 작성 과정에 수급자의 입장이 반영되기도 매우 어려운 측면이 있다.

동 제도가 피보험자의 보험료를 바탕으로 운영되는 이용자 지향적 노인복지제도라는 측면에서 볼 때, 동 계획서의 작성 과정에 수급자의 참여를 확보할 수 있는 접근도 중요할 것으로 본다. 향후 이와 같은 부분에 대한 제도 개선 논의도 필요할 것으로 본다.

그림 5-4 개인별장기요양이용계획서

장기요양인정번호 L0000000000 -(이용계획서번호)

개인별장기요양이용계획서

본 서식은 수급자가 장기요양급여를 원활히 이용할 수 있도록 발급하는 이용계획서로 장기요양기관과 급여계약 체결 시 제시하시기 바랍니다.

<table>
<tr><td colspan="3">성 명</td><td colspan="2"></td><td>생년월일</td><td colspan="2"></td></tr>
<tr><td colspan="3">장기요양등급</td><td colspan="2">등급</td><td>인정유효기간</td><td colspan="2"></td></tr>
<tr><td colspan="3">재가급여(월 한도액)</td><td colspan="2">1개월당 원</td><td rowspan="7">본인부담율(%)
※ 발급일 기준</td><td rowspan="3">재가</td><td rowspan="3">%</td></tr>
<tr><td rowspan="6">시설급여</td><td rowspan="3">노인요양시설</td><td>일반</td><td>1일당</td><td>원</td></tr>
<tr><td>치매전담실 가형</td><td>1일당</td><td>원</td></tr>
<tr><td>치매전담실 나형</td><td>1일당</td><td>원</td><td rowspan="4">시설</td><td rowspan="4">%</td></tr>
<tr><td rowspan="3">노인요양공동생활가정</td><td rowspan="2">일반</td><td rowspan="2">1일당</td><td rowspan="2">원</td></tr>
<tr></tr>
<tr><td>치매전담형</td><td>1일당</td><td>원</td></tr>
</table>

장기요양 필요영역	장기요양 욕구	장기요양 목표	장기요양 필요내용

수급자 희망급여	
유 의 사 항	

장기요양 이용계획 및 비용 (급여비용 기준일 : 0000-00-00)

<table>
<tr><td>급여종류</td><td colspan="3">횟 수</td><td>장기요양급여비용</td><td>본인부담금</td></tr>
<tr><td></td><td>주</td><td></td><td>회</td><td>원</td><td>원</td></tr>
<tr><td></td><td>월</td><td></td><td>회</td><td>원</td><td>원</td></tr>
<tr><td colspan="4">합계</td><td>원</td><td>원</td></tr>
<tr><td>복지용구</td><td colspan="5"></td></tr>
</table>

☎ 000-0000-0000 지사 담당자

년 월 일

국민건강보험공단 이사장 직인

Ⅳ. 장기요양급여 이용

1. 개 관

동 제도에 따른 장기요양급여(서비스 등)는 장기요양인정서 및 개인별장기요양이용계획서가 도달한 날부터 받을 수 있다. 물론, 돌볼 가족이 없는 등의 대통령령이 정하는 사유에 해당되는 경우에는 신청서를 제출한 날부터 장기요양인정서가 도달되는 날까지의 기간 중에도 장기요양급여를 받을 수 있다(동법 제27조 제2항).

이때, 이와 같이 대통령령으로 정하고 있는 예외적 사항에 대해서는 동법 시행령 제13조(장기요양급여의 제공)에서 이를 규정하고 있다. 즉, ① 주거를 같이하는 가족이 없는 경우, ② 주거를 같이하는 가족이 미성년자 또는 65세 이상의 노인 외에는 없는 경우 등이 이에 해당된다.

물론, 이와 같은 사유로 장기요양인정신청서를 제출한 날부터 요양급여를 받고자 하는 신청인은 증명 서류를 첨부하여 공단에 이를 신청하여야 하며, 공단은 이를 확인하고 그에 따른 결정 사항을 수급자에게 지체 없이 통보하야야 한다. 이와 같은 경우에 지급되는 급여는 재가급여와 시설급여로 한정한다(동법 시행령 제13조 제2항).

장기요양인정서 및 개인별장기요양이용계획서가 도달되어, 수급자가 자신이 필요로 하는 요양급여를 실제적으로 이용하게 되는 일련의 요양급여의 이용과정을 전체적으로 묘사하면 <그림5-5>와 같다.

이하에서는 이와 같은 단계(절차)를 중심으로 관련 내용을 간단히 설명하기로 한다.

그림 5-5 장기요양급여 이용과정

요양급여 신청접수 및 상담	→	요양급여제공 계획수립/계약체결	→	요양급여 제공(실시)	→	모니터링실시 /급여종료(계속)

※ 자료 : 장기요양보험법상의 관련 내용을 중심으로 재구성

2. 장기요양급여 이용과정

장기요양급여의 이용과정을 요약·설명하면 다음과 같다. 먼저 수급자는 장기요양기관을 대상으로 자신이 필요로 하는 요양급여를 받을 수 있는지 등에 대하여 상담을 하게 된다. 장기요양기관은 수급자와의 이와 같은 상담에 의거하여 수급자에게 필요한 요양급여 제공 계획서를 작성하게 되며, 나아가서 이와 같은 계획서의 내용을 중심으로 수급자와 장기요양기관은 상호 협의를 통하여 마침내 이용 체결을 하게 된다.

장기요양기관과 수급자는 이와 같이 체결된 계획서의 내용에 의거하여 요양급여를 이용하게 되며, 그와 같은 과정에서 나타날 수 있는 다양한 여건 등을 고려하여, 장기요양기관은 다시 의견 청취(monitoring)을 하게 된다,

마지막 단계로써, 계획서에 정해진 종료일에 이르게 되면, 이용 절차가 일단은 종료하게 된다. 물론, 이와 같은 경우, 지금의 장기요양기관과 계약을 연장하거나, 다른 기관으로 옮길 수도 있으며, 여러 가지 사정으로 이용계획 자체를 수급자가 스스로 종료할 수도 있다. 이상과 같은 내용을 단계별로 구분하여 설명하면 다음과 같다.

1) 요양급여신청 및 상담

지금부터 논의되는 단계 및 관련 내용은 사회복지실천과 관련되어 자주 언급되는 사회복지 실천과정과 매우 유사한 것으로 볼 수 있다. 참고로, 사회복지실천과정은 크게 ① 대상자의 방문 등에 따른 신칭접수 및 자료 수집 단계, 소위 인테이크(intake) 단계, ② 대상자의 욕구 등에 대한 사정 또는 사전평가(assessment) 단

계, ③ 대상자에 대한 관련 서비스 제공을 위한 계획 수립(작성) 단계, ④ 관련 서비스의 시행(개입, 실시) 단계, ⑤ 평가 및 종결 단계로 구분된다(김정진, 2015).

이때, 요양급여 신청 및 상담의 단계는 사회복지 실천과정의 ①의 단계인 '대상자의 방문 등에 따른 신청 접수 및 자료수집 단계'와 유사한 모습으로 볼 수 있다.

예컨대, 수급자인 대상자는 관심이 있는 장기요양기관에 전화 또는 직접 방문 등을 통하여, 자신이 필요로 하는 요양급여를 효과적으로 받을 수 있는 지 등을 상담할 수 있다.

이때, 당해 장기요양기관은 이와 같은 상담 등에 대하여 성실하게 응하여야 한다. 즉, 장기요양기관은 수급자로부터 장기요양급여신청을 받은 때에는 장기요양급여의 제공을 거부하여서는 아니 된다. 다만, 입소 정원에 여유가 없는 경우 등 정당한 사유가 있는 경우에는 그러하지 아니할 수 있다.

2) 장기요양급여 시행과 관련된 계획 수립 및 계약 체결

이와 같은 단계는 사회복지 실천과정에 있어서 대상자의 욕구 등에 대한 사정(② 단계)과 서비스 제공을 위한 계획수립 단계(③)를 합친 모습으로 볼 수 있다.

따라서 이와 같은 사회복지 실천과정과 관련된 내용을 고려한 위에, 장기요양보험제도에 따른 관련 내용을 요약하면 다음과 같다.

수급자 등으로부터 이와 같은 신청을 받게 되면, 장기요양기관 등은 대상자의 가정 방문 등을 통하여, 대상자의 신체적·정서적 차원의 각종 기능 상태 및 욕구평가를 하게 된다.

나아가 장기요양기관은 이와 같은 조사·평가의 자료에 의거하여, 요양급여를 위한 목표를 설정하고, 이에 따른 요양급여를 위한 계획서를 작성하게 된다.

이때, 그와 같은 계획서에는 제공될 요양급여(서비스)의 구체적인 내용과 횟수, 비용 등이 포함되게 된다. 물론, 이와 같은 계획서를 작성할 경우, 공단이 작성한 개인별장기요양이용계획서(그림5-4)를 근거로 한다.

이와 같은 계획서가 작성되게 되면, 장기요양기관은 대상자 등에게 계획서상의 관련 내용은 충분히 설명하고, 상대방으로부터의 동의와 서명에 의거하여 요양급여의 이용과 관련된 계약, 즉 요양급여의 이용계약이 체결되게 된다,

이때, 요양급여의 제공을 위한 문서(계약서)를 작성할 경우, 반드시 다음과 같은 사항이 포함되어야 한다. 즉, ① 계약 당사자, ② 계약기간, ③ 장기요양급여의 종류, 내용, 비용 등이다.

3) 요양급여의 제공 및 시행

요양급여의 제공을 위한 계약서가 체결되면, 장기요양기관 등은 계약서의 내용에 따라서 대상자에게 관련 급여(서비스 등)를 제공한다. 이와 관련하여 동법 시행규칙 제12조(장기요양급여 제공기준의 일반원칙)에서는 다음과 같이 이를 규정하고 있다. 즉, 장기요양기관은 수급자 개인의 장기요양 급여의 종류 및 내용에 대한 선택권을 존중하고 자립생활을 할 수 있도록 지원하여야 하며, 수급자의 심신 상태에 따라 적정한 급여를 제공하도록 하고 있다.

이와 같은 규정에 의거하여 장기요양기관 및 요양보호사 등은 대상자의 주요 기능상태 및 욕구 등을 명확히 인식한 위에, 계획서에 기록되어 있는 급여의 종류, 내용, 시간, 방법 등을 파악하여 관련 요양급여를 제공하게 된다.

4) 모니터링실시 및 급여의 종료 또는 계속

사회복지실천과 관련하여 모니터링은 다양한 의미로 사용되고 있다. 하지만, 핵심적 부분은 처음에 기획·계획된 프로그램이나 사업(프로젝트)의 내용이 실시 과정에서 원래의 목표 또는 의도한 대로 진행되고 있는 것인지, 또는 시행되고 있는 과정에서 처음 계획을 수립할 때와는 달리 주위 환경의 변화 등으로 인하여 새로운 서비스 수요 등이 나타나지 않았는지 등을 확인하는 과정으로 볼 수 있다(강종수, 2019).

이와 같은 의미를 장기요양급여의 이용과정과 관련하여 원용하며 보면, 모니터링이란 요양급여의 제공으로 인하여 대상자 등이 이에 만족하고 있는지에 대한 여부, 혹은 주위 환경의 변화 등으로 새로운 요양급여의 수요가 발생하였는지 여부에 대하여 이를 점검하는 것으로 볼 수 있다.

장기요양기관은 이와 같은 모니터링의 결과에 의거하여, 당사자 등과의 합의 및 동의서를 받아서 요양급여 계획서를 변경할 수도 있다. 이때, 장기요양기관은 반드시 변경된 계약통보서를 공단에 통보하여야 한다.

한편, 요양급여의 이용과정은 여러 가지 이유로 종결 또는 종료될 수가 있다. 이와 같은 종결은 사회복지 실천과정에서도 마찬가지로 나타나고 있다. 이와 같은 종결의 배경은 크게 클라이언트인 수급자의 측면과 서비스 제공자인 공급자의 측면으로 구분할 수 있을 것이다.

마찬가지로 요양급여에 있어서도 종결 또는 종료의 배경 역시 크게 수급자의 측면과 장기요양기관의 측면으로 구분할 수 있다. 이때, 장기요양급여의 경우, 종결의 요인이 대부분 수급자의 측면으로부터 발생한다. 예컨대, 대상자가 스스로 요양급여 종료를 원할 때, 사망 등이 나타났을 때, 다른 장기요양기관으로의 이관을 원할 때 등이 이에 속한다.

이에 비하여, 앞에서 이미 지적하였듯이, 장기요양기관은 원칙적으로 장기요양 급여 신청을 받을 때에, 장기요양 급여 제공을 거부하여서는 아니 되지 때문에, 특별한 사정이 있지 아니하는 한, 장기요양기관이 요양급여의 종료를 개시하기는 어려운 것으로 볼 수 있다.

제 3 절

장기요양급여 유형 및 이용 제한

I. 장기요양급여

1. 요양 급여

앞에서 이미 살펴보았듯이 수급자는 장기요양기관과의 장기요양급여에 관한 이용계약(계약서)의 체결을 통하여, 공단으로부터 이미 전달받았던 개인별장기요양이용계획서 및 계약서의 내용에 의거하여 장기요양급여를 받을 수 있다.

즉, 장기요양기관은 동 계약서 등에 의거하여 수급자에게 관련 요양급여를 제공하게 된다.

이때, 수급자에게 제공되는 장기요양급여의 의미에 대하여 장기요양보험법(동법)에서 “장기요양급여란 6개월 이상 동안 혼자서 일상생활을 수행하기 어렵다고 인정되는 자에게 신체활동·가사활동의 지원 또는 간병 등의 서비스나 이에 갈음하여 지급하는 현금 등을 말하는 것”으로 규정하고 있다.

따라서 장기요양급여란 「수급자에게 신체활동 및 가사활동에 대한 지원이나 간병 등에 따른 관련 서비스, 또는 이를 대신하여 지급하는 현금 등」을 의미한다.

그런데, 이와 관련하여 일부 나타나는 혼란은 「요양 급여」라는 용어와 관련되어있다. 예컨대, 수급자의 욕구를 고려하여, 이에 상응하는 각종 원조·서비스·물품 및 현금 등을 지원하는 모습을 ‘급여’(給與)라는 용어를 사용하고 있기 때문이다.

물론, 급여의 의미를 ‘돈이나 물품 따위를 줌, 또는 그와 같은 돈이나 물품’으로(김홍규, 2010), 또는 ‘연금제도 등에 의해 특정한 상태에 놓인 근로자 등에게 돈이나 물품을 주는 것’(하동석 외 1인, 2010) 등으로 규정하기도 한다. 그러나 급여라는 용어가 우선적으로 의미는 바는 ‘일정한 노동에 따른 현금이나 돈의 지급'이고, 제2차적 의미가 '물품 · 서비스의 지급'으로 볼 수 있다(하동석 외 1인, 2010).

그런데, 노인장기요양보험제도(이하, 동 제도)를 비롯한 사회복지제도의 전반에 걸쳐 사용되고 있는 급여의 제1차적 의미는 「서비스 · 현물」 등에 초점을 주어져 있으며, 부차적으로 「현금 지급」을 의미하는 경향이 강하다.

이와 같은 차원에서 서구사회에서도 이를 'benefit's로 표현하고 있으며, 일부에서는 이를 급부(給付)라는 용어를 제안하기도 한다(조흥식 외 9인, 2015; 정재욱, 2015). 참고로 일본 사회에서는 급부라는 용어를 공식적으로 사용하고 있다.

우리의 경우, 이와 같은 법령상의 규정으로 인하여 사회복지 실천현장에서는 '현금 급여', '현물 급여', '서비스 급여', '급여 서비스' 등과 같은 용어들이 사용되고 있는데, 의미 전달에 따른 애로사항을 느끼게 하는 것으로 알려져 있다.

이에 대한 대응책 모색도 필요할 것으로 본다.

2. 유형 구분

장기요양급여는 분류 기준에 따라서 다양한 유형으로 구분 가능하다.

우선, ① 급여의 성격을 기준으로 유형을 구분하면, 크게 현물 급여(서비스, 물품 등의 지급)와 현금 급여(돈의 지급)로 구분할 수 있다. 이와 관련, 국가에 따라서 현물 급여와 현금을 모두 시행하는 국가도 있고, 현물 급여를 중심으로 삼고 있는 국가도 있다. 한국은 전자에 해당되며 일본은 후자에 해당되고 있다.

한편, ② 급여가 시행되는 장소 등을 기준으로 유형을 구분하면, 크게 재가급여와 시설급여로 구분할 수 있다.

동 제도의 경우에는 이와 같은 유형의 혼합 형태로써 크게 재가급여, 시설급여 및 특별현금급여로 구분 · 관리되고 있다(동법 제 23조, 장기요양급여의 종류).

일본의 개호보험제도의 경우에는 이와 같은 급여 형태(일본에서는 급부 형태로 표현)는 크게 개호급부, 예방급부, 시정촌특별급부로 구분 · 관리되고 있다. 이때, 한국의 장기요양급여와 비슷한 유형으로 볼 수 있는 것이 개호급부인데, 이와 같은 개호급부는 다시 거택(재가)서비스, 시설서비스 및 지역밀착형서비스로 구분 · 관리되고 있다. 물론, 현금 급여는 없으며, 개호급부를 구성하고 있는 각종 서비스 및 관련 내용도 동 제도에 비하여 비교적 풍부한 편이다(정재욱,2017; 全國社會福祉協議會, 2023‘ 2023a).[1]

이와 같이 동법에서는 요양급여의 유형을 크게 재가급여, 시설급여 및 특별현금급여로 구분하고 있기에, 그와 같은 동법의 입법 태도에 의거하여 여기서도 관련 논의를 진행하기로 한다.

II. 장기요양급여 유형

동법에 따르면 장기요양급여의 유형은 크게 재가급여, 시설급여 및 특별현금급여로 구분 된다(동법 제23조). 이때, 재가급여에는 방문급여를 비롯한 6 가지의 서비스가 있고, 시설급여에는 노인의료복지시설 등에 입소하여 받게 되는 다양한 형태의 서비스가 있다. 특별현금급여에는 가족요양비를 비롯한 3 가지 형태로의 현금지급이 이루어지고 있다. 이에 대한 내용을 관련 법령을 중심으로 정리하면 다음과 같다.

1. 재가급여

재가급여란 기본적으로 수급자의 가정·지역사회·서비스 제공 시설이 딸린 공동주택(가정) 등을 중심으로 이루어지는 급여(서비스) 형태를 의미한다. 이와 관련하여 동법에서는 다음과 같이 그 형태 및 관련 내용을 규정하고 있다.

첫째, 방문요양이다.

방문요양은 장기요양요원(요양보호사 등)이 수급자의 가정 등을 방문하여 그들의 신체활동 및 가사활동 등을 지원하는 장기요양급여의 한 형태이다.

이때, 인지활동형 방문요양의 경우에는 장기요양 5등급 수급자에게 인지자극활동 및 잔존기능 유지·향상을 위한 사회훈련을 제공할 목적으로 시행되는 방문요양을 의미한다. 2014년의 동법 개정으로 장기요양 5등급(치매특별등급) 수

1) 일본의 개호보험제도에 따른 보다 자세한 급부유형에 대해서는 다음을 참조(정재욱, 2017).

급자에 대해서는 기존의 방문요양과는 달리 빨래·식사준비 등과 같은 가사지원은 제공할 수 없으나, 잔존기능의 유지·향상을 위한 사회활동훈련을 제공하는 방법으로서의 수급자와 함께 옷개기·요리하기 등과 같은 지원 활동은 가능하다.

둘째, 방문목욕이다.

방문목욕은 장기요양요원이 목욕설비를 갖춘 차량을 이용하여, 수급자의 가정을 방문하여 목욕급여를 제공하는 유형이다. 방문목욕은 집안에 고령자 지향적 목욕 시설 등이 구비되어 있지 않은 가정이나, 또는 구비되어 있을 지라도 노인을 정기적으로 목욕시켜줄 인력이 부족한 가정 등을 중심으로 매우 유용하게 이용되고 있다.

방문목욕에 속하는 급여로써는 세신지원의 일종으로써 목욕 도움, 세면 도움, 구강 관리, 머리 감기기, 몸 단장, 옷 갈아 입히기, 체위 변경이동 도움, 화장실 이동지원 등이 시행되고 있다.

셋째, 방문간호이다.

방문간호는 의사·한의사 또는 치과의사(구강위생에 한함)가 발급하는 지시서(방문간호지시서) 및 동법 시행령 제11조(장기요양급여 종류별 장기요양요원의 범위)에 의거하여, 간호사·간호조무사 또는 치위생사와 같은 장기요양요원이 수급자의 가정 등을 방문하여, 간호, 진료의 보조, 요양에 관한 상담 또는 구강 위생 등을 제공하는 장기요양급여를 의미한다.[2)]

한편, 5등급 수급자의 경우에는 방문간호지시서 발급일로부터 6개월 동안 월 1회 방문간호 급여를 이용할 수 있으며, 1~4등급 수급자의 경우에는 방문간호 급여를 월 한도액에 상관없이 월 1회 이용가능하다.

넷째, 주·야간보호이다.

주·야간보호는 수급자를 하루 중의 일정한 시간 동안 장기요양기관에서 보호하여 신체활동 지원 및 심신기능의 유지·향상을 위한 교육·훈련 등을 제공하는 장기요양급여이다. 이와 같은 급여를 일반적으로는 주간 보호(day care)라고도 하며, 일본의 개호보험제도에서는 통소개호(通所介護)라고 한다.

동 제도에 따른 주·야간보호 급여를 제공하는 대표적인 기관이 주·야간보호센터이다. 특히, 주·야간에 수급자를 돌보아줄 마땅한 주변 사람이 없다든가,

2) 재가급여의 유형과 이에 따른 담당 장기요양요원의 구분에 대해서는 관련 영역에서 다루기로 한다.

또는 초기 채매 증상이 있는 고령자의 경우, 이와 같은 센터를 이용하는 것은 매우 유익할 것이다. 이용 기한 및 회수는 하루 8시간에 한 달 20회까지 지원되고 있다.

다섯째, 단기보호이다.

단기보호는 수급자를 보건복지부령으로 정하는 범위 안에서 일정 기간 동안 장기요양기관에 보호하여 신체활동 지원 및 심신기능의 유지·향상을 위한 교육·훈련 등을 제공하는 장기요양급여를 의미한다.

이와 관련하여 동법 시행규칙 제11조(단기보호 급여기간)에서는 "동법 제23조 제1항 제1호 마목에 따른 단기보호급여를 받을 수 있는 기간은 월 9일 이내로 한다. 다만, 가족의 여행, 병원치료 등의 사유로 수급자를 돌볼 가족이 없는 경우 등 보건복지부장관이 정하여 고시하는 사유에 해당하는 경우에는 1회 9일 이내의 범위에서 연간 4회까지 연장할 수 있다."라고 규정하고 있다.

이와 같은 단기보호를 일반적으로는 단기입소(short stay)라고도 하면, 일본의 개호보험제도에서는 단기입소생활개호와 단기입소요양개호로 구분하여 요양급여를 제공하고 있다(정재욱, 2017; 社會福祉士養成講座編集委員會, 2017a).

여섯째, 기타 재가급여이다.

기타 재가급여란 수급자의 일상생활·신체활동의 지원에 필요한 복지용구를 제공하거나 또는 가정을 방문하여 재활에 관한 지도 등을 제공하는 장기요양급여를 의미한다.

이와 같은 부분에 대한 보다 구체적인 사항이나 내용은 동법 제23조(장기요양급여의 종류) 제1항 바목에 의거하여 이를 대통령령으로 정하도록 규정하고 있는데, 대통령령인 동법 시행령 제9조(기타 재가급여)에서 이를 다시 보건복지부장관이 정하여 하고 있다.

이와 관련하여 동법 시행규칙 제19조(기타 재가급여 제공기준 등)에서 "① 장기요양기관은 동법 시행령 제9조에 따라 수급자의 일상생활·신체활동 지원 및 인지기능의 유지·향상에 필요한 용구로서 보건복지부장관이 정하여 고시하는 것(이하, 복지용구)을 제공하는 경우에는 품목별 사용가능 횟수 등을 고려하여 구입 및 대여방식으로 제공하여야 한다. ② 복지용구의 품목별 급여대상의 범위, 급여결정 방법, 세부적인 제공기준 및 절차 등 그 밖에 필요한 사항은 보건복지부장관이 정하여 고시한다."로 규정하고 있다.

이와 같은 법령 위임에 의거하여 법제화된 것이 「복지용구 급여범위 및 급여기준에 등에 관한 고시」를 이다. 당해 고시에 따른 복지용구의 급여대상자는 기본적으로 수급자이다. 복지용구의 급여 방식은 크게 「구입 방식」과 「대여 방식」이 있다.

2023년 현재 구입 품목으로는 이동변기, 목욕의자, 성인용보행기, 안전손잡이, 미끄럼 방지용품, 간이변기, 지팡이, 욕창예방방석, 자세변환용구, 요실금팬티 등 10 종류이다. 대여 방식으로는 수동휠체어, 전동침대, 수동침대, 이동 욕조, 목욕리프트, 배회기 등의 6 종류가 있다. 한편, 구입 또는 대여품목으로 욕창예방매트리스, 경사로(실내용, 실외용)이 있다.

한편, 복지용구의 이용 등과 관련된 이와 같은 내용을 보건복지부장관고시라는 행정명령의 형식으로 규정·운영하는 것이 이용자 지향적 복지이념을 추구하는 동 제도의 입장에서 볼 때, 과연 바람직한 입법태도인지에 대하여 논의하여 볼 필요가 있을 것으로 본다.

2. 시설급여

동 제도에 따른 시설급여란 '장기요양기관에 장기간 입소한 수급자에게 신체활동 지원 및 심신기능의 유지·향상을 위한 교육·훈련 등을 제공하는 요양급여'를 의미한다. 이때, 장기요양기관은 "동법 제31조에 따른 지정을 받은 기관으로서 장기요양급여를 제공하는 기관"을 의미한다.

한편, 장기요양급여를 제공할 수 있는 장기요양기관의 종류 및 기준은 대통령령으로 정하도록 되어있는데,이와 같은 법령 위임에 의거하여 동법 시행령 제10조에서 장기요양기관의 종류 등을 다음과 같이 규정하고 있다.

즉, ① 재가급여를 제공할 수 있는 노인장기요양기관으로는 노인복지법 제38조(재가노인복지시설)에 따른 재가노인복지시설 중에서 지정을 받은 장기요양기관이며, ② 시설급여를 제공할 수 있는 노인장기요양기관은 노인복지법 제34조(노인의료복지시설) 제1항 제1호에 따른 노양요양시설 중에서 지정받은 장기요양기관 및 노인복지법 제34조(노인의료시설) 제1항 제2호에 따른 노인요양공동생활가정 중에서 지정받은 장기요양기관이다.

따라서 장기요양급여를 제공할 수 있는 장기요양기관은 크게 방문요양 등을 비롯하여 재가급여를 제공하는 재가노인복지기관과 시설급여를 제공하는 장기요양기관으로 구분할 수 있다. 이때, 시설급여를 제공하는 장기요양기관의 성격 등에 대해서는 노인복지법에서 주로 의존하고 있다.

이와 같은 이유로 인하여 동 제도에 따른 시설급여를 제공하는 장기요양기관을 이해하기 위해서는 노인복지법상의 관련 규정에 대한 이해가 대단히 중요하다.

한편, 노인복지시설과 관련하여 노인복지법 제31조(노인복지시설의 종류)에서는 노인복지시설 및 종류를 다음과 같이 규정하고 있다. 즉, ㉠ 노인주거복지시설, ㉡ 노인의료복지시설, ㉢ 노인여가복지시설, ㉣ 재가노인복지시설, ㉤ 노인보호전문기관, ㉥ 동법 제23조의2 제1항 제2호의 노인일자리지원기관, ㉦ 동법 제39조의19에 따른 학대피해노인 전용쉼터 등이 이에 속한다.

이어서 노인복지법 제38조에서는 '노인재가복지시설', 제34조에서는 '노인의료복지시설'을 규정하고 있다. 이때, 노인의료복지시설은 다시 노인요양시설과 노인공동생활가정으로 구분된다.

따라서 동 제도에 따라 시설급여를 제공하는 기관은 노인복지법상의 노인의료복지시설 중에서 노인장기요양보험법 제31조에 의거하여 지정을 받은 「노인요양시설」과 「노인요양공동생활가정」으로 구분된다.

이때, 노인요양시설은 '치매·중풍 등 노인성 질환 등으로 심신에 상당한 장애가 발생하여 도움을 필요로 하는 노인을 입소시켜 급식·요양과 그 밖에 일상생활에 필요한 편의를 제공함을 목적으로 하는 시설'을 의미한다.

노인요양공동생활가정은 '치매·중풍 등 노인성 질환 등으로 심신에 상당한 장애가 발생하여 도움을 필요로 하는 노인에게 가정과 같은 주거여건과 급식·요양, 그 밖에 일상생활에 필요한 편의를 제공함을 목적으로 하는 시설'을 의미한다.

한편, 기존의 노인전문병원은 노인복지법상의 노인의료복지시설에서 제외되었기 때문에, 동 제도에 따른 시설급여를 제공하는 장기요양기관에는 포함되지 않는다.

물론, 재가급여를 제공하는 기관은 노인복지법상의 재가노인복지시설 중에서 지정을 받은 장기요양기관에 해당되며, 동 기관은 방문요양, 방문목욕, 방문간호, 주·야간보호, 단기보호, 기타 재가급여를 제공할 수 있다.

한편, 장기요양기관은 방문요양에서 단기보호에 이르기까지의 재가급여 전부 또는 일부를 통합하여 제공하는 서비스, 가칭, 통합서비스를 제공할 수도 있다(신설, 2024. 01. 02). 이와 같은 통합서비스를 제공하는 장기요양기관은 보건복지부령으로 인력, 시설, 운영 등의 기준을 준수하여야 한다.

3. 특별현금급여

동 제도에서는 현물 급여와 함께 현금 급여가 제공된다. 예컨대, 동법 제2조(정의) 제2항에 따르면, '장기요양급여란 동법 제15조 제2항에 따라 6개월 이상 동안 혼자서 일상생활을 수행하기 어렵다고 인정되는 자에게 신체활동·가사활동의 지원 또는 간병 등의 서비스나 또는 이에 갈음하여 지급하는 현금 등'으로 규정하고 있다.

이때, '신체활동·가사활동의 지원 또는 간병 등의 서비스'는 현물급여에 해당되며, '이에 갈음하여 지급하는 현금 등'은 현금급여에 해당되는 것으로 볼 수 있다.

동 제도에 따른 현금급여를 대변하여 주는 것이 동법 제23조(장기요양급여의 종류) 제3항의 '특별현금급여'이다. 참고로, 일본의 개호보험제도에서는 가족요양 부담의 지속 가능성, 보험재정의 낭비, 개호서비스 질의 저하 등을 이유로 많은 논쟁 끝에 현금급여의 도입을 금지하였다.

동 제도에서 시행되고 현금급여를 동법에서는 특별현금급여라고 하며, 그 종류는 크게 가족요양비, 특례요양비, 요양병원간병비로 구분되고 있다. 이에 대한 내용은 살펴보면 다음과 같다.

첫째, 가족요양비이다.

동법 제24조(가족요양비)에 따르면 공단은 다음 각 호의 어느 하나에 해당하는 수급자가 가족 등으로부터 동법 제23조(장기요양급여의 종류) 제1항 제1호 가목에 따른 방문요양에 상당한 장기요양급여(예, 서비스)를 받은 때, 대통령령으로 정하는 기준에 따라 당해 수급자에게 가족요양비를 지급할 수 있다.

즉, ㉠ 도서·벽지 등 장기요양기관이 현저히 부족한 지역으로서 보건복지부장관이 정하여 고시하는 지역에 거주하는 자, ㉡ 천재지변이나 그 밖에 이와 유사한 사유로 인하여 장기요양기관이 제공하는 장기요양급여를 이용하기가 어렵다고 보건복지부장관이 인정하는 자, ㉢ 신체·정신 또는 성격 등 대통령령으로 정하는 사유로 인하여 가족 등으로부터 장기요양을 받아야 하는 자[3]' 등이 이에 해당된다. 물론, 이와 같은 가족요양비의 지급 절차와 그 밖에 필요한 사항은 보건복지부령으로 정하도록 되어있다.

둘째, 특례요양비이다.

이와 관련하여 동법 제25조(특례요양비)에서는 "① 공단은 수급자가 장기요양기관이 아닌 노인요양시설 등의 기관 또는 시설에서 재가급여 또는 시설급여에 상당한 장기요양급여를 받은 경우 대통령령으로 정하는 기준에 따라 당해 장기요양급여비용의 일부를 당해 수급자에게 특례요양비로 지급할 수 있다. ② 제1항에 따라 장기요양급여가 인정되는 기관 또는 시설의 범위, 특례요양비의 지급 절차, 그 밖에 필요한 사항은 보건복지부령으로 정한다."라고 규정하고 있다.

따라서 특례요양비는 기본적으로 수급자가 장기요양기관으로 지정되지 않은 장기요양시설 등의 기관이나 재가시설로부터 재가급여 또는 시설급여에 상당한 장기요양급여를 받은 경우, 장기요양급여 비용의 일부를 수급자에게 현금으로 급여하는 것을 의미한다.

셋째, 요양병원간병비이다.

동법 제26조(요양병원간병비)에서는 "① 공단은 수급자가 의료법 제3조 제2항 제3호 라목에 따른 요양병원에 입원한 때 대통령령으로 정하는 기준에 따라 장기요양에 사용되는 비용의 일부를 요양병원간병비로 지급할 수 있다. ② 제1항에 따른 요양병원간병비의 지급 절차와 그 밖에 필요한 사항은 보건복지부령으로 정한다."라고 규정하고 있다.

이와 같은 요양병원간병비는 수급자가 노인복지법에서 규정하고 있는 노인전문병원이나 또는 의료법에서 규정하고 있는 요양병원에 입원한 때, 그 동안의

3) 이와 같은 사례로는 '감염병의 예방 및 관리에 관한 법률'에 의한 감염위험환자, '장애인복지법'에 따른 신체적 변형 등의 사유로 대인과의 접촉을 기피하는 경우 등을 지적할 수 있다.

장기요양급여에 사용되는 비용의 일부를 지급할 수 있는 제도로 볼 수 있다.

한편, 이와 같은 특별현금급여 중에서 현금지급과 관련하여 동법 시행령에서 이를 규정·시행하고 있는 것은 가족요양비 뿐이다. 즉, 특례요양비와 요양병원간병비는 보건복지부령의 미비로 시행이 유보되어 있다.

4. 장기요양급여 제공기록지 작성

장기요양기관은 장기요양급여의 실시에 따른 관련 기록을 작성하여야 한다.

즉, 장기요양기관은 장기요양급여를 실시한 경우에는 동법 시행규칙 별지 제12호 서식부터 별지 제16호 서식까지 및 별지 제16호의2 서식의 장기요양급여제공기록지에 요양급여 실시 내역 등을 기재하고, 수급자에게 그 정보를 제공하여야 한다.

이와 같은 경우, 제공 주기와 방법 등 정보 제공의 구체적인 사항은 보건복지부장관이 정하여 고시하게 되어있는데, 이것이 「장기요양급여 제공기준 및 급여비용 산정방법 등에 관한 보건복지부고시」이다.

이와 같은 고시에 따르면 관련 내용은 다음과 같다.

① 장기요양기관은 급여계약 통보서의 내용에 따라 급여를 제공하고, 그 내용을 장기요양 급여제공기록지(급여제공기록지)에 기재·관리하고, 수급자에게 제공하여야 한다.

② 급여제공기록지 제공주기는 다음 각 호와 같다.

즉, ㉠ 가정방문급여의 급여제공기록지는 주(월요일부터 일요일까지) 1회 이상 제공한다. 다만, 공단이 운영하는 가정방문급여 관련 기록, 전송 시스템(재가급여전자관리시스템)으로 전송한 경우에는 월(매월 1일부터 말일까지로 한다) 1회 이상 제공한다. ㉡ 주·야간보호, 단기보호 및 시설급여의 급여제공기록지는 월 1회 이상 제공한다.

③ 급여제공기록지 제공 방법 등은 공단 이사장이 정한다.'로 되어있다.

이와 같은 지침 등에 따라서, 재가장기요양기관이 방문요양 등을 비롯한 재가급여를 제공하는 경우에는 관련된 자료를 정해진 서식에 따라서 작성하여야 한다.

예컨대, 방문급여의 경우에는 <표5-7>과 같이 방문급여에 대한 제공기록지를 작성하게 되며, 나아가서 방문목욕, 방문간호, 주·야간보호, 시설급여·단기보호, 복지용구 등에 대해서도 각각 규정된 양식에 따라서 급여제공기록지를 작성하여야 한다.

표 5-7 장기요양급여 제공기록지(방문요양)

수급자 성명			생년월일	장기요양등급			장기요양인정번호		
장기요양기관명				장기요양기관기호					
일정관리		( )년 월/일	/	/	/	/	/	/	/
	제공시간	총시간	분	분	분	분	분	분	분
		시작시간	:	:	:	:	:	:	:
		종료시간	:	:	:	:	:	:	:
서비스 제공	신체활동지원	개인위생(옷갈아입히기,세면,구강청결,몸단장도움 등)	분	분	분	분	분	분	분
		몸씻기기도움							
		식사도움(영양관리등)							
		체위변경							
		이동도움(보행,보장구사용 등 도움)							
		화장실이동							
		젠체 제공시간							
	인지활동지원	인지자극활동	분	분	분	분	분	분	분
		일상생활 함께하기	분	분	분	분	분	분	분
	인지관리지원	인지행동변화관리등							
	정서지원	말벗, 격려	분	분	분	분	분	분	분
	가사/일상생활	식사준비, 청소, 세탁 등	분	분	분	분	분	분	분
		개인활동지원(외출동행 등)							
변화상태	신체기능	1호전 2유지 3악화	1 2 3	1 2 3	1 2 3	1 2 3	1 2 3	1 2 3	1 2 3
	식사기능	1호전 2유지 3악화	1 2 3	1 2 3	1 2 3	1 2 3	1 2 3	1 2 3	1 2 3
	인지기능	1호전 2유지 3악화	1 2 3	1 2 3	1 2 3	1 2 3	1 2 3	1 2 3	1 2 3
	배변변화	대변 실수 횟수	회	회	회	회	회	회	회
		소변 실수 횟수	회	회	회	회	회	회	회

특이	/								
사항	/								
서명		장기요양요원성명(서명)							
		수급자/보호자성명(서명)							

※ 자료 : 동법 시행규칙 별지 제12호서식 참조.

Ⅲ. 장기요양급여 이용 제한

수급자와 장기요양기관 간에 장기요양급여의 이용에 관한 계약이 체결되게 되면, 계약서의 내용에 따라서 수급자는 장기요양기관이 제공하는 재가급여 및 시설급여를 제공받게 된다. 그러나 여기에는일정한 한계가 있다. 이와 같은 제한 내용을 간단히 설펴보면 다음과 같다.

첫째, 등급별 월 한도액에 따른 제한이다.

장기요양급여는 월 한도액 범위 안에서 제공한다. 이 경우 월 한도액은 장기요양등급 및 장기요양급여의 종류 등을 고려하여 산정하는 것으로 규정하고 있다.

물론, 등급별 월 한도액의 산정 기준 및 방법, 그 밖에 필요한 사항은 동법에 의거하여 이를 보건복지부령으로 규정하도록 위임하고 있으며, 동 시행령 제22조(장기요양급여의 월 한도액)에서는 이를 보건복지부고시로써 규정하도록 재위임하고 있다. 이와 차원에서 「장기요양급여 제공기준 및 급여비용 산정방법 등에 관한 고시」(보건복지부고시 제2023－289호, 2023. 12. 29, 일부 개정)가 나타나게 되었다.

동 고시의 제13조(재가급여 얼 한도액 및 산정기준)에 따르면 재기급여(복지용구 제외)의 등급별 월 한도액은 <표5－8>과 같다. 이때, 다음과 같은 부분의 비용은 월 한도액에 포함되지 않는다.

예컨대, 방문요양에 따른 원거리교통비용, 방문간호급여비용, 방문간호급여의 간호(조무)사 가산금, 주야간간호급여의 이동서비스비용 및 목욕서비스 가산금, 단기보호급여비용 및 장기요양 가족휴가제 급여비용, 방문요양급여 중증 수급자 가산, 의사소견서 및 방문간호지시서 발급비 및 각종 정하는 가산금 등이다.

따라서 각 등급별 월 한도액을 초과하는 부분이나 월 한도액에 포함되지 않는 부분에 대해서는 수급자 자신의 비용으로 이를 상계하여야 한다.

표 5-8 재가급여 월 한도액(복지용구 제외, 2024. 01월 현)

등급	1등급	2등급	3등급	4등급	5등급	인지지원 등급
월한도액(원)	2,069,900	1,869,600	1,455,800	1,341,800	1,151,600	634,700

※ 자료 : 고시의 제13조에 의거

둘째, 적법하지 않은 방법 등에 따른 인정자 등에 대한 제한이다.

동법 제29조(장기요양급여의 제한)에 따르면 이와 관련하여 다음과 같이 규정하고 있다. 즉, "① 공단은 장기요양급여를 받고 있는 자가 정당한 사유 없이 제15조 제4항에 따른 조사나 제60조 또는 제61조에 따른 요구에 응하지 아니하거나 답변을 거절한 경우, 장기요양급여의 전부 또는 일부를 제공하지 아니할 수 있다.

② 공단은 장기요양급여를 받고 있거나 받을 수 있는 자가 장기요양기관이 거짓이나 그 밖의 부정한 방법으로 장기요양 급여비용을 받는 데에 가담한 경우 장기요양급여를 중단하거나 1년의 범위에서 장기요양급여의 횟수 또는 제공 기간을 제한할 수 있다.

③ 제2항에 따른 장기요양급여의 중단 및 제한 기준과 그 밖에 필요한 사항은 보건복지부령으로 정하도록 하고 있다. 그리하여 동 시행령 제22조의2(장기요양급여의 제한 기준)에서 '장기요양급여의 제한 기준에 관한 세부기준'을 별표1로써 제시하고 있다.[4]

셋째, 요양급여의 범위에서 제외되는 급여(비급여 대상)의 제한이다.

동법 제23조(장기요양급여의 종류) 제1항에 따른 장기요양급여의 범위에서

4) 이에 대한 보다 자세한 내용은 동법 시행규칙 별표1(신설, 2020. 09.22)을 참조 바람

제외되는 사항, 예컨대 비급여 대상에 속하는 요양급여는 장기요양급여에서 제외된다. 이와 같은 범위에 속하는 요양급여의 비용은 원칙적으로 수급자가 부담하게 된다.

이와 관련하여 노인요양시설 등에서 경험하게 되는 비급여 대상으로는 동법 시행규칙 제14조(장기요양급여의 범위 등)에 의거하여 크게 다음과 같이 구분된다. 예컨대, ① 식사재료비 ② 상급침실 이용에 따른 추가 비용 : 노인요양시설 또는 노인요양공동생활가정에서 본인이 원하여 1인실 또는 2인실을 이용하는 경우, 장기요양에 소요된 총 비용에서 제1호, 제3호, 제4호의비용과 장기요양급여비용을 제외한 금액 ③ 이·미용비 ④ 그 외 일상생활에 통상 필요한 것과 관련된 비용으로 수급자에게 부담시키는 것이 적당하다고 보건복지부장관이 정하여 고시한 것 등이다.

넷째, 장기요양보험료 체납 등에 따른 제한이다.

동법 제30조(장기요양급여의 제한 등에 관한 준용)에 의거하여 장기요양보험가입자로서 보험료 체납자 등에 대해서는 장기요양급여의 제한 또는 정지를 행할 수 있다. 즉, 동법 제30조에 따르면, 국민건강보험법 제53조, 제54조, 제109조의 관련 규정은 장기요양보험법에 따른 보험료 체납자에 대하여 이를 준용하는 것으로 되어있다.

따라서 건강보험법상의 보험급여의 제한 조건에 놓은 장기요양 수급자는 장기요양급여의 제한을 받을 가능성이 높다. 특히, 국민건강보험법 제53조 제3항에 따라서, 6회 이상 장기요양보험료를 체납하게 되면 장기요양급여가 제한된다.

제 4 절

장기요양기관

I. 개 관

노인장기요양보험제도(이하, 동 제도)에 따른 요양급여, 특히 현물급여(서비스 등)를 제공하는 중심적 역할을 담당하는 시설이 장기요양기관이다. 이와 같은 중요한 역할을 담당하는 장기요양기관이란 동법 제31조에 따라 지정을 받은 기관으로서 장기요양급여를 제공하는 기관을 의미 한다.

따라서 노인장기요양법(이하, 동법)에 의거하여 요양급여를 제공하고자 하는 자는 우선적으로 장기요양기관을 설치 · 지정을 받아야 한다. 물론, 이와 같은 지정은 소속 시설의 소재지를 관할하는 자치단체장[1])으로부터 받게 된다.

물론, 이와 같은 지정을 받기 위해서는 보건복지부령으로 규정하고 있는 각종 시설 및 인력 요건 등에 관한 요건을 구비하여야 한다.

한편, 동 제도에 따른 급여유형은 앞에서도 살펴보았듯이 크게 재가급여, 시설급여, 특별현금급여로 구분되며, 이와 같은 급여의 구분에 따라서 동법 시행령 제10조(장기요양기관의 종류 및 기준)에서는 장기요양기기관의 유형을 크게 ① 재가급여를 제공하는 장기요양기관, ② 시설급여를 제공하는 장기요양기관으로 구분하고 있다.

동법의 이와 같은 입법태도에 의거하여 장기요양기관과 관련된 내용도 그와 같은 흐름에 따라서 관련 내용을 살펴보기로 한다.

이때, 장기요양기관에 대한 이해의 폭을 넓히는 차원에서, 먼저 재가급여를 제공하는 장기요양기관(가칭, 재가센터)과 시설급여를 제공하는 장기요양기관(가칭, 시설)에 대한 동법의 입법태도를 간단히 살펴보면 다음과 같다.

---

1) 이때 말하는 자치단체장은 특별자치시장 · 특별자치도지사 · 시장 · 군수 · 구청장을 의미한다.

먼저, 재가급여를 제공하는 노인장기요양기관이란 노인복지법에 따른 재가노인복지시설 중에서 동법에 의하여 소재지를 관할 구역으로 하는 자치단체장으로부터 지정을 받아 운영되는 기관을 의미한다.

한편, 시설급여를 제공하는 장기요양기관은 노인복지법에 따른 노인요양시설 및 노인요양공동생활가정 중에서 동법에 따라 소재지 관할 자치단체장으로부터 지정을 받은 기관을 의미한다.

이처럼 요양급여를 제공하는 장기요양기관의 경우, 유형이나 성격 등에 있어서 많은 부분은 노인복지법의 규정을 원용하는 모습으로 되어있다.

한편, 명칭에 있어서 재가급여 및 시설급여를 제공하는 조직체를 모두 '기관'로 표현하고 있다. 하지만, 사회복지실천 현장을 중심으로 전자를 '센터', 후자를 '시설'로 부르는 경향도 강하다. 일본의 개호보험제도에서는 전자를 거택사업자로, 후자를 시설로 기술하고 있다.

한국 사회의 경우, 복지실천의 현장에서는 '기관'이라는 명칭에 대하여 심리적 거부감도 일부 느끼기는 것으로 지적된다. 이용자 지향적 제도라는 점을 고려하여 이와 같은 부분에 대한 성찰도 필요할 것으로 본다.

Ⅱ. 장기요양기관의 지정

1. 개 관

동법에 있어서 많은 분량을 차지하고 있는 영역이 「제6장 장기요양기관」이다. 이에 따라, 동법 시행령 및 동법 시행규칙 역시 장기요양기관과 관련된 많은 내용이 제시되고 있다.

거기에는 나름의 이유도 있겠지만, 기본적으로 장기요양기관은 요양급여, 특히 현물급여를 전달하는 중추적인 역할을 담당하는 기관이라는 점에 더하여, 요양서비스의 이용과 관련하여 시장 기능이 반영된 사업자적 성격이 나타나고 있기 때문에, 이해 당사자 간의 다툼의 여지를 사전에 예방하는 차원에서 이와 같이 자세한 내용을 규정하고 있는 것으로 볼 수도 있다.

한편, 본 저서는 장기요양기관을 운영하는 소위 사업자 등을 위한 전문 서적이 아닌, 이와 같은 분야에 대한 이해를 안내하는 개괄적 수준의 안내서이기 때문에, 장기요양기관과 관련하여 동법 및 동 시행령 등에 담겨있는 관련 내용을 간단히 소개하는 차원에서 이를 정리하고자 한다. 보다 구체적인 내용 등은 보건복지부의 관련 자료를 참조 바란다.

2. 장기요양기관 지정

장기요양기관을 운영하고자 하는 경우에는 먼저 지정을 받아야 한다. 이와 관련하여 동법 제31조에서는 다음과 같이 이를 규정하고 있다.

① 동법에 따라 재가급여 또는 시설급여를 제공하는 장기요양기관을 운영하려는 자는 보건복지부령으로 정하는 장기요양에 필요한 시설 및 인력을 갖추어 소재지를 관할 구역으로 하는 자치단체장으로부터 지정을 받아야 한다.

② 동법에 따른 장기요양기관으로 지정을 받을 수 있는 시설은 노인복지법 제31조(노인복지시설의 종류)에 따른 노인복지시설 중 '대통령령으로 정하는 시설'로 한다.

③ 자치단체장이 동법에 따른 지정을 하려는 경우에는 다음 각 호의 사항을 검토하여 장기요양기관을 지정하여야 한다. ㉠ 장기요양기관을 운영하려는 자의 장기요양급여 제공 이력, ㉡ 장기요양기관을 운영하려는 자 및 그 기관에 종사하려는 자가 이 법, 「사회복지사업법」 또는 「노인복지법」 등 장기요양기관의 운영과 관련된 법에 따라 받은 행정처분의 내용, ㉢ 장기요양기관의 운영 계획, ㉣ 해당 지역의 노인인구 수, 치매 등 노인성질환 환자 수 및 장기요양급여 수요 등 지역 특성, ㉤ 그 밖에 자치단체장이 장기요양기관으로 지정하는 데 필요하다고 인정하여 정하는 사항

④ 재가급여를 제공하는 장기요양기관 중 의료기관이 아닌 자가 설치·운영하는 장기요양기관이 방문간호를 제공하는 경우에는 방문간호의 관리책임자로서 간호사를 둔다.

이때, 제②항에서 지적하고 있는 노인복지시설 중에서 대통령령으로 정하는 시설의 경우, 이미 앞에서도 살펴보았듯이, 노인복지법에 따른 노인의료복지시설 및 재가노인복지시설을 의미한다.

한편, 장기요양기관의 지정과 관련된 절차를 간단히 요약하여 <그림 5-6>과 같다. 즉, ① 재가 또는 시설을 운영하고자 하는 사람 등은 시설이 소재하는 지자체에 지정신청서를 제출하고, ② 처리기관인 해당 자치단체장은 접수된 서류 등을 검토하여 지정 여부를 심의·결정하고, ③ 지정 여부를 신청자에게 통보한다. 이때, 지정이 결정된 경우에는 장기요양기관지정 인정서를 발급한다.

그림 5-6 처리 절차

지정(갱신)신청서 제출	→	접수 및 검토 (지정서 발급)	→	지정서 수령
신청인 (재가 또는 시설)		처리기관 (지자체장)		신청인

※ 자료 : 관련 법령에 의거하여 절차 요약

3. 장기요양기관 지정 기준 등

장기요양기관으로 지정받으려는 자는 동법 시행규칙 제23조에 의거하여 다음과 같은 조치에 따르게 된다. 이와 관련 내용을 요약하여 정리하면 다음과 같다.

첫째, <그림5-7>과 같이 장기요양기관 지정신청서를 시설 소재의 지자체장에게 제출한다. 이때, 첨부 서류는 다음과 같다. 즉, ㉠ 일반현황·인력현황 및 시설현황 각 1부, ㉡ 사업자등록증 또는 고유번호증 사본 1부, ㉢ 사업계획서 및 운영규정 각 1부.

그림 5-7 장기요양기관 지정(갱신)신청서(별지19호서식)

접수번호		접수일		처리기간 30일
신청인 (대표자)	①성명			②주민등록번호
	③주소			④전화번호
⑤기관명				
⑥법인등록번호	-		⑦법인명	
⑧고유번호 (사업자등록번호)				
⑨설립 형태	[]국가 []지방자치단체 []법인() []개인 []기타()			
⑩기관유형 (급여종류 및 형태)	시설	노인요양시설	[]노인요양시설[]노인요양시설 내 치매전담실 가형 []노인요양시설 내 치매전담실 나형	
		노인요양 공동생활시설	[]노인요양공동생활가정[]치매전담형 노인요양공동생활가정	
	재가	재가노인 복지시설	[]방문요양[]방문목욕[]방문간호 []단기보호 []복지용구 제공 [] 주·야간보호[] 주·야간보호시설 내 치매전담실 이용	
⑪소재지	주소			
	전화번호	팩스번호		전자우편주소

「노인장기요양보험법」 제31조 및 같은 법 시행규칙 제23조에 따라 장기요양기관의 지정을 신청합니다.

년 월 일

신청인(대표자) (서명 또는 인)

특별자치시장·특별자치도지사·시장·군수·구청장 귀하

첨부서류	1. 일반현황·인력현황 및 시설현황을 적은 서류 각 1부 2. 사업계획서 및 운영규정 각 1부 3. 사업자등록증 또는 고유번호증 사본 1부(특별자치시장·특별자치도지사·시장·군수·구청장이 「전자정부법」 제36조제1항에 따른 행정정보의 공동이용을 통하여 확인할 수 있는 경우에는 그 확인으로 첨부서류 제출을 갈음합니다)	수수료 없음
신청인(대표자) (서명 또는 인)		

둘째, 보건복지부령으로 정하는 장기요양에 필요한 시설 및 인력을 갖추어야 하는데, 이에 포함되는 항목은 다음과 같다. ㉠ 재가급여를 제공하려는 자 : 「노인복지법 시행규칙」 별표9에 따른 시설 및 인력, ㉡ 시설급여를 제공하려는 자 : 「노인복지법 시행규칙」 별표4에 따른 시설 및 인력, ㉢ 법률 제15881호 부칙 제4조 제2항에 따라 장기요양기관으로 간주되는 재가장기요양기관 : 별표1의 2에 따른 시설 및 인력 등이다.

셋째, 장기요양기관 지정 신청을 받은 자치단체장이 장기요양기관을 지정하려는 경우, 장기요양기관 지정을 위한 심사위원회를 구성, 동법에 따른 시설 및 인력기준에 적합한지를 심사한다.

넷째, 자치단체장은 심사 결과 등을 고려하여 장기요양기관 지정 여부를 결정한다.

다섯째, 자치단체장은 장기요양기관으로 지정하는 경우에는 장기요양기관 지정서를 발급하고, 장기요양기관으로 지정하기를 거부하는 경우에는 그 사유를 밝혀 신청인에게 서면으로 알린다.

Ⅲ. 장기요양기관의 의무 등

1. 장기요양급여 제공 의무 등

첫째, 장기요양급여 제공 의무이다.

노인장기요양기관은 수급자로부터 장기요양급여에 관한 신청을 받게 되었을 경우, 장기요양급여의 제공을 거부하여서는 아니 된다. 다만, 시설의 입소 인원에 여유가 없는 등의 정당한 사유가 있는 경우는 그러하지 아니한다.

둘째, 규정된 절차에 따른 장기요양급여 제공 및 비용 등 자료 관리이다.

장기요양기관은 장기요양급여의 제공 기준, 절차 및 방법 등에 따라서 장기요양급여를 제공하여야 한다. 나아가서, 장기요양기관의 장은 장기요양급여를 제공한 수급자에게 장기요양 급여비용에 대해 명세서를 교부하여야 한다.

한편, 장기요양기관의 장은 장기요양급여 제공에 관한 자료를 기록, 관리하여야 하며, 장기요양기관의 장 및 그 종사자는 장기요양급여 제공에 관한 자료를 거짓으로 작성하여서는 아니 된다.

장기요양기관의 장은 다음과 같은 자료는 문서 또는 전자문서로 기록·관리하고 이를 장기요양급여가 종료된 날로부터 5년간 보존하여야 한다. 즉, ㉠ 장기요양급여계약에 관한 서류, ㉡ 장기요양급여비용 청구서 및 그 청구명세서,

㉢ 장기요양급여제공기록지 등 장기요양급여비용의 산정에 필요한 서류 및 이를 증명하는 서류, ㉣ 방문간호지시서, ㉤ 장기요양급여비용 명세서 부본. 다만, 별지 제34호 서식의 본인부담금수납대장을 작성하여 보존하는 경우에는 이를 장기요양급여비용 명세서 부본에 갈음한다.

셋째, 비용 면제 및 영리 목적의 수급자 유인 금지이다.

장기요양기관은 동법의 규정에 따라서 면제받거나, 감경 받는 금액 이외에 영리를 목적으로 수급자가 부담하는 재가 및 시설급여비용, 즉 본인부담금을 면제하거나 감경하는 해위를 하여서는 아니 된다.

나아가서, 누구든지 영리를 목적으로 금전, 물품, 노무, 향응, 그 밖의 이익을 제공하거나 제공할 것을 약속하는 방법으로 수급자를 장기요양기관에 소개, 알선 또는 유인하는 행위 및 이를 조장하는 행위를 하여서는 아니 된다.

동 제도가 시행되었던 초기 단계에는 이와 유사한 모습이 지적되기도 하였으며, 지금도 실천 현장을 중심으로 이와 유사한 이야기는 근거 없이 일부 전해지고 있는 것으로 지적된다.

2. 인권교육 의무

재가급여를 제공할 수 있는 장기요양기관(재가시설) 및 시설급여를 제공할 수 있는 장기요양기관(시설)을 운영하는 자와 그 종사자는 인권에 관한 교육(인권교육)을 받아야 한다. 또한, 동 시설을 설치·운영하는 자와 그 종사자는 대면교육 또는 인터넷 교육을 통하여 매년 4시간 이상의 인권교육을 받아야 한다.

이와 더불어 당해 기관을 운영하는 자는 해당 기관을 이용하고 있는 장기요양급여 수급자에게 인권교육을 실시할 수 있다.

이와 같은 인권교육에 포함되어야 하는 내용은 다음과 같다. 즉, ㉠ 노인의 인권과 관련된 법령·제도 및 국내외 동향, ㉡ 장기요양기관에서 발생하는 인권침해 사례, ㉢ 장기요양기관에서 인권침해가 발생했을 경우의 신고 요령 및 절차, ㉣ 그 밖에 노인의 인권 보호 및 증진을 위하여 필요하다고 보건복지부장관이 인정하는 사항 등이다.

나아가서 동 기관을 운영하는 자는 해당 기관을 이용하고 있는 장기요양급여 수급자에게 장기요양기관에서 인권침해가 발생했을 경우의 신고 요령 및 절차를 교육할 수 있다.

3. 장기요양요원 보호

수급자의 입장에서 보면, 요양보호사를 비롯하여 장기요양요원은 동 제도 운영의 핵심 그룹으로 인식된다. 따라서 장기요양요원에 대한 보호는 그들의 인권 보호는 물론이고, 동 제도의 지속가능성을 모색하는 차원에서도 매우 중요하다.

이와 관련하여 동 제도에서는 일련의 조치를 취하고 있다. 이와 관련된 중요한 내용은 요약하면 다음과 같다.

첫째, 장기요양기관의 장은 장기요양요원이 다음 각 호의 어느 하나에 해당하는 경우로 인한 고충의 해소를 요청하는 경우 업무의 전환 등 대통령령으로 정하는 바에 따라 적절한 조치를 하여야 한다.

㉠ 수급자 및 그 가족이 장기요양요원에게 폭언·폭행·상해 또는 성희롱·성폭력 행위를 하는 경우, ㉡ 수급자 및 그 가족이 장기요양요원에게 제28조의2 제1항 각 호에 따른 급여외행위의 제공을 요구하는 경우

둘째, 장기요양기관의 장은 장기요양요원에게 다음 각 호의 행위를 하여서는 아니 된다. ㉠ 장기요양요원에게 제28조의2 제1항 각 호에 따른 급여외행위의 제공을 요구하는 행위, ㉡ 수급자가 부담하여야 할 본인부담금의 전부 또는 일부를 부담하도록 요구하는 행위

셋째, 장기요양기관의 장은 보건복지부령으로 정하는 바에 따라 장기요양수급자와 그 가족에게 장기요양요원의 업무 범위, 직무상 권리와 의무 등 권익보호를 위한 사항을 안내할 수 있다.

넷째, 장기요양요원은 장기요양기관의 장이 제1항에 따른 적절한 조치를 하지 아니한 경우에는 장기요양기관을 지정한 자치단체장에게 그 시정을 신청할 수 있다.

다섯째, 제4항에 따른 신청을 받은 자치단체장은 제1항에 따른 장기요양요원의 고충에 대한 사실 확인을 위한 조사를 실시한 후 필요하다고 인정되는 경

우에는 장기요양기관의 장에게 적절한 조치를 하도록 통보하여야 한다. 이 경우 적절한 조치를 하도록 통보받은 장기요양기관의 장은 특별한 사유가 없으면 이에 따라야 한다.

여섯째, , 제4항 및 제5항에 따른 시정신청의 절차, 사실 확인 조사 및 통보 등에 필요한 사항은 대통령령으로 정한다.

4. 결격 사유 및 정보 안내 등

장기요양기관의 지정 유효기간은 6년간이다. 즉, 지정을 받은 날로부터 6년을 유효기간으로 하고 있다. 물론, 장기요양기관의 지정 갱신에 관한 조치도 있다. 예컨대, 소재지 관할 자치단체장에게 지정 유효기간이 끝나기 90일 전까지 지정 갱신을 신청하면, 필요한 절차에 따라서 처리된다.

한편, 다음과 같은 사항의 어느 하나에 해당되는 자는 장기요양기관으로 지정을 받을 수 없는 결격사유에 해당된다. ㉠ 미성년자, 피성년후견인 또는 피한정후견인, ㉡ 「정신건강증진 및 정신질환자 복지서비스 지원에 관한 법률」 제3조제1호의 정신질환자. 다만, 전문의가 장기요양기관 설립·운영 업무에 종사하는 것이 적합하다고 인정하는 사람은 그러하지 아니하다, ㉢ 「마약류 관리에 관한 법률」 제2조제1호의 마약류에 중독된 사람, ㉣ 파산선고를 받고 복권되지 아니한 사람, ㉤ 금고 이상의 실형을 선고받고 그 집행이 종료(집행이 종료된 것으로 보는 경우를 포함한다)되거나 집행이 면제된 날부터 5년이 경과되지 아니한 사람, ㉥ 금고 이상의 형의 집행유예를 선고받고 그 유예기간 중에 있는 사람, ㉦ 대표자가 제1호부터 제6호까지의 규정 중 어느 하나에 해당하는 법인 등이다.

한편, 노인장기요양기관은 수급자가 장기요양급여를 보다 쉽게 받을 수 있게 하기 위하여, 당해 기관이 제공하는 급여 내용을 공개하여 한다.

이와 관련, 장기요양기관이 공단의 인터넷 홈페이지에 통하여 게시하여야 하는 주요한 내용은 다음과 같다. ㉠ 시설의 구조, 설비 상태 및 건물 전경 등의 사진, ㉡ 장기요양기관의 주소, 약도, 전화번호 및 홈페이지 주소, ㉢ 장기요양기관에 소속된 인력 종류별 종사자 수, 장기요양요원이 해당 기관에서 근속한 연수, 입소(이용)정원 및 현재 입소(이용)인원, ㉣ 장기요양기관에서 제공하고 있는 급여 종류, ⓜ 장기요양급여 이용계약에 관한 사항, ⓑ 비급여대상 항목별 비용, ⓢ 법 제35조의5제1항에 따른 보험에 가입했는지 여부, ⓞ「사회복지사업법」제34조의3제1항에 따른 책임보험에 가입했는지 여부 등이다.

제 5 절

제도운영기관

I. ▸▸ 개 관

노인장기요양보험제도(이하, 동 제도)의 경우, 요양지원 및 재원 마련 등과 관련하여 보험적 원리를 일부 도입·시행하고는 있지만, 기본적으로 공적 사회보장제도에 속하기 때문에 공공 기관, 예컨대 국가나 지방자치단체를 비롯한 각종 공공기관의 관여를 피하기 어렵게 되어있다.

따라서 노인장기요양보험법(이하, 동법)에서는 다양한 형태의 국가 등의 관여를 규정하고 있다. 예컨대, '장기요양급여 제공의 기본원칙', '국가 및 지방자치단체의 책무 등', '장기요양급여에 관한 국가정책방향', '국가의 부담' 등과 관련된 규정이 이를 상징한다.

한편, 동 제도의 운영 등에 따른 기본 책무는 동법에 의거하여 보건복지부장관이 이를 관장하는 것으로 되어있다. 이와 같은 이유로, 동 제도의 운영에 대한 기본 방향, 예컨대 「장기요양기본계획」의 책정을 시작으로, 다양한 영역에 걸쳐 보건복지부장관의 관여가 이루어진다.

나아가서 동 제도의 경우, 관리 운영에 따른 효율성 제고 등을 고려하여 장기요양사업의 보험자이며 운영자로, 국민건강보험법에 의하여 이미 설립·운영되고 있는 국민건강보험공단(이하, 공단)를 삼고 있다. 따라서 동 제도에 따른 장기요양사업의 운영과 관련된 핵심적 관리주체는 공단이며, 따라서 공단의 역할은 매우 폭넓고 다양하다.

한편, 동 제도는 보험료의 책정 및 징수, 요양서비스의 이용 등과 관련하여 시장기능을 일부 반영하고 있기 때문에, 이를 둘러싸고 당사자 간의 법적 다툼도 예상된다. 예컨대, 장기요양 인정, 등급 판정, 요양급여 비용, 장기요양 보험료 등을 둘러싼 법적 다툼의 가능성이 이를 의미한다.

따라서 동 제도에는 이와 같은 법적 다툼에 대한 해결 방안의 차원에서 공단에 장기요양심사위원회 등을 두고서 이를 심사·관리하고 하고 있다.

이하에서는 이와 같은 내용을 중심으로 관리운영기관 및 주변 사항을 살펴보기로 한다.

Ⅱ. 중앙정부 및 지방자치단체

1. 제도운영과 관련된 근본적 역할 등

동 제도는 공적 사회보장제도의 일종이기 때문에 동 제도의 운영 등과 관련하여, 중앙정부를 비롯하여 지방자치단체, 기타 관련 공적 기관의 일정 수준의 관여는 피하기 어렵다. 이와 관련하여, 동 제도의 운영과 관련하여 중앙정부 및 지방자치단체(이하, 지자체)에 부여된 주요한 역할 가능을 간단히 살펴보면 다음과 같다. 이때, 중앙정부는 보건복지부를 의미한다.

1) 장기요양기본계획의 수립·시행 및 이에 따른 다양한 관련 시책 추진

보건복지부장관은 동 제도의 안정적 운영을 위하여 「장기요양기본계획」을 수립·시행하여야 한다. 이와 관련된 내용을 정리하면 다음과 같다. 즉,

첫째, 보건복지부장관은 노인 등에 대한 장기요양급여를 원활하게 제공하기 위하여 5년 단위로 다음 각 호의 사항이 포함된 장기요양기본계획을 수립·시행하여야 한다. 즉,

㉠ 연도별 장기요양급여 대상인원 및 재원조달 계획, ㉡ 연도별 장기요양기관 및 장기요양전문인력 관리 방안, ㉢ 장기요양요원의 처우에 관한 사항, ㉣ 그 밖에 노인 등의 장기요양에 관한 사항으로서 대통령령으로 정하는 사항

둘째, 지방자치단체의 장은 위의 내용에 따른 장기요양기본계획에 따라 세부시행계획을 수립·시행하여야 한다.

따라서, 보건복지부장관은 동 제도의 운영 전반에 걸친 기본계획을 5년을

단위로 수립·시행하고, 각급 지자체의 장은 이에 의거한 보다 세부적인 시행계획을 수립·시행하여야 한다. 이와 같은 중앙정부와 지방자치단체는 동 제도의 운영과 관련하여 기본계획을 비롯하여 제도운영의 전반에 걸친 다양한 관여를 하게 된다.

2) 장기요양급여 등과 관련된 국가정책의 기본 방향 제시

동법에 따르면, 국가는 장기요양기본계획을 수립·시행함에 있어서, 노인뿐만 아니라 장애인 등 일상생활을 혼자서 수행하기 어려운 모든 국민이 장기요양급여, 신체활동지원 서비스 등을 제공받을 수 있도록 노력하고, 나아가 이들의 생활 안정과 자립을 지원할 수 있는 시책을 강구하여야 하는 것으로 되어 있다.

따라서 보건복지부장관은 장기요양기본계획을 수립·시행함에 있어서 급여대상자만을 고려할 것이 아니고, 장애인을 비롯하여 혼자서 일상생활을 수행하기 어려운 모든 국민이 관련 서비스를 받을 수 있도록, 시책 강구를 하여야만 하는 일정 수준의 복지보편주의를 지향하고 있다.

3) 장기요양기관 확충 및 장기요양요원의 처우 개선 등에 대한 책무

동법에 따르면, 국가 및 지방자치단체는 노인 인구 및 지역 특성 등을 고려하여 장기요양급여가 원활하게 제공될 수 있도록 충분한 수의 장기요양기관을 확충하고 장기요양기관의 설립을 지원하도록 되어있다.

나아가서 국가 및 지방자치단체는 장기요양요원의 처우를 개선하고 복지를 증진하며 지위를 향상시키기 위하여 적극적으로 노력할 것을 규정하고 있다.

이와 같이, 국가와 지방자치단체는 장기요양기관의 확충을 비롯하여 장기요양요원의 처우 개선을 위한 노력의 의무가 부여되어 있다.

4) 동 제도의 운영에 따른 국가 등의 재정 부담

동 제도의 운영과 관련하여 국가는 일정 수준의 재정을 부담하게 된다. 동법 제58조(국가의 부담)에 따르면 이와 관련된 내용은 다음과 같다.

첫째, 국가는 매년 예산의 범위 안에서 당해 연도 장기요양보험료 예상수입액의 100분의 20에 상당하는 금액을 공단에 지원한다.

둘째, 국가와 지방자치단체는 대통령령으로 정하는 바에 따라 의료급여수급권자의 장기요양 급여비용, 의사소견서 발급비용, 방문간호지시서 발급비용 중 공단이 부담하여야 할 비용 및 관리운영비의 전액을 부담한다.

셋째, 위의 내용에 의거하여 지방자치단체가 부담하는 금액은 보건복지부령으로 정하는 바에 따라 특별시·광역시·특별자치시·도·특별자치도와 시·군·구가 각각 분담한다.

넷째, 위에 내용에 의거하여 지방자치단체의 부담액 부과, 징수 및 재원관리, 그 밖에 필요한 사항은 대통령령으로 정하는 것으로 되어 있다.

이와 같이 동 제도의 운영과 관련하여 중앙정부 및 지자체는 법령에 따라서 공식적으로 상당한 수준의 재정 부담을 지게 된다. 이와 같은 재정 부담에 대한 보다 자세한 내용은 이하의 「제6절 재원 구조와 급여비용」에서 보다 자세히 다루기로 한다.

5) 장기요양기관의 지정·설치 등에 관한 지방자치단체 역할

동법에 따르면 장기요양기관에 관한 일부 권한 사항이 지방자치단체에 주어져있다. 예컨대, 「장기요양기관의 지정」에서부터 「장기요양급여 제공의 제한」에 이르기까지의 대부분 사항은 지방자치단체의 권한으로 되어 있으며,

특히 「장기요양기관의 지정의 취소 등」은 이와 같은 권한 사항을 상징한다. 이에 대한 구체적인 내용은 이하의 관련 부분에서 다루기로 한다.

6) 노인성질환예방사업 등의 추진

중앙정부와 지자체는 동 제도의 시행에 즈음하여 다음과 같은 연관 사업도 함께 추진한다. 예컨대, "국가 및 지방자치단체는 노인이 일상생활을 혼자서 수행할 수 있는 온전한 심신 상태를 유지하는데 필요한 사업(노인성질환예방사업)의 실시"가 이에 해당한다.

따라서 중앙정부와 지자체는 노인장기요양보험사업의 추진에 즈음하여, 노인성질환예방사업을 병행 추진하여야 하며, 이와 같은 사업을 추진하는 지방자치단체나 공단에 필요한 소요 경비를 지원할 수도 있다.

7) 장기요양요원지원센터의 설치 · 운영

동법에 따르면 국가 및 지자체 등은 장기요양요원의 권리를 보호하기 위하여 「장기요양요원지원센터」를 설치·운영할 수 있다. 이때, 장기요양요원지원센터는 다음 각 호의 업무를 수행한다. 즉, ㉠ 장기요양요원의 권리 침해에 관한 상담 및 지원, 장기요양요원의 역량강화를 위한 교육지원, ㉢ 장기요양요원에 대한 건강검진 등 건강관리를 위한 사업, ㉣ 그 밖에 장기요양요원의 업무 등에 필요하여 대통령령으로 정하는 사항 등이다.

이때, 장기요양요원지원센터의 설치·운영 등에 필요한 사항은 보건복지부령으로 정하는 바에 따라 해당 지자체의 조례로 규정하도록 되어있다.

2. 장기요양요원지원센터

국가와 지방자치단체는 장기요양요원의 권리를 보호하기 위하여 장기요양요원지원센터를 설치·운영할 수 있도록 되어있다. 이때, 장기요양요원지원센터가 수행하게 되는 중요한 역할을 요약하여 재정리하면 다음과 같다. ① 장기요양요원의 권리 침해에 관한 상담 및 지원 ② 장기요양요원의 역량 강화를 위한 교육지원 ③ 장기요양요원에 대한 건강검진 등 건강관리를 위한 사업 수행 ④ 그 밖에 장기요양요원의 업무 등에 필요하여 '대통령령으로 정하는 사항 등의 수행이다.

한편, '대통령령으로 정하는 사항'은 다음 각 호의 사항을 의미한다. 즉, ㉠ 장기요양요원에 대한 취업 관련 정보의 제공 및 상담, ㉡ 장기요양요원에 대한 사회적 인식 개선을 위한 사업, ㉢ 그 밖에 장기요양요원의 권리 보호와 관련하여 보건복지부장관이 정하여 고시하거나 지방자치단체가 조례로 정하는 사항 등이다.

따라서 장기요양요원지원센터는 기본적으로 장기요양요원의 권리 보호 및 역량 강화를 위한 상담 및 지원 기관으로 볼 수 있다.

한편, 장기요양요원지원센터의 운영 구조와 관련된 내용을 살펴보면 다음과 같다.

먼저, 장기요양요원지원센터는 장기요양요원의 고충을 해소하기 위하여 심리·법률·고충 분야의 전문가로 구성된 자문위원회를 두고 이를 운영할 수 있다.

나아가서 장기요양요원지원센터는 업무 수행을 위하여 법령에 따라서 사무실, 상담실, 교육실 등의 시설과 전문인력을 갖추게 된다. 이때, 시설 및 전문인력 기준, 그 밖에 장기요양요원지원센터의 설치·운영 등에 필요한 사항은 동법에 의거하여 해당 지방자치단체의 조례로 규정하도록 되어있다.

이와 같은 조치는 장기요양요원지원센터의 설치·운영 등에 필요한 사항은 보건복지부령으로 정하는 바에 따라 해당 지방자치단체의 조례로 정한다는 동법에 따른 일련의 조치로 볼 수 있다.

Ⅲ. 보건복지부

1. 노인장기요양사업 관장

동 제도의 운영에 따른 최종적 권한과 책임은 보건복지부장관에게 부여되어 있다. 즉, 보건복지부장관은 장기요양사업에 대한 총체적 지도·감독 권한을 가지고 있는데, 이를 대변하는 주는 것이 '장기요양보험사업은 보건복지부장관이 관장'한다는 동법의 규정이다.

따라서 보건복지부장관은 동 제도의 운영에 따른 폭넓은 권한과 책임을 행사하게 되는데, 이와 관련된 핵심적 내용을 요약·정리하면 다음과 같다.

1) 동 제도의 운영에 따른 노인장기요양기본계획 수립·시행

앞에서도 잠시 살펴보았듯이, 중앙정부를 대신하여 보건복지부장관은 동법 의거하여, '노인 등에 대한 장기요양급여를 원활하게 제공하기 위하여 5년을 단위로 장기요양계획을 수립·시행'하게 되는데, 이때, 동 계획에 포함되어야 하는 주요 사항은 다음과 같다.

즉, ㉠ 연도별 장기요양급여 대상 인원 및 재원 조달 계획, ㉡ 연도별 장기요양기관 및 장기요양전문인력 관리 방안, ㉢ 장기요양 요원의 처우에 관한 사항, ㉣ 그 밖에 노인 등의 장기요양에 관한 사항으로써 대통령령으로 정하는 사항 등이다.

이때, 노인장기요양기본계획에 포함되어야 할 내용 중에서 '대통령령으로 규정하는 그 밖에 사항'으로는 ㉠ 장기요양급여의 수준 향상 방안, ㉡ 노인성 질환 예방사업 추진계획, ㉢ 그 밖에 노인 등의 장기요양급여의 실시에 필요한 사항 등이다.

2) 장기요양사업의 추진을 위한 정기적 실태조사 실시

보건복지부장관은 동법에 의거하여, 장기요양사업의 실태 파악을 위하여 3년을 단위로 다음과 같은 사항에 대하여 정기적으로 이를 조사하고, 그 결과를 공포하여야 한다. 즉, ㉠ 장기요양인정에 관한 사항, ㉡ 동법 제52조(등급판정위원회의 설치)에 따른 장기요양등급판정위원회(등급판정위원회)의 판정에 따라 장기요양급여를 받을 사람(수급자)의 규모, 그 급여의 수준 및 만족도에 관한 사항, ㉢ 장기요양기관에 관한 사항, ㉣ 장기요양요원의 근로조건, 처우 및 규모에 관한 사항, ㉤ 그 밖에 장기요양사업에 관한 사항으로서 보건복지부령으로 정하는 사항 등이다.

한편, 실태조사의 방법과 내용 등에 필요한 사항은 보건복지부령으로 이를 정하도록 하고 있다. 물론, 이와 같은 법령 위임에도 불구하고 보건복지부령으로 이와 관련 내용을 법제화는 아직 이루어지지 않고 있다.

3) 장기요양위원회의 설치 · 운영

보건복지부는 당해 장관 소속의 정책자문기구로서 장기요양위원회를 설치 · 운영 한다. 이와 같은 장기요양위원회에 대해서는 이하의 관련 부분에서 따로 설명하기로 한다.

4) 각종 검사, 장기요양기관의 시설 · 인력에 관한 변경 등에 대하여 관리 · 감독

장기요양기관의 시설 · 인력에 관한 중요한 사항은 물론이고, 변경 사항에 대해서도 보건복지부령으로 이를 규정하게 되어 있다.

물론, 이와 같은 사항은 보건복지부 혼자만의 권한 사항은 아니며, 관련 지방자치단체와의 일정한 역할 분담 속에서 진행되게 된다.

2. 장기요양위원회 설치 · 운영

동 제도의 운영과 관련하여 중요한 역할을 수행하는 기구의 하나가 보건복지부장관 소속의 정책자문기구에 해당하는 「장기요양위원회」이다. 이와 관련하여, 동법에서는 "다음 각 호의 사항을 심의하기 위하여 보건복지부장관 소속으로 장기요양심의위원회"를 두는 것으로 규정하고 있다.

동 위원회가 수행하는 핵심적인 역할의 하나는 「장기요양 보험료율」에 대한 심의이다. 장기요양 보험료율의 경우, 동 위원회의 심의를 거쳐 대통령령으로 이를 정하게 된다.

이와 관련, 장기요양위원회의 주요 역할 및 구성 등을 살펴보면 다음과 같다.

1) 주요 역할

동 위원회가 수행하는 중요한 기능을 종합적으로 정리하면 다음과 같다. 즉, ① 장기요양보험료율 심의, ② 가족요양비, 특례요양비 및 요양병원간병비의 지급기준 심의, ③ 재가 및 시설 급여비용 심의, ④ '그 밖에 대통령령으로 정하는 주요 사항' 등에 대한 심의이다.

이때, '대통령령으로 정하는 주요 사항'은 다음과 같다. 즉, ① 의사소견서 발급비용의 기준, ② 방문간호지시서 발급비용의 기준, ③ 동법 제28조에 따른 월 한도액의 결정, ④ 그 밖에 장기요양급여에 관한 사항으로서 보건복지부장관이 회의에 부치는 사항 등이 이에 속한다.

2) 구성 형태

동 위원회의 구성은 위원장 1인, 부위원장 1인을 포함한 16인 이상 22인 이하의 위원으로 이루어 진다. 이때, 위원장이 아닌 위원은 다음 각 호의 자 중에서 보건복지부장관이 임명 또는 위촉한 자로 하고, 각 호에 해당하는 자를 각각

동수로 구성하여야 한다.

즉, ① 근로자단체, 사용자단체, 시민단체(비영리민간단체지원법 제2조에 따른 비영리민간단체를 말한다), 노인단체, 농어업인단체 또는 자영자단체를 대표하는 자, ② 장기요양기관 또는 의료계를 대표하는 자, ③ 대통령령으로 정하는 관계 중앙행정기관의 고위공무원단 소속 공무원, 장기요양에 관한 학계 또는 연구단체를 대표하는 자, 공단 이사장이 추천하는 자 등이다.

이때, 동 위원회의 위원장은 보건복지부차관이 되고, 부위원장은 위원 중에서 위원장이 지명한다. 장기요양위원회 위원의 임기는 3년으로 한다. 다만, 공무원인 위원의 임기는 재임기간으로 한다(동법 제46조).

3) 운영 형태

동 위원회의 운영은 다음과 같이 이루어진다. 즉, ① 장기요양위원회 회의는 구성원 과반수의 출석으로 개의하고 출석위원 과반수의 찬성으로 의결한다. ② 장기요양위원회의 효율적 운영을 위하여 분야별로 실무위원회를 둘 수 있다. ③ 이 법에서 정한 것 외에 장기요양위원회의 구성·운영, 그 밖에 필요한 사항은 대통령령으로 정한다.

Ⅳ. 국민건강보험공단

1. 개 관

동법에 따르면 노인장기요양보험사업의 관리·운영의 주체 및 보험자는 모두 국민건강보험공단(이하, 공단)으로 되어 있다. 동 제도는 보험원리를 일부 원용하고 있기 때문에, 관련 사업의 추진과 관련하여 피보험자의 보험료 수입을 중요한 재원으로 하며, 여기에 더하여 국가 및 지방자치단체의 지원금 및 요양이용자의 일정 수준의 직접 지불금이 일정한 역할을 한다.

따라서 공단은 보험자로서 장기요양보험사업의 추진에 즈음하여, 필요한 비용을 충당하기 위하여 장기요양보험료라는 명칭으로 피보험자로부터 이를 직접 징수함은 물론, 관련 사업의 수행에 따른 비용 정산도 하게 된다.

이와 같은 차원에서 볼 때, 공단의 역할은 동 제도 운영에 있어서 가장 핵심적인 역할을 담당하는 기관으로 볼 수 있다. 물론, 공단은 그 이외에도 보험자 및 관리·운영자로서 대단히 많은 역할을 담당하고 있다.

따라서 이와 같은 역할을 모두 살펴보기에는 한계가 있기 때문에, 여기서는 다음과 같은 내용을 중심으로 이를 간단히 살펴보기로 한다. 즉, ① 공단의 조직체계 및 장기요양조직의 회계 운영, ② 장기요양보험사업의 추진과 관련된 공단의 주요 관장 업무, ③ 공단에 소속된 중요한 위원회 등이다.

2. 사업 조직 및 회계의 독립적 운영

공단은 국민건강보험사업, 즉 건강의료보험사업의 추진을 위하여 노인장기요양보험제도가 나타나기 이전부터 이미 설치·운영되어왔던 기관에 해당한다. 따라서 공단의 주된 업무 및 역할은 국민건강보험사업의 추진 및 관리운영으로 볼 수 있다.

따라서 국민건강보험사업의 추진 및 관리운영을 주된 역할로 삼고 있었던 공단에 노인장기요양사업의 관리 운영을 부여한 것으로 볼 수 있다.

이와 같은 차원에서 제기되는 논란의 하나는 노인장기요양보험사업(이하, 동 사업)은 보험료를 비롯하여 수급자의 대상, 성격 및 서비스의 전달체계 등에 있어서 국민건강보험사업과 많은 차이가 있는데, 동 사업을 수행하는 조직 및 회계 등이 국민건강보험사업과 분리·독자적으로 유지되고 있는 것이다.

이에 대한 내용을 정리하면 다음과 같다.

그림 5-8 노인장기요양보험제도 운영조직체계

※ 자료 : 국민건강보험공단 홈페이지(2023년도) 일부 수정(빅데이트전략본부 생략).

1) 장기요양사업 조직과 국민건강보험사업 조직과의 분리·편성 및 운영

공단은 국민건강보험법 제29조에 따라, 공단의 조직 등에 관한 규정을 정할 때, 장기요양사업을 수행하기 위하여 두는 조직 등을 건강보험사업을 수행하는 조직 등과 구분하여 따로 이를 두도록 하고 있다. 다만, 자격관리와 보험료 부과 및 징수 업무는 그러하지 아니하도록 규정하고 있다.

따라서 공단의 조직체제는 크게 국민건강보험사업을 담당하는 조직과 동 사업을 담당하는 조직으로 구성되어 있고, 이들은 각각 독립적으로 편성·관리된다.

예컨대, <그림5-8>에서도 제시되고 있듯이, 국민건강보험공단의 조직체계 중에서 동 사업을 관리·운영하는 조직체계는 「장기요양상임이사」를 중심으로 한 본부와 관련부서 조직(요양기획실, 요양기준실, 요양급여실, 요양심사실) 및 178개소의 지사에 소속된 단위조직으로 구성되어 있다.

이때, 국민건강보험공단의 각급 지사에서는 장기요양보험 관련 업무를 전담하는 최종 조직으로 「노인장기요양보험운영센터」를 설치·운영하고 하고 있다.

2) 장기요양사업에 대한 독립회계

장기요양사업의 독립회계와 관련하여 동법에서 다음과 같이 이를 규정하고 있다. 즉, “① 공단은 장기요양사업에 대하여 독립회계를 설치·운영하여야 한다. ② 공단은 장기요양사업 중 장기요양보험료를 재원으로 하는 사업과 국가·지방자치단체의 부담금을 재원으로 하는 사업의 재정을 구분하여 운영하여야 한다. 다만, 관리운영에 필요한 재정은 구분하여 운영하지 아니할 수 있다.’라는 내용에 이에 해당한다.

이와 같이 공단은 관련 법령에 따라서 장기요양사업을 국민건강보험사업 등과 분리하여 독립회계를 설치·운영함으로써, 동 제도의 독립성 및 개별성을 유지하고 있다.

3. 요양보험사업 관련 공단의 주요 관장 업무

앞에서도 살펴보았듯이, 동 사업의 보험자는 공단이다(동법 제7조). 따라서 공단은 보험자로서 장기요양보험사업의 추진과 관련하여 중요한 역할을 폭넓게 수행한다. 이와 관련하여 동법에서 제시하고 있는 주요 업무를 제목의 차원에서 간단히 살펴보면 다음과 같다.

- 장기요양보험가입자 및 그 피부양자와 의료급여수급권자의 자격관리
- 장기요양보험료의 부과·징수
- 신청인에 대한 조사
- 등급판정위원회의 운영 및 장기요양등급 판정
- 장기요양인정서의 작성 및 개인별장기요양이용계획서의 제공
- 장기요양급여의 관리 및 평가
- 수급자 및 그 가족에 대한 정보제공·안내·상담 등 장기요양급여 관련 이용지원에 관한 사항
- 재가 및 시설 급여비용의 심사 및 지급과 특별현금급여의 지급
- 장기요양급여 제공내용 확인
- 장기요양사업에 관한 조사·연구 및 홍보
- 노인성 질환 예방사업
- 이 법에 따른 부당이득금의 부과·징수 등
- 장기요양급여의 제공기준을 개발하고 장기요양급여 비용의 적정성을 검토하기 위한 장기요양기관의 설치 및 운영
- 그 밖에 장기요양사업과 관련하여 보건복지부장관이 위탁한 업무 등이다.

한편, 공단의 정관에는 장기요양사업과 관련하여 다음과 같은 사항을 규정하도록 하고 있다. 예컨대, ㉠ 장기요양보험료, ㉡ 장기요양급여, ㉢ 장기요양사업에 관한 예산 및 결산, ㉣ 그 밖에 대통령령으로 정하는 사항 등이 이에 속한다.

이때, 대통령령으로 규정하게 되는 관련 내용으로는 ㉠ 장기요양사업을 전담하는 상임이사의 수, ㉡ 장기요양사업과 관련된 조직·인사·보수·회계에 관한 사항 등이다(동법 시행령 제19조).

한편, 동 제도의 도입 과정에서 보험자와 관련하여 일부 이견도 있었는데, 이를 상징하는 것이 보험자 및 제도운영자로서의 지방자치단체와 국민건강보험공단에 대한 입장의 차이였다.

공단을 보험자로 규정하게 된 중요한 배경은 이왕에 조직·운영되고 있는 공단을 활용하게 될 경우, 관리운영상의 효율성 제고 및 관리비용 등의 절감, 노인장기요양업무 수행에 따른 민원편의 도모 및 의료 서비스와 장기요양 서비스 간의 연계성 강화 등에 대한 기대감 등이 큰 비중을 차지하였다(이광재, 2007, 2012; 장재혁 외 11인, 2010).

그러나 그와 같은 장점에도 불구하고, 제도 운영에 따른 역기능 역시 상당 수준 제기되었다. 예컨대, 공단은 법적 성격으로 공법인이기 때문에 이사장을 비롯하여 관련 임원 선임, 조직 구성 및 운영 등에 있어서 사실상 국가 등의 통제하에 놓여 있음에 비하여, 보험료를 지불하는 피보험자의 참여·통제기능은 매우 제한된다는 것이었다.

동 제도가 이용자 지향적 노인복지제도라는 측면에서 볼 때, 이와 같은 부분에 대한 보완 역시 중요한 과제가 될 수 있을 것으로 지적된다(정재욱, 2009).

4. 등급판정위원회

동 제도는 피보험자의 보험료를 중요한 기반으로 운영되는 공적 사회보험제도의 일종이다. 따라서 보험료를 지불하는 이용자 또는 수급자 지향적 제도운영이 매우 중요하다.

이와 같은 차원에서 동 제도의 운영과 관련하여 공단은 수급자의 의견을 반영하는 차원에서 각종 위원회를 설치·운영하고 있는데, 이를 상징하는 것이 「등급판정위원회」와 「장기요양심사위원회」이다.

이때, 등급판정위원회는 각급 지부에 설치·운영되고 있으며, 장기요양심사위원회는 피보험자의 이의신청을 담당하는 기구로써 공단에 직접 설치·운영하고 있다. 이와 관련하여, 여기서는 등급판정위원회를 중심으로 관련 내용을 살펴보고, 장기요양심사위원회에 대해서는 심사청구에서 따로 살펴보기로 한다.

등급판정위원회의 주요 역할 및 구성 등에 살펴보면 다음과 같다(동법 제52조)

첫째, 동 위원회는 장기요양인정 및 장기요양등급 판정을 심의하기 위하여 공단(지부)에 설치·운영되는 위원회이다.

이때, 동 위원회는 공단에 제출한 조사결과서, 의사소견서, 그 밖에 심의에 필요한 자료를 바탕으로 한 위에, 등급판정 기준에 따라서 장기요양 인정 및 등급판정을 하게 된다.

둘째, 동 위원회는 지자체 단위로 설치·운영된다.

다만, 인구수 등을 고려하여 하나의 지자체에 2 이상의 등급판정위원회를 설치하거나 2 이상의 지자체를 통합하여 하나의 등급판정위원회를 설치할 수 있다.

셋째, 동 위원회는 위원장 1인을 포함하여 15인의 위원으로 구성한다.

넷째, 동 정위원회 위원의 임기는 3년으로 하되, 한 차례만 연임할 수 있다. 다만, 공무원인 위원의 임기는 재임기간으로 한다.

V. 장기요양심사위원회 등

1. 의 의

동 제도는 사회보험원리가 일부 적용되는 공적 사회보험제도의 일종이기 때문에, 노인요양사업의 추진 과정에 있어서 보험료를 지불하는 피보험자와 시설 및 운영기관 등 간에 법적 다툼이 나타날 가능성이 높다.

예컨대, 장기요양 인정, 등급 판정, 요양 급여, 부당 이득, 급여 비용, 요양보험료 책정 등을 둘러싸고 상호간에 법적 다툼이 나타날 수 있다. 이와 같은 이유로 동 제도에는 이용과정 또는 결정 사항 등을 둘러싸고 나타날 수 있는 이의제기를 관리하는 차원에서 심사청구의 제도를 두고 있다.

이와 같은 심사청구는 주로 장기요양 인정, 장기요양 등급, 장기요양 급여, 부당 이득, 장기요양급여 비용 또는 장기요양 보험료 등에 관한 공단의 처분에 이의가 있는 자가 공단을 대상으로 이의를 제기하는 것으로써, 공단은 이와 관련하여 장기요양심사위원회의 운영을 통하여 이익의 침해 등에 대한 구제 방안 등을 도모하고 있다.

이와 같은 조치는 공단으로부터 위법·부당한 처분을 받았다고 이의를 제기하는 피보험자 등에 대하여 그들이 제기하는 권리 내지 이익의 침해에 대한 구제를 신속·간편하게 하기 위한 소위 '소원전치주의'(訴願前置主義)에 따른 권리구제제도의 일종으로 보아도 좋을 것이다(정재욱, 2015).

2. 심사청구 및 재심사청구 등

공단을 대상으로 이루어지는 심사청구의 주요한 내용 및 관련 절차 등을 살펴보면 다음과 같다.

첫째, 심사청구의 주요 대상 및 내용이다.

장기요양인정, 장기요양등급, 장기요양급여, 부당이득, 장기요양급여비용 또는 장기요양보험료 등에 관한 공단의 처분에 이의가 있는 자는 공단에 심사청구를 할 수 있다.

둘째, 심사청구를 제기할 수 있는 기한이다.

심사청구는 그 처분이 있음을 안 날부터 90일 이내에 문서(예, 이의신청서)로 하여야 하며, 처분이 있는 날부터 180일이 경과하면 이를 제기하지 못한다. 다만, 정당한 사유로 그 기간에 심사청구를 할 수 없었음을 증명하면 그 기간이 지난 후에도 심사청구를 할 수 있다.

셋째, 심사청구를 담당하는 기관이다.

공단은 이와 같은 심사청구 사항을 심사하기 위하여 공단 소속으로 장기요양심사위원회를 설치·운영한다.

넷째, 심사 기한이다.

심사청구를 받게 되면, 공단은 심사청구를 받은 말부터 60일 이내에 이에 대한 결정을 하여야 한다. 다만, 부득이한 사정이 있으면 30일의 범위 안에서 결정 기간을 연장할 수 있다. 물론, 이와 같이 결정기간이 연장될 경우에는 심사청구인에게 그 사유와 연장기간을 통보하여야 한다.

다섯째, 증명 서류를 첨부하여 심사청구를 제기한다.

공단의 처분에 대하여 심사청구를 하는 자는 동법 시행규칙 제39조의 별지 제32호의 서식에 따라서 심사청구에서 주장하는 사실을 증명할 수 있는 서류를 첨부하여 공단에 제출하여야 한다.

이와 같은 심사절차의 과정을 요약하면 <그림5-9>와 같다.

그림 5-9 심사청구 처리 절차

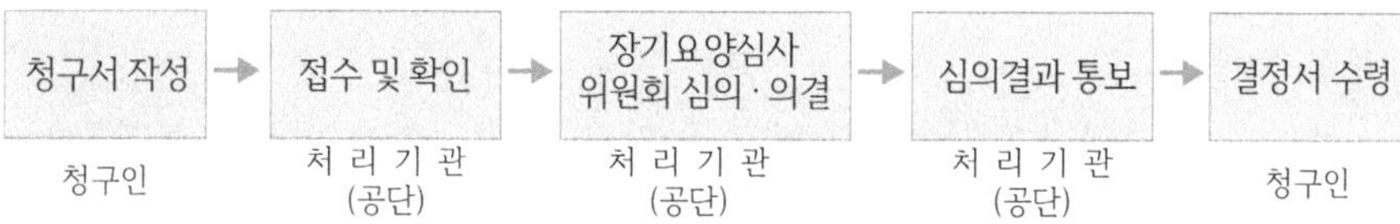

※ 자료 : 관련 법령에 의거하여 절차 요약

한편, 제기하였던 심사청구에 대한 장기요양시사위원회의 결정 내용에 불복하는 사람은 그 결정 통지를 받은 날부터 90일 이내에 「장기요양재심사위원회」에 이에 대한 재심사를 다시 청구할 수 있다. 이때, 재심사위원회는 공단이 아닌 보건복지부장관의 소속으로 되어있으며, 위원장 1인을 포함한 20인 이내의 위원으로 구성·운영된다.

한편, 공단의 처분에 대하여 이의가 있는 자, 심사청구 또는 재심사청구에 따른 결정 사항에 불복하는 자는 행정소송법으로 정하는 바에 따라 「행정소송」을 제기할 수도 있다.

3. 장기요양심사위원회 및 장기요양재심사위원회의 구성

앞에서도 살펴보았듯이, 공단은 노인장기요양과 관련된 공단의 결정 사항에 대하여 수급자 등으로부터 제기된 심사청구와 관련하여, 이를 심의하는 기관으로써 공단 소속의 장기요양심사위원회를 구성·운영하고 있다(동법 제55조 심시청구)

이때, 동 위원회는 위원장 1명을 포함하여 50명 이내의 위원으로 구성한다. 위원장은 공단의 이사장이 장기요양사업을 담당하는 공단의 상임이사 중에서 임명하고, 위원은 다음과 같은 요건을 가진 사람 중에서 공단의 이사장이 성별을 고려하여 임명하거나 위촉한다.

즉, ㉠ 의료법에 따른 의사·치과의사·한의사나 업무 경력이 10년 이상인 간호사, ㉡ 사회복지사업법에 따른 사회복지사로서 업무 경력이 10년 이상인 자, ㉢ 노인장기요양보험 업무를 담당하고 있는 공단의 임직원, ㉣ 그 밖에 법학 및 장기요양에 관한 학식과 경험이 풍부한 자(동법 시행령 제23조, 장기요양심사위원회의 구성 등)이다.

한편, 신청하였던 심사청구에 대한 공단의 결정 사항에 대하여 불복하는 사람은 결정통지를 받은 날부터 90일 이내에 보건복지부장관 소속의 「장기요양재심사위원회」(재심사위원회)에 재심사를 청구할 수 있다.

이때, 재심사위원회는 위원장 1인을 포함한 20인 이내의 위원으로 구성된다. 재심사위원회 위원의 구성은 다음과 같다. 즉, ㉠ 보건복지부의 4급 이상 공무원 또는 고위공무원단 소속 공무원으로 재직 중인 자, ㉡ 판사·검사 또는 변호사의 자격이 있는 자, ㉢ 대학에서 사회보험 또는 의료와 관련된 분야의 부교수 이상으로 재직하고 있는 자, ㉣ 그 밖에 법학, 사회보험, 또는 의료에 관한 학식과 경험이 풍부한 자 등이다.

재심사위원회는 재심사청구를 받은 날부터 60일 이내에 결정하여야 한다. 다만 부득이한 사정이 있으면 30일의 범위 안에서 결정기간을 연장할 수 있다. 재심사위원회는 결정기간을 연장하면 지체 없이 청구인에게 그 사유와 연장기간을 통보하여야 한다.

제 6 절

재원 구조 및 급여 비용

사회보장제도의 하위체제의 하나로써 도입·시행되고 있는 노인장기요양보험제도(동 제도)의 경우, 국민건강보험제도나 연금제도 등과 마찬가지로 원만한 제도 운영을 위해서는 많은 재원이 소요된다.

특히, 한국 사회의 경우 고령사회로의 진입에 따른 고령층 규모가 급속히 증가하면서 요양급여의 증가에 더하여 재원에 대한 수요 역시 급증하는 경향을 보이고 있다(국회예산정책처, 2023; 보건복지부, 2023).

이와 관련하여, 여기서는 동 제도의 재원 구조에 대하여 간략히 살펴보기로 한다. 본 글은 동 제도에 대한 개괄적 수준의 내용 안내에 초점을 두고 있기 때문에, 동 제도의 모법에 해당되는 노인장기요양보험법(동법) 및 관련 법령의 내용을 중심으로 이를 정리하기로 한다.

나아가, 재원 구조와 깊은 관계를 이루고 있는 급여 비용 등에 대해서도 이를 함께 살펴보기로 한다.

앞에서도 지적하였듯이, 본 글의 기본 방향은 동 제도에 대한 개괄적 수준의 내용 안내에 초점을 두고 있기에, 동 제도가 지니고 있는 재원 구조의 문제점이나 개선 방향 등에 대해서는 관련 문헌을 소개하는 차원에서 이를 마무리한다.

동 제도의 재정구조의 문제점 등에 대해서는 특히, 고령층 규모의 급증과 연계하여 이미 많은 지적들이 있어 왔으며, 그 하나가 노인장기요양보험 재정수지 적자 및 적립금의 고갈 가능성 등이 있음을 먼저 지적하는 바이다(데일리메디, 2013. 10. 13; 국민건강보험공단, 2022; 보건복지부, 2023; 국회예산정책처, 2023).

I. 재원 구조

1. 개 관

동 제도는 공적 사회보장제도의 하위체제에 속하지만, 재원 마련과 관련하여 보험주의적 원리를 일부 채택하고 있다. 따라서 동 제도 운영에 따른 재원은 피보험자가 지불하는 보험료를 기반으로 한 위에, 중앙정부 등이 지원하는 각종 지원금 등이 부가된다.

이와 같은 모습은 앞에서도 이미 살펴보았듯이, 장기요양보험제도를 도입·시행하고 있는 대부분의 국가에서 나타나고 있는 양상이기는 하지만, 세분적인 측면에는 약간의 차이가 있는 것도 사실인데, 피보험자의 보험료(율) 및 정부 등으로부터 지원되는 재정 지원의 차이가 이를 대변한다.

한국의 동 제도가 취하고 있는 재원 구조를 간단히 정리하면 다음과 같다. 동 제도의 운영 과정에 소요되는 재원은 크게 ① 피보험자가 납부하는 장기요양보험료, ② 중앙정부 및 지방자치단체가 지원하는 각종 지원금, ③ 장기요양급여의 이용자가 직접 부담하는 본인의 일부 부담금으로 구성되어있다. 물론, 여기에 더하여 간접적 차원의 지원 형태로써 각종 부담 감면에 따른 정부의 추가적 부담분도 있다.

2. 재원 유형

동 제도의 재원의 구조와 관련하여 위에서도 잠시 언급하였듯이, 노인장기요양보험법(이하, 동법) 및 관련 법령 등의 따르면 크게 다음과 같이 구분할 수 있다.

즉, ① 피보험자가 납부하는 장기요양보험료, ② 국가의 법정 수준의 직접 부담, ③ 요양급여 비용에 대한 본인의 일부 부담, ④ 그리고 요양급여 과정에서 이루어지는 수급자에 대한 각종 감면조치 등에 따른 보완적 차원의 정부지원금이 있다. 이에 관한 보다 구체적인 내용은 다음과 같다.

1) 피보험자 장기요양보험료

동 제도는 사회보장제도에 속하지만 재원 조달과 관련하여 사회보험적 원리를 일부 도입하고 있기 때문에 제도 운영과 관련하여 피보험자의 보험료 납부는 필수적 사항이 되고 있다.

이때, 이와 같은 근거를 대변하여 주는 것이 동법 제8조(장기요양보험료의 징수)의 규정이다. 이에 따르면, '공단은 장기요양사업에 사용되는 비용에 충당하기 위하여 장기요양보험료를 징수한다.'라고 하고 있다. 따라서 공단은 피보험자를 대상으로 규제적 성격의 피보험료를 직접 징수하게 된다.

한편, 이와 같은 규제적 성격을 지닌 피보험료의 산정, 즉 결정 과정 및 구조 등과 관련하여 동법 제9조(장기요양보험료의 산정)에서는 '장기요양보험료율은 장기요양위원회의 심의를 거쳐 대통령령으로 규정하는 것'으로 규정하고 있다.

이와 같은 법령의 위임에 의거하여, 보건복지부는 매년 장기요양위원회의 심의를 거쳐 대통령령으로 이를 발표하고 있다. 참고로 동법 시행령 제4조(장기요양보험료율)에 따르면, 2024년도 장기요양보험료율은 '100만분의 9,182", 즉 소득 대비 0.9182%로 제시하고 있다.

한편, 장기요양보험료는 건강보험료액율 대비 대통령령으로 정한 장기요양보험료율의 비율을 곱하여 산정한 금액으로 결정된다. 나아가서 장기요양보험료는 건강보험료와 통합하여 부과·징수하게 된다. 이때, 공단은 건강보험료와 장기요양보험료를 구분하여 고지하여야 하며, 공단은 통합·징수한 장기요양보험료와 건강보험료를 분리하여 독립회계로 관리한다.

한편, 동 제도가 시행되었던 2008년 이후 진행되어 온 장기요양보험료의 변동 추이를 잠시 살펴보면 <표5-9>와 같다. 노인장기요양보험료율의 변동은 크게 소득 및 건강보험료(건보료) 대비로 구분하여 살펴볼 수 있다. 동법 시행령에 따른 장기요양보험료율은 소득 대비의 것이다.

전년도 대비 장기요양보험료의 인상률을 살펴보면, 2022년부터 인상률 자체는 다소 감소하는 것으로 나타나고 있다. 특히, 2024년도는 전년도 대비 큰 폭의 감소를 나타나고 있다.

그와 같은 배경에는 최근 코로나 등에 따른 가계수입의 감소 등이 주요한 역할을 한 것으로 볼 수 있겠지만, 다른 한편 기금 재정의 고갈 등이 지적되고

표 5-9 노인장기요양보험료 변동 추이(단위, %)

구분	'08	'18	'19	'20	'21	'22	'23	'24
보험료율(소득대비)	–	0.4605	0.5497	0.6837	0.7903	0.8577	0.9082	0.9187
인상율	–	14.9	19.4	24.4	15.6	8.5	5.9	1.09
보험료율(건보료대비)	4.05	7.38	8.51	10.25	11.52	12.27	12.81	12.95
인상율	–	12.7	15.3	20.4	12.4	6.5	4.4	1.09

※ 자료 : 보건복지부(2023), 연합뉴스(2023. 10.31).

있는 현실에 비추어 볼 때, 이와 같은 흐름은 일시적 현상으로 볼 수도 있을 것이다.

한편, 동 제도에 따른 피보험자 집단의 보험료 부담 현황을 간단히 살펴보면 다음과 같다.

첫째, 보험가입자의 소속·신분을 기준으로 살펴보면 다음과 같다. 즉, ㉠ 지역가입자인 경우에는 보험금 전액 100%를 본인 개인이 직접 이를 부담하게 된다. 이에 비하여, ㉡ 직장가입자인 경우에는 사용자와 국가·지방자치단체·사립학교 등이 법령에 의하여 다음과 같이 각각 부담한다. 즉,

- 일반 근로자인 경우에는 당사자(가입자) 및 사용자 : 각각 50%씩 분담
- 공무원·교직원인 경우에는 국가·지방자치단체·사립학교 : 각각 50%씩 분담(사립학교의 경우에는 당해 학교 30%, 국가 20%씩 각각 분담)

둘째, 장기요양보험료 납부에 대한 면제 또는 감면되는 경우이다.

동 제도의 경우, 장기요양보험가입자 또는 그 피부양자는 일정한 조건 하에서는 장기요양보험료에 대한 면제 또는 일부 감면을 받을 수도 있다.

예컨대, 동법 제10조(장애인 등에 대한 장기요양보험료의 감면)에 따르면, '공단은 장애인복지법에 따른 장애인 또는 이와 유사한 자로서 대통령령으로 정하는 자가 장기요양보험가입자 또는 그 피부양자인 경우, 동법 제15조 제2항에 따른 수급자로 결정되지 못한 때 대통령령으로 정하는 바에 따라 장기요양보험료의 전부 또는 일부를 감면할 수 있다'라고 하고 있다.

이때, '대통령령으로 정하는 자'와 관련된 내용은 다음과 같다. 즉,

① 동법 제10조에서 '대통령령으로 정하는 사람이란 다음 각 호의 어느 하나에 해당하는 자를 말한다. 즉, ㉠ 장애인복지법 제32조에 따라 등록한 장애인 중 장애의 정도가 심한 장애인, ㉡ 보건복지부장관이 정하여 고시하는 희귀난치성질환자

② 한편, 장애인 등이 장기요양보험가입자 또는 그 피부양자인 경우 수급자로 결정되지 못한 때에는 관련 법령에 해당하는지를 확인하여, 장기요양보험료의 100분의 30을 경감한다. 이 경우 공단은 확인이 불가능하면 해당 장기요양보험가입자 또는 그 피부양자로부터 경감 신청을 받아 경감한다.

③ 이와 같은 대상자의 장기요양보험료의 구체적인 경감 방법 등은 보건복지부장관이 정하여 고시하도록 되어 있다.

따라서 동법 시행령 제5조에 따른 해당자는 장기요양보험료에 대한 전부 또는 일부 경감을 받을 수 있다. 이와 같은 경감은 소위 '보험료 감면'[1]에 해당되는 부분으로써, 이와 같은 감면 부분에 대한 상당 부분의 금액에 대해서는 정부가 부가적으로 이를 부담하게 된다.

따라서 동 제도의 운영에 따른 국가의 재정 부담은 공식적 부담액을 크게 넘어서는 것으로 볼 수 있다. 이와 같은 부분에 대해서는 관련 영역에서 다시 논의하기로 한다.

2) 본인 일부 부담금

수급대상자가 실제적으로 장기요양급여를 이용하게 될 경우, 수급자는 장기요양급여의 이용에 따른 전체 비용 중의 일부 금액을 당해 장기요양기관에 본인이 직접 납부하여야 한다. 이것을 동 제도에서는 「본인 일부 부담금」이라고 한다.

이와 관련하여 동법 제40조(본인부담금)의 내용을 중심으로 이를 살펴보면 다음과 같다.

---

1) 이와 같은 부분은 소위 '조세감면'과 유사한 성격으로 볼 수도 있다. 복지재정과 조세감면에 대해서는 다음을 참조(조흥식 외 9인, 2015).

첫째, 재가급여 및 시설급여를 받는 자는 대통령령이 정하는 바에 따라서 그 비용의 일부를 본인이 직접 지불하여야 한다.

예컨대, ① 재가급여에 해당되는 급여를 받은 경우에는 당해 장기요양급여 비용의 100분의 15를 본인이 직접 부담하며, ② 시설급여에 해당되는 급여를 받은 경우에는 당해 장기요양급여 비용의 100분의 20을 본인이 직접 부담한다.

둘째, 일부 요양급여에 따른 비용에 대해서는 이용자 본인이 전부 부담한다.

이와 관련하여 동법에 따르면 ① 이 법의 규정에 따른 급여의 범위 및 대상에 포함되지 아니하는 장기요양급여, ② 수급자가 동법 제17조 제1항 제2호에 따른 장기요양인정서에 기재된 장기요양급여의 종류 및 내용과 다르게 선택하여 장기요양급여를 받은 경우 그 차액, ③ 동법 제28조에 따른 장기요양급여의 월 한도액을 초과하는 장기요양급여이다.

이때, 요양급여의 범위에 포함되지 아니하는 것으로는 ㉠ 식사재료비, ㉡ 상급침실 이용에 따른 추가비용 : 노인요양시설 또는 노인요양공동생활가정에서 본인이 원하여 1인실 또는 2인실을 이용하는 경우, 장기요양에 소요된 총 비용에서 제1호, 제3호 및 제4호의 비용과 장기요양급여 비용을 제외한 금액, ㉢ 이·미용비, ㉣ 그 외 일상생활에 통상 필요한 것과 관련된 비용으로 수급자에게 부담시키는 것이 적당하다고 보건복지부장관이 정하여 고시한 비용 등이 이에 속한다.

3) 국가 지원금

동 제도의 경우, 재정 운영과 관련하여 비록 사회보험적 성격을 일부 도입하고 있지만, 기본적으로 공적 사회보장제도에 속하기 때문에 사회보장적 차원에서 국가 등에 의한 재정지원이 나타나게 된다.

이와 관련하여 동법 제11장 보칙 제58조(국가의 재정부담)에서 이를 다음과 같이 규정하고 있다. 즉, '국가는 매년 예산의 범위 안에서 당해 연도 장기요양보험료 「예상수입액의 100분의 20」에 상당하는 금액을 공단에 지원한다.'는 것이다.

물론, 한국과 유사한 형태의 장기요양보험제도를 도입·운영하고 있는 대부분의 국가들(독일이나 일본 등)에서도 정도의 차이는 있겠지만, 국가 등에 의한 공적 재정지원은 이루어지고 있다. 예컨대, 동 제도와 유사한 성격을 지닌 개호보험제도를 운영하고 있는 일본의 경우, 국가에 의한 재정 지원은 개호보험 전체 재정의 약 50% 수준에 달한다.

이와 같은 측면에서 보면, 동 제도 운영에 따른 한국 정부의 직접적 재정 지원의 규모는 상대적으로 낮은 편으로 볼 수도 있을 것이다.

그러나, 그렇게만 볼 수 없는 측면이 동 제도의 운영과정의 여러 곳에서 나타나고 있는데, 동법 제58조 제2항이 이를 대변하여 준다. 예컨대, 동법 제58조 제2항에 따르면 장기요양의 이용과정에 있어서 다양한 형태의 비용 면제 또는 비용 감면 사항과 이에 상응하는 정부지원을 규정하고 있다. 따라서 정부는 동 제도의 운영과 관련하여, 공식적인 정부지원금에 더하여 이와 같은 부분에 대한 재정 부담이 추가되게 된다.

즉, 동법 제58조 제2항에 따르면, 국가와 지방자치단체는 대통령령으로 정하는 바에 따라 의료급여수급권자의 장기요양급여 비용, 의사소견서의 발급 비용, 방문간호지시서의 발급 비용 중에서 공단이 부담하여야 할 비용(동법 제40조 제1항 단서 및 제3항 제1호에 따라 면제 및 감경됨으로 인하여 공단이 부담하게 되는 비용을 포함) 및 관리운영비의 전액을 부담'하는 것으로 규정하고 있다. 물론, 이와 같은 내용의 상당 부분은 앞에서 살펴보았던 피보험자의 장기요양보험료에 대한 경감 등과도 깊은 관계를 이루고 있다.

이와 관련하여, 예컨대 의료급여수급자에 대한 국가 및 지방자치단체의 비용 부담의 현황을 살펴보면 다음과 같다. 즉, 의료수급권자에 대한 국가와 지방자치단체의 비용 부담은 다음 각 호의 기준에 따른다.

㉠ 1의2 : 의료급여법 제3조 제1항 제1호에 따른 의료급여를 받는 사람에 대한 비용은 지방자치단체가 이를 부담한다.

㉡ 의료급여법 제3조 제1항 제1호 외의 규정에 따른 의료급여를 받는 사람에 대한 비용은 다음 각 목의 구분에 따라 이를 부담한다. ⓐ 국가 부담분 : '보조금 관리에 관한 법률 시행령' 별표 1의 기초생활보장수급자 의료급여 기준보조율에 따른 금액, ⓑ 지방자치단체 부담분 : 가목에 따른 국가 부담분 외의 금액이다.

따라서, 국가 등에 의하여 이루어지는 공적 재정 부담을 총괄적으로 조망하는 차원에서 동 제도의 재원구조를 살펴보면 <표5-10>과 같다. 이미 앞에서도 밝혔듯이, 동 제도는 공적 사회보험제도이기 때문에 피험자가 지불하는 장기요양보험료가 동 제도의 재원에서 차지는 비중은 큰 편이지만, 중앙정부 등에 의한 공적 부담 역시 큰 비중을 차지하고 있다.

표 5-10 동 제도의 재원 구조(단위, 백만원,%)

구분		2014	2015	2016	2019	2020	2021
수익	계	4,148,579	4,388,391	4,729,679	7,620,330	9,613,842	11,751,863
	보험료(*)	2,704,721 (65.2)	2,883,322 (66.3)	3,091,599 (65.3)	4,952,552 (65.0)	6,356,827 (66.1)	7,888,586 (67.1)
	국고지원금	503,301 (12.1)	516,596 (11.8)	552,470 (11.7)	891,167 (11.7)	1,241,430 (13.0)	1,519,027 (13.0)
	의료급여 부담금	802,459 (19.3)	884,886 (20.2)	976,066 (20.3)	1,685,320 (22.1)	1,946,338 (20.2)	2,236,993 (19.0)
	– 국가부담	36,248	35,588	35,314	71,464	85,546	85,350
	– 지자체부담	766,211	849.298	940,751	1,613,856	1,860,792	2,151,642
	기타	138,098	103,856	109,544	91,290	69,246	107,257

※ 자료 : 국민건강보험공단(2022). 보험료(*)에는 장기요양보험료에 자기 일부부담금 포함.

예컨대, <표5–10>에 따르면 동 제도의 재원과 관련하여 피보험자가 지불하는 보험료(여기에는 장기요양보험료와 함께 요양급여에 따른 수급자의 비용 일부 직접 부담분도 포함된 수치임)의 비중은 대략 65~67% 수준을 보이고 있다. 이에 비하여 공적 부담금은 약 31~33% 수준을 보이고 있으며, 이와 같은 공적 부담금은 다시 국고지원이 약 11~13%, 의료급여 부담금이 19~22% 수준을 보이고 있다.

따라서 동 제도의 운영 과정에 따른 공적 재정 부담은 동법에서 규정하고 있는 당해 연도 장기요양보험료 예상수입액의 100분의 20의 수준을 넘어서서, 사실상 30%대를 초과하는 것으로 볼 수 있다(국민건강보험공단, 2022).

하지만, 동 제도는 기본적으로 사회보장제도의 일환이며, 고령시대에 즈음하여 고령자복지 향상을 위한 핵심적 역할을 수행할 제도라는 측면에서 볼 때, 재정의 약 65~67% 수준을 피보험자의 보험료 등으로 충당하는 것에 대해서는 또 다른 논의가 필요할 것으로 본다.

II. 요양급여 기준 및 월 한도액

1. 장기요양급여제공 기준

장기요양인정신청자가 등급판정위원회로부터 수급자로 인정되어 유효한 등급판정(1~5급 및 장기요양 인지지원등급)을 받게 되면, 요양급여를 받을 수 있게 된다.

이때, 장기요양기관을 통하여 이용할 수 있는 요양급여의 제공 기준·절차·방법·범위, 그 밖에 필요한 사항은 '보건복지부령'으로 정하도록 되어있다(동법 제23조 제5항),

이와 관련된 주요한 내용은 살펴보면 다음과 같다.

먼저, 장기요양급여의 제공 기준의 일반원칙은 다음과 같다. 즉, ① 장기요양기관은 수급자 개인의 장기요양급여의 종류 및 내용에 대한 선택권을 존중하고 자립생활을 할 수 있도록 지원하여야 하며, 수급자의 심신상태에 따라 적정한 급여를 제공하여야 한다. ② 적정한 급여 제공을 위한 세부기준에 관한 사항은 보건복지부장관이 정하여 '고시'한다. ③ 장기요양기관이 본인일부부담금을 수급자에게 청구하는 경우에는 법령에 따라 인정되는 비용 외에 입소보증금 등 다른 명목으로 비용을 청구하여서는 아니 된다.

한편, 보건복지부는 동법 시행규칙의 법령 위임에 의거하여 보건복지부고시 「장기요양급여 제공기준 및 급여비용 산정방법 등에 관한 고시」를 제정·시행하고 있다. 이때, 본 고시에 제시된 급여제공의 원칙을 살펴보면 다음과 같다.

첫째, 본 고시에 따른 급여제공의 일반 원칙은 다음과 같다.

① 장기요양급여는 수급자가 가족과 함께 생활하면서 가정에서 장기요양을 받는 재가급여를 우선으로 제공한다.

② 수급자 중 장기요양등급이 1등급 또는 2등급인 자는 재가급여 또는 시설급여를 이용할 수 있고, 3등급부터 5등급까지인 자는 재가급여만을 이용할 수 있다. 다만, 3등급부터 5등급에 해당하는 자 중, 다음 각 호의 어느 하나에 해당하여 등급판정위원회로부터 시설급여가 필요한 것으로 인정받은 자는 시설급여

를 이용할 수 있다. 즉, ㉠ 주 수발자인 가족구성원으로부터 수발이 곤란한 경우, ㉡ 주거환경이 열악하여 시설입소가 불가피한 경우 3. 치매 등에 따른 문제행동으로 재가급여를 이용할 수 없는 경우, ㉢ 수급자 중 인지지원등급 수급자는 주·야간보호급여(주·야간보호 내 치매전담실 포함), 제36조의2제1항에 따른 단기보호급여 및 종일 방문요양급여와 기타재가급여만을 이용할 수 있다.

둘째, 적정 수준의 급여 제공 등이다.

① 장기요양급여는 장기요양인정서의 장기요양급여의 종류 및 내용에 따른 개인별장기요양이용계획서(장기요양 욕구, 장기요양 목표, 장기요양 필요영역, 장기요양 필요내용, 수급자 희망급여, 유의사항, 장기요양 이용계획 및 비용 등)에 따라 필요한 범위 안에서 적정하게 제공하여야 한다.

② 수급자와 장기요양기관은 동법 제28조의2에 따라 수급자의 가족만을 위한 행위, 수급자 또는 그 가족(수급자 등)의 생업을 지원하는 행위, 그 밖에 수급자의 일상생활에 지장이 없는 행위를 요구하거나 제공하여서는 아니 된다.

③ 동법 시행령 제9조에 따른 복지용구의 적정 급여범위 및 기준 등에 대하여는 이 고시에 특별한 규정이 있는 경우를 제외하고는 '복지용구 급여범위 및 급여기준 등에 관한 고시'에서 정한 바에 따른다.

한편, 장기요양급여는 수급자와 장기요양기관과의 장기요양급여에 관한 계약 체결을 통하여 이루어진다. 즉, 수급자와 장기요양기관은 장기요양급여 개시 전에 다음과 같은 사항이 포함된 장기요양급여 제공계약을 문서로 체결하게 된다. 이때, 장기요양기관은 계약서를 2부 작성하여 1부는 지체 없이 수급자에게 발급하고 1부는 장기요양기관이 보관하여야 하며, 계약을 변경하려는 경우에도 또한 같다.

이때, 급여계약서에 포함되는 항목으로는 크게 ㉠ 계약 당사자, ㉡ 계약기간, ㉢ 장기요양급여의 종류·내용·비용 등, ㉣ 비급여대상 및 항목별 비용 등이다.

장기요양기관은 급여계약을 체결할 때 수급자 또는 그 가족에게 제공하려는 장기요양급여의 제공 계획 및 비용(비급여대상 및 항목별 비용 포함) 등 장기요양급여 제공과 관련된 사항을 설명한 후 동의서를 받아야 한다.

장기요양기관은 계약을 체결하거나 계약서의 내용을 변경하는 경우에는 지체 없이 장기요양 급여내용 통보서를 팩스나 공단이 운영하는 전자문서교환방식을 통하여 이를 공단에 통보하여야 한다.

2. 지출 구조 및 급여유형별 월 한도액

1) 개관

동 제도의 운영에 따른 재원의 지출 유형은 크게 ㉠ 보험급여에 따른 관련 비용, ㉡ 관리운영비 및 ㉢ 기타 영역으로 구분된다. 이때, 압도적인 높은 비중을 차지하는 것이 각종 요양급여의 비용으로 대변되는 보험급여비용이다.

동 제도의 운영에 따른 재원의 지출 구조를 이해하는 차원에서 2014년부터 2021년까지의 재원의 지출 구조를 살펴보면 <표5-11>과 같다. 동 자료에 따르면 노인장기요양보험재정의 약 93~96% 정도가 보험급여의 비용으로 지출되고 있음을 알 수 있다.

표 5-11 동 제도의 재원 지출구조(단위, 백만원, %)

구분		2014	2015	2016	2019	2020	2021
비용	계	3,849,660	4,313,950	4,772,659	8,314,937	9,469,502	10,718,692
	보험급여비	3,598,415 (93.4)	4,036,195 (93.6)	4,420,370 (92.6)	7,946,866 (95.6)	9,085,820 (95.9)	10,332,561 (96.4)
	- 재가급여비	1,702,269	1,968,502	2,153,769	4,466,909	5,339,362	6,321,397
	- 시설급여비	1,886,698	2,507,396	2,253,686	3,462,465	3,731,692	3,993,550
	- 가족요양비	1,154	1,244	1,290	1,457	1,588	1,624
	- 의사소견서발급	8,088	8,806	11,376	15,505	12,644	15,399
	- 방문간호지시서발급	205	245	247	529	532	591
	관리운영비	197,666	200,214	216,446	292,683	303909	305,913
	기타	53,578	77,513	85,482	75,388	79773	80,218

※ 자료 : 국민건강보험공단(2022).

따라서 동 제도의 경우, 재원의 절대 다수가 보험급여에 따른 관련 비용으로 사용되고 있음을 알 수 있다. 이와 같은 모습의 재원 지출 구조는 향후 고령사회의 급진과 이에 따른 요양급여 수급대상자의 증가 가능성을 고려할 때, 많은 문제점이 나타날 수 있을 것으로 예상 된다. 이는 고령층의 급증에 따른 요양급여 비용의 급증은 충분히 예견되기 때문이다.

한편, 요양급여의 비용을 다시 재기급여 비용과 시설급여 비용으로 구분하여 보면, 시간이 지날수록 재가급여 비용의 증가율이 상대적으로 빠르게 증가하고 있음을 알 수 있다.

재가급여 비용의 상대적 빠른 증가 현상은 다른 한편으로는 보면, 보건복지부고시에서 제시하고 있는 '장기요양급여는 수급자가 가족과 함께 생활하면서 가정에서 장기요양을 받는 재가급여를 우선으로 제공한다.'는 장기요양급여 제공의 기준과도 흐름을 일부 같이하는 모습이기도 하며, 일본의 개호보험제도의 비슷한 양상을 보이고 있다.

예컨대, 일본 사회는 초고령사회로의 빠른 진행과 이에 따른 장기요양급여 수급대상자의 급증에 즈음하여 재가급여(거택개호)를 보다 강화하는 방향으로 정책 전환을 하고 있는데, 이를 상징하는 것이 지역지원사업의 확대 및 지역포괄지원센터의 설치·운영이다[2](정재욱, 2017; 全國社會福祉協議會(2023-1)

한편, 동 제도의 재정 운영과 관련하여 가장 큰 비중을 차지하고 있는 것이 요양급여 비용인데, 이에 대한 관리적 차원에서 다양한 제한 조치를 취하고 있으며, 이와 관련하여 주목되는 부분의 하나가 장기요양급여비용에 대한 일정 수준의 제한, 즉 급여비용의 한도액의 설정이다.

동 제도의 경우, 비록 장기요양의 이용과정에 있어서 일부 시장기능이 도입되어 있지만, 기본적으로 공적 사회보험제도이기 때문에, 장기요양의 이용에 따른 비용 즉, 장기요양급여에 따른 월 이용한도액을 두고 있다.

2) 월 한도액

장기요양 급여에 따른 월 한도액과 관련하여, 동법에 따르면 "① 장기요양급여는 월 한도액 범위 안에서 제공한다. 이 경우, 월 한도액은 장기요양등급 및 장기요양급여의 종류 등을 고려하여 결정하며, ② 월 한도액의 산정 기준 및 방향, 그 밖에 필요한 사항은 보건복지부령으로 정하는 것"으로 되어있다.

이에 보건복지부는 보건복지부령으로 월 한도액에 대하여 다음과 같이 제시하고 있다. 즉, 재가급여(복지용구 제외)의 월 한도액은 장기요양위원회의 심의를 거쳐 등급별로 보건복지부장관이 정하여 고시한다. ② 시설급여의 월 한도액

2) 일본의 지역포괄지원센터에 대해서는 다음 서적을 참조 바람(정재욱, 2017).

은 장기요양급여에 소요되는 장기요양기관의 각종 비용과 운영 현황 등을 고려하여 등급별로 보건복지부장관이 정하여 고시하는 1일당 급여 비용에 월간 일수를 곱하여 산정한다는 것이다.

한편, 이와 같은 법령의 위임에 의거하여, 보건복지부는 보건복지부고시를 통하여 월 한도액을 결정하여 고시하게 된다. 2024년에 적용되는 재가급여의 월 한도액은 <표5－12>와 같다. 이때, 다음과 같은 항목은 월 한도액에 포함되지 아니한다.

즉, ㉠ 방문요양 및 방문간호급여의 원거리교통비용, ㉡ 방문간호급여비용, ㉢ 방문간호급여의 간호(조무)사 가산금, ㉣ 주·야간보호급여의 이동서비스비용 및 제35조의 목욕서비스 가산금, ㉤ 이용한 단기보호급여비용 및 장기요양 가족휴가제 급여비용, ㉥ 방문요양급여 중증 수급자 가산, ㉦ 의사소견서 및 방문간호지시서 발급비용, ㉧ 기타 가산금 등이다.

표 5-12 재가급여 월 한도액(복지용구 제외)

등급	1등급	2등급	3등급	4등급	5등급	인지지원등급
월 한도액 (원)	2,069,900	1,869,600	1,455,800	1,341,800	1,151,600	643,700

※ 자료 : 보건복지부고시 제2023－289호(2024).

3) 수가 산정

보건복지부는 관련 법령에 의거하여 요양급여의 이용에 따른 급여 유형별 수가(비용)를 산정하여 이를 시행한다. 이때, 재가급여 및 시설급여의 단위당 비용(수가)은 기본적으로 장기요양기관의 운영에 필요한 인력수와 이에 따른 인건비, 관리운영비 등에 기초한 위에 급여 유형에 따라서 <표5－13>과 같은 방법으로 이를 산정한다.

표 5-13 재가급여 및 시설급여 비용 산정 방법

급여 종류		산정방법(기준)
재가급여	방문요양·방문간호	방문 당 제공시간을 기준으로 산정
	방문목욕	방문횟수를 기준으로 산정
	주·야간 보호	장기요양 등급 및 1일당 급여제공 시간을 기준으로 산정
	단기보호	장기요양등급 및 급여제공일수를 기준으로 산정
	기타재가급여(복지용구)	수급자의 일상생활 또는 신체활동지원에 필요한 용구의 품목별, 제공 방법 기준으로 산정
시설급여		장기요양등급 및 급여제공일수를 기준으로 산정

※ 자료 : 법령의 내용에 따라서 이를 재정리.

이와 같은 기준에 따른 산정된 재가급여 및 시설급여의 비용은 보건복지부장관 소속의 장기요양위원회의 심의를 거쳐 보건복지부장관이 결정·고시한다.

이와 관련하여 여기서는 재가복지 중의「방문요양급여」및 시설급여 중에서「노인요양시설」을 중심으로 이를 간단히 살펴보기로 한다.

이와 같은 부분에 대한 보다 구체적인 내용은 보건복지부고시「장기요양급여 제공기준 및 급여비용 산정방법 등에 관한 고시」(보건복지부고시 제2023－289호)를 참고 바란다.

첫째, 방문요양급여 비용이다.

방문요양급여는 요양보호사가 신체활동지원(세면, 목욕, 식사도움, 체위변경 등), 인지활동지원, 인지관리지원, 정서지원, 가사 및 일상생활지원(취사, 청소, 세탁 등) 등을 수급자의 기능 상태 및 욕구 등을 반영하여 제공하게 되는 급여 형태를 의미한다.

이때, 가사 및 일상생활지원은 수급자 본인만을 위해 제공하여야 하며, 가사활동지원은 1회 방문당 최대 90분 범위 내에서, 정서지원은 1회 방문당 최대 60분 범위 내에서 제공함을 원칙으로 한다.

방문요양급여의 경우, 2024년 1월 현재 월 한도액은 앞의 <표5－12>와 같이 장기요양 1등급이 2,069,900원이며, 요양급여에 따른 비용은 <표5－14>와 같다.

방문요양의 급여비용은 1회 방문당 급여를 제공한 시간에 따라서 결정된다. 예컨대, 30분 이상은 16,630원이며, 월 한도액의 범위 내에서 방문요양 급여비용을 고려하여 이용 시간을 조절할 수 있다. 물론, 월 한도액을 넘어서는 급여비용은 이용 당사자가 부담함을 원칙으로 한다.

표 5-14 방문요양급여 비용

분류	금액(원)	분류	금액(원)
30분이상	16,630	150분이상	48,250
60분이상	24,120	180분이상	54,320
90분이상	32,510	210분이상	60,530
120분이상	41,380	240분이상	66,770

※ 자료 : 보건복지부고시 제2023－289호(2024).

둘째, 시설급여 비용이다.

동 제도에 따른 시설급여를 제공할 수 있는 장기요양기관은 노인요양시설과 노인요양공동생활가정이 있다. 여기서는 「노인요양시설」을 중심으로 급여비용을 살펴보기로 한다.

먼저, 시설급여기관은 수급자를 장기간 시설에 수용·보호하게 되기 때문에 특히, 다음과 같은 부분에 주의하면서 장기요양급여를 제공할 것으로 요구하고 있다. 즉,

① 수급자의 기능상태 및 욕구 등을 반영하여 신체활동 지원 및 심신기능 유시·향상을 위한 교육·훈련 등을 제공하며

② 급여를 제공하는 과정에서 수급자를 격리하거나 억제대 등을 사용하여 묶는 등 신체를 제한하여서는 아니 된다. 다만, 필요한 경우에는 시설급여기관의 장은 수급자 본인이나 가족에게 이와 같은 사실을 통지하여 동의를 받고, 수급자의 심신상태, 신체적 제한을 가한 시간, 신체적 제한을 가할 수밖에 없는 사유 등은 급여제공기록지에 자세히 기재·관리하여 한다.

한편, 노인요양시설의 급여비용을 살펴보면 다음과 같다.

먼저, 노인요양시설의 급여비용은 1일 단위에 환산한다. 이때, 1일당 급여비용은 장기요양등급에 따라 다음 각 호와 같이 차이가 난다. 나아가서 <표 5-15>와 같이 동일 등급일지라도 입소자수 대비 요양보호사의 비율, 즉, 입소자 2.3명당 요양보호사 1명을 기준으로 차이가 난다.

예컨대, 입소자 2.3명당 요양보호사가 1명인 노인요양시설의 경우에는 장기요양 1등급 수급자의 1일당 급여비용은 84,240원이며, 입소자 2.3명당 요양보호사가 1명 미만인 경우에는 1등급 수급자의 1일당 급여비용은 80,630원으로 되어 있다.

표 5-15 노인장기요양시설급여 비용

분류	분류번호	분류	금액(원)
입소자 2.3명당 요양보호사 1명	바-1	장기요양 1등급	84,240
	바-2	장기요양 2등급	78,150
	바-3	단서에 따른 3~5등급	73,800
입소자 2.3명당 요양보호사 1명 미만	바-4	장기요양 1등급	80,630
	바-5	장기요양 2등급	74,810
	바-6	단서에 따른 3~5등급	68,990

※ 자료 : 보건복지부고시 제2023-289호(2024).

Ⅲ. 본인 일부부담금 경감

수급자가 장기요양기관이 제공하는 재가급여 또는 시설급여를 이용하게 될 경우, 소요 비용에 대한 본인 일부 부담을 하게 된다. 즉, 재가급여의 경우에는 요양급여 총액의 100분의 15, 시설급여의 경우에는 요양급여 총액의 100분의 20을 본인이 직접 부담하게 된다.

그러나 수급자 중에서 의료급여법 제3조 제1항 제1호에 따르는 자는 그러하지 아니하다. 나아가서 다음과 같은 사항에 해당하는 자는 본일 일부부담금에 대하여 100분의 50을 감경 받게 된다.

즉, ㉠ 의료급여법 제3조 제1항 제2호부터 제9호까지의 규정에 따른 수급권자, ㉡ 소득·재산 등이 보건복지부장관이 정하여 고시하는 일정 금액 이하인 자, ㉢ 천재지변 등 보건복지부령으로 정하는 사유로 인하여 생계가 곤란한 자 등이 이에 해당한다.

예컨대, 「의사소견서의 발급」에 따른 비용 부담을 살펴보면 <표5-16>과 같다.

표 5-16 급여종류별 본인일부 부담금 비율

급여종류	일반	40%감경자	60%감경자	의료 급여자
재가급여 (복지용구 : 기타재가급여)	15%	9%	6%	면제
시설급여 (촉탁의 진찰비용)	20%	12%	8%	
의사소견서발급/방문간호지시서 발급비용	20%	10%		

※ 자료 : 한국요양보호협회(2023).

※※ 40% 감경자는 보험료감경대상자, 60% 감경자는 의료급여자

즉, 수급자가 공단으로부터 의사소견서 발급의뢰서를 통하지 않고 의사소견서를 발급 받을 경우에는 발급 비용을 수급자 본인이 모두 부담하지만, 발급의뢰서를 통하여 발급을 받을 경우에는 다음과 같이 감경을 받게 된다.

㉠ 65세 이상의 노인이나 65세 미만의 자로서 노인성 질병을 가진 자 : 100분의 20은 본인이, 100분의 80은 공단이 부담한다.

㉡ 의료급여법 제3조 제1항 제1호에 따른 의료급여를 받는 사람 : 지방자치단체가 부담한다.

㉢ 의료급여법 제3조 제1항 제1호 외의 규정에 따른 의료급여를 받는 사람 : 100분의 10은 본인이, 100분의 90은 국가와 지방자치단체가 각각 부담한다.

㉣ 소득·재산 등이 보건복지부장관이 고시하는 일정 금액 이하인 자와 제34조에 따른 생계곤란자 : 100분의 10은 본인이, 100분의 90은 공단이 부담한다.

이와 같은 비용 부담에 대한 감경 조치는 「방문간호지서」의 발급 비용에도 적용된다.

예컨대, 동법 제42조에 따르면 방문간호지시서를 발급하는데 사용되는 비용 및 산정기준은 의료기관의 종류 및 방문 여부를 고려하여 영 제16조 제2호에 따라 장기요양위원회의 심의를 거쳐 보건복지부장관이 정하여 고시하는 것으로 되어 있다.

한편, 방문간호지시서를 발급받는 경우 그 발급비용은 다음 각 호의 구분에 따라 부담한다. 즉, ㉠ 의료급여법 제3조 제1항 제1호에 따른 의료급여를 받는 사람 : 지방자체단체가 부담, ㉡ 의료급여법 제3조 제1항 제1호 외의 규정에 따른 의료급여를 받는 사람 : 100분의 10은 본인이, 100분의 90은 국가와 지방자치난체가 부담, ㉢ 소득·재산 등이 보건복지부장관이 정하여 고시하는 일정 금액 이하인 자와 제34조에 따른 생계곤란자 : 100분의 10은 본인이, 100분의 90은 공단이 부담한다

그리고, ㉠~㉢까지의 수급자 외의 수급자의 경우에는 100분의 20은 본인이, 100분의 80은 공단이 부담하는 것으로 규정하고 있다.

제 7 절

노인장기요양 전문 인력

I. 노인장기요양보험법 입법 태도

1. 개 관

노인장기요양보험제도(이하, 동 제도)에 따른 장기요양급여(서비스 등의 제공)의 이용구조는 지금까지 살펴보았듯이, 대부분 장기요양기관을 중심으로 이루어지고 있다.

예컨대, '장기요양신청 · 인정 → 개인별장기요양 이용계획서 → 당사자 간의 이용계약서 작성 → 장기요양급여 제공 · 이용'과 같은 이용절차를 통해서도 알 수 있듯이, 수급자는 대부분 장기요양기관을 통하여 장기요양급여를 받게 된다.

이와 같은 장기요양기관을 비롯하여 정신병원, 상담진료소, 교도소 등과 같은 유형의 조직체를 통하여 전달하는 서비스(급여, 급부)를 일반적으로 휴먼 서비스 또는 인간봉사 서비스라고 하며, 이와 같은 조직체를 휴먼 서비스 조직(human services organization)이라고도 한다. 이때, 이와 같은 조직체가 제공하는 서비스가 가진 중요한 특징의 하나는 이용자의 사회화(socialization) 또는 인간적 변화에 상대적 초점을 둔다는 것이다(성규택, 1987; 1991).

한편, 이와 같은 휴먼 서비스 조직의 경우, 당해 조직이 제공하는 서비스의 이용구조 또는 이용관계는 1차적으로 관련 업무(서비스)를 담당하는 간호사 · 상담사 · 교도관 등과 같은 소위 전문요원(당해 조직구성원)과 이용자 간의 직접적 대면 관계를 통하여 형성된다는 점이다.

따라서 이와 같은 조직체의 경우, 관련 서비스의 질의 향상을 비롯하여, 이용자의 서비스 만족도, 조직효과성, 당해 제도의 지속가능성의 강화 등과 관련하여 이와 같은 전문요원의 능력 및 효과적인 관리가 매우 중요한 비중을 차지하는 것으로 지적된다.

즉, 휴먼 서비스 조직체에 있어서 이와 같은 전문요원은 제도 운영의 핵심 요원으로 지적된다.

한편, 고령시대에 즈음하여, 고령층의 증가와 장기요양급여 대상자의 급증에 더하여, 장기요양급여 수요의 다원화가 확대·강화되고 있는 현 시점에 즈음하여 볼 때, 동 제도의 지속가능한 토대를 확대·강화시키기 위해서는 장기요양 대상자를 직접 대면·상담·서비스를 전달하는 이와 같은 전문요원의 확보가 중요한 과제로 나타날 수 있을 것이다.

다시 말하면, 고령사회로의 진입에 따른 장기요양 대상자의 급증에 더하여 장기요양수요의 다원화가 확대되고 있는 지금의 현실을 고려할 때, 수급자를 대상으로 장기요양지원을 직접 시행하는 전문 인력의 확보는 동 제도의 안정적 토대 구축과 관련하여 매우 중요한 과제가 될 것이다.

한편 동 제도의 경우, 이와 같은 역할을 수행하는 전문 인력을 장기요양요원으로 규정하고 있는데, 이와 같은 장기요양요원 중에서 여기서 주목하는 것은 요양보호사이다. 수급자의 입장에서 보면, 요양급여의 이용과정에 있어서 요양급여를 직접 담당하는 요양보호사로부터 큰 영향을 받을 수 밖에 없는 실정이다.

이와 같은 차원에서 여기서는 노인장기요양보험법(이하, 동법) 및 노인복지법에 의거하여 장기요양요원 및 요양보호사에 대한 관련 내용을 살펴보고, 이어서 요양보호사에 초점을 두고 이를 살펴보기로 한다.

2. 동법과 장기요양요원

동 제도에서는 장기요양급여의 전달 과정에서 핵심적 역할을 담당하는 요원을 장기요양요원으로 정의하고 있다. 즉, 동법에 따르면 장기요양기관에 소속되어 노인 등의 신체활동 또는 가사활동 지원 등의 업무를 수행하는 자를 「장기요양요원」으로 규정하고 있다(동법 제2조 제5항).

따라서 동법에서는 수급자를 위하여 다양한 요양급여를 직접 제공하는 전문 요원으로서의 요양보호사에 대한 법적 규정은 없으며, 그 대신에 장기요양요원이라는 포괄적인 명칭을 사용하고 있다.

물론, 동법에서 규정하고 있는 장기요양요원은 요양보호사만을 의미하는 것은 아니며, 장기요양기관에 소속되어 각 분야에서 전문 요원으로서의 역할을 수행하는 구성원들, 예컨대 상담사, 사회복지사, 영양사 등이 포함된 광의적 의미로 볼 수 있다.

따라서 동 제도에 의거하여 수급자에게 장기요양급여를 직접 제공하는 요양보호사에 대한 법적 규정은 동법이 아닌 「노인복지법」에서 규정하고 있는데, 이것이 노인복지법에 규정되어 있는 「요양보호사의 직무·자격증의 교부 등」이다(노인복지법 제39조의2).

이와 관련하여, 장기요양요원을 둘러싼 동법의 입법 태도를 살펴보면 다음과 같다.

첫째, 장기요양요원에 대한 법적 차원의 정의이다.

동법에 따르면 장기요양요원이란 "장기요양기관에 소속되어 노인 등의 신체활동 또는 가사활동 지원 등의 업무를 수행하는 자"로 규정하고 있다. 따라서 장기요양요원은 요양보호사를 비롯하여 장기요양기관에 소속되어 있는 다양한 유형의 전문요원이 포함되는 것으로 볼 수 있다.

둘째, 국가 및 지자체의 장기요양 전문인력의 관리 방안 및 장기요양요원의 처우 개선에 대한 기본계획의 수립·시행이다.

예컨대, 보건복지부장관은 5년을 단위로 장기요양기관계획의 수립·시행에 즈음하여, 반드시 동 계획에 장기요양 전문인력의 관리 방안 및 장기요양요원의 처우 개선에 관한 사항을 포함시키도록 하고 있다(동법 제6조).

물론, 장기요양 전문인력에 대한 동법상의 직접적인 정의는 사실상 없다. 따라서 장기요양요원은 이와 같은 장기요양 전문인력의 범주에 속하는 전문 인력의 하나로 이해할 수 있을 것으로 본다.

셋째, 장기요양요원의 근로조건, 처우 및 규모에 대한 정기적 실태조사이다.

보건복지부장관은 노인장기요양사업에 대한 실태 파악을 위하여 3년을 단위로 다양한 실태조사를 실시하고, 그 결과를 공표하도록 하고 있다. 이때, 당해 실태조사와 관련하여 반드시 장기요양요원의 근로 조건, 처우 및 규모에 관한 사항이 포함되도록 되어있다(동법 제6조의2).

넷째, 요양급여의 유형에 따른 장기요양요원의 자격(요건)의 차이이다.

요양급여의 유형에 따라서 이를 담당하는 장기요양요원의 자격(요건)의 차이를 두고 있다. 예컨대, 방문요양과 방문목욕은 장기요양요원이 관련 규정에 따라서 이를 담당할 수 있지만, 방문간호는 간호사 등의 자격을 가진 장기요양요원이 의사·한의사·치과의사의 지시서에 따라서 요양급여를 제공하게 된다.

이때, 전자에 해당하는 장기요양요원이 요양보호사이며, 후자에 해당되는 장기요양요원이 간호사·간호조무사·치과위생사 등이다.

다섯째, 장기요양급여 종류별 장기요양요원의 범위의 차이이다.

장기요양급여의 종류별 장기요양요원의 범위에 차이가 있다(동법 제11조). 예컨대, 방문요양 및 방문목욕과 같은 재가급여를 담당하는 장기요양요원은 노인복지법 제39조의2에 따른 요양보호사의 자격을 가진 자로 한정하고 있다.

이에 비하여 방문간호와 같은 재가급여를 담당하는 장기요양요원은 다음과 같은 부가적 조건을 충족되어야 한다. 예컨대, ㉠ 의료법 제2조에 따른 간호사로서 2년 이상의 간호업무경력이 있는 자, ㉡ 의료법 제80조에 따른 간호조무사로서 3년 이상의 간호보조업무경력이 있고, 보건복지부장관이 지정한 교육기관에서 소정의 교육을 이수한 자, ㉢ 「의료기사 등에 관한 법률」 제2조에 따른 치과위생사(치과위생 업무를 하는 경우로 한정) 등이 이에 해당된다.

Ⅱ. 노인복지법과 요양보호사

동 제도의 운영에 있어서 핵심적 역할을 담당하는 전문 인력으로서의 요양보호사에 관한 법적 규정은 앞에서도 지적하였듯이 동법이 아닌 노인복지법에서 이를 규정하고 있다.

따라서 요양보호사에 대한 모법은 노인복지법으로 볼 수 있다. 노인복지법에 규정되어 있는 요양보호사와 관련된 중요한 내용을 살펴보면 다음과 같다.

첫째, 노인복지시설의 설치·운영자는 보건복지부령으로 정하는 바에 따라 노인 등의 신체활동 또는 가사활동 지원 등의 업무를 전문적으로 수행하는 요양보호사를 두어야 한다. 이것이 요양보호사에 근거법이다.

둘째, 요양보호사가 되려는 사람은 노인복지법 제39조의3에 따라 요양보호사를 교육하는 기관(요양보호사교육기관)에서 소정의 교육과정을 마치고, 시·도지사가 실시하는 요양보호사 자격시험에 합격하여야 한다.

셋째, 시·도지사는 제2항에 따라 요양보호사 자격시험에 합격한 사람에게 요양보호사 자격증을 교부하여야 한다.

이와 같은 노인복지법상의 관련 규정에 의거하여 장기요양요원의 하나로서 요양보호사가 제도화되게 되었다. 따라서 요양보호사는 기본적으로 노인복지시설에서 노인장기요양급여와 관련된 업무를 담당하는 전문요원의 일종으로 볼 수 있다.

요양보호사가 되기 위해서는 법령에 규정된 일련의 과정을 거쳐야 하는데, 이를 대변하여 주는 것이 요양보호사를 교육하는 기관(요양보호사교육기관)에서 소정의 교육과정을 마치고, 시·도지사가 실시하는 요양보호사 자격시험에 합격하여야 하는 것이다.

이와 같은 교육과정 및 관련 내용은 <표5－17>와 같다(노인복지법 시행규칙 별표10의2). 이와 관련하여, 정부는 최근 들어 요양보호사 교육기관에서 실시하는 교육 과정을 크게 강화시켰다(개정,(2023.07). 예컨대, 기존의 이론 강의 80시간을 126시간으로 늘렸고, 수강생의 출결 상황도 보다 엄격하게 하여, 교육의 효과성을 제고시키고 하였다.

한편, 요양보호사의 자격시험은 크게 필기시험과 실시시험으로 구분된다. 이때, 필기시험의 과목은 요양보호와 인권, 노화와 건강 증진, 요양보호와 생활지원, 상황별 요양보호기술으로써, 요양보호사 교육기관의 교육 내용과 동일하다(노인복지법 시행규칙 제29조의4).

표 5-17 요양보호사 교육과정(개정, 2023. 7. 17)

구분	과목	교육내용	교육시간	
			이론	실기
이론강의(126시간) / 실기연습(114시간)	요양보호와 인권	요양보호대상자의 이해	2	2
		노인복지와 장기요양제도	7	
		인권과 직업윤리	6	6
		요양보호사 인권보호와 자기계발	6	3
	노화와 건강증진	노화에 따른 변화와 질환	18	3
		치매, 뇌졸중, 파킨슨 질환		
		노인의 건경증진 및 질병 예방		
이론강의(126시간) / 실기연습(114시간)	요양보호와 생활지원	의사소통과 정서지원	8	8
		요양보호기록과 업무보고	6	7
		신체활동 지원	25	43
		가사 및 일상생활 지원	4	8
	상황별 요양보호기술	치매요양보호 기술	26	17
		임종요양 보호	3	3
		응급상황대처 및 감염관리	15	13
	소계		126	114
현장실습(80시간)	노인요양시설 실습	통합실습1	40	
	재가노인 복지시설 실습	통합실습2	40	
	소계		80	
총계			320	

※ 자료 : 노인복지법 시행규칙 제29조의2네3항 별표10의2의 내용 일부

Ⅲ. 요양보호사 운용 현황 및 개선 방안

1. 요양보호사 현황

요양급여 지원과 관련하여 핵심적 역할을 담당하는 장기요양요원의 하나가 요양보호사이다. 특히, 장기요양기관에서 요양급여를 직접 담당하는 가장 많은

전문 인력이 요양보호사이다(정재욱, 2018). 이와 같은 요양보호사는 소위 휴먼 서비스를 전달하는 이용자 지향적 전문요원으로서, 수급자인 고령자의 신체활동 또는 가사활동 등에 대한 직접적 요양지원을 통하여, 그들의 건강 증진 및 생활 안정의 도모에 기여한다.

이와 같이 동 제도의 운영에 있어서 핵심적 역할을 담당하는 요양보호사는 동 제도와 함께 도입·시행되고 있는 법정 전문인력이다. 2008년 이후 지금까지 양성된 요양보호사의 현황을 살펴보면 <표5-18>과 같다.

표 5-18 요양보호사 자격증 취득 현황(명)

연도	자격증취득자*(누계)	연도	자격증 취득자 현황**	
			당해연도	누계
2008	182,565	2016	81,863	1,413,726
2009	692,138	2017	97,997	1,511,723
2010	983,823	2018	119,416	1,631,139
2011	1,063,812	2019	163,324	1,794,463
2012	1,111,793	2020	171,559	1,966,022
2013	1,177,235	2021	255,678	2,221701
2014	1,231,357	2022	320,302	2,542,003
2015	1,331,868	–	–	–

※ 자료 : 2008~2015년까지는 보건복지부(2018c).

※※ 한국보건의료인국가시험원(2022)의 내부자료인용.

요양보호사는 2008년도의 182,565명을 시작으로 2022년 말까지 매년 수십만 명을 넘어서는 규모로 양성되고 있다. 그리하여 2022년 12월 현재 2,542,003명으로서, 그 동안 약 14배로 증가한 것으로 볼 수 있다.

한국 사회에 있어서 짧은 기간 동안에 이렇게 급증한 전문 직종은 찾아보기가 쉽지 않을 것으로 본다. 그러나 이와 같은 폭발적인 요양보호사의 증가의 이면에는 상당한 과제도 자리하고 있는 것으로 지적된다(정재욱, 2018). 이와 관련된 내용을 간단히 살펴보면 다음과 같다.

2. 과제와 개선 방안[1)]

요양보호사는 동 제도와 함께 한국 사회에 그 모습을 나타냈다. 요양보호사는 동 제도에 따른 장기요양급여의 이용과정을 전문가적 및 이용자적인 입장에서 요양급여를 지원·전달하는 전문 인력이다.

따라서 장기요양급여의 질과 요양급여의 이용에 따른 수급자의 만족도 등은 일차적으로 요양보호사의 업무 태도 및 업무 능력과 깊은 관계를 이루게 된다. 즉, 장기요양급여의 이용과정은 1차적으로 휴먼 서비스 전달자, 또는 감성노동자에 속하는 요양보호사와의 대면 관계를 통하여 형성되기 때문이다.

따라서 요양급여의 질의 향상은 물론, 안정적이며 지속가능한 요양급여체계를 구축하기 위해서는 요양보호사의 업무 전문성의 제고는 물론, 이들의 직업 안정성의 확보가 매우 중요할 것이다.

요양보호사의 업무 전문성 향상과 직업적 안정성 제고를 제외하고는 요양급여의 질의 향상 및 효과적인 요양급여 공급구조를 형성하기에는 많은 어려움이 있을 것이다.

한국의 요양호보사제도가 직면하고 있는 과제에 대해서는 다양한 측면에서 문제 제기가 있어왔으며, 이를 상징하는 사례의 하나가 국가전문자격증인 요양보호사 자격증 취득자의 약 75%가 당해 분야에서 일하기는 기피한다는 사실이다(부산일보, 2017. 11. 03).

요양보호사가 업무 수행과 관련하여 경험하고 있는 어려움을 제목의 차원에서 이를 정리하면 다음과 같다. 예컨대, ㉠ 불안정적인 고용 상태, ㉡ 계약직과 시간제로 구성된 열악한 근무 환경, ㉢ 낮은 수준의 급여 구조, ㉣ 규정된 범위 이외의 봉사(서비스)의 요구 빈발, ㉤ 강도 높은 노동력 투입에 따른 근골계 질환에 걸리기 쉬운 산업재해 업무 요인의 상존 등이 이에 속한다(당진신문, 2024. 01. 02).

따라서 요양급여의 질의 향상은 물론, 수급자의 요양급여 이용에 따른 만족도 제고를 위해서도 요양보호사제도를 둘러싸고 노출되어왔던 과제들을 합리적으로 재정립하는 것이 매우 중요할 것이다.

1) 본 내용은 정재욱(2018)의 관련 내용을 일부 재인용.

이와 같은 노력은 물론 지속가능한 노인장기요양보험제도의 토대 강화라는 측면에서도 매우 중요할 것이다(보건복지부 · 한림대학교산학협단, 2020; 더미래연구소, 2021; 최성은, 2022).

이와 관련된 개선 방안은 지금까지 다양하게 제기되어왔다. 예컨대, ㉠ 요양보호사 신청자격 기준 강화, ㉡ 요양보호사 양성 교육기관의 정비, ㉢ 양성교육 시간의 확대 및 교육 내용의 질이 보강, ㉣ 요양보호사가 근무하는 장기요양기관에 대한 행정관청의 관리 · 감독 강화, 고용 환경 개선, ㉤ 장기요양기관의 인력 배치 기준 강화, ㉥ 요양보호사의 직업 전문성 및 보수 교육의 강화, ㉦ 요양보호사에 대한 사회적 인식 개선 등이 이에 속한다(김주연, 2022; 한겨레, 2022. 08. 08).

지금까지 제안되었던 내용을 요양보호사가 활동하는 업무 환경을 중심으로 이를 재분류하면, 크게 2 범주로 나눌 수 있다. 하나는 요양급여 전문가로서의 요양보호사의 업무 능력과 관련된 영역이며, 다른 하나는 경제활동가로서의 직업의 안정성에 관한 영역이다.

따라서 이와 같은 부분에 대한 안정적이며 지속가능한 대책이 없고서는 요양호보사제도의 기반 강화는 매우 곤란할 것으로 본다. 이와 같은 차원에서 새로운 대안 모색과 관련하여 일본의 개호보험제도에 실시하고 있는 개호복지사에 관한 관련제도 및 내용은 일부 시사점이 될 수도 있을 것으로 본다(정재욱, 2017; 全國社會福祉協議會, 2023 ; 2023a).

참 고 문 헌

<국 내 문 헌>

강종수(2019). 사회복지행정의 이해. 학지사.

경연사(2011). 경제학사전. 경연사.

국가기록원. www.archieves.go.kr. “인구정책” : 접속(2018.01.21.~22).

국가인권위원회(2002). 고령화에 관한 마드리드 국제행동계획(MIPAA),

국민건강보험공단(2022). 2022 노인장기요양보험 통계연보.

국민건강보홈공단 홈페이지, www.longtermcare.or.kr, 접속 : 2023. 11.23.

국회예산정책처(2023). 2023~2032년 건강보험 및 노인장기요양보험 재정전망 보고서.

권중돈(2023). 노인복지론 : 제8판. 학지사.

권중돈·김정배(2011). 인간행동과 사회환경. 학지사.

김동섭(2014). “지금 같은 저출산 지속땐 대한민국, 2750년에 소멸”. 조선일보(2014.08.23.)

김규수 외 6인(2006). 인간행동과 사회환경(역). Zastrow. C. and Kirst－Ashman. K. K.(2004).Understanding Human Behavior and The Social Environment. 나눔의 집.

김상균 외 8인(2013). 사회복지개론. 나남.

김정근(1984). “우리나라 평균수명의 과거와 현재와 미래”. 한국인구학회지. 7(1). 한국인구학회.

김정진(2015). 사회복지실천기술론. 학지사.

김정휘(1990). 노인심리학(역). 성원사.

나랑뭉크 빈드리아(2015). 몽골출신 다문화가정 여성결혼이민자의 사회적응 환경 및 개선방향.

석사논문. 창원대학교대학원.

노길희 외 3인(2021). 노인복지론. 지식공동체.

뉴데일리경제(2023.01.20). 고령심화, 2050년 평균취업연령 54세.

당진신문(2024.01.02). 성희롱, 고강도업무에 노출된 요양보호사들.

대한상공회의소(2023.07.20). SGI부문별 취업자의 연령분포 및 고령화 현황 시사점.

더미래연구소(2021). 공족 장기요양서비스 체계 재편에 관한 정책 제언.

데일리메디(2013.10.13). 건강보험 · 요양보험'위험' : 비어가는 '곳간'.

데일리환경(2016.05.14). "높은 경제성장 아프리카 : 개혁최적의 파트너 한국", www.dailyt.co.kr:(2017.12.21~24).

동아일보(2001.09.10). "한국인 평균수명 70년새 42년 늘었다". 동아일보사.

박문각(2018). 시사상식사전. http://post.naver.com/pmg_books : 접속(2018.01.15~19).

박영숙(2008.04.27). "저출산고령사회로 인구소멸 1호국 : 한국은 낙태공화국". 유엔미래포럼.

박익환(2017). 2065 한반도가 사라진다. 바른북출판사.

박차상 외 5인(2008). 한국노인복지학. 학지사.

보건복지가족부(2002). 마드리드 고령화국제행동계획(역). 보건복지가족부.

보건복지부(2005). 노인요양보장제도의 이해. 보건복지부.

보건복지부(2015). 2015보건복지통계연보. 보건복지부.

보건복지부(2021). 자살예방백서.

보건복지부(2022). 2021 보건복지 통계연보.

보건복지부(2022a). 제4차('21~25)치매관리종합계획.

보건복지부(2023). 2022 보건복지통계연보.

보건복지부 · 중앙노인보호전문기관(2022). 2022 노인학대현황보고서.

보건복지부 · 한림대학교산학협력단(2020). 초고령사회 대비한 장기요양제도 발전방향 20. 연구. 20

부산일보(2016.03.23). "벨기에 브뤼셀 공항 · 역 연쇄폭탄테러". 부산일보사.

서울시(2012.09.06). 노인 등 대체명칭 공모 결과. 서울시.

서울신문(2024.01.03). 고령자비중 연평균 0.7% 상승 : 초고령사회 지자체 51.6%.

선우덕 외 15명(2012). 최신 노인장기요양보험제도 : 현황과 과제. 노인연구정보센터.

성규탁(1987). 사회복지행정조직론(역). 박영사.

성규탁(1991). 사회복지행정론. 법문사.

손광호(2013). 장애인복지론. 정민사

아시아경제(2011.06.17). "바카스 아줌마 : 노인상대 성매매". 아시아경제.

아시아경제(2018.02.06). "중국의 다음 '빚 폭탄'은 고령화". 아시아경제.

아주경제(2024.01.16). 무한한 잠재력 아프리카.

양연심(2008). 노인의 성의식이 삶의 만족도에 미치는 영향. 제주대학교교육대학원, 석사논문.

연합뉴스(2022.02.10). 난민법10년, "문턱 낮춰 다 받자 VS 지금도 많아".
연합뉴스(2023.10.31). 내년 장기요양보험료율 건보료의 12.95%, 1.09% 인상.
오영희(2015). 노인의 건강실태와 정책과제. 한국보건사회연구원. 보건복지포럼.
윤재풍(2014). 조직론. 대영문화사.
윤철수 외 8인(2008). 사회복지개론. 학지사.
이광재(2007). 노인장기요양보험제도의 이해. 공동체.
이광재(2012). 노인장기요양보험법총론. 공동체.
이근홍(2021). 노인복지론. 지식공동체.
이상호(2016). "한국의 지방소멸에 관한 7가지 분석". 지역고용동향 브리프(2016년 봄호). 한국고용정보원.
이승희(2023). 소득과 자신으로 진단한 노인빈곤과 정책방향. KDI : FOCUS 2023. Vol 126.
이익성(1971). 역주북학의. 을유문화사.
이투데이(2016.03.23). "벨기에 브뤼셀 공항 폭탄테러 : 실패한 이민정책 대테러 능력 취약".
이투데이(2023.11.20). 젊은 대륙 아프리카, 세계 경제성장 원동력된다.
임연옥(2010). "노화에 대한 이해". 한림대학교 고령사회연구소. 고령사회의 이해. 川化.
임정미(2021). 노인의 건강 및 기능상태 실태와 과제. 한국보건사회연구원. 보건복지포럼.
임효연(2012). "장기요양서비스 이용지원체제". 선우 덕 외 15인. 최신장기요양보험제도. 노인연구정보센터.
장수완 · 김현주 · 임혁(2011). 인간행동과 사회환경. 공동체.
장인협 · 최재성(1987). 노인복지학. 서울대학교출판부.
장재혁 외 11인(2010). 노인장기요양보험의 이해. 도서출판 들샘.
전국경제인엽합회(2017.05.24). 아프리카 데이(토론회). 전국경제인연합회.
정경희 외(2005). 정책보고서05-3 : 2004년도 전국노인생활실태 및 복지욕구조사. 한국보건사회연구원.
정원식(2001). "도시화". 온라인행정학사전. 한국행정학회 : 접속(2017.12.13).
정일교 · 김만호(2011). 장애인복지론, 3판. 양서원.
정재욱(2005). "일본의 사회복지서비스에 대한 이용지원체제의 구조와 특징". 한국사회복지학 57(1). 한국사회복지학회.
정재욱(2006a). 일본 사회복지제도의 개혁과 시사점. 대왕사.
정재욱(2006b). "일본 개호지원전문원제도의 구조와 특징". 한국사회복지학 58(1). 한국사회복지학회.

정재욱(2009). "일본 노인복지제도의 제도화과정 및 개호보험제도의 구조적 특징 고찰". 종합연구원 논문집(1).

정재욱(2010). "한국노인장기요양보험제도의 운영구조 및 특징". 2010한국사회복지학회춘계학술대회. 별책.

정재욱(2011). "노인복지". 현외성 외11인. 사회복지학의 이해. 양서원.

정재욱(2014). "지방자치단체의 다문화지원사업의 개선 방향 모색". 창원발전연구(1). 창원발전연구센터.

정재욱(2015). 고령화시대와 노인장기요양보혐제도 : 한국·일본·독일을 중심으로, 대영문화사.

정재욱(2017). 일본, 위기의 초고령사화 노인문제와 개정개호보험제도. 창원대학교출판부.

정재욱(2018). 위기적 인구변화와 장기요양지원. 도서출판 청암.

정재욱(2020). 경남, 인구정책 전환. 경남신문. 2020.10.19.

정재욱(2022). 이민청, 그리고 경남의 지자체. 경남신문, 2022.08.03.

정현수(2018.02.28). "합계출산율 1.05명 : 10년 내 인구 줄어든다". 머니투데이.

조예저(2008). 노인학대 실태와 정책방향. 한국보건사회연구원. 보건복지포럼.

조선일보(2012.10.19). 우리나라 80대 노인의 36.8%, 성생활한다.

조선일보(2015.05.26). "대한노인회 : 노인 기준연령 높이는 방안 공론화". 조선일보.

조홍식 외 9인(2015). 사회복지개론. 나남.

중앙노인보호전문기관(2018). 2017 노인학대 현황.

중앙일보(2005.05.20)."탐사추적 노인 자살(下) : 노인우울증 급증". 중앙일보.

중앙일보(2021.12.14). 저성장보다 무서운 것.

진주신문(2007.03.12). "노인자살". 진주신문사.

김주연(2022). 요양보호사 20%만 현장에. 청년의사. 국제성모병원.

최미숙(2018). 미래연표(역). 河合雅司. 未来の年表, 한국경제신문.

최성은(2022). 고령화시대의 노인장기요양보험과 노인돌봄 재정정책. 재정포럼 2월호. 한국조세재정연구원.

최옥채 외 3인(2011). 인간행동과 사회환경. 양서원.

최은영 외 3인(2005). OECD국가의 노인장기요양서비스체계 비교와 함의. 한국보건사회연구원.

최일섭·최재성(1996). 사회문제와 사회복지. 나남.

통계청(2007). 2007고령자통계. 통계청.

통계청(2016). 장래인구추계 : 2015인구총조사기준. 통계청.

통계청(2022). 인구추계.

통계청(2022a). 인구동향조사.

통계청(2023). 2022년 출생통계.

통계청(2023a). 생명표2022.

통계청(2023b). 2022인구추계

통계청(2023c). 고령자통계.

PRESSMAN(2017.04.18). 다가오는 대간병시대, 나는 부모·형제를 모른척 할 수 있을까?

하동석 외(2010). 이해하기 쉽게 쓴 행정학용어사전. 새정보미디어.

한국경제뉴스(2014.07.15). "평균수명과 건강수명". 한국경제뉴스.

한국경제(2022.02.17). 한국기업들, 아프리카에 투자하라. 한국경제.

한국보건의료인국가시험원(2022). 내부자료 인용.

한국요양보호협회(2023). 요양보호사 표준교재.

한국일보(2004.04.18). 노인의 성생활 태도

한국정신문화연구원(1991). "인구". 한국민족문화대백과사전. 한국정신문화연구원.

한국지방행정연구원(2016). 저출산·고령화에 의한 소멸지역분석. 한국지방행정연구원.

한겨레신문(2022.08.08). 돌봄수요 느는데 요양보호사 10명 중 8명이 떠난다. 왜.

한길리서치(2005). 노인장기요양보험제도 관련 국민여론조사. 한길리서치.

한림대학교고령사회연구소(2010). 고령사회의 이해 : 노년과 사회. 川花.

행정안전부(2022). 주민등록인구통계.

헬스조선(2023.01.31). 노인자살율 OECD 압도적 1위.

현외성(2010). 노인복지학신론. 양서원.

현외성(2016). 사회복지정책강론. 양서원.

현외성·정재욱 외 7인(2012). 사회복지사례관리론. 공동체.

히라야마 료(2015). 아들이 보모를 간병하는 것 : 부모를 간병하는 아들 28명의 체험담 (역). 어른의시간.

<국 외 문 헌>

朝鮮實錄. 中宗實錄38年12月乙亥條.3.

朝鮮總督府(1909, 治42).

朝日新聞(2018.01.10). “アフリカ人口爆發, 2015年に倍增”. 朝日新聞.

鄭載旭(2007).“韓国のスバル保険制度の導入背景とその構造的特徵”, 大阪市立大学, 生活科学研究誌 5.

鄭載旭(2016). 日本の社會福祉制度の構造改革と介護保險制度. 昌原大學校出版部.

法務省出入局在留管理廳(2023). 令和4年末の在留外國人.

福祉士養成講座編集委員會(2004). 老人福祉論. 中央法規..

福祉士養成講座編集委員會(2017a). 社會福祉原論. 中央法規.

福祉士養成講座編集委員會(2017b). 老人福祉論. 中央法規.

石井 太(2010). “平均寿命の歴史的推移(日本と主要国)”. 人口問題研究 66－3. 国立社会保障・人口問題研究所.

市川禮滋(1993). 生きる感じや. 自治体研究社.

石田一紀(2010). 老人福祉論. (株)みらい.

國立社會保障・人口問題研究所(2022). 日本の將來推計人口.

國立社會保障・人口問題研究所(2023). 年齡別人口, 人口統計資料集

小宮山宏(2013). “人類の平均寿命は100年ほど前では31歲立った”, http://10mtv.jp(2018.01.12).

厚生労働省(2014). 人口動態統計特殊報告. 厚生勞働省.

增田雅暢(2014). “高齡者介護保険保障システムの基本的視点”. 增田雅暢(編者). 世界の介護保険(第2版). 法律文化社.

增田寛也(2014). “消滅する市町村523 : 壞死地方都市”. 中央公論(6月號).

水島治夫(1938). 朝鮮住民の生命表. 近沢書店.

三尾幸吉郎(2017.01.30), 図表で見る中国経済 : 人口問題編. ニッセイ基礎研究所.

MEMORVA(2023.06.07). 平均寿命世界ランキング2023.

MEMORVA(2023.06.07). 世界保健統計2023年, https://memorva.jp(2023.06.07).

直井道子・中野いく(2010). よくわかる高齢者福祉. ミネルバ書房.

內閣府(2010). 高齢者の生活と意識に関する国際比較調査. 內閣府.

內閣府(2022). 令和4年版高齢社会白書.

仲村優一・秋山智久(2001). 社会福祉概論. ミネルバ書房.

永和良之助 外2人(2011). 高齢者福祉論. ミネルバ書房.

ニッセイ基礎研究所. WHO‘健康な高齢化の10年始まる’. www.nli－research.co.jp. 접속, 2023.06.12.

那須宗一 (1989). 老年學事典.ミネルバ書房.

白和政和 他2人(2001). 介護支援専員によるケアマネジメント. 中央法規.

白沢政和(2003). ケアマネジャー養成テキストブック. 中央法規.

産経ニュース(2014.03.13). 毎年20万人の移民受け入れ ： 政府が本格検討開始.

佐藤丈治(2023.03.03). '新アフリカ争奪戦'と日本のアフリカビジネスの可能性. 地域・分析レポート. 日本貿易振興機構.

社會福祉士養成講座編輯委員會(2015). 高齢者に対する支援と介護保険制度: 第4版.

社會福祉士養成講座編集委員會(2017a). 高齢者に対する支援と介護保険制度. 中央法規.

社會福祉士養成講座編集委員會(2017b). 福祉行財政と福祉計劃. 第5版. 中央法規.

總務省統計局(2022). 高齢者の人口. 總務省.

總務省統計局(2023a). 高齢者の人口. 總務省.

總務省統計局(2023). 世界の統計. 總務省.

白戸圭一(2018.01.18). "日本人の底力 ： 人口爆発大陸アプリかでこそ訪われる". 現代ビジネス.

全國社會福祉協議會(2023). 高齢者福祉 ： 第3券.

全國社會福祉協議會(2001). 社會福祉概論. 全社協.

全國社會福祉協議會(2012). 老人福祉論. 全社協.

全國社會福祉協議會(2023). 高齢者福祉: 第3券.

全國社會福祉協議會(2023a). 介護概論:第15券.

善生永助(1927). 朝鮮の人口現況. 朝鮮統督府調査資料.

山縣文治・栢女靈峰(2004). 社会福祉用語辞典.ミネルバ書房.

Baltes, P. B. et al. (1990). Successful Aging. Cambridge ： Cambridge University Press.

Breen. L. B.(1960). The Aging Individual. In Handbook of Social Gerontology. ed. by C. Tibbitts. Chicago: University of Chicago.

Cowgil. D. O. and Holmes, L. D.(1972). Aging and Modernization. New York :Appleton－century－crofts.

Erikson, E. H.(1963). Childhood and Society. New York ： Norton.

Erikson, E. H.(1982). The Life Cycle Completed. New York ： Norton.

Maddison(2006). "The Wolrd Economy". Development Centre Studies.

U.N(2004). World Population Prospects:The 2004 Revision.
U.N(2016). World Population Prospects:The 2016 Revision.
U.N(2017). World Population Prospects:The 2017 Revision.
U.N(2019). World Population Prospects:The 2019 Revision.
U.N(2020). World Population Prospects:The 2020 Revision.
U.N(2022). World Population Prospects:The 2017 Revision.
UNFPA(2023). 世界人口白書 : 80億人の命、無限の可能性.
WHO(2023). World Health Statistics 2023. WHO.
Williams(1978). Issues in Social Policy. London : Macmillan.
World Bank(2023). Data Indicators 2023. Gender. Adolescent Fertility Rate.
Zastrow C. & Kirst-Ashman. K. K.(2018). Understanding Human Behavior and the Social Environment. 11th Edition. Cengage Learning.

<인터넷 자료 인용>

https://aty800.com/hightest-goal/learn/post-403.html,主要国の平均寿命高齢化の推進 : 2023.10.09).
https://ja.Wikipedia.org/wiki/世界人口/歴史上の推計地球人口: 2023. 08.21~23.
https://ja.Wikipedia.org/wiki/一人っ子政策, 2023.11.03.
https://ja.Wikipedia.org 섭속(2023.01.30).
https://ja.Wikipedia.org/移民政策: 2018.02.15).
https://globalnote.jp/post_3818.html : 접속(2017.12.12~13).
https:/news,yahoo.co.jp/expert/articles(2023.08.25)
https://gentosha-go.com/articles/-/499317?page=2(日本・中国・韓国の合計特殊出生律の推移:1990年~2020年 : 2023.03.15
https://ja.Wikipedia.org/wiki/国際高齢者年:2015.03.05.
https://nes.yahoo.co.jp/expert/article : 2023.06.12.
https://en.wikipedia.org/wiki/long-term_care : 2022.05.12.
https://globalnote.jp.世界の移民人口国別ランキング・推移 : 2021.02.17.
http://www.dailyt.co.kr : 2022.12.11.
https://www.google.com/search?q=post-aged+society&sca_esv=565570927&hl

https://www.globalnote.jp/p－cotime/?dno＝3060&c_code＝784&post_no＝3818: 접속(2021.02.17).

http:/www.ene100.jp/map_1(2023.01.22).

http://www.globalnote.jp/post－3758.html. Global Note. 世界の合計特殊出生率の国別ランキング: 2023.09.12.

https://www.nli－research.co.jp.図表で見る中国経済: 人口問題編. ニッセイ基礎研究所: 2017.11.13.

찾 아 보 기

<저자 약력>

정 재 욱

저자는 중앙대학교 법과대학 행정학과를 졸업하고, 동 대학교 대학원에서 행정학 석사 및 행정학 박사를 취득하였으며, 창원대학교 사회과학대학 행정학과 교수로서 복지행정론 등을 강의하였다. 한편, 저자는 한국의 지역사회가 점차 고령화되어 감에 비추어, 일본의 노인복지제도에 깊은 관심으로 가지게 되었으며, 동경대학 법학부 객원연구원(2회), 오사카시립대학 생활과학부 객원교수(2회), 요코하마국립대학 대학원 초빙교수(1회)로서의 연구 경험을 통하여 일본의 노인복지, 특히 개호보험제도에 대하여 새롭게 학습하게 되었으며, 이를 계기로 고려대학교 대학원 사회복지학과 박사학위과정에서 노인문제 등을 학습하기도 하였다.

저자는 창원대학교 사회과학대학장 및 사회복지대학원장 등을 역임하였으며, 한국사회복지학회 한일분과위원회 전문위원, 일본 행정학회 및 노년사회과학회의 정회원으로서, 일본의 관련 학술지 등에 일련의 논문을 발표하였다.

저자는 한국과 일본의 노인복지를 중심으로 다수의 논문과 저서를 발표하여 왔으며, 특히 한국의 노인장기요양보험제도 및 일본의 개호보험제도에 대한 연구에 많은 노력을 기우려왔다. 이번에 출간되는 저서 역시 이와 같은 그 동안의 여정의 산물로 볼 수 있을 것이다.

〈주요 논문 및 저서〉

- "일본개호보험제도제도상의 개호지원전문원제도의 구조와 특징." 한국사회복지학. 58(1).
- "日本の介護保険制度の構造的特徵と示唆点." 訪日學術研究者論文集. 13. 2007.
- "介護保険制度としての韓国のスバル保険制度の内容と構造に関する一考察." 海外社会保障研究. 158. 國立社會保障・人口問題研究所. 2007.
- "한국장기요양보험제도의 운영구조의 특징 및 함의." 한국사회복지학회 2010춘계학술대회발표.
- "韓國面臨危機的高齡社會亟機待解決的課題:快速高齡化和人口結構變化爲構中心". 2018 中韓學術會議. 第38輯. 2018.
- 「현대 일본의 정치와 사회」. 이기완 외 7인. 도서출판매봉. 2005.
- 「일본사회복지제도의 개혁과 시사점」. 대왕사. 2006.
- 「일본, 위기의 노인문제와 개정개호보험제도」. 창원대학교출판부. 2017.
- 「日本の社会福祉制度の構造改革と介護保険制度」. 昌原大學校出版部, 2016.

이 갑 옥

저자는 보건·돌봄·간호 분야의 전문가로서 마산대학교 간호학과를 졸업하고, 창원대학교 대학원에서 교육학 석사 및 교육학 박사를 취득하였으며, 보건교사, 경상남도교육청 장학사 등을 통하여 청소년들의 건강, 학교부적응 학생들의 올바른 바른 성장 시책 개발과 관련하여 높은 과업 성과를 인정받았다. 이후, 김해대학교, 마산대학교에서 간호학과 교수로서 노인간호학, 학교보건학 등을 강의하였으며, 특히 노인장기요양보험제도와의 인연으로, 노인돌봄분야에 대한 깊은 관심을 가지게 되었고, 지금은 장기요양 및 사회교육 관련 기관의 장으로서 노인돌봄 분야에서 폭넓은 사회활동을 하고 있다.

저자는 전공을 살려서 다양한 영역에 걸쳐 사회봉사 및 교육지도 활동을 하여왔다. 예컨대 경남교육청 성교육자문위원 및 학생징계조정위원을 비롯, 창원시간호사회 회장으로서 가정관리사 양성교육, 간병인 인성교육, 치매인지재활 지도사 교육 등을 주관·시행하여 오고 있다.

이와 같은 차원에서 최근에는 노인건강 및 노인안전망을 중심으로 한 사회교육 등을 통하여, 가계부담의 현안으로 부각되고 있는 노인간병비를 둘러싼 과제 및 해결 방안 모색에 많은 관심을 기울이고 있다. 본 저서의 발간에 참여하게 되어 기쁘게 생각하여, 본 저서가 대학교재로서는 물론, 고령사회의 도래에 따른 노인돌봄에 관심이 있는 관계자 여러분들의 깊은 관심을 바라마지 않는 바이다.

〈주요 논문 및 저서〉

- “성 산업과 범죄와의 연관성에 관한 소고”. 대한성학회지 1(1). 대한성학회. 2014.
- “학교교육실습 전후의 예비보건교사로서의 교직선택동기, 교직관 및 교사역할 변화 분석”. 학습자중심교과교육연구 19(18). 학습자중심교과교육학회. 2019
- 「경남지역 가정폭력 방지를 위한 기초연구 : 연구보고서」. 이갑옥 외. 경남연구원, 2007.
- 「성폭력 예방교육 길라잡이 : 교육자료」. 이갑옥 외. 교육과학기술부, 2013.
- 「새로운 보건교육학 : 저서」. 이갑옥 외. 고문사, 2020.
- 「창원형 가정관리사제도 도입을 위한 시책 제언」. 이갑옥 외. 창원대학교 산학협력단. 2020.
- 「경남지역 인구문제 해결 방안 : 현황, 과제 및 비전 모색」. 이갑옥 외. 경상남도의회. 2021.
- 「건강한 체중관리 : 교육자료」. 이갑옥 외. 경상남도교육청, 2023.

위기적 고령사회와 노인돌봄
: 그리고 노인장기요양보험제도

초판인쇄 2024년 3월 15일
초판발행 2024년 3월 20일

지은이 정재욱 · 이갑옥
펴낸이 박노일

총괄기획 최준규
편 집 이상민

펴낸곳 pnc publishing and culture 피앤씨미디어
경기도 고양시 일산동구 강송로 153 310-1501
등록 제396-2012-000203호
전 화 070)7550-3758 팩 스 02)6280-3758
홈페이지 www.pncmedia.co.kr 이메일 pnc@pncmedia.co.kr
ISBN 979-11-5730-914-6 93330

정 가 20,000원